Die lebensgefährliche Verteidigung von Vermögenswerten

Europäische Hochschulschriften
Publications Universitaires Européennes
European University Studies

Reihe II
Rechtswissenschaft

Série II Series II
Droit
Law

Bd./Vol. 3532

PETER LANG
Frankfurt am Main · Berlin · Bern · Bruxelles · New York · Oxford · Wien

Frank Bisson

Die lebensgefährliche Verteidigung von Vermögenswerten

Eine Untersuchung über die Vereinbarkeit des Notwehrrechts gemäß § 32 StGB mit Art. 2 Abs. 2 lit. a der Europäischen Menschenrechtskonvention

PETER LANG
Europäischer Verlag der Wissenschaften

Die Deutsche Bibliothek - CIP-Einheitsaufnahme

Bisson, Frank:

Die lebensgefährliche Verteidigung von Vermögenswerten : eine Untersuchung über die Vereinbarkeit des Notwehrrechts gemäß § 32 StGB mit Art. 2 Abs. 2 lit. a der Europäischen Menschenrechtskonvention / Frank Bisson. - Frankfurt am Main ; Berlin ; Bern ; Bruxelles ; New York ; Oxford ; Wien : Lang, 2002
(Europäische Hochschulschriften : Reihe 2, Rechtswissenschaft ; Bd. 3532)
Zugl.: Berlin, Freie Univ., Diss., 2002
ISBN 3-631-39986-3

D 188
ISSN 0531-7312
ISBN 3-631-39986-3

www.peterlang.de

Inhaltsverzeichnis

Einleitung

Die Tendenzen zur Einschränkung des Notwehrrechts und Art. 2 Abs. 2 lit. a EMRK 9

Erster Teil

Das Problem der innerstaatlichen Geltung der EMRK und des § 32 StGB als lex posterior

Einführung 14

Kapitel 1

Lösung des lex posterior-Problems unter Zugrundelegung eines Gesetzesranges der EMRK

A. Lösung des lex Posterior-Problems über die Völkerrechtsfreundlichkeit des Grundgesetzes 15

I. Bindung des Gesetzgebers aufgrund des Grundsatzes der Völkerrechtsfreundlichkeit 16

1. Die normative Kraft des Grundsatzes der Völkerrechtsfreundlichkeit und die Methode seiner Gewinnung 16
2. Die normative Kraft des Grundsatzes der Völkerrechtsfreundlichkeit und seine Einordnung in eine verfassungsrechtliche Norm kategorie 18
3. Die Rechtsprechung des BVerfG 19

II. Völkerrechtskonforme Auslegung späterer Gesetze 19

1. Lösung des lex posterior-Problems über eine menschenrechtskonforme Auslegung von § 32 StGB 20
2. Das Merkmal des Gebotenseins und Auslegungsschranken im Hinblick auf Art. 103 Abs. 2 GG 22
3. Rechtfertigungsgründe und Art. 103 Abs. 2 GG 23

a. Die Ansichten Tröndles, Schmitts, Jeschecks, Amelungs und Günthers 25
b. Einschränkungen des Bestimmtheitsgrundsatzes aufgrund der Besonderheiten der Rechtfertigungsgründe 29

Ergebnis 31

4. Das Merkmal des Gebotenseins als Anknüpfungspunkt für Notwehrrestriktionen und Art. 103 Abs. 2 GG 31

a. Der Bestimmtheitsgrundsatz in der Rechtsprechung des BVerfG 31

aa. Die Forderung nach einem weitestmöglichen Verzicht auf normative Tatbestandsmerkmale 31
bb. Das Gebot größtmöglicher Bestimmtheit 33
cc. Die Maßgeblichkeit der Beurteilung im Einzelfall 35

Ergebnis 35

b. Folgerungen für die Gebotenheitsklausel als gesetzliche Bestimmung der Strafbarkeit 36
c. Konsequenzen aus der Prüfung der gesetzgeberischen Regelungsabsicht an Art. 103 Abs. 2 GG 42

B. Gesetzesfestigkeit aufgrund der lex specialis Regel 43

I. § 32 StGB als Maßstab für die Beurteilung der Rechtmäßigkeit polizeilichen Handelns ? 45

1. Befürwortende Stimmen aus der Literatur 46
2. Die Kompetenz des Bundes zum Erlaß sicherheitsrechtlicher Vorschriften 48
3. Rechtsstaatliche Anforderungen an polizeiliche Eingriffsgrundlagen 49

Ergebnis 52

II. Der unterschiedliche Normcharakter von Art. 2. Abs. 2 lit. a EMRK und § 32 StGB 52

Kapitel 2
Begründung eines Übergesetztesranges der EMRK

A. Die Konventionsrechte als allgemeine Regeln des Völkerrechtes im Sinne des Art. 25 GG 54
I. Völkergewohnheitsrechtliche Geltung der Konventionsrechte 56

1. Ursprüngliche gewohnheitsrechtliche Geltung 56

2. Nachträgliche gewohnheitsrechtliche Geltung 57

a. Die Ansichten de Quadros und Giegerichs 58
b. Würdigung der Ansichten de Quadros und Giegerichs 59

II. Inkorporation der Konventionsrechte als Völkervertragsrecht über Art. 25 GG 65

1. Die Ansichten Guradzes und Kleins 66
2. Die Ansicht Wäsches 67
3. Die Ansicht Bleckmanns 69
4. Eigene Bestimmung des Begriffs der allgemeinen Regel 71

Ergebnis **76**

B. Der Ansatz über Art. 24 GG 76

I. Die Regelung des Art. 24 GG 76
II. Die Argumentation Kleebergers 77
III. Stellungnahmen der Literatur zum Ansatz über Art. 24 GG 79
IV. Eigene Kritik am Ansatz Kleebergers 82

C. Existenz eines völkergewohnheitsrechtlichen „Grundrechtsverschlechterungsverbotes" ? 84

I. Die Argumentation Dronschs 85
II. Die Kritik Sternbergs 86
III. Eigene Würdigung 86

D. Der Ansatz über die pacta sunt servanda-Regel 90

I. Erörterung der bisherigen Kritik am pacta-Ansatz 90
II. Eigene Würdigung 93

E. Art. 1 Abs. 2 GG und internationale Menschenrechte 94

I. Der Ansatz Echterhölters 94
II. Der Ansatz Sternbergs 96
III. Kritik am Ansatz Sternbergs 99
IV. Die Untersuchung von Hodenbergs 100
V. Deutung der Ausführungen von Hodenbergs 101

Kapitel 3

Der rechtsvergleichende Ansatz

A. Der Ansatz Uerpmanns 103
B. Kritik am Ansatz Uerpmanns 105
C. Die Methode der Rechtsvergleichung 106

I. Die Rechtsvergleichung als Erkenntnisquelle 106
II. Die rechtsvergleichende Auslegung 106

1. Rechtsvergleichende Auslegung und Rechtsvereinheitlichung 107
2. Rechtsvergleichende Auslegung und rechtlicher Gesamtkontext 108
3. Rechtsvergleichende Auslegung und Rechtsidee 109

Ergebnis **109**

D. Die Ideen der Rechtsvergleichung im Verhältnis der Grundrechte zu den Konventionsrechten 110

I. Der Aspekt der Rechtsvereinheitlichung 110
II. Der kulturelle Zusammenhang zwischen Grund- und Konventionsrechten 112

1. Europäische Rechtskultur 113
2. Grund- und Konventionsrechte als Bestandteil europäischer Rechtskultur 114

III. Grund- und Konventionsrechte als Ausdruck der Menschenrechtsidee 117

E. Folgerungen im Hinblick auf die konventionskonforme Auslegung der Grundrechte 120
F. Auswirkungen der Rechtsvergleichung als Methode der Grundrechtsinterpretation 121
G. Konventionskonforme Auslegung von Art. 2 Abs. 2 GG 124

Ergebnis **125**

Zweiter Teil

Die Reichweite des Tötungsverbotes aus Art. 2 Abs. 1 Satz 2 EMRK

Einführung **126**

Kapitel 1

Der Begriff der absichtlichen Tötung

A. Das Merkmal „absichtlich“ 126
B. Maßgeblichkeit der deutschen Übersetzung 127
C. Die Bedeutung des Begriffes „intentionally“ bzw. „intentionellement“ 128

I. Grammatikalische Auslegung 128
II. Die Bedeutung der Begriffe in der englischen und französischen Rechtssprache 129

1. Die Auffassungen Jeschecks und Fristers 129
2. Analyse des englischen und französischen Rechts 129
3. Nationale Rechtsordnungen und Auslegung der Konvention 131

Ergebnis 133

III. Systematische und teleologische Begriffsbestimmung 133
IV. Die Rechtsprechung der Kommission 135
V. Die Rechtsprechung des EGMR 136

Kapitel 2

Die verteidigungsfähigen Rechtsgüter gemäß Art. 2 Abs. 2 lit. a EMRK

A. Das Merkmal „person“ bzw. „personne“ 138
B. Das Erfordernis der „unlawful violence“ bzw. „violence illégitime“ 139
C. Rechtswidrige Gewaltanwendung gegen die „person“ bzw. „personne“ 141
D. Systematische und teleologische Auslegung 143

I. Sinn und Zweck der Konvention 144
II. Ausräumung des Wertungswiderspruches zwischen lit. a und lit. b des Art. 2 Abs. 2 EMRK 146
III. Die Rechtsprechung der Kommission zu Art. 2 Abs. 2 EMRK 147

Ergebnis 148

Dritter Teil

Das Problem des personalen Anwendungsbereiches des Art. 2 Abs. 1 Satz 2 EMRK

Einführung **149**

Kapitel 1

Die Diskussion in der strafrechtlichen Literatur

A. Unmittelbare Drittwirkung des Art. 2 Abs. 1 Satz 2 EMRK 151

I. Diskussionsstand 151
II. Würdigung 154

B. Mittelbare Drittwirkung des Art. 2 Abs. 1 Satz 2 EMRK 157

I. Beeinflussung des Notwehrrechtes durch eine „Ausstrahlungswirkung“ von Art. 2 Abs. 2 lit. a EMRK 157
II. Die Konventionsrechte als Elemente objektiver Ordnung 158

1. Die Auffassung Glatzels 159
2. Die Auffassung Weidmanns 160

III. Folgerungen im Hinblick auf die Notwehrfrage 161

C. Schutzpflichten aus Art. 2 Abs. 1 Satz 1 EMRK 162

I. Die Ansichten Woesners und Fristers 163
II. Reichweite der Schutzpflichten und abwehrrechtlicher Schutzbereich 164
III. Das Regelungsermessen der Mitgliedsstaaten 165

D. Notwehreinschränkung unabhängig von der Drittwirkungsfrage ? 166

I. Die Ansicht Marxens 166
II. Die Kritik Fristers 167
III. Eigene Würdigung 167

Kapitel 2

Berücksichtigung des Art. 2 Abs. 2 lit. a EMRK durch die Rechtsprechung

A. Das Urteil BVerwG NJW 1974, S. 1343 168
B. Das Urteil OLG Köln OLGSt. 1964-1982, § 32 S. 1 168
C. Würdigung 169

Kapitel 3

Der Fall Young, James & Webster vor den Straßburger Organen

A. Das Verfahren vor Kommission und Gerichtshof ... 170

I. Die Stellungnahme der Kommission ... 171
II. Das Urteil des EGMR ... 171

B. Die Problematik der Entscheidung ... 172
C. Bisherige Stellungnahmen zum Urteil Young, James & Webster ... 173

I. Die Deutung Murswiecks ... 173
II. Weitere Stellungnahmen aus dem Schrifttum ... 175

D. Eigene Würdigung der Rechtssache ... 177

I. Die Äußerungen von Kommission und Gerichtshof zu den Grundsätzen der Staatenverantwortlichkeit im Fall Young, James & Webster ... 177
II. Bezugnahmen auf das Urteil Young, James & Webster in der späteren Rechtsprechung der Straßburger Organe ... 181
III. Abschließende Würdigung der untersuchten Rechtsprechung ... 184

E. Folgerungen aus der Straßburger Rechtsprechung im Hinblick auf die Notwehrproblematik ... 186
F. Die Bestimmung des Kernbereichs von Art. 2 Abs. 1 Satz 2 EMRK ... 186

I. Das Urteil Winterwerp ... 187
II. Spezifische Probleme bei der Bestimmung eines Kernbereichs des Rechtes auf Leben ... 189
III. Die Besonderheiten des Art. 2 EMRK ... 189
IV. Folgerungen im Hinblick auf den Kernbereich des Rechtes aus Art. 2 Abs. 1 Satz 2 EMRK ... 191

Ergebnis ... 191

Vierter Teil

Ergebnis und Konsequenzen

Kapitel 1

Die Wirksamkeit von § 32 StGB

A. Das Gebot der verfassungskonformen Auslegung ... 192

I. Korrektur auf Tatbestandsseite 193
II. Korrektur auf Rechtsfolgenseite 193

1. Strafpflichten der Mitgliedsstaaten aus Art. 2 EMRK 193

a. Der Fall X und Y gegen die Niederlande 194
b. Folgerungen aus dem Urteil für die Pflicht zur Bestrafung von Notwehrüberschreitungen im Bereich des Sachgüterschutzes 196

2. § 32 StGB als bloßer Schuld- bzw. Strafausschließungsgrund ? 197
3. Bloßer Strafunrechtsausschluß durch § 32 StGB 199

a. Die Lehre von der Strafrechtswidrigkeit 199
b. Konsequenzen für die Beurteilung der Verfassungsmäßigkeit des § 32 StGB 200
c. Kritik an der Lehre von der Strafrechtswidrigkeit 200

B. Ipso iure Nichtigkeit verfassungswidriger Gesetze ? 204
C. Die Entscheidung des BVerfG 205

I. Das Problem der Teilnichtigkeit 205
II. Weitere Entscheidungsmöglichkeiten 208

Ergebnis 210

Kapitel 2
Die Strafbarkeit des Notwehrübenden nach einer Neuregelung des Notwehrrechtes

A. Die Ansicht Montenbrucks 210
B. Würdigung der Ansicht Montenbrucks 212
C. Abschließende Bemerkungen zur Strafbarkeit des Notwehrübenden in Fällen lebensgefährlicher Sachwehr 214

Zusammenfassung 217
Literaturverzeichnis 221
Abkürzungsverzeichnis 253

Einleitung

Die Tendenzen zur Einschränkung des Notwehrrechts und Art. 2 Abs. 2 lit. a EMRK

Die Geschichte des Notwehrrechts in seiner heutigen Gestalt beginnt mit dem Inkrafttreten des preußischen Strafgesetzbuches im Jahre 1851.[1] Dessen Notwehrregelung wurde 1871 unverändert als § 53 im Reichsstrafgesetzbuch übernommen und ist seitdem nur sprachlich, nicht aber inhaltlich aktualisiert worden.[2] Während frühere Regelungen wie die Art. 139 f. CCC oder die §§ 517 ff. prALR noch Angriffe auf Leib und Leben voraussetzten oder die Notwehrbefugnisse durch den Grundsatz der Angemessenheit eingrenzten, war die gesetzliche Konzeption des noch heute geltenden Notwehrrechts von einer beachtlichen Schärfe und Rigidität.[3] Da unter das Merkmal des Angriffs jede unmittelbare Gefährdung oder begonnene Verletzung eines rechtlich anerkannten Zustandes oder Interesses fällt[4], ist der Kreis der notwehrfähigen Güter denkbar weit gezogen. Unstreitig umfaßt er alle absoluten Individualrechtsgüter wie Leib, Leben, Ehre und Freiheit[5], selbst das Vermögen als ganzes soll notwehrfähig sein[6], die Grauzone beginnt erst bei vertraglichen Forderungsrechten[7] und der Frage, ob auch gegen ein Unterlassen Notwehr geübt werden darf.[8] Art und Stärke der zulässigen Verteidigung sind nur durch das Kriterium der Erforderlichkeit begrenzt, d.h. der Angreifer hat die Anwendung des mildesten Mittels zu dulden, das geeignet ist, die Rechtsgutsbedrohung oder -verletzung sicher zu beenden.[9] Auf eine Proportionalität zwischen den widerstreitenden Rechtsgütern kommt es demgegenüber nicht an.[10] Nach der gesetzlichen Konzeption des Notwehrrechtes dürfen demnach selbst geringste Werte mit den einschneidensten Mitteln verteidigt werden. Als beispielhaft kann ein vom *Reichsgericht* entschiedener Fall gelten, in dem der Eigentümer von Obstbäumen einen Mann, der einige Früchte

---

[1] SK-*Günther*, § 32, Rdn. 5.

[2] LK-*Spendel*, § 32 vor Rdn. 1.

[3] Vgl. SK-*Günther*, § 32 Rdn. 4 f.

[4] *Hippel*, JW 1924, S. 203; *Mezger*, Allgemeiner Teil, S. 233; unter Beschränkung auf Angriffe durch Menschen: RGSt 6, 576 (577); *Welzel*, Das deutsche Strafrecht, S. 84; *Baumann/Weber/Mitsch*, Allgemeiner Teil, S. 313; *Jescheck/Weigend*, Allgemeiner Teil, S. 339.

[5] Vgl. LK-*Spendel*, § 32 Rdn. 164 ff.

[6] *Lampson*, Feststellung des Notwehrgebiets, S. 36.

[7] *Jaeger*, Das Anwendungsgebiet der Notwehr (§ 227 und § 859 B.G.B.), S. 67; *Schmitz*, Schutzobjekte der Notwehr, S. 33; *Sommerfeld*, Ist Notwehr zur Verteidigung sämtlicher Rechtsgüter zulässig ?, S. 52.

[8] Dagegen RGSt 19, 298 (299); *Schleifenbaum*, Begriff und Bedeutung des gegenwärtigen rechtswidrigen Angriffs, S. 45; *Mayer*, Allgemeiner Teil, S. 203; dafür *Bar*, Gesetz und Schuld im Strafrecht, S. 147; *Schmidt*, Grundriß des deutschen Strafrechts, S. 119 (Fn. 1).

[9] Dazu *Kühl*, Jura 1993, S. 120; BGH NJW 1989, S. 3027; *Otto*, Allgemeiner Teil, S. 106.

[10] RGSt 69, 308 (310); BGH GA 1968, S. 183; BayObLG NJW 1963, S. 825; *Bockelmann*, Allgemeiner Teil, S. 93 f.; LK-*Spendel*, § 32 Rdn. 224.

gestohlen hatte, mit einem Schuß aus seiner Schrotflinte an der Flucht hinderte und erheblich verletzte. Sowohl die Staatsanwaltschaft als auch das Reichsgericht gingen von einer Lebensgefahr durch den Schrotschuß aus. Zu dem Einwand der Staatsanwaltschaft, der Angeklagte habe das Maß der Abwehr nicht eingehalten, führte das Gericht Folgendes aus:

„Nur vereinzelt wird die Meinung vertreten, das Maß für den Umfang der Abwehrbefugnisse sei nicht ausschließlich aus der Stärke des Angriffs einerseits und den dem Verteidiger zu Gebote stehenden Abwehrmittel ander[er]seits zu bestimmen, vielmehr ergebe sich eine Beschränkung in der Ausübung der Notwehr auch daraus, daß zur Erhaltung eines geringfügigen Gutes für den Berechtigten nicht ein wertvolleres Gut des Angreifers geopfert werden dürfe. Damit wäre die Notwehr, sobald sie durch Angriffe auf Leib und Leben geübt werden müßte, dem Diebe gegenüber regelmäßig überhaupt ausgeschlossen. Indes kann eine derartige Rücksicht auf die Verhältnismäßigkeit der Güter unmöglich da gerechtfertigt sein, wo das Recht im Kampf gegen das Unrecht geschützt werden soll; hier dem Verteidiger zuzumuten, bei der Wahrung seiner Rechte darauf zu achten, daß er dem widerrechtlicht angreifenden Gegner keinen Schaden zufügt, der höher bewertet wird, als der ihm selbst aus dem rechtswidrigen Angriffe drohende, ist nicht anhängig."[11]

Dieser Wandel des Notwehrrechts rührte vom Übergang vom absoluten, auf das staatliche Gewaltmonopol pochenden Etatismus zum liberalen, die Freiheitsrechte des einzelnen betonenden Staatsdenken her.[12] Im Urteil des Reichsgerichts schlägt sich die noch heute geläufige Formel „Das Recht braucht dem Unrecht nicht zu weichen"[13] nieder, in der das liberalistische Menschenbild des 19. Jahrhunderts zum Ausdruck kommt, das den Menschen als autonomes, in sich geschlossenes, jede Einwirkung von außen ablehnendes Individuum verstand. Wurde schon im Deutschen Reich vereinzelt die „Totschlagsmoral"[14] des Notwehrrechtes kritisiert, so muß die zitierte Entscheidung unter der Herrschaft des Grundgesetzes, mit dem der Wandel vom „Nachtwächterstaat" zum Sozialstaatsdenken und der werteorientierten Gesellschaft vollzogen wurde, auf um so größeres Unverständnis stoßen. Eine Gemeinschaft, die die Menschenwürde als oberstes Konstitutionsprinzip an die Spitze ihrer Verfassung stellt und in der dem einzelnen auch die Hinnahme eines Mindestmaßes an Zumutungen im Interesse des „Sich Er- und Vertragens aller"[15] abverlangt wird, kann einer rücksichts- und bedingungslosen Durchsetzung von Individualinteressen bis hin zur Vernichtung eines Menschenlebens für eine Handvoll Äpfel nicht gleichgültig gegenüberstehen.

---

[11] RGSt 55, 82 (85 f.).

[12] SK-*Günther*, § 32 Rdn. 5.

[13] Geprägt von *Berner*, Archiv des Criminalrechts 1848, S. 557.

[14] So *Geyer* in: *Holtzendorff* (Hrsg.), Hanbuch des deutschen Strafrechts Bd. 4, S. 94.

[15] *Häberle*, Das Menschenbild im Verfassungsstaat, S. 87; *ders.* Kommentierte Verfassungsrechtsprechung, S. 438 ff.

So zeichnete sich vor allem zu Beginn der fünfziger Jahre in Literatur und Rechtsprechung die Tendenz ab, die weitreichenden Notwehrbefugnisse trotz des unveränderten Gesetzeswortlauts einzuschränken.[16] *Jescheck* bezeichnete die moderne Entwicklung des Notwehrrechtes als die Geschichte seiner sozialethisch bedingten Einschränkungen.[17] Zur Rechtfertigung von Notwehreinschränkungen über den Wortlaut des § 32 Abs. 2 StGB hinaus wurden das Merkmal des Gebotenseins in Absatz 1 der Vorschrift[18], der Gedanke des Rechtsmißbrauchs[19], das Gebot der Mindestsolidarität[20] sowie das Verhältnismäßigkeitsprinzip[21] und die Grundgedanken der Notwehr[22] herangezogen. Diesbezüglich bildeten sich verschiedene Fallgruppen heraus. So soll bei verschuldeter oder provozierter Notwehrlage, im Rahmen besonderer Gemeinschaftsverhältnisse, sowie gegen Angriffe schuldlos handelnder Personen und bei krassem Mißverhältnis der kollidierenden Rechtsgüter kein unbeschränktes Notwehrrecht mehr bestehen.[23] Im Rahmen dieser Abhandlung soll allein die letzte Fallgruppe von Bedeutung sein, und zwar unter dem Aspekt des Sachgüterschutzes. Die ganz herrschende Auffassung in der Literatur und die Rechtsprechung sind der Ansicht, daß hier keine unbeschränkten Notwehrbefugnisse bestehen können. Nur vereinzelt wird noch die Ansicht vertreten, daß jeder auch noch so geringe Vermögenswert mit jedem erforderlichen Mittel verteidigt werden darf.[24] Unterschiedlich beurteilt wird jedoch der Umfang der gebotenen Einschränkungen. Teilweise wird vorgebracht, daß zumindest die gezielt vorsätzliche Tötung zur Verteidigung von Sachgütern unzulässig sei[25], vereinzelt wird sogar vorgeschlagen, die tödliche Sachwehr grundsätzlich als rechtswidrig anzusehen.[26] Überwiegend geht man jedoch davon aus, daß schwere Körperverletzungen oder Tötungen auch zur Verteidigung von Sachgütern grundsätzlich von § 32 StGB erfaßt werden. Ausnahmen sollen nur bestehen, sofern das Vermögensinteresse einen gewissen Wert nicht übersteigt. Die Auffassungen darüber, in welchem Bereich diese Grenze

---

[16] *Bitzilekis*, Einschränkung des Notwehrrechts, S. 17.

[17] *Jescheck*, Allgemeiner Teil (4. Auflage, Berlin 1988), S. 209.

[18] *Focke*, Notwehr in Lehre und Rechtsprechung, S. 48; *Himmelreich*, GA 1966, S. 129 ff.; *Tröndle/Fischer*, § 32, Rdn. 18.

[19] So BGHSt 24, 356 (359); BGHSt 26, 143 (146); BGH MDR 1954, S. 335; *Roxin*, NJW 1972, S. 1821; *Schröder*, JuS 1973, S. 153.

[20] *Kratzsch*, JuS 1975, S. 440; *Rudolphi*, JR 1991, S. 212; *Kühl*, Allgemeiner Teil, S. 209.

[21] *Krey*, JZ 1979, S. 713; *Bernsmann*, ZStW 104 (1992), S. 308.

[22] *Bitzilekis*, Einschränkung des Notwehrrechts, S. 104 ff.; *Otto*, Würtenberger-FS, S. 138; NK-*Herzog* § 32 Rdn. 99; SchSch-*Lenckner*, § 32 Rdn. 43.

[23] Vgl. SK-*Günther*, § 32 Rdn. 110 ff.

[24] *Baumann/Weber/Mitsch*, Allgemeiner Teil, S. 323; tendenziell auch LK-*Spendel*, § 32 Rdn. 320.

[25] *Lange*, JZ 1976, S. 548; ähnlich *Roxin*, wenn auch unter dem Gesichtspunkt der Erforderlichkeit, Allgemeiner Teil, S. 588.

[26] Vor allem *Bernsmann*, ZStW 104 (1992), S. 323; vgl. aber auch *Schwabe*, Die Notrechtsvorbehalte des Polizeirechts, S. 34; für die Nothilfe: *Seelmann*, ZStW 89 (1977), S. 60.

anzusetzen ist, gehen wiederum auseinander. Das *LG München I* [27] verneinte eine Befugnis zur tödlichen Verteidigung, da die Sachwerte „weder besonders wertvoll noch unersetzbar" waren. In diese Richtung gehen auch die Ansichten, die eine gravierende Vermögenseinbuße voraussetzen.[28] Überwiegend werden Einschränkungen jedoch nur unter engeren Voraussetzungen zugelassen. Es müsse sich um geringwertige, unbedeutende oder geringfügige Sachwerte handeln.[29] Feste Grenzwerte oder verläßliche normative Maßstäbe zur Geringwertigkeit haben sich dabei jedoch noch nicht herausgebildet.[30] Nicht selten wird auch darauf aufmerksam gemacht, daß die Grenze relativ im Hinblick auf die Vermögensverhältnisse des Angegriffenen zu bestimmen sei.[31] Beispiele aus der Rechtsprechung, in denen eine rechtfertigende Notwehr aus Gründen der Geringwertigkeit des verteidigten Vermögensinteresses verneint wurde, zeigen jedoch, daß Einschränkungen wegen grober Disproportionalität der konfligierenden Rechtsgüter nur in beinahe schon skurill anmutenden Fällen Platz greifen und im alltäglichen Leben wohl kaum von Bedeutung sein werden. So wurde die Sicherung eines Pfirsischbaums mittels einer tödlich wirkenden elektrischen Anlage[32], der tödliche Schuß auf einen mit einer Sirupflasche im Wert von 0,10 DM flüchtenden Dieb[33], die Verteidigung des Pfandrechts an einem Huhn durch Axthiebe auf den Hinterkopf des Angreifers[34], sowie die Drohung eines Grundstückeigentümers, mit Hunden und Schußwaffen gegen Wanderer vorzugehen[35], als nicht gerechtfertigt angesehen. Zusammenfassend ist also festzustellen: Daß auch bei der Verteidigung bloßer Vermögenswerte gar keine Einschränkungen zu machen seien, wird kaum noch vertreten. Trotzdem bleibt es jedoch dabei, daß der Notwehrübende grundsätzlich auch zu lebensgefährlichen Mitteln greifen darf.[36] Zwar gibt es nach h.M. einen Randbereich unzulässiger Sachwehr; dieser ist jedoch denkbar gering und umfaßt nur Fälle krasser Disproportionalität.

---

27 LG München I, JZ 1988, S. 565; ablehnend *Schroeder*, JZ 1988, S. 568; sowie *Beulke*, Jura 1988, S. 644 und *Puppe*, JZ 1989, S. 728.

28 *Krey*, JZ 1979, S. 1979; *Montenbruck*, JZ 1985, S. 117.

29 *Roxin*, Allgemeiner Teil, S. 589 f.; BGH MDR 79, S. 985; SK-*Günther*, § 32 Rdn. 110; SchSch-*Lenckner*, § 32 Rdn. 50; *Jescheck/Weigend*, Allgemeiner Teil, S. 348.

30 So auch *Montenbruck*, JR 1985, S. 117.

31 SchSch-*Lenckner*, § 32 Rdn. 50.

32 OLG Braunschweig, MDR 1947, S. 205.

33 OLG Stuttgart, DRZ 1949, S. 42.

34 BayObLG NJW 1965, S. 163.

35 BGH MDR 1956, S. 372.

36 Siehe z.B. BGH StV 1982, S. 219; LG München I, JZ 1988, S. 565; *Schaffstein*, MDR 1952, S. 134; *Renzikowski*, Lenckner-FS, S. 312; *Kühl*, Jura 1993, S. 58; *Haft*, Allgemeiner Teil, S. 87; SK-*Günther*, § 32 Rdn. 115; *Roxin*, Allgemeiner Teil, S. 589 f.; SchSch-*Lenckner*, § 32 Rdn. 50.

Zu Beginn der fünfziger Jahre ist die Diskussion um die Rechtmäßigkeit tödlichen Sachgüterschutzes um einen neuen Aspekt erweitert worden. Art. 2 Abs. 2 lit. a der Europäischen Menschenrechtskonvention bestimmt, daß eine absichtliche Tötung nur zur Verteidigung eines Menschen gegen rechtswidrige Gewaltanwendung zulässig ist. Die Konvention wurde auch von Deutschland ratifiziert und durch das Zustimmungsgesetz vom 7.8.1952[37] in innerstaatliches Recht umgesetzt. Daraus wurde vielfach geschlossen, daß die lebensgefährliche Verteidigung zum Schutze von Sachgütern nun auch in Deutschland unzulässig sei.[38]

Überwiegend wurde eine solche Folgerung jedoch abgelehnt.[39] Einer Einschränkung durch die Menschenrechtskonvention wurde im wesentlichen entgegengehalten, daß sich die Regelung nur auf das Verhältnis zwischen Staat und Bürger auswirke und die Notwehrbefugnisse Privater unberührt lasse, lediglich direkt vorsätzliche Tötungen erfasse oder die lebensgefährliche Sachwehr überhaupt nicht verbiete. Teilweise wurde auch darauf abgestellt, daß eventuelle Einschränkungen durch die Neubekanntmachung des § 32 StGB in inhaltlich unveränderter Form jedenfalls wieder rückgängig gemacht worden seien, da die EMRK nicht gesetzesfest sei.

Diese Einwände und die Frage ihrer Berechtigung sind Gegenstand der vorliegenden Abhandlung. In einem ersten Schritt wird auf die Art und Weise der innerstaatlichen Geltung der EMRK eingegangen, um festzustellen, inwieweit die Neufassung des § 32 StGB einer Einschränkung entgegenstehen könnte. Daraufhin wird erörtert, welche Grenzen Art. 2 Abs. 2 lit. a EMRK dem staatlichen Individualgüterschutz setzt. Im Rahmen der Untersuchung des personalen Anwendungsbereiches der Menschenrechtskonvention ist schließlich zu prüfen, ob und inwieweit diese Schranken auch auf das private Notwehrrecht übertragen werden können. Abschließend wird untersucht, welche Konsequenzen sich aus den bis dorthin zu treffenden Feststellungen für die Strafbarkeit des Notwehrübenden ergeben.

---

[37] BGBl. 1952 II, S. 685 und 953.

[38] So *Echterhölter*, JZ 1956, S. 143; *Himmelreich*, GA 1966, S. 133; *Guradze*, EMRK, S. 49; *Stratenwerth*, Allgemeiner Teil, S. 183; *Dahm*, Völkerrecht Bd. I (Stuttgart 1958), S. 432 (Fn. 23); *Maunz/Dürig* (*Dürig*), Art. 1 Abs. I, Rdn. 62; *Schorn*, EMRK, S. 83; *Schuhmacher*, Die Polizei 1974, S. 259, Fn. 25; *Heinsius*, Die moderne Entwicklung des Notwehrrechtes, S. 26; *Krüger*, NJW 1970, S. 1484; *Woesner*, NJW 1961, S. 1384; *Frister*, GA 1985, S. 565.

[39] SchSch-*Lenckner*, § 32 Rdn. 62; LK-*Spendel*, § 32 Rdn. 258; *Dreher/Tröndle*, § 32 Rdn. 21; *Welzel*, Das deutsche Strafrecht, S. 86; *Jakobs*, Allgemeiner Teil, S. 397; *Schmidhäuser*, Allgemeiner Teil, S. 343; *Blei*, Allgemeiner Teil, S. 147 f.; Gutachten-BJM, Niederschriften II, Anh. 26, S. 79 ff.; *Bockelmann*, Engisch-FS, S. 456 ff.; *Krey*, JZ 1979, S. 708; *Partsch* in: *Bettermann/Nipperdey/Scheuner*, Die Grundrechte Bd. I/1, S. 336 f.; *Glatzel*, Die Einwirkung der EMRK, S. 122; SK-*Günther*, § 32 Rdn. 117; *Roxin*, aaO, S. 588; NK-*Herzog*, § 32 Rdn. 94; *Lenckner*, GA 1968, S. 6 (Fn. 20).

Erster Teil

Das Problem der innerstaatlichen Anwendbarkeit der EMRK und des § 32 StGB als lex posterior

Einführung

Die Europäische Menschenrechtskonvention wurde als völkerrechtlicher Vertrag geschlossen. Ist die Bundesrepublik damit auch völkerrechtlich verpflichtet, die dort niedergelegten Rechte und Freiheiten einzuhalten, so folgt daraus noch nicht ohne weiteres, daß ein konventionswidriger Akt der deutschen Gesetzgebung, Rechtsprechung oder Verwaltung innerstaatlich als rechtswidrig anzusehen wäre. Dies ist auf das Verhältnis zwischen Völkerrecht und innerstaatlichem Recht zurückzuführen. Ist eine Regelung völkerrechtlich verbindlich, so bedarf es darüber hinaus noch eines innerstaatlichen Aktes, um ihr auch im Rahmen der nationalen Rechtsordnung Wirksamkeit zu verschaffen. In bezug auf völkerrechtliche Verträge wird dieser Akt grundsätzlich in dem Zustimmungsgesetz gemäß Art. 59 Abs. 2 GG gesehen, so daß vertragliche Regelungen in der Bundesrepublik nach der „Transformation" in innerstaatliches Recht ihre innerstaatliche Geltung im Range eines einfachen Bundesgesetzes entfalten.[40] Mit Wirksamwerden des Vertragsgesetzes werden demnach entgegenstehende einfachgesetzliche Bestimmungen nach der lex posterior-Regel abbedungen[41], das Vertragsgesetz unterliegt dieser Kollisionsregel jedoch konsequenterweise selbst auch wieder[42], so daß es der Gesetzgeber in der Hand hat, durch Erlaß späterer Gesetze innerstaatlich einen völkerrechtswidrigen Zustand zu schaffen. Dies gilt nach herrschender Auffassung auch für die Menschenrechtskonvention.[43] Hinsichtlich der hier zu erörternden Notwehrfrage stellt sich demnach folgendes Problem: Mag das Zustimmungsgesetz zur EMRK das in § 53 a.F. StGB niedergelegte Notwehrrecht auch abgeändert haben, so wäre durch die Neubekanntmachung des § 32 StGB im Rahmen der Strafrechtsreform von 1975 jedenfalls wieder der alte Rechtszustand hergestellt worden. Folgerichtig wurde eine Einschränkung der Notwehrbefugnisse Privater durch die Menschenrechtskonvention von einigen Autoren schon allein aus diesem Grund abgelehnt.[44] Andere wieder-

---

[40] BVerwGE 47, 365 (378 f.); BVerfGE 1, 396 (411); *Jarass/Pieroth*, Art. 59 Rdn. 17; *v. Münch/Kunig* (*Rojahn*), Art. 59 Rdn. 37.

[41] Vgl. nur BGHZ 26, 200 (202); OLG Bremen, NJW 1962, S. 1735; FG Hamburg, RiW 1987, S. 482; *v. Münch/Kunig* (*Rojahn*), aaO.

[42] *v. Münch/Kunig* (*Rojahn*), aaO; speziell für die EMRK *Echterhölter*, JZ 1955, S. 690.

[43] Vgl. z.B. *Kraus*, JiR 11 (1962) = Laun-FS, S. 227; AK-*Zuleeg*, Art. 25 Rdn. 8; *Jarass/Pieroth*, aaO; *Ingersleben*, Rang und Geltung der EMRK, S. 57; *Hodler*, Die EMRK und das Bonner Grundgesetz, S. 69.

[44] *Geilen*, Jura 1981, S. 378; *Krey*, JZ 1979, S. 708; wohl auch *Jakobs*, Allgemeiner Teil, S. 397, der den Umstand, daß seit der Strafrechtsreform 1975 nunmehr § 32 StGB als lex posterior an-

um stellten sich auf den Standpunkt, daß die Neufassung des Notwehrrechts dessen Abänderung aufgrund der Teilhabe der Bundesrepublik an der EMRK nicht entgegensteht, obgleich dieser innerstaatlich nur der Rang eines einfachen Gesetzes zukommt.[45] Diese Ansichten sind zunächst einer kritischen Würdigung zu unterziehen.

Kapitel 1

Lösung des lex posterior-Problems unter Zugrundelegung eines Gesetzesranges der EMRK

Während sich eine wachsende Zahl von Autoren für einen Übergesetzesrang der EMRK ausspricht[46], versuchten andere, das lex posterior-Problem der herrschenden Meinung selbst unter der Vorannahme zu lösen, daß die Menschenrechtskonvention innerstaatlich lediglich im Range eines einfachen Bundesgesetzes gilt.[47]

A. Lösung des lex posterior-Problems über die Völkerrechtsfreundlichkeit des Grundgesetzes

Geht man den Text der Verfassung einmal durch, so stellt man fest, daß sie an vielen Stellen Bezüge zum Völkerrecht oder der internationalen Staatengemeinschaft enthält. So gewährt Art. 25 GG den allgemeinen Regeln des Völkerrechts einen innerstaatlichen Rang über den einfachen Gesetzen. Art. 26 Abs. 1 GG enthält das Verbot des Angriffskriegs. Durch Art. 9 Abs. 2 GG werden Vereinigungen, die sich gegen den Gedanken der Völkerverständigung richten, für verboten erklärt. Die Präambel stellt das Gebot auf, dem Frieden in der Welt zu dienen und in Art. 1 Abs. 2 GG bekennt sich das deutsche Volk zu unverletzlichen und unveräußerlichen Menschenrechten als Grundlage jeder menschlichen Gemeinschaft, des Friedens und der Gerechtigkeit in der Welt. Schließlich verpflichtet Art. 24 Abs. 3 GG den Bund zum Beitritt zu einer internationalen Schiedsgerichtsbarkeit. Daraus wurde gefolgert, daß sich Deutschland mit dem Grundgesetz von nationaler Rechtsautarkie abgewandt und für eine „offene Staatlichkeit“[48] entschlossen hat. Mittlerweile ist

---

zusehen ist, zum Anlaß nimmt, einer stärker auf „innerstaatliches Recht gerichtete Interpretation“ des Art. 2 Abs. 2 lit. a EMRK zu fordern.

[45] *Frister*, GA 1985, S. 564; *Kühl*, ZStW 100 (1988), S. 410.

[46] Vgl. vor allem die in Teil 1 Kapitel 2 besprochenen Autoren.

[47] *Frister*, GA 1985, S. 564; *Kühl*, ZStW 100 (1988), S. 410.

[48] So *Vogel*, Die Verfassungsentscheidung des Grundgesetzes für eine internationale Zusammenarbeit, S. 42.

die daraus abgeleitete Völkerrechtsfreundlichkeit des Grundgesetzes in Literatur und Rechtsprechung auf breiter Basis anerkannt.[49]

I. Bindung des Gesetzgebers aufgrund des Grundsatzes der Völkerrechtsfreundlichkeit

Bleckmann warf nun die Frage auf, ob Gesetze, die innerstaatlich umgesetzte Vertragsinhalte abbedingen, nicht gegen den Grundsatz der Völkerrechtsfreundlichkeit verstoßen und damit nichtig sind.[50] In einer späteren Abhandlung ging er davon aus, daß sich aus den Art. 59 Abs. 2, 25 und 100 Abs. 2 GG, die einen Gleichklang der innerstaatlichen Rechtsordnung mit dem Völkerrecht bezwecken, das Ziel des Grundgesetzes ableiten lasse, die volle Durchsetzung des Völkerrechts im innerstaatlichen Raum zu bewirken. Aus dem Grundsatz der Völkerrechtsfreundlichkeit sei daher letztlich ein Verfassungsrang völkerrechtlicher Verträge abzuleiten.[51]

Fraglich erscheint jedoch, ob sich aus der Erkenntnis, daß es sich beim Grundgesetz um eine völkerrechtsfreundliche Verfassung handelt, derart weitgehende Rechtsfolgen ableiten lassen. Geht man mit der überwiegenden Ansicht davon aus, daß der Grundsatz der Völkerrechtsfreundlichkeit Bestandteil der Verfassungsrechtsordnung ist[52], so erscheint es zunächst folgerichtig, an einen diesbezüglichen Verstoß einfacher Gesetze, die im Rang unter der Verfassung stehen, die Sanktion der Nichtigkeit zu knüpfen. Allerdings ist zu bedenken, daß nicht alle Sätze der Verfassung gleicher Art und gleichen Ranges sind.[53]

1. Die Normative Kraft des Grundsatzes und die Methode seiner Gewinnung

Bei der Bestimmung von Reichweite und normativer Kraft des Grundsatzes der Völkerrechtsfreundlichkeit ist zum einen die Methode seiner Gewinnung zu berücksichtigen. Diese erfolgte, wie oben[54] bereits gezeigt, in Zusammenschau der

---

[49] Vgl. *Stern*, Staatsrecht I, S. 475 f.; *Sternberg*, Der Rang von Menschenrechtsverträgen, S. 188; *Geiger*, Grundgesetz und Völkerrecht, S. 210; *Tomuschat*, VVdtStRL 36 (1978), S. 18; *Seibert*, Hirsch-FS, S. 525 f.; *v. Münch/Kunig* (*Rojahn*), Art. 24 Rdn. 1 ff.; *Bleckmann*, Grundgesetz und Völkerrecht, S. 298 ff.; sowie BVerfGE 6, 309 (362); BVerfGE 18, 112 (121); BVerfGE 31, 58 (75).

[50] *Bleckmann*, DÖV 1979, S. 314.

[51] *Ders.*, DÖV 1996, S. 140 ff.

[52] So ausdrücklich *Sternberg*, Der Rang von Menschenrechtsverträgen, S. 189.

[53] *Stern*, Staatsrecht I, S. 113.

[54] Erster Teil, Kapitel 1, A.

Textstellen des Grundgesetzes, die sich mit dem Völkerrecht beschäftigen und ihm gegenüber eine offene Grundhaltung signalisieren. Dieses Verfahren der Herausarbeitung eines gemeinsamen Grundgedankens mehrerer Vorschriften läßt sich als Induktion bezeichnen.[55] Es dient der Auffindung eines inneren Systems, anhand dessen auftauchende Wertungswidersprüche beseitigt und Einheit sowie Folgerichtigkeit einer Rechtsordnung gewahrt werden können.[56] Daraus ergibt sich jedoch auch, daß der Anwendungsbereich von Rechtsgrundsätzen, die mit Hilfe der induktiven Methode gewonnen worden sind, durch gegenläufige Gesetzesbestimmungen und Prinzipien eingeschränkt ist.[57] Somit ist zu untersuchen, ob der Ableitung einer Bindung des einfachen Gesetzgebers an völkerrechtliche Verträge aus dem Grundsatz der Völkerrechtsfreundlichkeit nicht andere Verfassungsrechtssätze oder die Systematik der Verfassung überhaupt entgegenstehen.

Die Problematik des Dualismus von Völkerrechtsordnung und innerstaatlichem Recht, sowie die damit verbundene Umsetzungsbedürftigkeit völkerrechtlicher Regelungsgehalte wurden vom Verfassungsgeber erkannt. Daher ordnete er an, daß die „allgemeinen Regeln des Völkerrechtes" gemäß Art. 25 GG mit Übergesetzesrang in die deutsche Rechtsordnung integriert werden. Anhaltspunkte dafür, daß auch das kontraktuelle Völkerrecht von dieser Regelung erfaßt sein sollte, bestehen dabei nicht.[58] Vielmehr ging man davon aus, daß dessen Umsetzung traditionsgemäß durch die Zustimmung zum Vertragsschluß in Gesetzesform gemäß Art. 59 Abs. 2 GG erfolgen sollte.[59] Somit wurde die innerstaatliche Geltung völkerrechtlicher Normen vom Verfassungsgeber bedacht und mit den Art. 25 und 59 Abs. 2 GG geregelt. Nach eben Gesagtem bilden ausdrückliche gesetzliche Bestimmungen jedoch die Grenze für die Entfaltung des Grundsatzes der Völkerrechtsfreundlichkeit. Im Hinblick auf diese Vorschriften erscheint es somit nicht angemessen, ihm Regeln für das Verhältnis von innerstaatlichem Recht und Völkerrecht entnehmen zu wollen.

Darüber hinaus ist die Rechtsquellensystematik des Grundgesetzes zu berücksichtigen. Ihr zufolge ist der Bundesgesetzgeber nur an die Verfassung gebunden, nicht jedoch an das von ihm zuvor erlassene einfache Recht. Eine beschränkte Selbstbindung des Gesetzgebers kann somit nur durch verfassungsändernde Gesetze erreicht werden, für deren Beschluß Art. 79 Abs. 2 GG eine qualifizierte Mehrheit von zwei Dritteln der Stimmen von Bundestag und Bundesrat voraussetzt. Eine Kompetenz

---

[55] So *Canaris*, Die Feststellung von Lücken im Gesetz, S. 97.

[56] *Canaris*, aaO, S. 97.

[57] *Larenz*, Methodenlehre, S. 385; speziell für den Grundsatz der Völkerrechtsfreundlichkeit *Sternberg*, aaO, S. 192.

[58] Siehe nur die ablehnende Haltung des Abgeordneten *Schmidt*, Entstehungsgeschichte, JöR 1 (1951), S. 230.

[59] Entstehungsgeschichte aaO, S. 413 und 415.

des Gesetzgebers, sich durch die Setzung einfachen Rechts der Möglichkeit späterer Derogation zu entäußern, sieht die Verfassung nicht vor.[60] Diese Systematik wird vom Grundsatz der Völkerrechtsfreundlichkeit vorgefunden und begrenzt demnach seinen Anwendungsbereich, die durch ausdrückliche Verfassungsvorschriften vorgezeichnete Normenhierarchie darf durch ihn nicht eingeebnet werden.

2. Die Normative Kraft des Grundsatzes und seine Einordnung in eine verfassungsrechtliche Normkategorie

Eine solche Deutung steht auch im Einklang mit dem prinzipienhaften Charakter des Grundsatzes. Das „Prinzip" zeichnet sich dadurch aus, daß es weder Tatbestand noch Rechtsfolge enthält, sondern vielmehr einen Leitgedanken darstellt, dessen Inhalt durch Gesetzgeber und Rechtsprechung zu konkretisieren sind.[61] Eine Umschreibung von Tatbestand und Rechtsfolge kann der Erkenntnis, daß es sich beim Grundgesetz um eine völkerrechtsfreundliche Verfassung handelt, gerade nicht entnommen werden. Für eine Einordnung des Grundsatzes der Völkerrechtsfreundlichkeit in die Normkategorie des Prinzips[62] spricht darüber hinaus auch noch die Art und Weise seiner Gewinnung. So beschreibt *Canaris* die induktive Methode als Verfahren zur Auffindung „allgemeiner Prinzipien"[63]. *Alexy* sieht in ihnen das Gebot, ein Ziel in einem relativ zu den rechtlichen und tatsächlichen Möglichkeiten hohen Maße zu realisieren; sie seien daher als „Optimierungsgebote" anzusehen, die Grenzen ihrer Wirkkraft werden durch gegenläufige Prinzipien und Regeln bestimmt.[64] Sowohl die Einordnung des Prinzips als Optimierungsgebot als auch die als konkretisierungsbedürftiger Leitgedanke sprechen dafür, seine Inhalte über die Auslegung von Rechtssätzen mit Regelcharakter zu entfalten.[65] Auf diese Weise wird auch dem Bedürfnis der induktiven Methode, nämlich Gewährleistung der Stimmigkeit und Folgerichtigkeit der Gesamtrechtsordnung, entsprochen. Der Grundsatz der Völkerrechtsfreundlichkeit wurde dementsprechend als „verfassungsrechtliche Leitlinie"[66], „Auslegungsgrundsatz"[67] oder „dirigierender Verfas-

---

60 Vgl. auch *Sternberg*, Der Rang von Menschenrechtsverträgen, S. 191.

61 *Larenz*, Methodenlehre, S. 341; *Göldner*, Verfassungsprinzip und Privatrechtsnorm, S. 24, sowie 30 ff. und 40.

62 Zu weiteren verfassungsrechtlichen Normkategorien vgl. *Sternberg*, Der Rang von Menschenrechtsverträgen, S. 205 ff.

63 *Canaris*, Die Feststellung von Lücken im Gesetz, S. 97.

64 *Alexy*, Theorie der Grundrechte, S. 75 f.; *ders.* in: *Krawietz* u.a. (Hrsg.),Rechtstheorie Beiheft 1 (1980), S. 79 ff.

65 So im Ergebnis auch *Sternberg*, Der Rang von Menschenrechtsverträgen, S. 220

66 *Stern*, Staatsrecht I, S. 475.

67 *Geiger*, Grundgesetz und Völkerrecht, S. 210.

sungsrechtssatz“[68] angesehen. Er vermag sich somit nur im Rahmen des gesetzten Rechts zu entfalten, eine selbstständige Rechtsfolge im Sinne einer innerstaatlichen Rangerhöhung völkervertragsrechtlicher Regelungsgehalte oder einer Ausschaltung der lex posterior Regel in bezug auf Vertragssgesetze kann ihm jedoch nicht entnommen werden.

3. Die Rechtsprechung des BVerfG

Das hier gewonnene Ergebnis deckt sich auch mit der Rechtsprechung des *BVerfG*. Dieses führte zum Grundsatz der Völkerrechtsfreundlichkeit Folgendes aus:

> „Eine solche Auffassung [scil. die Ansicht, der Grundsatz der Völkerrechtsfreundlichkeit bewirke die innerstaatliche Unwirksamkeit völkerrechtswidriger Gesetze] würde verkennen, daß das Grundgesetz in seiner Völkerrechtsfreundlichkeit nicht so weit geht, die Einhaltung bestehender völkerrechtlicher Verträge durch eine Bindung des Gesetzgebers an das ihnen entsprechende Recht zu sichern. Weder zugunsten von Verträgen, deren Gegenstand der Bundesgesetzgebung unterliegt, noch zugunsten von Landesverträgen, deren Gegenstand nach dem Grundgesetz der Landesgesetzgebung unterliegt, erachtet das Grundgesetz eine verfassungsrechtliche Bindung der Gesetzgebung an das Vertragsrecht für erforderlich. Das Grundgesetz überläßt die Erfüllung der bestehenden völkerrechtlichen Vertragspflichten der Verantwortung des zuständigen Gesetzgebers. [...] Der Gesetzgeber hat also die Verfügungsmacht über den Rechtsbestand auch dort, wo eine vertragliche Bindung besteht, sofern sie nicht allgemeine Völkerrechtssätze zum Gegenstand hat.“[69]

Dieser Ansicht ist auch die ganz herrschende Meinung im Schrifttum gefolgt[70]. Es läßt sich somit festhalten, daß der Grundsatz der Völkerrechtsfreundlichkeit des Grundgesetzes eine innerstaatliche Bindung des Gesetzgebers an die Menschenrechtskonvention nicht zu begründen vermag.

II. Völkerrechtskonforme Auslegung späterer Gesetze

Damit ist dem Grundsatz der Völkerrechtsfreundlichkeit jedoch keineswegs Bedeutungslosigkeit für das lex posterior-Problem zu attestieren. Vermag er auch keine Bindung des Gesetzgebers an transformiertes Völkervertragsrecht zu bewirken, so ist er nach oben[71] Gesagtem doch in der Lage, den völkerrechtlichen Bindungen

---

[68] *Vogel*, Die Verfassungsentscheidung des Grundgesetzes für eine internationale Zusammenarbeit, S. 47; man beachte den Vorschlag *Sternbergs*, Prinzipien eine „dirigierende“ Funktion für die Verfassungsinterpretation beizumessen, aaO, S. 219 f.

[69] BVerfGE 6, 309 (363).

[70] So *Uerpmann*, Die EMRK und die deutsche Rechtsprechung, S. 112.

[71] Erster Teil, Kapitel 1, A I 2.

bei der Auslegung und Anwendung des einfachen Gesetzesrechtes Rechnung zu tragen. Sofern nachfolgendes Recht eine völkerrechtskonforme Interpretation gestattet, kann diese unter Hinweis auf die Völkerrechtsfreundlichkeit der Verfassung als verbindlich angesehen werden[72]. Dies wurde auch vom *BVerfG* bestätigt. So hieß es speziell zur Menschenrechtskonvention in einem Beschluß aus dem Jahre 1987:

„Auch Gesetze - hier die Strafprozeßordnung - sind im Einklang mit den völkerrechtlichen Verpflichtungen der Bundesrepublik Deutschland auszulegen und anzuwenden, selbst wenn sie zeitlich später erlassen worden sind als ein geltender völkerrechtlicher Vertrag; denn es ist nicht anzunehmen, daß der Gesetzgeber, sofern er dies nicht klar bekundet hat, von völkerrechtlichen Verpflichtungen der Bundesrepublik Deutschland abweichen oder die Verletzung solcher Verpflichtungen ermöglichen will."[73]

Kommt ein genereller Ausschluß der lex posterior-Regel nicht in Betracht, so findet sie zumindest solange keine Anwendung, wie der Wortlaut des späteren Gesetzes noch eine völkerrechtskonforme Auslegung zuläßt, sofern der Gesetzgeber einen entgegenstehenden Willen nicht eindeutig zum Ausdruck gebracht hat.

1. Lösung des lex posterior-Problems über eine menschenrechtskonforme Auslegung von § 32 StGB

In bezug auf die Notwehrfrage gab vor allem der zuletzt erwähnte Beschluß des *BVerfG* Anlaß, die Lösung des lex posterior-Problems in einer völkerrechtskonformen Auslegung des § 32 StGB zu erblicken. So sah sich *Kühl* zu der Aussage veranlaßt, daß Strafrechts- und Strafverfahrensrechtsänderungs- und reformgesetze die Garantien der EMRK nicht aufheben oder abschwächen können, es sei denn, der Gesetzgeber hätte klar zu erkennen gegeben, er wolle trotz Verletzung völkerrechtlicher Verpflichtungen eine von der Konvention abweichende gesetzliche Regelung schaffen. Insofern seien die Menschenrechte und Grundfreiheiten der EMRK doch „gesetzesfest".[74] Daß der Gesetzgeber bei der Neufassung des Notwehrrechts eine Konventionsverletzung nicht habe in Kauf nehmen wollen, ergebe sich dabei aus den Materialien zur Strafrechtsreform.[75] Dort heißt es:

„Durch die Wiedereinführung des Erfordernisses des Gebotenseins soll die Möglichkeit eröffnet werden, in derartigen Fällen [scil. Angriffe von Kindern und Geisteskranken, geringfügige Angriffe, Notwehrprovokation] die Rechtfertigung zu verneinen. Bedeutung kommt der beschlosse-

---

[72] *Sommermann*, AöR 114 (1989), S. 418; *Krey*, JZ 1979, S. 708; *Geiger*, Grundgesetz und Völkerrecht, S. 210.

[73] BVerfGE 74, 358 (370).

[74] *Kühl*, ZStW 100 (1988), S. 410.

[75] *Kühl*, aaO, S. 626.

nen Fassung auch im Hinblick auf Art. 2 Abs. 2 Buchstabe a der Menschenrechtskonvention zu. [...] Ob diese Konventionsbestimmung sich nicht nur an den Staat wendet, sondern innerdeutsches Recht mit Wirkung gegenüber dem einzelnen Staatsbürger ist, kann dahingestellt bleiben. Denn die Ausschußfassung ermöglicht es durchaus, jener Vorschrift Rechnung zu tragen, so daß durch sie ein innerdeutsches Recht nicht etwa geändert würde."[76]

Nach Auffassung *Kühls* sind die Strafgerichte somit nicht gehindert, Art. 2 Abs. 2 lit. a EMRK über das Merkmal der Gebotenheit bei der Anwendung des § 32 StGB zur Geltung zu bringen.[77] Ob eine innerstaatliche Fortgeltung der Konventionsregelung trotz der Neufassung des Notwehrrechtes durch das Strafrechtsreformgesetz von 1975 mit dieser Argumentation bejaht werden kann, erscheint jedoch fraglich. Wie gezeigt ist die lex posterior-Regel im Hinblick auf Vertragsgesetze nicht ausgeschlossen, ihr Anwendungsbereich wird nur durch das Gebot völkerrechtskonformer Auslegung reduziert. Damit besteht jedoch nur ein begrenzter Schutz völkerrechtskonformer Regelungen vor Derogation. Dies kommt besonders in dem Beschluß des *BVerfG* zum Eurocontrolsystem zum Ausdruck. Dort führte das Gericht Folgendes aus:

„Im Rahmen seiner Gerichtsbarkeit hat das Bundesverfassungsgericht dabei allerdings in besonderem Maße darauf zu achten, daß Verletzungen des Völkerrechts, die in einer fehlerhaften Anwendung oder Nichtbeachtung völkerrechtlicher Normen durch deutsche Gerichte liegen und eine völkerrechtliche Verantwortlichkeit der Bundesrepublik Deutschland begründen könnten, nach Möglichkeit verhindert oder beseitigt werden."[78]

Der Zusatz „nach Möglichkeit" macht deutlich, daß die Berücksichtigung des Völkerrechts bei der Rechtsanwendung nur insoweit stattfinden kann, als die Normen des innerstaatlichen Rechts, sowie die für sie geltenden Auslegungs- und Anwendungsregeln dies zulassen.[79] Dies bedeutet nichts anderes, als daß sich der völkerrechtliche Regelungsgehalt unter Anwendung der herkömmlichen Auslegungsmethoden in die jeweilige Norm integrieren lassen muß. Somit ist zu untersuchen, ob § 32 StGB dahingehend interpretiert werden kann, daß eine Tötung zur Verteidigung von Sachgütern vom Erlaubnistatbestand der Notwehr nicht erfaßt wird. Da die präzise Regelung der Notwehrvoraussetzungen in Absatz 2 der Vorschrift die Befugnisse des Verteidigers nur durch das Kriterium der Erforderlichkeit beschränkt und damit gerade keine Proportionalität zwischen den kollidierenden Gütern verlangt, bleibt - wie dies vom Gesetzgeber auch vorgeschlagen wurde[80] - nur

---

[76] BT-DrS. V/4095, S. 14

[77] *Kühl*, aaO; *ders.*, Strafrecht Allgemeiner Teil, S. 247; für einen Ausschluß der tödlichen Sachwehr über das Merkmal der Gebotenheit auch *Bernsmann*, ZStW 104 (1992), S. 323 f.

[78] BVerfGE 59, 64 (89); siehe auch schon BVerfGE 58, 1 (34).

[79] Ähnlich auch *Geiger*, Grundgesetz und Völkerrecht, S. 210, der die völkerrechtliche Bindung sogar nur als einen Gesichtspunkt innerhalb des Auslegungsprozesses anerkennen will.

[80] BT-DrS. V/4095, S. 14.

das Merkmal des Gebotenseins als Anknüpfungspunkt für eine Restriktion im obigen Sinne. Daher ist danach zu fragen, ob das Erfordernis des Gebotenseins einen Ausschluß lebensgefährlicher Sachwehr aus dem Anwendungsbereich des § 32 StGB zu tragen vermag.

2. Das Merkmal des Gebotenseins und Auslegungsschranken im Hinblick auf Art. 103 Abs. 2 GG

Die Tauglichkeit der Gebotenheitsklausel zur Einschränkung des Notwehrrechts war schon mehrfach Gegenstand juristischer Auseinandersetzungen. Ein nicht unerheblicher Teil der Lehre sowie die Rechtsprechung stellten sich auf den Standpunkt, daß die Fallgruppen der „sozialethischen Einschränkung des Notwehrrechts" über das Merkmal der „Gebotenheit" Eingang in die gesetzliche Regelung der Notwehrvoraussetzungen fänden.[81] Daran wurde jedoch häufig Kritik geübt. So wurde vorgebracht, daß dem Merkmal des Gebotenseins keine eigenständige Bedeutung zukomme, geboten sei vielmehr diejenige Verteidigung, die in § 32 Abs. 2 als Notwehr umschrieben werde.[82] Dem kann in Anbetracht der Tatsache, daß der Wille des Gesetzgebers dahin ging, das Gebotenheitsmerkmal zum positiv rechtlichen Ausgangspunkt von Notwehrbeschränkungen zu machen, nicht mehr gefolgt werden. *Roxin* sprach davon, daß der Gebotenheitsklausel eine „Einschränkungsfunktion" zugewiesen worden sei[83]; andere sehen sie als ausdrückliche bzw. eindeutige „Legitimationsgrundlage" für Notwehrbegrenzungen an.[84] Dennoch wurde eingewandt, daß das Merkmal des Gebotenseins keine subsumtionsfähigen Kriterien enthalte.[85] Man bezeichnete es daher als „farblos und nichtssagend"[86], als „Leerformel"[87] oder als „rechtsstaatlich zweifelhaften Sammelbegriff".[88] Diese Kritik muß dahingehend verstanden werden, daß sich die Notwehreinschränkungen - mögen sie vom Willen des Gesetzgebers auch gedeckt sein - aus dem Wortlaut des § 32 StGB nicht zuverlässig ermitteln lassen. *Koch* brachte dies mit der Aussage, das Merkmal des Gebotenseins erfülle die Voraussetzung einer gesetzlichen Bestimmung der Strafbarkeit nicht, auf den Punkt.[89] Damit ist der in Art. 103 Abs. 2 GG niedergelegte nullum crimen-Satz angesprochen. Sieht man vom Parlamentsvorbehalt für

---

[81] So *Amelung*, GA 1982, S. 389; *Tröndle/Fischer*, § 32 Rdn. 18; *Krey*, JZ 1979, S. 714; *Lackner/Kühl*, § 32 Rdn. 13; *Wessels/Beulke*, Allgemeiner Teil, S. 106.

[82] *Kratzsch*, GA 1971, S. 76; *Bertel*, ZStW 84 (1972), S. 1 f.; *Bockelmann*, Honig-FS, S. 24.

[83] *Roxin*, Allgemeiner Teil, S. 577.

[84] *Amelung*, GA 1984, S. 582; *Schünemann*, GA 1985, S. 369.

[85] *Otto*, Allgemeiner Teil, S. 110.

[86] *Mitsch*, Straflose Provokation strafbarer Taten, S. 110.

[87] SchSch-*Lenckner* § 32 Rdn. 44; Otto, aaO, S. 110.

[88] *Jakobs*, Allgemeiner Teil, S. 399 (Fn. 87).

[89] *Koch*, ZStW 104 (1992), S. 819.

Strafvorschriften sowie vom Rückwirkungsverbot ab, so enthält die Vorschrift den strafrechtlichen Bestimmtheitsgrundsatz und das Verbot der Analogie zuungunsten des Täters[90]. Während sich das Analogieverbot an den Rechtsanwender richtet, ist Adressat des Bestimmtheitsgebotes der Gesetzgeber. Somit ist zunächst zu ermitteln, welcher Gewährleistungsgehalt für die hier zu entscheidende Frage, ob dem Merkmal des Gebotenseins ein Ausschluß der lebensgefährlichen Sachwehr aus dem Rechtfertigungsbereich entnommen werden kann, von Bedeutung ist. Dem Analogieverbot entspricht quasi spiegelbildlich das Verbot der teleologischen Reduktion[91], sofern diese eine Ausdehnung der Strafbarkeit des Täters zur Folge hätte. Für die Notwehr als Rechtfertigungstatbestand bedeutet dies, daß einem Verhalten, welches vom Wortlaut des Tatbestandes umfaßt wird, die rechtfertigende Wirkung der Vorschrift nicht vorenthalten werden darf. Es setzt somit erst dann ein, wenn feststeht, daß eine Auslegung anhand der anerkannten Methoden das gefundene Ergebnis nicht zu decken vermag. Sieht man das Gebotenheitsmerkmal als „Leerformel" oder als „Blankettmerkmal"[92] an, so läßt sich in seinen Wortlaut zumindest im Wege der historischen Auslegung das hineinlegen, was der Gesetzgeber mit seiner Verwendung bezweckte. War es demnach dessen Absicht, mit der Gebotenheitsklausel diesen oder jenen Fall aus der Rechtfertigung auszuscheiden, so kann einer entsprechenden Rechtsfindung nicht entgegengehalten werden, sie verstoße gegen das Analogieverbot. Daher ist vorliegend beim Bestimmtheitsgrundsatz anzusetzen. Es ist danach zu fragen, ob der Gesetzgeber seinen Willen, ein durch die Menschenrechtskonvention bedingtes Verbot zur Verteidigung von Sachgütern in die Notwehrvoraussetzungen zu integrieren, durch die Beibehaltung des Merkmals des Gebotenseins mit hinreichender Bestimmtheit zum Ausdruck gebracht hat.

3. Rechtfertigungsgründe und Art. 103 Abs. 2 GG

Vorab ist jedoch noch zu klären, ob der aus Art. 103 Abs. 2 GG fließende Bestimmtheitsgrundsatz überhaupt auf § 32 StGB anzuwenden ist. Die Geltung des nullum crimen-Satzes im Bereich des Allgemeinen Teils des Strafrechts sowie für Rechtfertigungsgründe ist im strafrechtlichen Schrifttum heftig umstritten. Der *BGH* formulierte vorsichtig, daß die Anwendbarkeit des Art. 103 Abs. 2 GG auf Rechtfertigungsgründe zumindest nicht generell ausgeschlossen sei.[93] Indes ist die Diskussion für die hier zu entscheidende Frage nicht so bedeutsam, wie es zunächst scheint. Die Ansicht, daß Art. 103 Abs. 2 GG auf den Allgemeinen Teil des Strafrechts grundsätzlich keine Anwendung finden soll, ist vor dem Hintergrund des

[90] *Dreier* (*Schulze-Fielitz*), Art. 103 II Rdn. 13.

[91] Vgl. SK-*Günther*, Vor § 32 Rdn. 80; *Krey*, Studien zum Gesetzesvorbehalt im Strafrecht, S. 235.

[92] *Montenbruck*, Thesen zur Notwehr, S. 1.

[93] BGHSt 39, 1 (27).

Problems zu sehen, daß die Zurechnungsregeln im StGB nur lückenhaft kodifiziert sind und wird in der Erkenntnis, daß es sich dabei mehr um Fragen der Dogmatik als um solche der Rechtspolitik geht, heute kaum mehr vertreten.[94] Die meisten Stellungnahmen zur Geltung des nullum crimen-Satzes für Rechtfertigungsgründe beziehen sich auf die hier nicht weiter interessierende Frage des Analogieverbots bzw. der teleologischen Einschränkungen von Rechtfertigungsgründen.[95] Auch wird im Zusammenhang mit der Geltung von Art. 103 Abs. 2 GG für Erlaubnistatbestände häufig die Zulässigkeit der gewohnheitsrechtlichen Fortbildung und Neubegründung rechtfertigender Tatbestände erörtert[96], was hier ebenfalls nicht weiter von Belang ist. Die hier alleine interessierende Frage, ob geschriebene Rechtfertigungsgründe des Strafrechts dem Bestimmtheitsgebot des Art. 103 Abs. 2 GG entsprechen müssen, wird im wesentlichen einheitlich beantwortet. Ablehnend stehen ihr soweit ersichtlich nur *Tröndle* und *Schmitt* sowie *Jescheck*, *Amelung* und *Günther* gegenüber.[97]

---

[94] So wurde die von *Maurach* in der 4. Auflage seiner Allgemeinen Strafrechtslehre (Heidelberg 1971), S. 111 vertretene Auffassung, Art. 103 Abs. 2 GG gelte für den Allgemeinen Teil nicht, in den von *Zipf* fortgeführten Auflagen aufgegeben, vgl. *Maurach/Zipf*, Allgemeiner Teil Bd. 1, S. 127; ebenso SK-*Rudolphi*, § 1 Rdn. 9; *Welzel*, Das deutsche Strafrecht, S. 21; *Baumann/Weber/Mitsch*, Allgemeiner Teil, S. 148; *Bockelmann*, Allgemeiner Teil, S. 17 ; SchSch-*Eser*, § 2 Rdn. 3 f.; OLG Hamm StV 1987, S. 69; a.A. soweit ersichtlich nur LK-*Tröndle*, § 1 Rdn. 38; *Schünemann*, Nulla poena sine lege ?, S. 23.

[95] So für eine Geltung des Analogieverbots auch für Rechtfertigungsgründe z.B. LK-*Hirsch*, vor § 32 Rdn. 37; SchSch-*Eser*, § 1 Rdn. 14 a; SK-*Rudolphi*, § 1 Rdn. 25 a; *Waiblinger*, Zeitschrift des Berner Juristenvereins 1955, S. 235; *Engisch*, Mezger-FS, S. 33; einschränkend *Lackner/Kühl*, § 1 Rdn. 5; dagegen SchSch-*Lenckner*, vor § 32 Rdn. 25; *Bitzilekis*, Einschränkung des Notwehrrechts, S. 88.

[96] Vgl. *Schmitt*, Jescheck-FS Bd. 1, S. 227; *Suppert*, Studien zur Notwehr und „notwehrähnlichen Lage", S. 293 ff.; *Ransiek*, Gesetz und Lebenswirklichkeit, S. 101 f.; BVerfG NJW 1997, S. 930; allein auf dieses Problem bezieht sich auch SchSch-*Eser*, § 1 Rdn. 14 a, wenn er ausführt, beim nullum crimen-Prinzip gehe es weniger um ein Gesetzlichkeitserfordernis für Erlaubnistatbestände, was *Koch*, ZStW 104 (1992), S. 817 fälschlicherweise als Absage an das Bestimmtheitserfordernis für geschriebene Rechtfertigungsgründe versteht.

[97] *Tröndle/Fischer*, § 226 a Rdn. 1; *Schmitt*, Jescheck-FS, S. 227; *Jescheck*, Allgemeiner Teil (3. Aufl., Berlin 1978), S. 276; *Amelung*, JZ 1982, S. 620; SK-*Günther*, vor § 32 Rdn. 81, der zur Untermauerung seiner Ansicht fälschlicherweise *Krey*, JZ 1979, S. 711 f., sowie SchSch-*Lenckner*, vor § 32 Rdn. 25 zitiert. Während *Krey* nur das Analogieverbot behandelt, geht *Lenckner* zumindest von einer beschränkten Geltung des nullum crimen-Satzes für Rechtfertigungsgründe auS. *Bitzilekis*, Einschränkung des Notwehrrechts, S. 88 spricht zwar davon, daß das Bestimmtheitsgebot des Art. 103 Abs. 2 GG für Rechtfertigungsgründe nicht gilt, wie sich jedoch aus dem Umstand ergibt, daß er mit dieser Behauptung seine Ausführungen zur Zulässigkeit der teleologischen Reduktion von § 32 StGB abschließt, meint er in Wirklichkeit das Analogieverbot. Vgl. dazu auch *Günther*, Grünwald-FS, S. 213 ff., der neuerdings zwischen Erlaubnissätzen und Strafunrechtsausschließungsgründen differenzieren will. Zu diesem Problem auch unten, S. 255 ff.

a. Die Ansichten Tröndles, Schmitts, Jeschecks, Amelungs und Günthers

Die Einschränkung des Geltungsbereiches des Art. 103 Abs. 2 GG soll sich nach Ansicht *Jeschecks* daraus rechtfertigen lassen, daß Erlaubnissätze nicht zu denjenigen Normen des Allgemeinen Teils gehören, durch die die Voraussetzungen der Strafbarkeit oder der Strafwürdigkeit der einzelnen Deliktstatbestände unmittelbar bestimmt werden; sie wirkten sich vielmehr nur mittelbar auf die Strafbarkeitsgrenze aus.[98] *Schmitt* begründete seine Auffassung damit, daß sich Rechtfertigungsgründe stets günstig für den Beschuldigten auswirkten und sich somit nicht an Art. 103 Abs. 2 GG messen ließen.[99] *Tröndle* führte aus, daß Art. 103 Abs. 2 GG nicht für Rechtfertigungsgründe gelten könne, da ansonsten alle richterrechtlich gebildeten Rechtfertigungsgründe grundgesetzwidrig wären.[100] *Amelung* stellte auf die Funktion der Rechtfertigungsgründe in der Gesamtrechtsordnung ab. Während es bei der Schaffung von Straftatbeständen um die Entscheidung gehe, auf ein gewisses Verhalten mit strafrechtlichen Mitteln zu reagieren, zielten Rechtfertigungsgründe darauf ab, ein Verbot, welches irgendwo in der Rechtsordnung aufgestellt ist, aus rechtspolitischen Gründen zu durchbrechen. Kriminalpolitische Zielsetzungen würden hierbei nicht notwendig, sondern mehr oder minder zufällig berührt, nämlich nur dann, wenn das Rechtsgut, welches anderen Werten untergeordnet wird, durch ein strafrechtliches Verbot geschützt ist.[101] Ähnlich verläuft die Argumentation *Günthers*. Die Rechtsordnung könne denselben Normverstoß in allen Rechtsgebieten einheitlich nur entweder erlauben oder verbieten. Rechtfertigungsgründe sollen aber nicht die Strafbarkeit eines Verhaltens regeln, vielmehr hätten sie die Aufgabe, Recht von Unrecht zu scheiden. Strafwürdigkeitsaspekte spielten für diese Grenzziehung aber keine Rolle. Erlaubnistatbestände übten also eine andere Funktion aus, als sie von Art. 103 Abs. 2 GG vorausgesetzt wird.[102]

Den Ausführungen *Tröndles* muß entgegengehalten werden, daß sie zwei unterschiedliche Fragenkreise in unzulässiger Weise miteinander vermengen. Die Schaffung neuer Erlaubnissätze unter Zugrundelegung von Wertungen und Prinzipien aus der Gesamtrechtsordnung stellt eine Analogie zugunsten des Täters dar, welcher Art. 103 Abs. 2 GG ohnehin nicht entgegensteht. Während die Frage der Verfassungsmäßigkeit der gewohnheitsrechtlichen Bildung von Rechtfertigungsgründen somit die Kompetenzen der Rechtsprechung betrifft, ist das Bestimmtheitsgebot an den Gesetzgeber gerichtet. Daraus, daß es Art. 103 Abs. 2 GG nicht verbietet, zusätzliche Rechtfertigungsgründe zu schaffen, kann demnach nicht geschlossen werden, daß der Gesetzgeber bei der Ausformulierung gesetzlicher Erlaubnistatbestän-

[98] *Jescheck*, aaO, S. 276.

[99] *Schmitt*, Jescheck-FS Bd. 1, S. 227; so auch *Ransiek*, Gesetz und Lebenswirklichkeit, S. 101.

[100] *Tröndle/Fischer*, § 32 Rdn. 1.

[101] *Amelung*, JZ 1982, S. 619 f.

[102] SK-*Günther*, § 32 Rdn. 81.

de nicht die durch den nullum crimen-Satz gebotene Bestimmtheit zu beachten hat. Auch das Argument *Schmitts*, Rechtfertigungsgründe wirkten sich nur zugunsten des Täters aus, kann nicht überzeugen. Ein Aspekt der Regelung des Art. 103 Abs. 2 GG ist ihre kompetenzwahrende Funktion. Nach dem grundgesetzlichen Verteilungsprinzip steht die Entscheidung über die Strafbarkeit und somit über einen Grundrechtseingriff dem Gesetzgeber zu.[103] Die Strafbarkeit eines Verhaltens hängt jedoch auch davon ab, ob ein Erlaubnissatz eingreift oder nicht. Durch unbestimmte Formulierung von Rechtfertigungsgründen würde der Gesetzgeber damit die Entscheidung über die Strafbarkeit in den Kompetenzbereich der Judikative verlagern. Gilt der Erlaubnistatbestand auch lediglich zugunsten des Täters, so muß die Bestimmung, in welchen Fällen ihm diese Wohltat zukommt, gleichwohl durch den Gesetzgeber getroffen werden. Dieses Argument läßt sich auch nicht mit dem Hinweis auf die Zulässigkeit richterrechtlicher Bildung von Rechtfertigungsgründen entkräften. Werden diese im Verfahren der Analogie gebildet, so ist darin nichts anderes zu sehen, als die Vervollständigung und Verwirklichung des gesetzgeberischen Planes, der in den vertypten Rechtfertigungsgründen zum Ausdruck kommt.[104] Der Richter trifft die Entscheidung über den Ausschluß der Strafbarkeit somit nicht aus eigener Willkür oder Überzeugung heraus, sondern anhand gesetzgeberischer Wertungen, so daß die verfassungsmäßige Kompetenzordnung gewahrt bleibt. Die Neubegründung von Rechtfertigungsgründen betrifft somit nicht die Kompetenz der Judikative zur Bestimmung strafbaren Verhaltens, sondern lediglich diejenige der Lückenschließung, die unbestritten anerkannt ist[105] und im Strafrecht gemäß Art. 103 Abs. 2 GG lediglich zuungunsten des Täters entfällt. Ließe man jedoch von vornherein die Aufstellung generalklauselartiger und vager Erlaubnistatbestände zu, wäre eine demokratische Legitimation der Strafgewalt nicht mehr gewährleistet. Auf die formale Ausgestaltung der Rechtfertigungsgründe als täterbegünstigende Normen kann eine Einschränkung des Bestimmtheitsgrundsatzes somit nicht gestützt werden.[106]

Mehr als eine Behauptung denn als Argument stellt sich das Vorbringen *Jeschecks* dar. Wenn Art. 103 Abs. 2 GG für Rechtfertigungsgründe nicht gelten soll, weil diese nicht die Grundlagen, sondern die Grenzen der Strafbarkeit betreffen, so wird vorausgesetzt, daß der nullum crimen-Satz auf Strafbarkeitsgrenzen keine Anwendung findet. Ein solches Postulat ist jedoch nicht anerkannt, eine Bestimmtheit der Strafbarkeit erfordert auch die klare Festlegung ihrer Grenzen. Art. 103 Abs. 2 GG

---

[103] *Grünwald*, ZStW 76 (1964); S. 13 f.; *Krey*, Blau-FS, S. 130 f.; BVerfGE 47, 109 (120); *Maunz/Dürig* (*Schmidt-Aßmann*), Art. 103 Abs. II Rdn. 180.

[104] Zur Analogie als Fortsetzung der Auslegung und als Ausfüllung planwidriger Lücken *Larenz*, Methodenlehre, S. 366 ff. und 373.

[105] So *Larenz*, aaO, S. 366.

[106] Im Ergebnis auch *Erb*, ZStW 108 (1996), S. 285.

erfaßt alle materiell-rechtlichen Voraussetzungen der Strafbarkeit.[107] Zudem läßt sich die Unterscheidung zwischen Grundlagen und Grenzen der Strafbarkeit nicht auf eine bestehende Strafrechtsdogmatik stützen.[108] Die Bestrafung des Täters hat die Versagung eines Rechtfertigungsgrundes nicht weniger zur Voraussetzung als die Tatbestandsmäßigkeit seines Verhaltens.[109] Das Argument *Jeschecks* kann eine Beschränkung des Geltungsbereiches des Art. 103 Abs. 2 GG somit nicht rechtfertigen.

Bemerkenswert sind indes die Ausführungen *Amelungs* und *Günthers*. Sie gehen dahin, Rechtfertigungsgründen - mögen sie auch über die Strafbarkeit eines Verhaltens entscheiden - keinen spezifisch strafrechtlichen Gehalt zuzuweisen und somit aus dem Anwendungsbereich des Art. 103 Abs. 2 GG auszuklammern. Diese Argumentation erscheint insofern plausibel, als die Verwendung normativer Begriffe im StGB, wie zum Beispiel desjenigen der „fremden Sache" in § 242 StGB, der auf die Eigentumsordnung des BGB verweist, teilweise auch einen Rückgriff auf Rechtsnormen aus der Gesamtrechtsordnung nötig macht. Für diese gilt Art. 103 Abs. 2 GG unstreitig auch insoweit nicht, als sie aus der Sicht des Strafrechts von Bedeutung sind.[110] Das Verbrechensmerkmal der Rechtswidrigkeit aber trifft ja - anders als die bestimmte Verhaltensweisen als Unrecht vertypenden Tatbestände des Besonderen Teils des StGB - gerade keine Aussage über die Strafwürdigkeit eines Verhaltens, sondern hat vielmehr eine den Verstoß gegen die Gesamtrechtsordnung angebende Funktion.[111] Somit läßt sich durchaus behaupten, daß die die Rechtswidrigkeit eines Verhaltens bestimmenden Normen keine genuin strafrechtliche Materie regeln.[112] Fraglich ist jedoch, ob diese grundsätzlich richtige Überlegung eine Ausklammerung geschriebener Rechtfertigungsgründe des StGB vom Schutzbereich des Art. 103 Abs. 2 GG zu rechtfertigen vermag. Daß die Prämisse *Amelungs*, daß Erlaubnistatbestände kriminalpolitische Zielsetzungen mehr zufällig berührten, auch auf den Notwehrparagraphen zutrifft, erscheint zweifelhaft, da der Vorläufer der ansonsten unveränderten Vorschrift noch davon sprach, daß eine „strafbare Handlung nicht vorhanden" sei, wenn sie durch Notwehr geboten war.[113]

---

107 *Dreier (Schulze-Fielitz)*, Art. 103 II Rdn. 20; *Jarass/Pieroth*, Art. 103 Rdn. 42; *Sachs (Degenhart)*, Art. 103 Rdn. 58; *Dannecker*, Das intertemporale Strafrecht, S. 272 ff.; Bonner Kommentar (*Rüping*), Art. 103 II Rdn. 50 und 67.

108 So auch *Marxen*, Die sozialethischen Grenzen, S. 28.

109 *Koch*, ZStW 104 (1992), S. 818; *Marxen*, aaO, S. 28.

110 SchSch-*Eser*, § 1 Rdn. 33; *Höpfel*, JurBl. 1979, S. 585; *Krey*, Studien zum Gesetzesvorbehalt im Strafrecht, S. 227 f.; *Baumann*, Der strafrechtliche Schutz, S. 201 ff.

111 *Hirsch*, Tjong-FS, S. 60.

112 *Schünemann*, Grund und Grenzen der unechten Unterlassungsdelikte, S. 143 (Fn. 64); *Krey*, aaO, S. 236.

113 § 53 a.F. StGB, abgedruckt bei LK-*Spendel*, § 32.

Eine überzeugende Widerlegung dieser Ansicht darf sich jedoch nicht auf Formalien beschränken, vielmehr ist danach zu fragen, ob der Sinn des nullum crimen-Satzes es erlaubt, § 32 StGB aus seinem Anwendungsbereich auszuklammern. Neben der schon erwähnten objektiv-institutionellen Komponente, die in der Absicherung der Kompetenzen des Gesetzgebers zu sehen ist, übt Art. 103 Abs. 2 GG noch eine individuell-freiheitswahrende Funktion aus.[114] Nach der Rechtsprechung des *BVerfG* soll der Bürger im Voraus erkennen können, welches Verhalten mit Strafe bedroht ist, um seine Handlungen danach ausrichten zu können.[115] Damit ist der rechtsstaatliche Schutz des Normadressaten angesprochen.[116] Anerkannter Bestandteil des Rechtsstaatsprinzips ist jedoch auch der Vertrauensschutz.[117] So wurde von einigen Autoren darauf hingewiesen, daß der durch § 32 StGB gesetzte Vertrauenstatbestand bezüglich der Reichweite der Notwehrbefugnisse auch dem Schutzbereich des Art. 103 Abs. 2 GG unterfalle.[118] Bei den strafrechtlich vertypten Rechtfertigungsgründen handele es sich um ausdrückliche Erklärungen des Gesetzgebers, daß ein bestimmtes Verhalten nicht strafbar ist.[119] Diese Argumentation knüpft weniger an die rechtspolitische Funktion des § 32 StGB als an den Umstand an, daß er sich ebenso wie die Deliktstatbestände des Besonderen Teils im StGB geregelt findet. Es geht somit um die Garantiefunktion des Strafgesetzes. Sieht man auch den Vertrauensschutz als Bestandteil des nullum crimen-Satzes an, so erscheint es angemessen, denjenigen Normen, die im StGB als dem Regelungskern des deutschen Strafrechts niedergelegt sind, eine besondere Vertrauenswirkung zuzubilligen. So führt *Kunig* aus, daß es, mag es auch wirklichkeitsfern sein, als Ausgangspunkt unerläßlich sei, auf einen Täter abzustellen, der sein Verhalten an einer Interpretation des StGB ausrichtet.[120] Nicht umsonst wurde das StGB als „magna charta des Verbrechers“[121] bezeichnet. Ein Ausschluß einiger seiner Teile von der Gewährleistung des Art. 103 Abs. 2 GG wurde als mit seiner Funktion als „magna charta libertatis“ unvereinbar angesehen.[122] *Erb* sprach von den Rechtfertigungs-

---

114 *Maunz/Dürig* (*Schmidt-Aßmann*), Art. 103 Abs. II GG Rdn. 179; BVerfGE 75, 329 (341); *Erb*, ZStW 108 (1996), S. 277.

115 BVerfGE 25, 269 (286 f.); BVerfGE 71, 108 (114); BGHSt 23, 167 (171); *Kohlmann*, Begründung des Staatsgeheimnisses, S. 156; *Kratzsch*, GA 1971, S. 69; *Krause*, H. Kaufmann-GS, S. 674.

116 *Maunz/Dürig* (*Schmidt-Aßmann*), aaO.

117 BVerfGE 13, 262 (271); BVerfGE 14, 288 (297); BVerfGE 15, 313 (324); *Klug*, JZ 1965, S. 151; *Class*, E. Schmidt-FS, S. 137 f.

118 *Hillenkamp*, Vorsatztat und Opferverhalten, S. 170; *Kratzsch*, GA 1971, S. 72 f.; *ders.*, JuS 1975, S. 437 (Fn. 18); *Erb*, ZStW 108 (1996), S. 274 f.; *Seebode*, F.W. Krause-FS, S. 384; *Hirsch*, Tjong-FS, S. 64.

119 *Kratzsch*, GA 1971, S. 72.

120 *v. Münch/Kunig* (*Kunig*) Art. 103 Rdn. 28; vgl. auch *Novak*, VVdtStRL 40 (1982), S. 54; BVerfGE 48, 48 (76); BVerfGE 53, 96 (99); BVerfGE 71, 108 (115); BGH JZ 1982, S. 214.

121 *von Liszt*, Strafrechtliche Aufsätze und Vorträge Bd. 2, S. 89.

122 *Seebode*, F.W. Krause-FS, S. 381.

gründen als Bestandteil der vom Gesetzgeber „verbrieften“ Strafrechtsordnung.[123] Somit ist anzunehmen, daß Rechtsprechung und Lehre die rechtsstaatlich gebotene Vorhersehbarkeit strafrechtlicher Sanktionen auch darin gewährleistet sehen, daß sich der Bürger auf die Klarheit und Unverbrüchlichkeit von Normen verlassen können soll, die formell als Strafgesetze deklariert sind. Dementsprechend werden auch die die Rechtswidrigkeit bestimmenden Merkmale des Unrechtstatbestandes, als Bestandteil des Garantietatbestandes, d.h. der Summe all derjeniger Strafbarkeitsvoraussetzungen, die an der Garantie des Art. 103 Abs. 2 GG teilhaben, angesehen.[124] Daß die Ausklammerung strafgesetzlich vertypter Rechtswidrigkeitsmerkmale aus dem Garantietatbestand nicht mit dem Argument gerechtfertigt werden kann, daß mit ihrer Festschreibung keine kriminalpolitischen Zielsetzungen verfolgt würden, zeigen im übrigen schon die beiden Urteile des *BVerfG* zur Verwerflichkeitsklausel des § 240 Abs. 2 StGB, die die Frage, ob diese Norm den Anforderungen des strafrechtlichen Bestimmtheitsgrundsatzes genügt, zum Gegenstand hatten.[125] Die Argumente gegen das Erfordernis hinreichender Bestimmtheit strafrechtlich geregelter Rechtfertigungsgründe erweisen sich somit nicht als durchgreifend.

b. Einschränkungen des Bestimmtheitsgrundsatzes aufgrund der Besonderheiten der Rechtfertigungsgründe

Da auch die im StGB geregelten Rechtfertigungsgründe zumindest bei einer formellen Betrachtungsweise zu den strafrechtlichen Normen zu zählen sind und die Strafbarkeit durch sie ebenso bestimmt wird wie durch die Verbotsmaterie des Besonderen Teils, erscheint es daher geboten, auch sie mangels zwingender Gegenargumente dem Geltungsbereich des nullum crimen-Satzes zu unterstellen. *Roxin* sprach davon, daß Art. 103 Abs. 2 GG „selbstverständlich“ auch hier gelte.[126] Darüber hinaus wurden mit der Widerlegung der Ansichten *Amelungs* und *Günthers* gleichzeitig Argumente für eine Geltung des nullum crimen Satzes auch für Rechtfertigungsgründe geliefert. Demnach ist mit der überwiegenden Ansicht davon auszugehen, daß auch § 32 StGB dem Bestimmtheitsgebot unterliegt.[127] Aufgrund von Besonderheiten der Rechtfertigungsmaterie werden jedoch auch von denjenigen, die von einer grundsätzlichen Anwendbarkeit des nullum crimen-Satzes auf strafrechtliche Erlaubnistatbestände ausgehen, gewisse Einschränkungen gemacht. So wird vorgebracht, daß diese auf eine Vielzahl von Tatbeständen und da-

---

[123] *Erb*, ZStW 108 (1996), S. 279.

[124] *Otto*, Allgemeiner Teil, S. 45; *Engisch*, Mezger-FS, S. 131; *Koch*, ZStW 104 (1992), S. 818.

[125] Vgl. BVerfGE 73, 206 ff.; E 92, 1 ff.

[126] *Roxin*, Kriminalpolitik und Strafrechtssystem, S. 31.

[127] Vgl. *Ransiek*, Gesetz und Lebenswirklichkeit, S. 102; *Dreier* (*Schulze-Fielitz*), Art. 103 II Rdn. 33.

mit auf ganz unterschiedliche Sachverhalte anwendbar sind und somit nicht die gleiche tatbestandliche Bestimmtheit aufweisen könnten wie die Straftatbestände.[128] *Roxin* führte aus, Erlaubnistatbestände bezögen sich auf Interessenkonflikte, die nicht durch abschließende Normierung, sondern nur nach Prinzipien zu regeln seien.[129] Dem kann zugestimmt werden. Während es dem Gesetzgeber bei der Ausgestaltung der Normen des Besonderen Teils lediglich obliegt, bestimmte Angriffsarten auf ein Rechtsgut zu umschreiben, so hat er bei der Normierung von Rechtfertigungsgründen die Aufgabe, für all diese verschiedenen Rechtsgutsangriffe gleichermaßen verbindliche Ausnahmesituationen zu vertypen, in denen das deliktische Verhalten aufgrund besonderer Umstände gerechtfertigt erscheint. Kann auch dahingestellt bleiben, inwieweit Erlaubnistatbestände einer abschließenden Normierung zugänglich sind, so ist *Roxin* immerhin insoweit zuzustimmen, als allen Rechtfertigungsgründen das Prinzip des überwiegenden Interesses zugrundeliegt.[130] Soll ein Tatbestand jedoch nicht nur spezifische Interessenkonflikte erfassen, sondern mehr oder weniger generelle Leitlinien dafür aufstellen, wann ein Interesse als überwiegend anzusehen ist, so tritt das Bedürfnis nach einer Einschränkung des Bestimmtheitsgebotes offen zu Tage.

---

[128] *Koch*, ZStW 104 (1992), S. 818; *Hirsch*, Tjong-GS, S. 63 (Fn. 47).

[129] *Roxin*, ZStW 93 (1981), S. 79 f.; *Erb*, ZStW 108 (1996), S. 285 f.; SchSch-*Eser*, § 1 Rdn. 14.

[130] So ausdrücklich *Otto*, Allgemeiner Teil, S. 137. Es ist darauf hinzuweisen, daß die Frage nach den der Rechtfertigung zugrundeliegenden Prinzipien nicht einheitlich beantwortet wird. Grundsätzlich wird zwischen den monistischen und pluralistischen Theorien unterschieden, je nachdem, ob der Rechtfertigung ein oder mehrere Leitprinzipien zugrundegelegt werden. Im einzelnen werden für die monistischen Ansätze der Einsatz des richtigen Mittels zum richtigen Zweck, die Wertabwägung bei Wertkollisionen, die Beachtung des in der konkreten Situation vorgehenden Gutsanspruchs oder die sozial richtige Regelung von Interesse und Gegeninteresse genannt. Die Vertreter der pluralischtischen Ansätze führen das Prinzip mangelnden oder überwiegenden Interesses, das Prinzip überwiegenden Rechts und mangelnden Unrechts, sowie die Prinzipien der Verantwortung, Veranlassung oder der Solidarität heran. Letztenendes lassen sich diese Grundsätze jedoch selbst als besondere Ausprägungen des Prinzips des überwiegenden Interesses verstehen. Teilweise kommt dies schon in der Benennung der angeführten Leitlinien zum Ausdruck, in anderen Fällen erschließt sich diese Erkenntnis erst durch die Erläuterung des jeweiligen Grundsatzes. So gehen die Anhänger des Solidaritätsprinzips davon aus, daß das Eingriffsopfer im Interesse anderer Personen, insbesondere der Allgemeinheit in Anspruch genommen wird. Dies ist nur damit zu erklären, daß deren Interesse eben als überwiegend angesehen werden muß. Bedenkt man, daß Rechtsfolge der Rechtfertigungsgründe stets das Zurücktreten eines geschützten Rechtsguts zugunsten eines anderen Rechtsguts ist, so erscheint es ganz selbstverständlich, den Grundsatz des überwiegenden Interesses als ihr Urprinzip anzuerkennen, das sich dann wiederum in differenziertere Leitlinien zergliedern läßt. In den konfligierenden Rechtsgütern finden die Handlungsinteressen der jeweiligen Personen Ausdruck. Ordnet die Rechtsordnung das Zurücktreten eines Rechtsgutes an, so liegt dem zwangsläufig eine Abwägung zugrunde, in die die Wertigkeit der gegenüberstehenden Handlungsinteressen selbstver-

Ergebnis

Somit bleibt festzuhalten, daß der aus Art. 103 Abs. 2 GG fließende Bestimmtheitsgrundsatz auch für die im StGB vertypten Rechtfertigungsgründe mit den Einschränkungen Geltung beanspruchen kann, die sich aus den Besonderheiten dieser Rechtsinstitute ergeben.[131]

4. Das Merkmal des Gebotenseins als Anknüpfungspunkt für Notwehrrestriktionen und Art. 103 Abs. 2 GG

Somit ist zu untersuchen, welche Anforderungen der nullum crimen-Satz unter diesen Voraussetzungen an die Bestimmtheit des § 32 StGB stellt.

a. Der Bestimmtheitsgrundsatz in der Rechtsprechung des BVerfG

Das strafrechtliche Bestimmtheitsgebot wurde auch vom *BVerfG* schon des öfteren erörtert. Bei der Durchsicht der Urteile findet sich immer wieder die recht generelle Formel, daß dem Gesetzgeber die Pflicht obliege, die „Voraussetzungen der Strafbarkeit so konkret zu umschreiben, daß Tragweite und Anwendungsbereich der Straftatbestände zu erkennen sind und sich durch Auslegung ermitteln lassen".[132] Viel gewonnen ist mit dieser „recht weitläufigen Direktive"[133] allerdings noch nicht. Insbesondere der letzte Teil der Formel hilft nicht weiter, denn eine Norm, deren Regelungsgehalt sich nicht durch Auslegung ermitteln läßt, ist der Rechtsanwendung von vornherein nicht zugänglich.

aa. Die Forderung nach einem weitestmöglichen Verzicht auf normative Tatbestandsmerkmale

Einen brauchbareren Ansatzpunkt scheint jedoch das Merkmal der Erkennbarkeit zu bieten. Dient der nullum crimen-Satz auch dem rechtsstaatlichen Schutz des Normadressaten, der vorhersehen können soll, welches Verhalten mit Strafe bedroht ist, so liegt es nahe, die erhöhten Anforderungen, die das strafrechtliche Bestimmtheitsgebot gegenüber dem allgemeinen im Rechtsstaatsprinzip verankerten Be-

---

ständlich zumindest auch Eingang finden muß. Vgl. zum ganzen *Jakobs*, Allgemeiner Teil, S. 350 ff.

131 So im Ergebnis auch *Ransiek*, Gesetz und Lebenswirklichkeit, S. 101 f.

132 BVerfGE 25, 269 (285); BVerfGE 73, 206 (234); E 75, 329 (340 f.); BVerfGE 78, 374 (381 f.).

133 So *Maunz/Dürig* (*Schmidt-Aßmann*), Art. 103 Abs. II Rdn. 185.

stimmtheitsgrundsatz stellt, gerade darin zu sehen, daß sich der Norminhalt nicht erst durch Anwendung mitunter sophistischer Auslegungstechniken herausarbeiten läßt, sondern bereits im Wortlaut der Vorschrift zumindest insoweit angelegt ist, daß der Normadressat sich des Bestrafungsrisikos bewußt werden kann.[134] Diese Auffassung vom strafrechtlichen Bestimmtheitsgebot spiegelt sich in den Literaturstimmen wieder, die einen weitestmöglichen Verzicht auf normative Tatbestandselemente zugunsten von deskriptiven Merkmalen fordern.[135] Denn mögen normative Begriffe es dem Rechtsanwender auch ermöglichen, den Regelungsgehalt einer Norm präzise zu bestimmen, so erschließt sich der Norminhalt einer Vorschrift dem Bürger wesentlich besser, wenn anschauliche Begriffe der Alltagssprache verwendet werden. In ähnlicher Weise läßt sich die Judikatur des BVerfG deuten, nach der auch die Verwendung wertausfüllungsbedürftiger Begriffe zulässig sein kann. So hieß es in einem Beschluß des zweiten Senats:

„Auch das Straf- und Ordnungswidrigkeitenrecht kann allerdings nicht völlig darauf verzichten, allgemeine Begriffe zu verwenden, die nicht eindeutig allgemein umschrieben werden können und die in besonderem Maße der Auslegung durch den Richter bedürfen. Sonst würden die Gesetze zu starr und kasuistisch und könnten dem Wandel der Verhältnisse oder den Besonderheiten des Einzelfalls nicht mehr gerecht werden. Ohne die Verwendung auslegungsfähiger „flüssiger Begriffe" wäre der Gesetzgeber nicht in der Lage, der Vielgestaltigkeit des Lebens Herr zu werden. Welcher Grad an gesetzlicher Bestimmtheit erforderlich ist, läßt sich nicht allgemein sagen. Er hängt von der Besonderheit des jeweiligen Tatbestandes und von den Umständen ab, die zu der gesetzlichen Regelung führten."[136]

Aus der Formulierung, daß auch das Strafrecht auf konkretisierungsbedürftige Merkmale nicht völlig verzichten kann, geht hervor, daß im Sinne der Verstehbarkeit einer Strafnorm durch den Bürger möglichst lebensnahe Begriffsbildungen vorzuziehen sind. In anderen Entscheidungen wird dieses Kriterium noch stärker prononciert. So führte das Gericht aus, daß im Hinblick auf die Bestimmtheit des Strafgesetzes in erster Linie der für den Adressaten erkennbare und verstehbare Wortlaut des gesetzlichen Tatbestandes maßgebend ist.[137] Maßstab für die Erkennbarkeit eines Bestrafungsrisikos dürfe nicht erst die Auslegung der Gerichte, sondern müsse die Norm selbst sein.[138]

---

[134] Vgl. BVerfGE 87, 363 (391 f.).

[135] So z.B. *Kohlmann*, Der Begriff des Staatsgeheimnisses, S. 254; *Mezger*, Allgemeiner Teil, S. 191; *Krahl*, Die Rspr. des BVerfG und des BGH zum strafr. Bestimmtheitsgrundsatz, S. 300; *Lenckner*, JuS 1968, S. 305; SchSch-*Eser*, § 1 Rdn. 20.

[136] BVerfGE 41, 314 (319 f.); vgl. auch BVerfGE 11, 234 (237); BVerfGE 55, 144 (152); BVerfGE 38, 348 (372); BVerfGE 41, 314 (319); BVerfGE 57, 250 (262).

[137] BVerfG NJW 1986, S. 1672, BVerfGE 47, 109 (121); BVerfGE 64, 389 (393).

[138] BVerfGE 92, 12 (18); zustimmend *Amelung*, NJW 1995, S. 2587.

Somit läßt sich festhalten, daß Art. 103 Abs. 2 GG hinsichtlich der Bestimmtheit des Strafgesetzes fordert, daß sich die Rechtsfolgen, die das Gesetz an ein Verhalten knüpft, auch von einem juristisch nicht vorgebildeten Normadressaten anhand des Wortlautes zumindest abschätzen lassen. Es reicht nicht aus, daß sich der Regelungsgehalt einer Norm nur im Wege eines umfangreichen Auslegungsvorganges ermitteln läßt; die ungefähre Tragweite einer Vorschrift muß sich vielmehr schon aus dem schlichten Gesetzeswortlaut erschließen.

bb. Das Gebot der größtmöglichen Bestimmtheit

Der Judikatur des *BVerfG* lassen sich jedoch darüber hinaus noch weitere Anhaltspunkte für die Anforderungen entnehmen, die Art. 103 Abs. 2 GG an die Bestimmtheit von Strafnormen stellt. So führte das Gericht in einem Urteil über die Verfassungsmäßigkeit des § 94 StGB Folgendes aus:

> „Das Gebot der Bestimmtheit des Gesetzes darf nicht übersteigert werden; die Gesetze würden sonst zu starr und kasuistisch und könnten der Vielgestaltigkeit des Lebens, dem Wandel der Verhältnisse oder der Besonderheit des Einzelfalls nicht mehr gerecht werden. [...] Das Gebot der Gesetzesbestimmtheit bedeutet also nicht, daß der Gesetzgeber gezwungen ist, sämtliche Straftatbestände ausschließlich mit rein deskriptiven, exakt erfaßbaren Tatbestandsmerkmalen zu umschreiben. Generalklauseln oder unbestimmte, wertausfüllungsbedürftige Begriffe im Strafrecht sind deshalb nicht von vornherein verfassungsrechtlich zu beanstanden.“[139]

Daraus, daß das Gericht den Gesetzgeber nicht verpflichtet, ausschließlich deskriptive Merkmale zu verwenden, bzw. die Verwendung von Generalklauseln nicht von vornherein verfassungsrechtlich beanstanden will, läßt sich entnehmen, daß es einen Verzicht auf normative oder wertausfüllungsbedürftige Begriffe zwar grundsätzlich für geboten, insgesamt jedoch nicht für durchführbar hält.[140] Baut man diesen Gedanken aus, so liegt der Schluß nahe, daß der Gesetzgeber sich unbestimmter und wertausfüllungsbedürftiger Begriffe nur dann bedienen darf, wenn dies aus den Gründen, die das Gericht für die Unmöglichkeit einer ausschließlich deskriptiven Begriffswahl anführt, unerläßlich ist. Damit ist eine Relativierung des Bestimmtheitsgrundsatzes angesprochen. Der Gesetzgeber hat die Straftatbestände so genau und anschaulich zu gestalten, wie dies die Besonderheiten der jeweiligen Regelung zulassen.[141] Art. 103 Abs. 2 GG ist dann als Forderung nach einer „größtmöglichen Bestimmtheit“ zu verstehen. Eine solche Ansicht hat sich auch in der Literatur her-

---

[139] BVerfGE 45, 363 (371).

[140] Vgl. hierzu *Krahl*, Die Rspr. des BVerfG und des BGH zum strafr. Bestimmtheitsgrundsatz, S. 294, der dem Gericht die These von der „Utopie“ eines genauen Strafrechts zuschreibt.

[141] So ausdrücklich BGHSt 23, 167, (171), wo das Gericht fordert, daß der Gesetzgeber die Strafbarkeitsvoraussetzungen „möglichst genau“ formulieren soll.

ausgebildet.[142] Ihr wurde entgegengehalten, daß dadurch der Bestimmtheitsgrundsatz in unzulässiger Weise zugunsten von Gerechtigkeit und Strafbedürftigkeit eingeschränkt würde, da ja Art. 103 Abs. 2 GG dem Gesetzgeber gerade bei der Verwirklichung dieser rechtspolitischen Ziele auf Kosten der Rechtssicherheit Grenzen setzen soll.[143] Diese Argumentation kann jedoch nicht überzeugen. Zum einen stellt die Forderung nach größtmöglicher Bestimmheit lediglich eine weitere Sicherheit neben dem oben[144] herausgearbeiteten Gebot der Verstehbarkeit des Strafrechts dar. Darüber hinaus befindet sich der Bestimmtheitsgrundsatz im Spannungsfeld zwischen materialer Gerechtigkeit und Rechtssicherheit. Beides sind Postulate, die aus der Festschreibung des Rechtsstaatsprinzipes in Art. 20 Abs, 3 GG hervorgehen.[145] Davon aber, daß der Verfassungsgeber dieses Spannungsfeld für den Bereich des Strafrechts durch Art. 103 Abs. 2 GG einseitig zugunsten der Rechtssicherheit aufheben wollte, ist nicht auszugehen. Denn gerade für das Verfassungsrecht ist die Kollision miteinander in Widerspruch stehender Prinzipien typisch; keines ist bis in seine letzten Konsequenzen durchführbar.[146]

Dem nullum crimen-Satz werden somit durch die Erfordernisse, denen eine an den Prinzipien materialer Gerechtigkeit orientierte Strafgesetzgebung gerecht werden muß, immanente Grenzen gezogen. Daher müssen sich auch die Anforderungen, die der Bestimmtheitsgrundsatz an das Strafgesetz stellt, im Rahmen des vernünftigerweise Realisierbaren halten. Somit läßt sich festhalten, daß Art. 103 Abs. 2 GG die größtmögliche Bestimmtheit des Strafgesetzes, unter Berücksichtigung der vom Gesetzgeber zu erfassenden Vielgestaltigkeit des Lebens, der Wandelbarkeit der Verhältnisse oder der Besonderheit des im Einzelfall zu regelnden Sachverhalts fordert. Damit ist gleichzeitig das Notwendige zur Einschränkung des Bestimmtheitsgrundsatzes im Hinblick auf Rechtfertigungsgründe gesagt. Wie oben[147] bereits dargelegt, wollen einige Autoren das Bestimmtheitsgebot im Hinblick auf Erlaubnistatbestände abschwächen, um so den Besonderheiten dieser Rechtsinstitute Rechnung zu tragen. Werden die Anforderungen, die der Bestimmtheitsgrundsatz an eine Strafrechtsnorm stellt, wie hier jedoch von vornherein relativ zu den gesetzestechnischen Möglichkeiten und rechtspolitischen Bedürfnissen bemessen, die bei der Regelung

---

[142] *Kohlmann*, Der Begriff des Staatsgeheimnisses, S. 247 ff.; Lenckner, JuS 1968, S. 305; *Naucke*, Über Generalklauseln und Rechtsanwendung im Strafrecht, S.3 ff.; *Jakobs*, Allgemeiner Teil, S. 78; SchSch-*Eser*, § 1 Rdn. 20.

[143] *Roxin*, Allgemeiner Teil, S. 127; kritisch auch *Schünemann*, Nulla poena sine lege ?, S. 32; *Lemmel*, Unbestimmte Strafbarkeitsvoraussetzungen, S. 106 ff.

[144] Erster Teil, Kapitel 1, A II 4 a bb.

[145] Zur materialen Gerechtigkeit siehe BVerfGE 7, 89 (92); BVerfGE 20, 323 (331); 49, 148 (164); *Dreier*, JZ 1985, S. 357 ff.; zum Gebot der Rechtssicherheit siehe BVerfGE 7, 194 (196); BVerfGE 60, 253 (267); *Dreier* (*Schulze-Fielitz*), Art. 20 Rdn. 134.

[146] *Peters*, Geschichtliche Entwicklung und Grundfragen der Verfassung, S. 46 f.

[147] Erster Teil, Kapitel 1, A II 3.

eines Lebenssachverhaltes bestehen, so erübrigt es sich, für Rechtfertigungsgründe weitere Einschränkungen vorzunehmen.[148]

cc. Die Maßgeblichkeit der Beurteilung im Einzelfall

Einen letzten Anhaltspunkt für die Beantwortung der Frage, wie bei der Prüfung einer Norm am Bestimmtheitsgebot des Art. 103 Abs. 2 GG vorzugehen ist, findet sich ebenfalls im bereits zitierten Urteil des BVerfG zur Verfassungsmäßigkeit des Heimarbeitsgesetzes. So heißt es dort:

> „Welcher Grad an gesetzlicher Bestimmtheit erforderlich ist, läßt sich nicht allgemein sagen. Er hängt von der Besonderheit des jeweiligen Tatbestandes und von den Umständen ab, die zu der gesetzlichen Regelung führten."[149]

In dieser Passage spiegelt sich in gewisser Weise die Hilflosigkeit wieder, in der sich Rechtsprechung und Literatur bei der Festlegung von handhabbaren Kriterien im Hinblick auf den Bestimmtheitsgrundsatz finden. Dementsprechend stellte sich auch *Kunig* auf den Standpunkt, daß es überzeugende allgemeine Formulierungen zur Konkretisierung des Bestimmtheitsgrundsatzes nicht geben dürfte und somit für jeden Tatbestand gesondert geprüft werden müsse, ob der Gesetzgeber die ihm aus Art. 103 Abs. 2 GG erwachsende Aufgabe, für Rechtssicherheit im Bereich des Strafrechts zu sorgen, erfüllt hat.[150] Demnach läßt sich sagen, daß bei der Prüfung, ob eine Norm den Anforderungen des Bestimmtheitsgebotes entspricht, stets Raum für eine einzelfallbezogene Argumentation bleiben muß.

Ergebnis

Zusammenfassend ist somit festzuhalten, daß Art. 103 Abs. 2 GG vom Gesetzgeber nicht nur verlangt, daß sich der Anwendungsbereich einer strafrechtlichen Norm durch Auslegung zuverlässig ermitteln läßt, sondern auch insoweit aus dem Wortlaut hervorgeht, daß der Adressat des Rechtssatzes zumindest das Bestrafungsrisiko im Hinblick auf ein konkretes Verhalten erkennen kann. Dabei ist eine größtmögliche Bestimmtheit des Strafgesetzes zu fordern. Dies bedeutet einerseits, daß auf

---

[148] Bezeichnenderweise ist gerade *Roxin*, der die Relativierung des Bestimmtheitsgebotes ablehnt, der Auffassung, daß „die Dynamik der Rechtfertigungsgründe der Natur der Sache nach eine Auflockerung des nullum-crimen-Prinzips mit sich" bringt (Kriminalpolitik und Strafrechtssystem, S. 31). Im Ergebnis nimmt er somit die gleichen Einschränkungen wie das BVerfG vor, das den Bestimmtheitsgrundsatz durch das Erfordernis, „dem Wandel der Verhältnisse" (diese Formulierung wurde in BVerfGE 45, 363 [371] gebraucht) gerecht zu werden, begrenzt sieht.

[149] BVerfGE 41, 314 (320).

[150] *v. Münch/Kunig* (*Kunig*), Art. 103 Rdn. 30.

gesetzestechnische Schwierigkeiten, die die Besonderheiten der Regelung eines Lebensverhältnisses mit sich bringen, Rücksicht zu nehmen ist, andererseits darf der Gesetzgeber aber auch keine vermeidbaren Ungenauigkeiten in Kauf nehmen, er hat vielmehr alle Möglichkeiten auszuschöpfen, die der konkrete Fall vernünftigerweise offen läßt. Bei der Prüfung, ob eine Norm diesen Anforderungen genügt, bleibt Raum für eine einzelfallbezogene Argumentation. In diesem Zusammenhang sind sowohl die Besonderheiten des jeweiligen Tatbestandes, als auch die Umstände, die zu der gesetzlichen Regelung führten, mit in die Argumentation miteinzubeziehen.

b. Folgerungen für die Gebotenheitsklausel als gesetzliche Bestimmung der Strafbarkeit

Nachdem die aus dem Bestimmtheitsgebot resultierenden Auflagen an den Strafgesetzgeber weitestmöglich konkretisiert sind, bleibt zu untersuchen, ob ein im Merkmal des Gebotenseins verankertes Verbot der tödlichen Sachwehr einer gesetzlichen Bestimmung der Strafbarkeit gemäß Art. 103 Abs. 2 GG gerecht würde. Dabei soll zunächst darauf eingegangen werden, welchen Spielraum ein grammatikalisches Verständnis der Formulierung „durch Notwehr geboten“ im Hinblick auf Notwehrrestriktionen beläßt. Anschließend ist zu prüfen, welche Funktionen der Gebotenheitsklausel unter Berücksichtigung der übrigen Merkmale im Gesamttatbestand des § 32 StGB zugeordnet werden können. Letztlich soll untersucht werden, inwieweit sich die rechtspolitischen Aufgaben, denen sich der Gesetzgeber bei der Neufassung der Notwehrvorschrift gegenübergestellt sah, auf die Beantwortung der aufgeworfenen Frage auswirken können.

Bei der Erörterung der Tauglichkeit des Gebotenheitsmerkmals als positivrechtlicher Anknüpfungspunkt für eine Einschränkung des als zu schneidig empfundenen Notwehrrechts wird häufig behauptet, daß das Wort „geboten“ nichts anderes bedeute als „erforderlich“. Der Unterschied sei rein sprachlicher Natur, man habe eben schlecht zwei Mal den gleichen Ausdruck gebrauchen können.[151] Einer sprachlichen Untersuchung der Begriffe hält diese Auffassung jedoch nicht stand. Während sich das Wort „erforderlich“ synonym für „nötig“, „unerläßlich“ oder „unentbehrlich“ verwenden läßt[152], ist der Ausdruck „geboten“ im Sinne von „ratsam“, „notwendig“, „angebracht“ oder „zweckmäßig“ zu verstehen.[153] Dabei wird deutlich, daß die Begriffe, in die sich das Wort „geboten“ aufschlüsseln läßt, mit

---

[151] So LK-*Spendel*, § 32 Rdn. 256; *Kratzsch*, GA 1971, S. 76; *Bertel*, ZStW 84 (1972), S. 1 f.; *Bockelmann*, Honig-FS, S. 24.
[152] *Brockhaus/Wahrig*.
[153] aaO, bei „gebieten“.

Ausnahme desjenigen der „Notwendigkeit“, ein wertendes Element implizieren.[154] Was unerläßlich ist, läßt sich in der Regel schon mit Kenntnis der jeweiligen Sachlage ermitteln. Ob ein Verhalten, welches unerläßlich ist, um ein bestimmtes Ziel zu erreichen, auch als ratsam oder angebracht anzusehen ist, kann jedoch erst beantwortet werden, wenn die weiteren Konsequenzen des Verhaltens, die neben der Erreichung des Zieles aus ihm folgen, mit in die Überlegung miteinbezogen werden. Will jemand zum Beispiel einen defekten Wagen wieder benutzen, so ist eine Reparatur unerläßlich. Daß sie aber im Hinblick auf das Alter des Wagens und die anfallenden Kosten auch ratsam ist, ist damit noch nicht gesagt. Damit wird mit dem Merkmal des Gebotenseins ein wertendes Element in den Tatbestand des § 32 StGB eingeführt, welches als positiv-rechtlicher Anknüpfungspunkt für Restriktionen dienen kann.

Darüber hinaus ist zu untersuchen, welche Tragweite der Gebotenheitsklausel im Hinblick auf die übrigen Tatbestandsmerkmale des Notwehrparagraphen zukommen kann. Zunächst ist festzustellen, daß die Regelung der Notwehrvoraussetzungen in § 32 Abs. 2 StGB keinerlei Anforderungen an die Verhältnismäßigkeit der Verteidigung im Hinblick auf die Rechtsgüter des Angreifers stellt. Dies ist jedoch kein Ergebnis eines differenzierten Auslegungsvorganges, vielmehr entspricht diese Rechtslage eindeutig dem Willen des Preußischen Gesetzgebers, welcher das Notwehrrecht in seiner heutigen Fassung prägte. Die Urheber der Regelung gingen davon aus, daß man auch zur Verteidigung geringer, ersetzbarer Güter erforderlichenfalls zu dem äußersten Mittel greifen dürfe.[155] Die bewußte Abkehr vom Erfordernis der Verhältnismäßigkeit, die in der von *Berner*[156] geprägten Formel „Das Recht braucht dem Unrecht nicht zu weichen“ zum Ausdruck kommt, stellt somit das Grundkonzept der in § 32 Abs. 2 StGB getroffenen Notwehrregelung dar. An dieser Wertentscheidung des Gesetzgebers läßt der klare Wortlaut der Vorschrift auch keinen Zweifel. So wurde die Regelung der Notwehrvoraussetzung als ein „Beleg für die segensreiche Wirkung wohlausgewogener Gesetzestechnik“[157] und sogar als „einer der bestgelungensten Paragraphen des StGB“[158] angesehen. Demzufolge konnte *Maurach* noch feststellen, daß „kaum eine andere Institution des Allgemeinen Teils [...] bis in die jüngste Zeit in Bedeutung, Folgerungen und Einzelheiten so unbestritten und so geklärt [war] wie die Notwehr“.[159] Dieser Befund ist von Wis-

---

154 In diese Richtung auch *Jakobs*, Allgemeiner Teil, S. 399 (Fn. 87), der davon spricht, daß das „Gebotensein“ in § 32 StGB normlogisch nicht im Sinne eines „Befohlenseins“, sondern eines „Angebrachtseins“ zu verstehen ist.

155 *Goltdammer*, Die Materialien des prStGB Bd. 1, S. 420 f.

156 *Berner*, Archiv des Criminalrechts 1848, S. 557.

157 *Maurach*, Allgemeiner Teil (4. Auflage, Heidelberg 1971), S. 307; *Courakis*, Zur sozialethischen Begründung der Notwehr, S. 15 spricht von einem „Muster der Gesetzestechnik“.

158 *Binding* in: *Holtzendorff* (Hrsg.), Handbuch des Strafrechts Bd. 1, S. 732 (Fn. 5).

159 *Maurach*, aaO.

senschaft und Praxis einer ganzen Epoche bestätigt worden.[160] So führte *Lenckner* aus, daß Bedeutung, Voraussetzungen und Tragweite im einzelnen bei der Notwehr in der Tat völlig eindeutig und unbestritten zu sein scheinen.[161] Somit bleibt festzuhalten, daß sich in § 32 Abs. 2 StGB eine äußerst präzise Umschreibung der Notwehrbefugnisse findet, in der das der Vorschrift zugrundeliegende Regelungsprinzip, nämlich bedingungsloser Vorrang des Rechts vor dem Unrecht, unmißverständlich zum Ausdruck kommt. Dieser Definition der rechtmäßigen Notwehr durch die Merkmale des gegenwärtigen rechtswidrigen Angriffs und der Erforderlichkeit der Verteidigung steht nun die Gebotenheitsklausel aus Absatz 1 als Ansatzpunkt für eine wertende Beurteilung der Notwehrbefugnisse gegenüber. Ist nach den obigen Ausführungen auch nicht zu verkennen, daß das Merkmal der Gebotenheit vom grammatikalischen Verständnis her durchaus in der Lage ist, als Einfallstor für wertende Betrachtungen zu dienen, so muß doch zugegeben werden, daß es sich dabei um einen relativ schwachen Anknüpfungspunkt handelt. Dies wird schon darin deutlich, daß selbst Juristen, die sich um eine Auslegung der Norm bemüht haben, der sprachliche Unterschied zwischen den Ausdrücken „geboten" und „erforderlich" entgangen ist. Zwar kann eine genaue Untersuchung vertretbar begründen, daß Notwehr aufgrund des Erfordernisses ihrer Gebotenheit nur dann geübt werden darf, wenn diese nach heutigen Anschauungen als im weitesten Sinne angemessen angesehen werden kann, wie oben[162] dargelegt, ist jedoch im Strafrecht vor allem auf den Verständnishorizont des Normadressaten abzustellen. Man muß wohl davon ausgehen, daß die Gebotenheitsklausel von einem juristisch nicht vorgebildeten Bürger schlichtweg überlesen würde.[163] Sicherlich kann Art. 103 Abs. 2 GG vom Gesetzgeber nicht verlangen, Strafnormen so zu fassen, daß sich deren Regelungsgehalt jedem ohne weiteres erschließt. Wie bereits erörtert, muß jedoch das Bestrafungsrisiko gleichwohl erkennbar bleiben. Ob dies im Falle einer Strafbarkeitserweiterung durch die Integration eines Verbots der Tötung zum Schutze von Sachgütern in den Tatbestand des § 32 StGB über das Merkmal des Gebotenseins gewährleistet wäre, erscheint jedoch mehr als zweifelhaft. Ist in Absatz 2 festgelegt, daß Notwehr ohne jegliche Rücksichtnahme auf Rechtsgüter des Angreifers zulässig ist, so kann es dem Normadressaten schwerlich erkennbar sein, daß der Gesetzgeber das, was er mit der einen Hand in Form einer klaren und verständlichen Regelung durch überwiegend deskriptive Tatbestandsmerkmale gibt, mit der anderen in Form eines einzigen normativen Begriffes, der dazu noch relativ unauffällig und ausdrucksschwach ist, gleich wieder nimmt. Mag die Gebotenheitsklausel auch in der Lage sein, dem als zu schneidig empfundenen Notwehrrecht in Fällen von unerträglichem Mißverhältnis von angegriffenem und verletzten Rechts-

---

[160] *Courakis*, aaO.

[161] *Lenckner*, GA 1961, S. 299.

[162] Erster Teil, Kapitel 1, A II 4 a bb.

[163] *Erb*, ZStW 108 (1996), S. 295 spricht davon, daß die Gebotenheitsklausel nach einem naheliegenden Verständnis gar kein Erfordernis einer Angemessenheitsprüfung zum Ausdruck bringt.

gut die Spitze zu nehmen, was ohnehin dem Rechtsgefühl des heutigen Normadressaten entsprechen dürfte, so kann es doch nicht herangezogen werden, um ein in einer präzisen Tatbestandsfassung zum Ausdruck gekommenes Regelungsprinzip aufzuheben. Somit entspricht eine Ausklammerung der tödlichen Sachwehr aus dem Anwendungsbereich des § 32 StGB schon unter diesem Gesichtspunkt nicht den Anforderungen einer gesetzlichen Bestimmung der Strafbarkeit.

Zur Untermauerung dieses Ergebnisses soll jedoch die gesetzgeberische Regelungsabsicht, einen Ausschluß der tödlichen Verteidigung von Sachgütern aus dem Rechtfertigungsbereich der Notwehr über das Merkmal des Gebotenseins zu ermöglichen, auch unter dem Aspekt der größtmöglichen Bestimmtheit von Strafnormen untersucht werden. Dieser verlangt vom Gesetzgeber, daß er die Zwecke des strafrechtlichen Bestimmtheitsgrundsatzes so gut verwirklicht, wie es die normative Erfaßbarkeit eines Lebenssachverhaltes zuläßt. Da der nullum crimen-Satz dem Gesetzesgeber auferlegt, das Bestrafungsrisiko wo immer dies möglich ist, bereits anhand des Gesetzeswortlauts erkennbar zu machen[164], ist diesbezüglich zu verlangen, daß der Gesetzgeber weitestgehend auf wertausfüllungsbedürftige Begriffe zugunsten deskriptiver Tatbestandsmerkmale verzichtet. Im Hinblick auf Notwehreinschränkungen ist daher zu untersuchen, ob sich nicht deren ausdrückliche Niederlegung in § 32 StGB gegenüber einer Einführung über den Begriff des Gebotenseins als anschaulichere und damit bestimmtere Möglichkeit der Festlegung der Strafbarkeit darstellt. Zweifelsohne hätte es der Gesetzgeber in der Hand gehabt, die lebensgefährliche Verteidigung als Unterfall der Notwehr herauszuheben und für sie die entsprechenden Vorbehalte zu normieren. Jedoch sind die vom *BVerfG* anerkannten Grenzen des Bestimmtheitsgrundsatzes zu berücksichtigen. Demnach dürfen die Anforderungen des nullum crimen-Satzes nicht übersteigert werden, die Gesetze würden ansonsten zu starr und kasuistisch; es muß noch Raum für die Würdigung der Besonderheiten des Einzelfalls durch den Richter verbleiben, auch sind die Umstände, die zur gesetzlichen Regelung führten, mit in die Prüfung einzubeziehen. Dem Vorwurf einer zu unflexiblen oder kasuistischen Regelung sähe sich die Beschränkung der Befugnis zur lebensgefährlichen Verteidigung im Sinne dieser Abhandlung nicht ausgesetzt. Will die Rechtsordnung eine Tötung zum Sachgüterschutz generell von der Rechtfertigung ausnehmen, so besteht kein Bedürfnis mehr, eine solche Regelung dem jeweils zu entscheidenden Lebenssachverhalt anzupassen. Auch eine unerwünschte Kasuistik wäre nicht zu befürchten; die Notwehrvoraussetzungen wären immer noch abstrakt-generell umschrieben, ein einzelner Ausnahmetatbestand würde die Regelung nicht unübersichtlich oder gar ausufernd werden lassen. Anders als vielleicht hinsichtlich der übrigen Notwehreinschränkungen, deren Grenzen fließend und im übrigen noch in ihrer Tragweite umstritten sind, hätte sich in bezug auf das Problem der tödlichen Sachwehr durchaus eine saubere gesetzestechnische Lösung angeboten, die ein

[164] *Erb*, ZStW 108 (1996), S. 296; *Mitsch*, JR 1995, S. 432; BVerfGE 71, 108 (115).

Mehr an rechtsstaatlich gebotener Erkennbarkeit des Strafbarkeitsrisikos gewährleistet hätte.

Fraglich ist jedoch, ob einer ausdrücklichen Regelung der Voraussetzungen der lebensgefährlichen Verteidigung nicht die Situation entgegenstand, in der sich der Gesetzgeber bei der im Jahre 1975 inkraftgetretenen Neufassung des § 32 StGB befunden hatte. Die Frage, ob private Notwehrbefugnisse durch die deutsche Ratifikation der EMRK beschränkt wurden, war bereits seit der Sitzung der Großen Strafrechtskommission vom 21. März 1955 Gegenstand von Diskussionen. Dort traf *Lange* die Feststellung, daß „durch die Menschenrechtskonvention [...] die Zulässigkeit der Notwehr eingeschränkt" worden sei.[165] Obwohl sich die Sachbearbeiter des Bundesjustizministeriums in einem Gutachten ablehnend zu dieser Frage äußerten[166] und sich *Jescheck* und *Schwalm* dieser Ansicht in einer späteren Sitzung der Kommission anschlossen[167], tauchte das Problem 1967 im Rahmen der Beratungen des Sonderausschusses für Strafrechtsreform erneut auf. In der 90. Sitzung regte der Vertreter des Bundesjustizministeriums an, den Streit um die Tragweite des Art. 2 EMRK offen zu lassen und eine Formulierung zu wählen, die es dem Richter ermögliche, die Vorschrift bei der Interpretation des Notwehrparagraphen zur Geltung zu bringen.[168] Dieser Vorschlag wurde wie oben[169] ausgeführt, durch den Bericht des Sonderausschusses vom 23. April 1969 aufgegriffen, wonach die Gebotenheitsklausel die Möglichkeit eröffnen sollte, dem Art. 2 der Menschenrechtskonvention bei der Auslegung der Notwehrvorschrift Rechnung zu tragen.[170] Demnach ist festzustellen, daß beim Gesetzgeber Unsicherheit darüber bestand, ob aus Art. 2 EMRK eine Beschränkung privater Notwehrbefugnisse folgt oder die Vorschrift zumindest eine Anpassung des Notwehrparagraphen durch den deutschen Gesetzgeber gebietet. Dadurch läßt sich erklären, daß der Gesetzgeber die Anbringung klarer Vorbehalte bezüglich der lebensgefährlichen Verteidigung unterlassen und stattdessen ein offenes Tatbestandsmerkmal verwendet hat, das seinen Willen, eventuellen Beschränkungserfordernissen gerecht zu werden, zum Ausdruck brachte. Fraglich ist jedoch, ob eine solche Ungewißheit über die Bindungen des Gesetzgebers an höherrangiges Recht zulasten des Bestimmtheitsgrundsatzes gehen darf. Dies ist jedoch im Ergebnis zu verneinen. Es kann vom Gesetzgeber verlangt werden, daß Vorschriften übergeordneten Normen angepaßt werden, sobald deren Anwendungsbereich und Tragweite geklärt sind. Nicht angängig ist jedoch, daß unbestimmte Strafgesetze nur deshalb dauerhaft in Kraft bleiben, weil die Anforderungen, die höherrangiges Recht an sie stellt, zum Zeitpunkt ihres Erlasses

[165] Niederschriften Bd. 2, Anhang 26, S. 82 f.
[166] Niederschriften Bd. 2, S. 81.
[167] aaO, S. 231 und 233.
[168] Protokolle V, S. 1805. ff.
[169] Erster Teil, Kapitel 1, A II.
[170] BT-DrS. V/4095, S. 14.

noch nicht hinreichend bekannt waren. Darüber hinaus entstünde eine große Rechtsunsicherheit, wenn der Gesetzgeber die Vereinbarkeit des von ihm erlassenen Rechts mit höherrangigen Normen stets durch Verwendung unbestimmter Begriffe sichern würde, die als nachträgliches Korrektiv herangezogen werden sollen. Jedem Rechtssatz kommt die Funktion zu, die nächsthöhere Norm zu konkretisieren. Diese Aufgabe kann er jedoch nicht erfüllen, wenn er die Unsicherheiten, die deren Auslegung bereitet, selbst wieder in sich trägt. Eine Rechtsordnung, in der Gesetze von vornherein unter Vorbehalt der Vereinbarkeit mit übergeordnetem Recht erlassen werden, deren Klärung dann den Gerichten überlassen wird, entspricht nicht den Vorstellungen des Grundgesetzes, das die Vorhersehbarkeit des Rechts und die Fällung wesentlicher Entscheidungen durch den Gesetzgeber vorsieht. Damit kann auch unter dem Aspekt der größtmöglichen Bestimmtheit des Strafgesetzes eine Ausklammerung der tödlichen Sachwehr aus dem Anwendungsbereich des § 32 StGB über das Merkmal des Gebotenseins nicht als gesetzliche Bestimmung der Strafbarkeit im Sinne des Art. 103 Abs. 2 GG akzeptiert werden.

Dieses Ergebnis läßt sich auch durch Literaturstimmen aus der Diskussion über die Vereinbarkeit der sozialethisch bedingten Einschränkungen des Notwehrrechtes mit Art. 103 Abs. 2 GG bestätigen. So macht selbst *Roxin*, der von einer durch die Dynamik der Rechtfertigungsgründe bedingten „Auflockerung des nullum-crimen-Prinzips" ausgeht, darauf aufmerksam, daß die Wandelbarkeit der rechtlichen Ordnungsmaßstäbe insoweit ihre Grenze am Bestimmtheitsgebot findet, als es unzulässig ist, ein gesetzliches Regelungsprinzip hinwegzuinterpretieren oder ohne gesetzliche Grundlage einzuschränken. So sei es nach geltendem Recht nicht zulässig, die Strafbarkeit im Notwehrbereich dadurch zu erweitern, daß man das Güterabwägungsprinzip generell auf diesen Rechtfertigungsgrund überträgt.[171] *Koch* ist der Auffassung, daß der Gebotenheitsklausel, der bisher nach allgemeiner Meinung keine eigenständige Bedeutung zukam[172], allein die Funktion einer Verweisung auf die immanenten Begrenzungen der Notwehr zukommen könne.[173] Für die Einführung regelungsfremder Prinzipien in die Notwehrdogmatik fehle es demgegenüber weiterhin an einer gesetzlichen Grundlage.[174] Gemeinsam ist diesen Ansichten, daß sie das Merkmal des Gebotenseins unter dem Gesichtspunkt des Art. 103 Abs. 2 GG für Einschränkungen nur insoweit als tragfähig erachten, als sich diese aus den Grundgedanken der Notwehr herleiten lassen. Damit ist die Doppelfunktion der Notwehr angesprochen. Neben dem Selbstschutz soll diese nach einer weitverbreitenden Ansicht noch der Rechtsbewährung dienen. Dieser Umstand erkläre die durch den Verzicht auf eine Güterproportionalität bedingte Schärfe des Notwehr-

---

[171] *Roxin*, Kriminalpolitik und Strafrechtssystem, S. 31.

[172] Vgl. LK-*Spendel*, § 32 Rdn. 256; *Bockelmann*, Honig-FS, S. 24 f.; *Lenckner*, GA 1968, S. 31 f.; *Jescheck/Weigend*, Allgemeiner Teil, S. 345.

[173] *Koch*, ZStW 104 (1992), S. 819; ebenso *Roxin*, ZStW 93 (1981), S. 79.

[174] *Koch*, aaO.

rechts.[175] In besonders gelagerten Einzelfällen, so zum Beispiel im Falle der Notwehrprovokation, können diese überindividuellen Gesichtspunkte jedoch an Bedeutung verlieren, so daß der Angegriffene nicht mehr als unbefangener Verteidigung der Rechtsordnung erscheint und die vom Gesetzgeber vorgenommene, dem Notwehrrecht immanente Interessenabwägung ihre Grundlage verliert, weswegen eine Rechtfertigung gemäß § 32 StGB zu versagen ist.[176] Ob diese Argumentation bei der wachsenden Kritik an der überindividuellen Begründung der Notwehr[177] noch haltbar ist, soll hier nicht diskutiert werden. Jedenfalls aber läßt sich sagen, daß sich zumindest die Ausklammerung der tödlichen Sachwehr aus dem Anwendungsbereich der Notwehr nicht aus deren Grundgedanken herleiten läßt. Wie oben[178] bereits dargelegt entspricht der Verzicht auf eine Güterproportionalität gerade dem Grundkonzept der Notwehrregelung. Ein Verbot der lebensgefährlichen Verteidigung von Sachgütern ist mit dem Regelungsprinzip der Notwehr daher nicht vereinbar und kann auch nach den eben genannten Literaturmeinungen nicht über das Merkmal der Gebotenheit in den Notwehrtatbestand integriert werden. Das gewonnene Ergebnis läßt sich somit auch durch die Berücksichtigung des bisherigen Diskussionsstandes zur Problematik der sozialethischen Einschränkung des Notwehrrechts untermauern.

c. Konsequenzen aus der Prüfung der gesetzgeberischen Regelungsabsicht an Art. 103 Abs. 2 GG

Somit läßt sich festhalten, daß der Gesetzgeber, soweit er mit dem Merkmal des Gebotenseins zum Ausdruck bringen wollte, daß die tödliche Sachwehr im Hinblick auf Art. 2 EMRK aus dem Anwendungsbereich des § 32 StGB ausgeschlossen sein soll, gegen Art. 103 Abs. 2 GG verstoßen hat. Folge eines solchen Verstoßes ist grundsätzlich die Nichtigkeit der Norm.[179] Jedoch läßt das *BVerfG* in großem Umfang eine verfassungskonforme Auslegung zu. Entspricht demnach eine von mehreren möglichen Auslegungsmöglichkeiten den Geboten der Verfassung, so ist die Norm nicht als nichtig anzusehen, sondern in ihrer verfassungsgemäßen Ausprägung anzuwenden. Die verfassungskonforme Auslegung findet ihre Grenze nach Auffassung des Gerichts erst dort, wo sie mit dem Wortlaut und dem klar erkennba-

---

175 *Otto*, Allgemeiner Teil, S. 115; *Roxin*, Allgemeiner Teil, S. 573; SchSch-*Lenckner*, § 32 Rdn. 1 f.; LK-*Spendel*, § 32 Rdn. 13.

176 *Otto*, aaO, S. 116; SchSch-*Lenckner*, § 32 Rdn. 54; *Bitzilekis*, Einschränkung des Notwehrrechts, S. 117; *Jescheck/Weigend*, Allgemeiner Teil, S. 346; *Roxin*, aaO, S. 581 f.; *Schumann*, JuS 1979, S. 564.

177 So z.B. *Wagner*, Individualistische oder Überindividualistische Begründung der Notwehr, S. 88; *Frister*, GA 1988, S. 301 f.; *Hoyer*, JuS 1988, S. 89.

178 Erster Teil, Kapitel 1, A II 4 b.

179 Vgl. *Maunz/Dürig* (*Schmidt-Aßmann*), Art. 103 Abs. II Rdn. 193.

ren Willen des Gesetzgebers in Widerspruch treten[180] oder das gesetzgeberische Ziel in einem wesentlichen Punkt verfehlt oder verfälscht oder dem Gesetz ein geradezu entgegengesetzter Sinn gegeben würde.[181] *Stern* faßt dies dahingehend zusammen, daß eine verfassungskonforme Interpretation erst dort unzulässig wird, wo an die Stelle des gesetzgeberisch Gewollten eine neue oder andere Regelung träte.[182] Eine Verkürzung der vom Gesetzgeber beabsichtigten Regelungswirkung im Sinne einer geltungserhaltenden Reduktion ist folglich möglich. Demnach ist das Merkmal des Gebotenseins so auszulegen, daß durch dieses zumindest keine Notwehrrestriktionen bewirkt werden, die sich nicht aus den Grundgedanken des Notwehrrechtes herleiten lassen oder die dem Regelungsprinzip des § 32 Abs. 2 StGB widersprechen. Eine Gesetzesanwendung, die ein Verbot tödlicher Sachwehr über das Gebotenheitsmerkmal in den Tatbestand des Notwehrrechtes hineinliest, wäre somit verfassungswidrig. Ein Strafurteil, durch welches dem Täter die Rechtfertigung einer Notwehrtötung zur Verteidigung von Sachgütern über die sozialethischen Schranken des Notwehrrechts hinaus versagt würde, könnte gemäß Art. 93 Abs. 1 Nr. 4 lit. a mit der Verfassungsbeschwerde angefochten werden.[183] Dies bedeutet jedoch, daß eine völkerrechtskonforme Auslegung des § 32 StGB im Hinblick auf Art. 2 EMRK nicht möglich ist, soweit dem Konventionsrecht ein Verbot der lebensgefährlichen Verteidigung von Sachgütern entnommen wird. Eine § 32 StGB widersprechende Notwehrregelung der Menschenrechtskonvention kann somit nicht über eine völkerrechtskonforme Auslegung des Notwehrrechts vor der Derogation nach der lex posterior-Regel bewahrt werden.

B. Gesetzesfestigkeit aufgrund der lex specialis-Regel

Frister versuchte, Art. 2 Abs. 2 lit. a EMRK mit dem Verweis auf das Spezialitätsverhältnis zu § 32 StGB der Derogation zu entziehen. Die Regelung der Menschenrechtskonvention greife aus der allgemeinen Notwehrproblematik speziell die Frage der Zulässigkeit tödlicher Verteidigungsmittel heraus. Demnach sei sie gegenüber § 32 StGB als das speziellere Gesetz anzusehen und unterliege insofern nicht der lex posterior Regel.[184] Damit wird auf den Satz lex posterior generalis non derogat legi priori speciali hingewiesen.[185] Seine Rechtfertigung liegt in der Erkenntnis, daß zwei Normen, die den gleichen Sachverhalt regeln, aber unterschiedliche Rechtsfolgen anordnen, durchaus nebeneinander bestehen können. Dies kann dann der Fall sein, wenn eine der beiden Normen als die speziellere anzusehen ist. Die lex spe-

---

[180] BVerfGE 18, 97 (111); BVerfGE 52, 357 (368 f.).

[181] BVerfGE 8, 28 (34); BVerfGE 9, 194 (200); BVerfGE 33, 52 (69); BVerfGE 35, 263 (280).

[182] *Stern*, Staatsrecht I, S. 136.

[183] Vgl. *Maunz/Dürig* (*Schmidt-Aßmann*), Art. 103 Abs. II Rdn. 193.

[184] *Frister*, GA 1985, S. 564.

[185] Dazu auch *Uerpmann*, Die EMRK und die deutsche Rechtsprechung, S. 86.

cialis verdrängt dann für ihren engeren Anwendungsbereich stets die generelle Norm, was bedeutet, daß die allgemeinere Norm durch die speziellere eingeschränkt wird.[186] Die Richtigkeit einer solchen Argumentation setzt jedoch voraus, daß Art. 2 Abs. 2 lit. a EMRK tatsächlich als Spezialnorm zu § 32 StGB angesehen werden kann.

Dies wurde von *Jakobs* bestritten.[187] Die Konvention setze weder einen Angriff als schuldhaftes Verhalten voraus, noch sei von dessen Gegenwärtigkeit die Rede. Art. 2 Abs. 2 lit. a EMRK regele somit eine weit weniger spezifizierte Notlage als das deutsche Notwehrrecht.[188] Die Überzeugungskraft dieser Einwände erscheint jedoch zweifelhaft. Zunächst ist das Erfordernis der Schuldhaftigkeit des Angriffs im Rahmen der deutschen Notwehrdogmatik nicht unumstritten[189], die herrschende Auffassung steht ihm sogar ablehnend gegenüber.[190] Darüber hinaus kann allein aus dem Umstand, daß Art. 2 Abs. 2 lit. a EMRK anders als § 32 StGB nicht ausdrücklich die Gegenwärtigkeit der Rechtsgutsbedrohung voraussetzt, noch nicht geschlossen werden, daß die Vorschrift diesbezüglich geringere Anforderungen als das deutsche Notwehrrecht stellt, da es möglich erscheint, eine zeitliche Beschränkung der Zulässigkeit der Abwehrhandlung in andere Tatbestandsmerkmale hineinzulesen. So könnte man zum Beispiel den Begriff der Verteidigung auf Konventionsebene als Kriterium zur Abgrenzung von rein präventiven Maßnahmen verstehen. Auf diese Weise könnten dann Abwehrhandlungen, die sich nicht gegen eine schon unmittelbar bevorstehende Rechtsgutsverletzung wenden, aus dem Anwendungsbereich der Vorschrift ausgeklammert werden. Auch der Passus „aus einer unbedingt erforderlichen Gewaltanwendung" im Einleitungssatz des Absatz 2 der Vorschrift kann dahingehend ausgelegt werden, daß eine Verteidigung nur in einem engen zeitlichen Rahmen zulässig ist. Demnach kann zumindest nicht mit Sicherheit behauptet werden, daß § 32 StGB höhere Voraussetzungen an das Angreiferverhalten stellt, als Art. 2 EMRK dies tut.

Somit ist die Behauptung, Art. 2 Abs. 2 lit. a EMRK stelle eine Spezialvorschrift zu § 32 StGB dar, einer erneuten Überprüfung zu unterziehen. Ein solches Verhältnis ist gegeben, wenn alle Fälle der einen Norm auch solche der anderen sind, diese

---

186 *Dietz*, Anspruchskonkurrenz bei Vertragsverletzung und Delikt, S. 31 f.

187 *Jakobs*, Allgemeiner Teil, S. 397 (Fn. 77a); ablehnend auch *Geilen*, Jura 1981, S. 378 wenn auch ohne Begründung; *Krey*, JZ 1979, S. 709 mit dem Argument, die Konvention betreffe nicht die Voraussetzungen der privaten Notwehr.

188 *Jakobs*, aaO, S. 397.

189 Ablehnend z.B. BGHSt 3, 217 (218); NK-*Herzog*, § 32 Rdn. 5; *Tröndle/Fischer*, § 32 Rdn. 11; *Wagner*, Individualistische oder Überindividualistische Begründung der Notwehr, S. 52; *Hirsch*, Dreher-FS, S. 222; *Felber*, Die Rechtswidrigkeit des Angriffs in den Notwehrbestimmungen, S. 131 f.; *Roxin*, ZStW 93 (1981), S. 82 f.; SchSch-*Lenckner*, § 32 Rdn. 19 m.w.N.

190 Dies stellt *Otto*, Allgemeiner Teil, S. 102 fest.

darüber hinaus jedoch noch weitere Sachverhalte erfaßt.[191] Dies scheint hinsichtlich des unterschiedlichen Normcharakters der Vorschriften jedoch fraglich. Art. 2 EMRK ist als Menschenrecht konzipiert. Als solches beschränkt es sowohl nach aktueller als auch traditioneller Auffassung primär die Befugnisse des Staates zugunsten der Rechtsunterworfenen. Demgegenüber konstituiert § 32 StGB einen Rechtfertigungsgrund, dessen vorrangige Funktion darin liegt, für Privatpersonen geltende Verbotsnormen partiell einzuschränken. Tötet ein Beamter einen Angreifer, um den Bedrohten oder Verletzten zu schützen, so läßt sich die Rechtmäßigkeit dieser Maßnahme unproblematisch anhand von Art. 2 Abs. 2 lit. a überprüfen. Fraglich ist jedoch, ob auch § 32 StGB einen solchen Fall erfaßt.

I. § 32 StGB als Maßstab für die Beurteilung der Rechtmäßigkeit polizeilichen Handelns ?

Ob das im StGB verankerte Notwehrrecht auch hoheitliches Handeln umfaßt, ist umstritten. Das Problem besteht darin, daß die landesrechtlichen Polizeigesetze den Schußwaffengebrauch, der nicht selten zu lebensgefährlichen Verletzungen führt, nur zur Verhinderung von Verbrechen und bestimmten Vergehen erlauben[192] und somit enger als § 32 StGB gefaßt sind, der die Zulässigkeit der Verteidigung nur durch das Kriterium der Erforderlichkeit beschränkt. Zu unterscheiden ist zwischen der Frage, ob § 32 StGB die Rechtmäßigkeit der polizeilichen Maßnahme begründen kann und derjenigen, ob die Vorschrift die strafrechtliche Verantwortlichkeit des Beamten zu beeinflussen vermag.[193] Die überwiegende Meinung vertritt dabei die „differenzierte Lösung".[194] und geht davon aus, daß § 32 StGB zwar in jedem Fall die Strafbarkeit des Beamten ausschließt, für die Beurteilung der Rechtmäßigkeit der hoheitlichen Maßnahme jedoch ohne Bedeutung ist.[195] Lediglich ein geringer Teil der Lehre ist der Auffassung, daß § 32 StGB als Ermächtigungsgrundla-

---

191 *Larenz*, Methodenlehre, S. 267.

192 Vgl. z.B. § 11 UZwG Bln; § 40 Abs. 1 BadWürttPG; Art. 45 Abs. 2 S. 1, 46 Abs. I Nr. 2 BayPAG; § 42 Abs. 1 Nr. 2 NRhWPG; § 55 Abs. 1 Nr. 2 NdsSOG; zur Zulässigkeit des finalen Rettungsschusses Art. 45 Abs. 2 S. 2 BayPAG; § 54 Abs. 2 S. 2 NdsSOG und ferner Art. 41 Abs. 2 S. 2 des Musterentwurfes für ein einheitliches Polizeigesetz des Bundes und der Länder.

193 Vgl. LK-*Spendel*, § 32 Rdn. 273; *Schwabe*, Die Notrechtsvorbehalte des Polizeirechts, S. 41 f.

194 Begriffsbildung durch *Seebode*, Kluge-FS Bd. 2, S. 371.

195 *Klose* ZStW 89 (1977), S. 79; *Riegel*, NVwZ 1985, S. 639 ff.; *Otto*, JK 91, StGB § 32 Rdn. 16; *Kratzsch*, NJW 1974 , S. 1546; *Berndt*, Die Polizei 1975, S. 198; *Kirchhof*, JuS 1979, S. 433; *Seebode*, Polizei und Kriminalpolitik, BKA-Vortragsreihe 26 (1981), S. 104; *Götz*, Allgemeines Polizei und Ordnungsrecht, S. 174 ff.; *Conen*, Die Polizei 1973, S. 72; *Schumann*, Grundriß des Polizei- und Ordnungsrechts, S. 154 f.; *Schmidhäuser* in: Merten (Hrsg.), Aktuelle Probleme des Polizeirechts, S. 59 f.; *Samper*, Polizeiaufgabengesetz Art. 39 Rdn. 5.

ge für hoheitliches Handeln angesehen werden kann.[196] Eine umfassende Erörterung dieser Problematik würde den Umfang dieser Arbeit sprengen, so daß hier nur auf die wesentlichen Argumente einzugehen ist.

1. Befürwortende Stimmen aus der Literatur

Spendel begründet seine Auffassung damit, daß ein Kopfschuß, ohne den ein Dieb nicht am Entkommen mit der Millionenbeute oder ein Spion am Übertritt über die Grenze und am staatsgefährdenden Verrat von wichtigen militärischen Geheimnisse zu hindern wäre, nur zulässig ist, wenn § 32 StGB auch als Ermächtigungsgrundlage für polizeiliche Eingriffe angesehen werden kann.[197] Damit setzt er jedoch seine rechtspolitischen Vorstellungen anstelle derjenigen des Gesetzgebers. Hätten die Landesparlamente in solchen Fällen den lebensgefährdenden Einsatz von Schußwaffen für angemessen erachtet, wäre eine entsprechende Regelung getroffen worden. *Schwabe* ist der Ansicht, daß es ein befremdliches Ergebnis wäre, wenn zwar der Amtsträger gerechtfertigt wäre, nicht jedoch der Staat, für den er tätig wurde.[198] Dem ist jedoch entgegenzuhalten, daß es keinen Grund dafür gibt, bei der Ergreifung rechtswidriger Maßnahmen der Staatsgewalt zugleich noch den handelnden Beamten persönlich verantwortlich zu machen.[199] Dies zeigt schon § 839 Abs. 1 S. 2 BGB, der den Beamten im Falle einer Amtspflichtsverletzung nur subsidiär haften läßt, sofern ihm lediglich Fahrlässigkeit zur Last fällt. *Lange* führte aus, die differenzierte Lösung setze sich mit der Allgemeinen Begründung des Musterentwurfes in Widerspruch. Dort heiße es, daß die Innenministerkonferenz der Auffassung sei, „daß alle Befugnisse der Polizei bei der Verfolgung von Straftaten und Ordnungswidrigkeiten in der StPO und im OWiG abschließlich geregelt werden sollten. Damit würden ergänzende Regelungen im Polizeirecht entbehrlich". Was der StPO und dem OWiG recht ist, müsse dem StGB aber billig sein, ganz abgesehen davon, daß Bundesrecht wie § 32 StGB noch immer das Landesrecht der Polizeigesetze breche.[200]

---

196 So *Lange*, JZ 1976, S. 547; *Bockelmann*, Dreher-FS, S. 247; SchSch-*Lenckner*, § 32 Rdn. 42 c; *Schwabe*, aaO, S. 56; LK-*Spendel*, § 32 Rdn. 275.

197 LK-*Spendel*, § 32 Rdn. 266.

198 *Schwabe*, Die Notrechtsvorbehalte des Polizeirechts, S. 56; LK-*Spendel*, § 32 Rdn. 273 hält ein solches Ergebnis sogar für „schizoid"; ähnlich unter dem Aspekt der Einheit der Rechtsordnung auch SchSch-*Lenckner*, § 32 Rdn. 42 b.

199 *Rogall*, JuS 1992, S. 559; *Seebode*, Kluge-FS Bd. 2, S. 367 f.

200 *Lange*, JZ 1976, S. 547.

Eine solche Argumentation verkennt zunächst die Doppelfunktion der Polizei.[201] Diese wird sowohl präventiv zur Verhinderung von Störungen der öffentlichen Sicherheit und Ordnung, als auch repressiv, d.h. zur Verfolgung von Straftaten und Ordnungswidrigkeiten tätig.[202] Während Schwerpunkt der in der StPO niedergelegten Kompetenzmaterie gemäß §§ 160, 161, 163 StPO die Aufklärung und Verfolgung bilden[203], betrifft das Notwehrrecht die Verteidigung gegen rechtswidrige Angriffe und somit die Frage der Gefahrenabwehr. Daraus, daß laut Musterentwurf die Befugnisse der Polizei bei der Verfolgung von Straftaten und Ordnungswidrigkeiten eine abschließende Regelung in der StPO und im OWiG erfahren sollen, kann somit nicht geschlossen werden, daß auch Rechtfertigungsgründe aus dem StGB für die Reichweite polizeilicher Eingriffsrechte von Belang sein sollen. Auch das Argument, daß § 32 StGB als Bundesrecht entgegenstehendes Landesrecht breche, kann nicht ohne weiteres überzeugen. Art. 31 GG ordnet diese Rechtsfolge für den Fall der Kollision bundes- und landesrechtlicher Vorschriften an.[204] Das *BVerfG* führte dazu aus:

„[...] die Kollisionsnorm hinweggedacht, müssen beide Normen auf einen Sachverhalt anwendbar sein und bei ihrer Anwendung zu unterschiedlichen Ergebnissen führen können."[205]

Voraussetzung für eine Durchsetzung des § 32 StGB gegenüber den Landespolizeigesetzen wäre somit, daß dieser inhaltlich mit ihnen in Widerspruch steht. Dies würde jedoch nur dann zutreffen, wenn er überhaupt zur Bestimmung der Reichweite polizeilicher Befugnisse herangezogen werden könnte. Diese Frage steht jedoch gerade im Streit. Der Verweis auf Art. 31 GG als Argument für die Interpretation des § 32 StGB als hoheitliche Eingriffsermächtigung stellt somit eine petitio in principii dar.[206] Weiterhin ist noch zu berücksichtigen, daß Art. 31 GG Kollisions- und nicht Kompetenznorm ist.[207] Der Tatbestand der Vorschrift setzt demnach voraus, daß sowohl die bundes- als auch die landesrechtliche Regelung kompetenzgemäß erlassen worden sind, daß mithin eine Kompetenzüberschneidung vorliegt.[208]

---

[201] Zu diesem Begriff *Emmerig*, DVBl. 1958, S. 338 ff.; *Schwan*, VerwArch 70 (1979), S. 109 ff. und 126 ff.; *Dreier*, JZ 1987, S. 1009.

[202] *Dreier*, aaO; *Denninger* in: *Lisken/Denninger* (Hrsg.), Handbuch des Polizeirechts, S. 193.

[203] *Denninger*, aaO, S. 196.

[204] *Dreier* (*Dreier*), Art. 31 Rdn. 36.

[205] BVerfGE 36, 342 (363); vgl. auch BVerfG NVwZ 1990, S. 357; zustimmend *Stern*, Staatsrecht I, S. 721; *v. Münch/Kunig* (*Gubelt*), Art. 31 Rdn. 3.

[206] *Paeffgen*, JZ 1991, S. 442 bezeichnet eine solche Argumentation als „schlechterdings verfehlt".

[207] *Stern*, Staatsrecht I, S. 719; *Paeffgen*, JZ 1991, S. 442; AK-*Bothe*, Art. 31 Rdn. 1; *v. Münch/Kunig* (*Gubelt*), Art. 31 Rdn. 1; *Vogel* in: Handbuch des Verfassungsrechts, S. 1059; *Dreier* (*Dreier*), Art. 31 Rdn. 19; vgl. auch BVerfGE 26, 116 (135); BVerfGE 36, 342 (363).

[208] *Dreier* (*Dreier*), Art. 31 Rdn. 19, 23 ff., 29 f. und 36.

2. Die Kompetenz des Bundes zum Erlaß sicherheitsrechtlicher Vorschriften

Damit sind wir bei der entscheidenden Frage anbelangt, ob dem Bund überhaupt die Kompetenz zukommt, polizeiliche Notrechte zu normieren. Ansonsten wäre § 32 StGB verfassungskonform dahingehend auszulegen, daß die Vorschrift nicht als Ermächtigungsgrundlage für präventiv-polizeiliches Handeln herangezogen werden darf. Wegen der in Art. 70 Abs. 1 GG niedergelegten Regelzuständigkeit der Länder im Bereich der Gesetzgebung müßte sich im Grundgesetz ein ausdrücklicher Kompetenztitel zugunsten des Bundes zur Regelung polizeilicher Notrechte finden lassen. Im Bereich der ausschließlichen und konkurrierenden Gesetzgebung werden dem Bund Zuständigkeiten für besondere Sachgebiete auf dem Bereich der Gefahrenabwehr zugewiesen.[209] Eine dem Art. 9 Nr. 2 WRV vergleichbare Regelung, in der dem Gesamtstaat eine Bedarfskompetenz zum Schutz der öffentlichen Sicherheit und Ordnung zugewiesen wurde, fehlt jedoch. Daraus ergibt sich, daß das allgemeine Recht der Gefahrenabwehr in den Zuständigkeitsbereich der Länder fällt. Zu Reibungen kommt es im Bereich des Strafverfahrensrechts, für dessen Regelung gemäß Art. 74 Abs. 1 Nr. 1 GG eine Bundeszuständigkeit besteht. Dieses dient der Durchsetzung der Strafdrohung im Einzelfall und normiert die Formen, unter denen sich die Aufklärung des Sachverhalts, die Feststellung der Schuld und die Verhängung der Strafe vollzieht.[210] Es knüpft somit an einen Tatverdacht an.[211] Solange es aber lediglich um die Verhinderung bevorstehender Straftaten geht, bleibt es bei der Landeskompetenz.

Eine Zuständigkeit des Bundes auf dem Gebiet der Gefahrenabwehr kann letztlich noch aufgrund einer Annexkompetenz begründet werden.[212] Dazu führte das *BVerwG* unter Berufung auf das *BVerfG* Folgendes aus:

„Normen, die der Aufrechterhaltung der öffentlichen Sicherheit und Ordnung in einem bestimmten Sachbereich dienen, sind daher jeweils dem Sachgebiet zuzurechnen, zu dem sie in einem notwendigen Zusammenhang stehen. Nur solche Regelungen, bei denen die Aufrechterhaltung der öffentlichen Sicherheit und Ordnung den alleinigen und unmittelbaren Gesetzes-

---

209 So in Art. 73 Nr. 3, 5, 10 und Art. 74, Nr. 3, 4, 4 a, 11, 11 a, 19, 22, 24 GG; vgl. *Drews/Wacke/Vogel/Martens*, Gefahrenabwehr, S. 16.

210 *Löwe/Rosenberg*, Einleitung Kapitel 6 Rdn. 1.

211 *Paeffgen*, JZ 1987, S. 441.

212 *Stern*, Staatsrecht II, S. 610 f.; *Paeffgen*, JZ 1987, S. 441; *Drews/Wacke/Vogel/Martens*, Gefahrenabwehr, aaO; *Wolter*, StV 1989, S. 365.

zweck bildet, können einem selbständigen Sachbereich zugerechnet werden, der als Polizeirecht im engeren Sinne bezeichnet wird und in die Zuständigkeit der Landesgesetzgebung fällt."[213]

Aufgrund eines Bundesgesetzes dürfen Staatsorgane somit nur zur Gefahrenabwehr ermächtigt werden, sofern der Gesetzgeber mit der Ermächtigung noch Zwecke verfolgt, die darüber hinausgehen und in den Kompetenzbereich des Bundes fallen.

Zu untersuchen bleibt folglich, ob § 32 StGB unter diesen Umständen auch als Befugnisnorm für hoheitliches Handeln angesehen werden kann. Die Vorschrift ermächtigt den Verteidiger, die erforderlichen Maßnahmen zu ergreifen, um einen rechtswidrigen Angriff zurückzuweisen. Sie knüpft demnach an eine bevorstehende Rechtsgutsverletzung an. Besonders deutlich kommt dies darin zum Ausdruck, daß das Notwehrrecht mit Beendigung des Angriffs erlischt.[214] § 32 StGB dient somit ausschließlich präventiven Zwecken und somit der Gefahrenabwehr. Soll diese jedoch von Hoheitsträgern vorgenommen werden, sind für die Bereitstellung einer Ermächtigungsgrundlage ausschließlich die Länder zuständig. Dies wäre nur dann nicht der Fall, wenn es sich um eine Gefahrenabwehr auf einem besonderen Sachgebiet handelte, für deren Regelung der Bund entweder kraft ausdrücklicher Kompetenzzuweisung oder kraft Annexzuständigkeit aufgrund der Regelungskompetenz für das jeweilige Sachgebiet zuständig ist. Die Notwehr betrifft jedoch nicht auf spezifische Sachbereiche zugeschnittene Gefährdungslagen, vielmehr greift sie bei jeder Individualrechtsgefährdung ein. Daher können die Befugnisse, die § 32 StGB Privaten verleiht, dem Hoheitsträger nur durch eine landesrechtliche Regelung eingeräumt werden. Eine Auslegung, die die Vorschrift auch als Ermächtigungsgrundlage für polizeiliches Einschreiten ansieht, ist demnach verfassungswidrig.

3. Rechtsstaatliche Anforderungen an polizeiliche Eingriffsgrundlagen

Für ein solches Verständnis spricht darüber hinaus noch die Rechtsprechung des *BVerfG*. Hoheitliches Handeln, welches in Grundrechtspositionen eingreift, bedarf nach Art. 2 Abs. 3 GG einer gesetzliche Ermächtigungsgrundlage. Nach Ansicht des Gerichts ist diesbezüglich ein spezielles Gesetz notwendig, welches die für den Eingriff zuständigen Organe benennt.[215] Hierdurch sollen dem Bürger Voraussetzungen und Grenzen hoheitlichen Handelns transparent gemacht werden, ein

[213] BVerwG DÖV 1983, S. 604; BVerfGE 8, 143 (150).

[214] Statt aller *Otto*, Allgemeiner Teil, S. 104.

[215] BVerfGE 65, 1 (46); dazu *Rogall*, JuS 1992, S. 558; *ders.* Informationseingriff und Gesetzesvorbehalt im Strafprozeßrecht, S. 65 ff.; auch BVerfGE 8, 274 (325); BVerfGE 9, 137 (147); BVerfGE 13, 153 (160 f.).

rechtsstaatliches Postulat, welches auch im Zitiergebot des Art. 19 Abs. 1 S. 2 GG zum Ausdruck kommt. Davon, daß § 32 StGB „bereichsspezifisch“[216] hoheitliche Befugnisse begründen würde, kann jedoch keineswegs ausgegangen werden.[217] Auch würde ebensowenig deutlich, welchem Träger öffentlicher Gewalt diese zuzuweisen wären.[218]

Bedenken gegen eine Heranziehung des Notwehrrechts als polizeiliche Eingriffsgrundlage ergeben sich darüber hinaus noch im Hinblick auf die unterschiedliche Grundrechtsbindung des Staates bei der Normierung von Eingriffsrechten hoheitlicher Organe einerseits und der Ausgestaltung der Rechtsverhältnisse Privater andererseits. Während die Grundrechte im Verhältnis zwischen Staat und Bürger ihre volle Wirkungskraft entfalten, gelten sie unter Privatpersonen grundsätzlich nicht, Adressat der Grundrechtsbindung ist gemäß Art. 1 Abs. 3 GG die öffentliche Gewalt.[219] Anders als ein Polizeibeamter ist der Verteidiger in einer Notwehrsituation somit nicht an die Grundrechte des Angreifers gebunden. Dies ändert jedoch nichts daran, daß der Gesetzgeber die Grundrechte auch bei der Regelung der Rechtsverhältnisse zwischen Privaten berücksichtigen muß, Art. 1 Abs. 3 GG ordnet eine umfassende Bindung an.[220] Weniger geklärt sind indes Umfang und Grad dieser Bindung. So erklärt etwa *Krause*, daß die konkreten Bindungen, die sich aus Art. 1 Abs. 3 GG für die Zivilgesetzgebung ergeben, von der Rechtswissenschaft bislang noch nicht systematisch dargestellt worden seien.[221] Richtungsweisend jedoch war insoweit das *Lüth*-Urteil des *BVerfG*, in dem ausgeführt wurde, daß der Grundrechtsteil der Verfassung eine objektive Wertordnung enthalte, mit der neues Recht in Einklang stehen müsse und an dem älteres Recht inhaltlich auszurichten sei. Diese wertbestimmende Funktion der Grundrechte gebe der öffentlichen Gewalt auch auf dem Gebiet des Bürgerlichen Rechts „Richtlinien und Impulse“ an die Hand.[222] Diese Formulierung läßt eine nur eingeschränkte Bindung des Gesetzgebers bei der Regelung privater Rechtsverhältnisse erkennen. So stellte das Gericht später auch klar, daß dem objektiv-rechtlichen Gehalt der Grundrechte nicht dieselbe Kraft wie der klassischen abwehrrechtlichen Grundrechtsdimension zukomme.[223] In dieselbe

---

216 Begriff gebildet durch BVerfGE 65, 1 (46).

217 So auch *Rogall*, JuS 1992, S. 558; *Riegel*, NVwZ 1985, S. 641; von mangelnder Bestimmtheit gehen *Heise/Tegtmeyer*, Polizeigesetz NRW, S. 392 aus.

218 Zur parallelen Problematik bei § 34 StGB vgl. LK-*Hirsch*, § 34 Rdn. 9.

219 Eine unmittelbare Drittwirkung der Grundrechte wird von der ganz herrschenden Meinung abgelehnt, so *Dürig*, Nawiasky-FS, S. 157; *Hesse*, Verfassungsrecht, S. 157 ff.; *Reimers*, Die Bedeutung der Grundrechte für das Privatrecht; S. 15 ff.; *Medicus*, AcP 192 (1992), S. 35 ff.; BAG NJW 1985, S. 1857; *Stern*, Staatsrecht III/1, S. 1553; *Mikat*, Nipperdey-FS Bd. 1, S. 589.

220 *Stern*, Staatsrecht III/1, S. 1565.

221 *Krause*, JZ 1984, S. 657.

222 BVerfGE 7, 198 (204 f.).

223 BVerfGE 66, 116 (135).

Richtung gehen auch die Stellungnahmen der Literatur. So wurde vertreten, daß dem Gesetzgeber bei der Abgrenzung der Rechtssphären zwischen Privatpersonen ein beachtlicher Gestaltungsspielraum zustehe, für den die Verfassung nur eine äußerste Schranke ziehe - Sachgerechtigkeit und Abwägung der betroffenen Rechte und Pflichten hätten im Vordergrund zu stehen.[224] Dementsprechend orientierten sich Untersuchungen, die die Verfassungsmäßigkeit des äußerst scharfen Notwehrrechts zum Gegenstand hatten, auch nicht an der abwehrrechtlichen Seite der Grundrechte, sondern vielmehr an deren Funktion als wertentscheidende Grundsatznormen bzw. an der aus ihnen folgenden Schutzpflicht.[225] Auch bezüglich letzterer haben Rechtsprechung und Literatur einen weiten Ermessensspielraum des Gesetzgebers anerkannt.[226] Somit wird deutlich, daß an eine hoheitliche Befugnisnorm völlig andere verfassungsrechtliche Anforderungen zu stellen sind als an die Notwehrregelung des § 32 StGB. Bedenken dagegen, daß das Notwehrrecht diesen Anforderungen genügt, ergeben sich vor allem im Hinblick auf dessen Schneidigkeit. So führt *Blei* aus, daß der Staat als oberster Hüter der Rechtsordnung auch im Rechtsbrecher noch den Rechtgenossen zu sehen habe und seine Reaktion ihm gegenüber auch im Augenblick der Tatbegehung nicht nach den Maßstäben gestalten dürfe, mit denen der einzelne unter dem einseitigen Blickwinkel, daß das Recht dem Unrecht nicht zu weichen braucht, gemessen werde.[227] Folgerichtig wurde einem Verständnis von § 32 StGB als Ermächtigungsgrundlage für polizeiliches Handeln auch entgegengehalten, daß im Verhältnis zwischen Staat und Bürger das Übermaßverbot die Grenze der Eingriffsintensität bilde, während sich das Notwehrrecht ja gerade durch die Abwesenheit jeglicher Anforderungen an die Verhältnismäßigkeit auszeichne.[228] Somit bleibt festzuhalten, daß § 32 StGB nicht zur Bestimmung der Rechtmäßigkeit staatlichen Handelns herangezogen werden kann. Die Frage, ob die Vorschrift dennoch die strafrechtliche Verantwortlichkeit des handelnden Polizeibeamten auszuschließen vermag muß, im Rahmen dieser Untersuchung nicht vertieft werden, ist jedoch im Ergebnis wohl zu bejahen. Wie *Bok-*

---

224 So *Stern*, Staatsrecht III/1, S. 1579 f.

225 Vgl. *Kratzsch*, Grenzen der Strafbarkeit, S. 153; *Blei*, JZ 1955, S. 628; SK-*Günther*, § 32 Rdn. 116; *Bernsmann*, ZStW 104 (1992), S. 292; eine Ausnahme macht *Schwabe*, NJW 1974, S. 671 ff., der keinen Unterschied darin sieht, ob durch ein staatliches Gesetz ein Hoheitsträger oder eine Privatperson zum Eingriff ermächtigt wird und demnach auch bei der Notwehrfrage bei der abwehrrechtlichen Grundrechtsdimension ansetzen will; kritisch dazu *Stern*, Staatsrecht III/1, S. 1550.

226 *v. Münch/Kunig* (*Münch*), Vorb. Art. 1-19 Rdn. 22; *Dirnberger*, DVBl. 1992, S. 879 ff.; BVerfGE 46, 160 (164 f.); BVerfGE 49, 89 (126 ff.); BVerfGE 53, 30 (57 ff.); BVerfGE 56, 54 (78).

227 *Blei*, JZ 1955, S. 628.

228 So auch *Kirchhof*, NJW 1978, S. 970; *Götz*, Allgemeines Polizei- und Ordnungsrecht, S. 161; *Krey/Meyer*, ZRP 1973, S. 4.

kelmann feststellt, verliert der Polizeibeamte dadurch, daß er seinen Dienst antritt, nicht den Status eines schlichten Bürgers.[229]

Das hier gewonnene Ergebnis läßt sich auch durch die einschlägigen Vorschriften zur Zulässigkeit des Schußwaffengebrauchs einiger Polizeirechtstexte stützen. So enthalten die Polizeigesetze Bayerns, Hessens und Nordrhein-Westfalens sowie der Musterentwurf eines einheitlichen Polizeigesetzes für den Bund und die Länder neben strengen Begrenzungen der Zulässigkeit lebensgefährlicher Zwangsmittel Notrechtsvorbehalte[230], nach denen die „Vorschriften über Notwehr und Notstand“[231] bzw. „deren zivil- und strafrechtliche Wirkungen“[232] unberührt bleiben. Dies belegt, daß auch die zuständigen Landesgesetzgeber davon ausgingen, daß § 32 StGB weder eine Grundlage noch Grenzen hoheitlicher Befugnisse normiert.

Ergebnis

Demnach kann festgestellt werden, daß das deutsche Notwehrrecht anders als Art. 2 Abs. 2 lit. a EMRK nicht zur Prüfung der Rechtmäßigkeit hoheitlichen Handelns herangezogen werden kann. Die Vorschrift der Konvention erfaßt somit auch Fälle, die nicht in den Anwendungsbereich des § 32 StGB fallen. Demzufolge kann von einer Spezialität des Konventionsrecht gegenüber dieser Vorschrift nicht ausgegangen werden.

II. Der unterschiedliche Normcharakter von Art. 2 Abs. 2 lit. a EMRK und § 32 StGB

Zwar mag eingewandt werden, daß es sich hierbei um eine recht formale Argumentation handelt, in ihr spiegeln sich jedoch die grundlegenden Unterschiede der beiden Normen wieder, die der Annahme einer über die lex specialis-Regel aufzulösenden Gesetzeskonkurrenz schon aus systematischen Gründen entgegenstehen. Zwar gilt die EMRK innerhalb der Bundesrepublik ebenso wie § 32 StGB im Range eines einfachen Bundesgesetzes. Dies kann jedoch nicht darüber hinwegtäuschen, daß die jeweiligen Vorschriften verschiedenen Normkategorien angehören. Während das Notwehrrecht seinem Rang entsprechend unmittelbar auf den Bürger

---

229 *Bockelmann*, Dreher-FS, S. 242; ähnlich auch LK-*Spendel*, § 32 Rdn. 268.

230 Art. 45 Abs. 2 BayPAG sowie § 41 Abs. 2 S. 2 des Musterentwurfes eines einheitlichen Polizeigesetzes lassen die Abgabe eines gezielten Todesschusses nur zur Abwendung einer gegenwärtigen Lebens- oder schweren Leibesgefahr zu, § 64 Abs. 1 Nr. 1 NRhWPG fordert eine gegenwärtige Gefahr für Leib oder Leben.

231 § 3 Abs. 2 HessUZwG; § 35 Abs. 2 NRhWPG.

232 Art. 39 Abs. 2 BayPAG; § 35 Abs. 2 Musterentwurf eines einheitlichen Polizeigesetzes.

anwendbares, nicht weiter konkretisierungsbedürftiges einfaches Recht darstellt, ist Art. 2 EMRK ein Menschenrecht und somit funktional dem Verfassungsrecht zuzuordnen.[233] Das Wesen der Verfassung besteht darin, daß sie eine Grundordnung für den Staat und die Ausübung öffentlicher Gewalt aufstellt.[234] Durch sie werden die öffentlichen Gewalten gleichermaßen begründet und begrenzt. Aus der Funktion der Verfassung, als vorweggenommene Regelung politischer Fragen in grundsätzlicher Weise, erklärt sich auch der Vorrang des Verfassungsgesetzes vor dem einfachen Recht.[235] Überschreitet der Gesetzgeber den ihm von der Verfassung gesteckten Rahmen, so geht es nicht darum, die gegenläufigen Regelungen zu harmonisieren, vielmehr ist die Bestimmung des einfachen Gesetzesrechts, die mit einem verfassungsmäßigen Prinzip in Widerspruch steht, ungültig.[236] Während es die Eigenart des Verfassungsrechts ist, die den Vorrang fordert, ist es die formelle Anordnung der Bindung des einfachen Gesetzgebers an die Verfassung, die diesen Vorrang durchsetzt. Somit läßt sich sagen, daß der Regelung des Art. 2 Abs. 2 lit. a EMRK ein Vorranganspruch immanent ist, der sich wegen der Rangzuweisung durch das Vertragsgesetz innerstaatlich jedoch nicht realisieren läßt. Dagegen setzt die Auflösung einer Normenkollision über die lex specialis-Regel von vornherein die Gleichrangigkeit der konkurrierenden Normen voraus.[237] Ein Nebeneinander von § 32 StGB und Art. 2 Abs. 2 lit. a EMRK widerspricht daher systematischen Gesichtspunkten.

Dies kommt auch in der Diskussion der Konsequenzen der Zustimmung Deutschlands zur EMRK für die Reichweite der privaten Notwehrbefugnisse zum Ausdruck. Genauso gut wie zum jetzigen Zeitpunkt hätte man schon nach der Ratifikation der EMRK behaupten können, daß Art. 2 Abs. 2 lit. a der Konvention eine Spezialregelung für die tödliche Notwehr enthalte und den Anwendungsbereich des § 32 StGB insoweit modifiziert. Dieser Weg wurde jedoch nicht eingeschlagen. Vielmehr gingen die Autoren, die Art. 2 Abs. 2 lit. a EMRK auch eine Relevanz für die private Notwehr beimaßen, davon aus, daß § 32 StGB nach der lex posterior-Regel durch die Vorschrift der Menschenrechtskonvention geändert worden ist.[238] Eine Anwendung der lex posterior-Regel setzt jedoch voraus, daß das jüngere Gesetz mit dem späteren tatsächlich unvereinbar ist und sich die Widersprüche nicht

---

[233] So auch *Ermacora*, JurBl. 1959, S. 400 ff.

[234] *Badura*, Staatsrecht, S. 14; *Maunz/Zippelius*, Staatsrecht, S. 32.

[235] *Maunz/Zippelius*, aaO; *Zippelius*, Das Wesen des Rechts, S. 56 ff.

[236] *Larenz/Canaris*, Methodenlehre der Rechtswissenschaft (2. Auflage), S. 227.

[237] *Larenz*, Methodenlehre, S. 267.

[238] So z.B. *Woesner*, NJW 1961, S. 1383; *Appell*, Die EMRK in ihrer Bedeutung für das deutsche Strafrecht und Strafverfahrensrecht, S. 11; allgemein zur EMRK als derogierendes lex posterior *Herzog*, DÖV 1960, S. 778; *Wendt*, MDR 1955, S. 658; BVerfGE 6, 389 (440).

durch Auslegung beheben lassen.[239] Im Rahmen der Gesetzesinterpretation hält sich aber auch die Lösung des Normenkonflikts über die lex specialis-Regel, durch sie werden die gegenläufigen Regelungen in systematischer Auslegung harmonisiert.[240] Dies macht deutlich, daß man Art. 2 Abs. 2 lit. a EMRK und § 32 StGB von vornherein nicht als gleichartige Normen ansah, die gleichzeitig Bestand haben und über eine systematische Gesetzesauslegung zum Ausgleich gebracht werden können. Der Vorranganspruch des Konventionsrechts wurde dabei mangels eines formalen Rangunterschiedes über den Vorrang des späteren Gesetzes durchgesetzt.

Die systematischen Überlegungen, die gegen eine Lösung des Normkonfliktes anhand der lex specialis-Regel sprechen, schlagen sich jedoch auch in unmittelbaren praktischen Konsequenzen nieder. Sähe man Art. 2 Abs. 2 lit. a EMRK als Spezialregelung gegenüber § 32 StGB an, so würden die Notwehrbefugnisse des Rechtsunterworfenen durch eine einer anderen Rechtsmaterie zugehörigen Norm eingeschränkt. § 32 StGB würde somit lediglich eine unvollständige Teilregelung des Notwehrrechtes darstellen, welche – für den Bürger nicht erkennbar – an einer anderen Stelle ergänzt wird. Eine Erweiterung der Strafbarkeit durch außerhalb des Strafrechts stehende Normen ist jedoch mit der Garantiefunktion des Strafgesetzes im Sinne einer verbrieften Strafrechtsordnung nicht vereinbar. Durch die Annahme einer Spezialität des Art. 2 Abs. 2 lit. a EMRK gegenüber § 32 StGB ist das lex posterior Problem damit nicht zu lösen.

Kapitel 2
Begründung eines Übergesetzesranges der EMRK

Da sich das lex posterior-Problem auf der Basis der herrschenden Ansicht, die von der innerstaatlichen Geltung der Menschenrechtskonvention im Range eines einfachen Bundesgesetzes ausgeht, nicht lösen läßt, ist danach zu fragen, ob ihr nicht doch ein Rang über den Gesetzen einzuräumen ist. Ein solcher Nachweis wurde schon von einige Autoren zu erbringen versucht. Daher sollen die jeweiligen Ansätze auf ihre Tragfähigkeit untersucht werden.

A. Die Konventionsrechte als allgemeine Regeln des Völkerrechts im Sinne des Art. 25 GG

Teilweise wurde versucht, die Konventionsrechte als allgemeine Regeln des Völkerrechts aufzufassen und ihnen so über Art. 25 GG Übergesetzesrang zu verleihen.

---

[239] Vgl. *Uerpmann*, Die EMRK und die deutsche Rechtsprechung, S. 83 f.; *Bydlinski*, Juristische Methodenlehre und Rechtsbegriff, S. 572 f.

[240] *Bydlinski*, aaO, S. 465.

Zwar wurde diese These von der ganz überwiegenden Meinung abgelehnt[241] und auch von monographischen Untersuchungen zu diesem Thema nicht übernommen.[242] Da diese Ansicht jedoch in neuerer Zeit wieder mit neuen Argumenten aufgegriffen wurde[243], soll die Frage der Inkorporation der EMRK über Art. 25 GG auch im Rahmen der vorliegenden Abhandlung diskutiert werden.

Der Begriff der „allgemeinen Regel" im Sinne des Art. 25 GG ist in der Literatur äußerst umstritten. Einerseits ist man sich uneinig, ob nur universelles[244] oder auch partikulares bzw. regionales Völkerrecht[245] unter die Vorschrift fallen soll, andererseits gehen die Ansichten hinsichtlich der inkorporationsfähigen Völkerrechtsquellen auseinander. Teils wird vertreten, nur Völkergewohnheitsrecht könne über Art. 25 GG in die deutsche Rechtsordnung integriert werden[246], andere behaupten dagegen, daß auch das Völkervertragsrecht unter gewissen Umständen in den Anwendungsbereich der Vorschrift falle.[247] Um die Erörterung der diesbezüglichen Meinungen inhaltlich begrenzen zu können, soll zunächst der Rechtscharakter der EMRK geklärt werden. Zwar ist diese, wie oben[248] schon erwähnt, unstreitig als völkerrechtlicher Vertrag anzusehen, doch schließt schließt nicht aus, daß ihre Regelungen ihren Geltungsgrund auch im Völkergewohnheitsrecht haben.

---

[241] *Partsch*, ZaöRV 17 (1956/57), S. 100 Fn. 27; *ders.* Rechte u. Freiheiten, S. 30; *Maunz/Dürig* (*Dürig*), Art. 1 Abs. II Rn. 57; *Hesse*, Verfassungsrecht, S. 125; *ders.* EuGRZ 1978, S. 425; *v. Münch/Kunig* (*Münch*), Vorb. Art. 1-19, Rdn. 80; *v. Münch/Kunig* (*Rojahn*), Art. 25 Rdn. 10; *Silagi*, EuGRZ1980, S. 644 f.; *Echterhölter*, JZ 1955, S. 683; *Courakis*, Zur sozialethischen Begründung der Notwehr, S. 114; *Stern*, Staatsrecht III, S. 278; *Staebe*, JA 1996, S. 80; *Wendt*, MDR 1955, S. 658; *Seibert*, M. Hirsch-FS, S. 521; *Herzog*, DÖV 1960, S. 775; *Pigorsch*, Die Einordnung völkerrechtlicher Normen, S. 94; OVG Münster, NJW 1956, S. 1365; KG, FamRZ 82, S. 95; dasS. FamRZ 1982, S. 382; OLG Stuttgart, Die Justiz 1985, S. 179; LG Heilbronn, EuGRZ 1991, S. 186.

[242] *Uerpmann*, Die EMRK und die deutsche Rechtsprechung, S. 67 f.; *Sternberg*, Der Rang von Menschenrechtsverträgen, S. 187; *Ingersleben*, Rang und Geltung der EMRK, S. 43; *Kleeberger*, Die Stellung der Rechte der EMRK, S. 66 f.; *Dronsch*, Der Rang der EMRK, S. 76.

[243] *Bleckmann*, EuGRZ 1994, S. 149; *Wäsche*, Die innerstaatliche Bindung des deutschen Gesetzgebers an die EMRK, S. 53 ff.

[244] *Berber*, Völkerrecht Bd. 1, S. 72, 99 und 101; *Maunz/Dürig* (*Dürig*), Art. 25 GG Rdn. 19; *Klein*, JiR 11 (1962) = Laun-FS, S. 163; *Pigorsch*, Die Einordnung völkerrechtlicher Normen, S. 7.

[245] *Frowein*, Zeidler-FS Bd. 2, S. 1763; *Sachs* (*Streinz*), Art. 25 Rdn. 24; *Bleckmann*, DÖV 1979, S. 309; Bonner Kommentar (*Menzel*), Art. 25 S. 7; *Dreier* (*Pernice*), Art. 25 Rdn. 17.

[246] H.M., vgl. *Jarass/Pieroth*, Art. 25 Rdn. 6; *Mangoldt*, JöR 3 (1954), S. 11; *Menzel*, DÖV 1970, S. 509; AK-*Zuleeg*, Art. 25 Rdn. 14; *Kirchhof*, EuGRZ 1994, S. 16; *Papadimitriu*, Die Stellung der allgemeinen Regeln, S. 80.

[247] *Maunz/Dürig* (*Maunz*), Art. 25 Rdn. 19; *Hofmann*, Zeidler-FS Bd. 2, S. 1885; *Guradze*, EMRK, S. 17; tendenziell auch *Dronsch*, Der Rang der EMRK, S. 65.

I. Völkergewohnheitsrechtliche Geltung der Konventionsrechte ?

Eine neben der vertraglichen existierende gewohnheitsrechtliche Geltung der Konventionsrechte ist auf verschiedene Arten denkbar. Zunächst wäre es möglich, daß zumindest ein Teil der in der EMRK niedergelegten Rechte schon vor Vertragsschluß gewohnheitsrechtlich verbindlich war und durch diesen lediglich kodifiziert wurde.[249] Andererseits ist nicht ausgeschlossen, daß die Konventionsrechte zunächst zwar nur kraft Vereinbarung galten, sich jedoch mittlerweile zu völkergewohnheitsrechtlichen Regelungen verdichtet haben.

1. Ursprüngliche gewohnheitsrechtliche Geltung

Völkergewohnheitsrecht wird durch ein Verhalten der Staaten erzeugt, dem die Rechtsüberzeugung der Staatengemeinschaft von der Rechtmäßigkeit des Handelns oder Unterlassens zugrundeliegt.[250] Vom Vorliegen einer solchen Rechtsüberzeugung in bezug auf die Rechte und Freiheiten der EMRK geht *Meyer-Lindenberg* aus.[251] Diese Auffassung ist jedoch auf fast einhelligen Widerspruch gestoßen.[252] Für sie ließe sich allenfalls noch der Wortlaut der Präambel und des Art. 1 der Konvention heranziehen, welche von einer „Anerkennung" der Konventionsrechte spricht. Hieraus könnte geschlossen werden, daß die Vertragsparteien bereits von ihrem Bestehen ausgingen und die Bedeutung der Konvention nur in deren schriftlicher Fixierung bzw. der Einführung eines Rechtsschutzsystems auf internationaler Ebene sahen. Dagegen spricht jedoch schon, daß sich lediglich die französische Fassung, die die Formulierung „reconnaissent" verwendet, mit der deutschen Übersetzung deckt. Im englischen Text findet sich die Wendung „shall secure", welche sich schon nicht mehr im obigen Sinne deuten läßt.

---

[248] Erster Teil, Einführung.

[249] Nach nahezu einhelliger Auffassung verlieren Regelungen ihren gewohnheitsrechtlichen Charakter nicht dadurch, daß sie später durch völkerrechtlichen Vertrag kodifiziert werden. So *Guradze*, EMRK, S. 17; *ders.*, Der Stand der Menschenrechte im Völkerrecht, S. 172; *Ipsen*, Völkerrecht, S. 197; *Verdross/Simma*, Universelles Völkerrecht, S. 372 ff.; *Dahm/Dellbrück/Wolfrum*, Völkerrecht Bd. I/1, S. 51; IGH ICJ-Reports 1986, S. 88 ff.; siehe auch Art. 38 WVRK; ein Beispiel für die Kodifikation völkergewohnheitsrechtlicher Normen durch Vertrag stellt die WVRK dar, vgl. dazu *Doehring*, Völkerrecht, S. 128 f.; a.A. soweit ersichtlich nur *Rudolf*, Völkerrecht und deutsches Recht, S. 51 f.

[250] *Doehring*, Völkerrecht, S. 123; *Mosler*, Recueil des Cours 140 (1973), S. 121 ff.

[251] *Meyer-Lindenberg*, Berichte der Dt. Ges. *für* Völkerrecht Heft 4 (1962), S. 108.

[252] Z.B. *Münch*, JZ 1961, S. 154; *Morvay*, ZaöRV 21 (1961), S. 94; *Herzog*, DÖV 59, S. 45.

Einer solchen Interpretation kann jedoch darüber hinaus noch aus weitergehenden Gründen nicht gefolgt werden. Wie die wiederholte Feststellung von Konventionsverletzungen durch grundlegende Regelungen des innerstaatlichen Rechts der Vertragsstaaten zeigt[253], kann noch nicht einmal angenommen werden, daß die zum Teil äußerst präzise definierten Gewährleistungen der Konvention zum Zeitpunkt deren Abschlusses in den nationalen Rechtsordnungen Gegenstand einer bereits bestehenden Rechtsüberzeugung gewesen wären. Die Geltung der Rechte als Völkergewohnheitsrecht hätte jedoch erfordert, daß die Vertragsstaaten diese nicht nur selbst eingehalten hätten, sondern darüber hinaus davon ausgegangen wären, daß sie dazu auch noch völkerrechtlich verpflichtet waren. Die Festschreibung von Menschenrechten auf der Ebene des Völkerrechts entspringt jedoch einer nach 1945 in Anbetracht der Schrecken des Zweiten Weltkrieges einsetzenden Entwicklung. Vorher wurden diese gerade als „domaine réservé“ angesehen[254], völkerrechtliche Verbürgungen zugunsten des einzelnen waren im Rahmen des Fremdenrechts bzw. von humanitärem Kriegsvölkerrecht gerade die Ausnahme.[255] Somit können höchstens einzelne fundamentale Grundnormen wie das Verbot der Sklaverei gemäß Art. 4 EMRK oder das Folterverbot gemäß Art. 3 EMRK als von der vertraglichen Grundlage unabhängige Normen des Völkergewohnheitsrechts angesehen werden.[256] Davon, daß die Vertragsstaaten durch die EMRK bereits bestehendes Gewohnheitsrecht kodifiziert hätten, kann also keineswegs ausgegangen werden.

2. Nachträgliche gewohnheitsrechtliche Geltung

Dies schließt jedoch nicht aus, daß die Gewährleistungen der Konvention mittlerweile Gegenstand völkergewohnheitsrechtlicher Normen geworden sind. Es ist allgemein anerkannt, daß auch vertragliche Vereinbarungen zur Herausbildung von Gewohnheitsrecht führen können[257]. Daß die EMRK eine solche Entwicklung zum

---

[253] So z.B. das belgische Nichtehelichen-Recht, vgl. EGMR EuGRZ 1979, S. 454 ff.; die niederländischen straf- und strafverfahrensrechtlichen Regelungen über die Ahndung sexuellen Mißbrauchs, siehe EGMR EuGRZ 1986, S. 297 ff.; das englische closed-shop System, welches Zwangsmitgliedsschaften in bestimmten Gewerkschaften vorsah, siehe EGMR EHHR 4 (1982), S. 40 ff.

[254] *Guradze*, Der internationale Stand der Menschenrechte, S. 61; *Dahm/Dellbrück/Wolfrum*, Völkerrecht Bd. I/1, S. 217.

[255] Vgl. auch den sechsten Bericht für die International Law Comission (YBILC 77 II Part Two, S. 46). Dort hieß es noch 1977: „[...] we are bound to conclude that, today, the international obligations of the State in regard to the treatment of ist own nationals are almost exclusively of a conventional nature.“

[256] *Friesenhahn*, Der internationale Schutz der Menschenrechte, S. 54 spricht von einem völkergewohnheitsrechtlichen Kern der Konventionsrechte.

[257] *Doehring*, Völkerrecht, S. 136; *Scheuner*, F.A. Mann-FS, S. 420.

Gewohnheitsrecht durchgemacht hätte, wird von *Giegerich*[258] und *de Quadros*[259] behauptet.

a. Die Auffassungen de Quadros und Giegerichs

Giegerich ging davon aus, daß die vorbehaltlos von allen Konventionsstaaten akzeptierten Rechte der EMRK im europäischen Verfassungsraum zugleich „Ausdruck einer allgemeinen, auch losgelöst von ihrer vertraglichen Grundlage als Recht anerkannten Übung“[260] seien. Als Beleg führte er die Erklärung des griechischen Obristenregimes an, sich trotz der Kündigung der EMRK noch durch die Konventionsrechte verpflichtet zu fühlen.[261]

De Quadros untersucht die Frage, ob die Rechte und Freiheiten der EMRK Bestandteil eines regionalen ius cogens geworden sind. Darunter versteht man die zwingenden Normen des Völkerrechts, die Ergebnis der Bildung entsprechenden Gewohnheitsrechtes sind.[262] Die Einordnung der Konventionsrechte in den Bereich des ius cogens setzt demnach die Anerkennung ihres völkergewohnheitsrechtlichen Charakters voraus. De Quadros hält eine Entwicklung der Konventionsrechte zum regionalen ius cogens für gegeben. Als Bestandteile des ius cogens sieht er die „valeurs fondamentales“ sowie die „règles essentielles“ und den „ordre public international“ an.[263] Zur Begründung seiner Annahme zieht er die Rechtsprechung der Straßburger Organe heran, in der die „nature essentiellement objective“ der durch die EMRK begründeten Verpflichtungen[264] bzw. deren Eigenschaft als Bestandteile eines „ordre public européen“ hervorgehoben worden seien.[265] Daraus schließt er, daß Kommission und Gerichtshof begonnen hätten, die Menschenrechte als zwingendes Völkerrecht anzusehen. Allerdings macht der Verfasser dahingehend eine Einschränkung, daß die Konventionsrechte nur insoweit als ius cogens anzusehen seien, als sie nach Inhalt und Tragweite durch die Vertragsstaaten anerkannt und akzeptiert würden.[266] Da in der Völkerrechtsgemeinschaft auch die Existenz regionalen Gewohnheitsrechtes anerkannt sei, besetehe demnach kein Grund, den Konventionsrechten in soeben beschriebenem Umfang den Charakter zwingenden Völkerrechts abzusprechen.

---

[258] *Giegerich* in: *Grabenwarter* u.a. (Hrsg.), Allgemeinheit der Grundrechte , S. 113.

[259] *De Quadros*, Bernhardt-FS, S. 562.

[260] *Giegerich*, aaO, S. 113.

[261] ZaöRV 30 (1970), S. 419 f.

[262] *Doehring*, Völkerrecht, S. 129.

[263] *De Quadros*, aaO, S. 556.

[264] Kommission Annuaire 4 (1961), S. 140; Ministerkommitee Annuaire 21 (1978), S. 91.

[265] Kommission aaO, S. 140.

[266] de *Quadros*, Bernhardt-FS, S. 559 f.

b. Würdigung der Ansichten de Quadros und Giegerichs

Die Argumentation *de Quadros* beruht im wesentlichen auf der Parallelität des Begriffs des „ordre public" in der Aufzählung der Rechtsregeln, die als Bestandteile des ius cogens anzusehen sind einerseits, und in der Rechtsprechung der Straßburger Organe andererseits. Daß sich hinter diesem Schlagwort jedoch die gleichen Inhalte verbergen, erscheint höchst zweifelhaft. Bei der Konstruktion eines Zusammenhangs zwischen dem „ordre public international" und dem ius cogens beruft sich *de Quadros* auf eine Abhandlung *Moslers*. Dieser führt an der zitierten Stelle aus:

„The public order of the international community, however, consists of principles and rules the enforcement of which is of such vital importance to the international community as a whole that any unilateral action or any agreement which contravenes these principles can have no legal force."[267]

In diesem Zusammenhang kennzeichnet der ordre public demnach eine Summe von Normen, deren Einhaltung für die Staatengemeinschaft von fundamentalem Interesse ist. Als Beispiel führt *Mosler* das Verbot des Gebrauchs von Massenvernichtungswaffen wie z.B. Atombomben an.[268] Zu untersuchen bleibt, welche Inhalte die Straßburger Organe mit dem Begriff des „ordre public" in Verbindung bringen. Eine erste Erwähnung findet sich in der Stellungnahme der *Kommission* zur Staatenbeschwerde Österreichs gegen Italien:

„Considérant qu'il en résulte qu'en concluant la Convention, les Etats Contractant n'ont pas voulu se concéder des droits et des obligations réciproques utiles à la poursuite de leurs intérêts nationaux respectifs, mais réaliser les objectifs et idéaux du Conseil de l'Europe, tels que les énonce le Statut, et instaurer un ordre public communautaire des libres démocraties d'Europe afin de sauvegarder leur patrimoine commun de traditions politiques, d'idéaux, de liberté et de prééminence du droit [...]"[269]

Zunächst fällt auf, daß die Aufstellung eines ordre public durch die Konvention nach Ansicht der *Kommission* weniger der Gewährleistung lebensnotwendiger Essentialia, als der Verfolgung politischer Ziele, wie die Erhaltung des gemeinsamen väterlichen Erbes und die Förderung der Freiheit und des Primats des Rechts dient. Dies wird umso deutlicher, als der Abschluß der Konvention als Maßnahme zur Verwirklichung der Ziele des Europarates verstanden wird. Nach dessen Satzung dient dieser jedoch zur Schaffung einer engeren Einheit Europas und strebt somit

[267] *Mosler*, Recueil des Cours 140 (1973), S. 34.
[268] *Mosler*, aaO.
[269] Kommission Annuaire 4 (1961), S. 139.

Ideale an, die über die einfache Friedenssicherung weit hinausgehen. Es wird demnach deutlich, daß der Begriff des „ordre public" in der Rechtsprechung der Straßburger Organe im Vergleich zu dem des universellen Völkerrechts wesentlich weiter gefaßt wird. Weiteren Aufschluß gewährt die Tatsache, daß die Kommission die Einführung eines „ordre public" als Gegensatz zur bloßen Vereinbarung gegenseitiger Verpflichtungen zur Verfolgung nationaler Interessen sieht. Im vorliegenden Fall machte Italien geltend, daß der von Österreich vorgebrachte Sachverhalt sich noch vor dessen Beitritt zur Konvention am 3. September 1958 ereignet habe.[270] Dazu führte die *Kommission* aus:

„[...] qu'un Etat Contractant, lorsqu'il saisit la Commission en vertue de l'article 24, ne doit donc pas être considéré comme agissant pour faire respecter ses droits propres, mais plutôt comme soumettant à la Commission une question qui touche à l'ordre public de l'Europe [...]"[271]

Die Bezugnahme auf den ordre-public Charakter der Konvention dient also dazu, auch Staatenbeschwerden zuzulassen, denen keine Rechtsverletzung des Antragstellers zugrundeliegt. Mit ihm ist also die Vorstellung verbunden, daß die Konvention den Signatarstaaten nicht Rechte einräumt, deren Beachtung sie von den anderen Parteien verlangen können, sondern daß sie eine europäische öffentliche Ordnung[272] einführt, über deren Einhaltung die *Kommission* im Interesse aller wacht. Anders als bei *Mosler* drückt die Verwendung des ordre public Begriffes durch die *Kommission* somit nicht die Feststellung eines für die Koexistenz der Staaten unabdingbaren Kernbestands von Verhaltensregeln aus, sondern hebt den objektiven Charakter der Konvention als normsetzender Vertrag hervor.[273] Keineswegs ging es der Kommission jedoch, eine Entwicklung der Konventionsrechte zum Völkergewohnheitsrecht aufzuzeigen. Der Versuch *de Quadros*, den Geltungsgrund der EMRK ins Völkergewohnheitsrecht zu verlagern, muß somit als gescheitert angesehen werden.

Zu untersuchen bleibt mithin die Behauptung *Giegerichs*, die Rechte und Freiheiten der EMRK hätten sich von ihrer vertraglichen Grundlage gelöst und gälten als regionales Gewohnheitsrecht fort. Zunächst ist die von ihm angeführte Aussage der griechischen Regierung zu würdigen, die sich trotz Kündigung der Konvention weiter an deren Gewährleistungen gebunden gefühlt haben soll, was nur mit deren Anerkennung als europäisches Völkergewohnheitsrecht erklärt werden könne. Die griechische Regierung führte seinerzeit aus:

„[...] Exprime à nouveau son sincère attachement aux Droits et libertés garantis par la Déclaration Universelle des Droits de l'Homme au Titre I (article 2/18 de la Convention européenne de

---

[270] Kommission aaO, S. 127.

[271] aaO, S. 141.

[272] So *Frowein/Peukert*, S. 517.

[273] Vgl. auch Kommission Série A Nr. 6, S. 23.

sauvegarde des Droits de l'Homme et des libertés fondamentales et par les articles 1 à 3 du protocole additionel à la Convention européenne) et proclame une fois de plus qu'il est fermement décidé à les protéger conformément aux dispositions de la Constitution hellénique et des dispositions contractuelles concernant les Droits de l'Homme[...]"[274]

Zunächst ist anzumerken, daß der Begriff „attachement" keineswegs zwangsläufig mit „Gebundenheit" oder „Gebundensein" übersetzt werden muß. Vielmehr kann er auch im Sinne von „Eifer" bzw. „Hingabe" verstanden werden.[275] Für eine solche Deutung spricht schon die Ergänzung durch das Adjektiv „sincère", da die nähere Kennzeichnung eines Gebundenseins als aufrichtig bzw. ehrlich keinen Sinn machen würde. Des Weiteren bezieht sich das „attachement" der griechischen Regierung zunächst auf die Universelle Erklärung der Menschenrechte, der nach allgemeiner Ansicht ohnehin keine rechtliche Bindungswirkung zukommt.[276] Somit ist die Notifikation der Regierung eher als Absichtserklärung denn Anerkennung eines rechtlichen Gebundenseins zu werten. Darüber hinaus spricht sie noch nicht einmal davon, die Rechte der EMRK in ihrer Gesamtheit weiterhin einhalten zu wollen, sondern greift lediglich vereinzelte Vorschriften heraus. Unabhängig davon wäre die Überzeugung eines einzelnen Staates, gewohnheitsrechtlich gebunden zu sein, ohnehin nur ein schwaches Indiz für die Existenz einer unabhängig von einer vertraglichen Grundlage geltenden Norm. Übrig bleibt demnach die Behauptung *Giegerichs*, die Konventionsrechte erfüllten die Voraussetzungen, unter denen nach der Rechtsprechung des *IGH* aus regionalem Völkervertragsrecht Gewohnheitsrecht erwachsen kann, welche es im Folgenden nachzuprüfen gilt.

Richtig ist zunächst, daß auch der *IGH* die Bildung von Gewohnheitsrecht als mögliche Folge von konventionellen Übereinkünften anerkannt hat. So führte er aus:

„[...] cette thèse revient manifestement à le [scil. der Grundsatz, dessen völkergewohnheitsrechtliche Geltung in Frage steht] considérer comme une disposition normative ayant servi de base ou de point de départ à une règle qui, purement conventionnelle où contractuelle à l'origine, se serait depuis lors intégrée à l'ensemble du droit international général et serait maintenant acceptée à ce titre par l'opinio juris, de telle sorte que désormais elle s'imposerait même aux pays qui ne se sont pas et n'ont jamais été parties à la Convention... c'est même l'une des méthodes reconnues par lesquelles des règles nouvelles de droit international coutumier peuvent se former. Mais on ne considère pas facilement ce résultat comme atteint."[277]

Im letzten Satz stellt der *IGH* jedoch deutlich klar, daß die Bildung von Gewohnheitsrecht durch vertragliche Übereinkunfte nicht vorschnell bejaht werden darf und

---

[274] ZaöRV 30 (1970), S. 420.

[275] *Langenscheidts* Großwörterbuch Französisch.

[276] *Hailbronner* in: *Vitzthum*, Völkerrecht, S. 242; *Ipsen*, Völkerrecht, S. 683; *Seidl-Hohenveldern*, Völkerrecht, S. 299; *Kimminich*, Einführung in das Völkerrecht, S. 338 f.

[277] IGH ICJ Reports 1969, S. 41.

somit wohl eher als Ausnahmefall anzusehen sein wird. Als erste Voraussetzung nennt er den normsetzenden Charakter des fraglichen Vertragswerkes.[278] Ein solcher setzt voraus, daß die Übereinkunft den Vertragsparteien über rechtsgeschäftliche Verpflichtungen hinaus für die Zukunft abstrakt-generelle Verhaltensregeln auferlegt. Dies ist für den Grundrechtsteil der EMRK anerkannt[279] und kommt insbesondere durch die Betonung der ordre public-Funktion der Konventionsrechte durch die Straßburger Organe zum Ausdruck.[280] Darüber hinaus nahm der *IGH* Stellung zu der Frage, wie sich die vertraglich vorgesehene Möglichkeit der Anbringung von Vorbehalten auf die Fähigkeit vertraglicher Regelungsgehalte, zu Gewohnheitsrecht zu erstarken, auswirkt. Dazu führte er aus:

„Enfin, si la faculté d'apporter des réserves à l'article 6 ne suffit peut-être pas à empêcher le principe de l'équidistance de s'intégrer finalement au droit général, elle fait du moins qu'il est beaucoup plus difficile de soutenir que ce résultat a été ou pourrait être atteint sur la base de la Convention [...]“[281]

Der Umstand, daß den Vertragsstaaten der EMRK gemäß deren Art. 64 die Möglichkeit zukommt, sich nur unter Vorbehalten an die Konventionsrechte zu binden, schließt deren Erstarkung zu Völkergewohnheitsrecht demnach zwar noch nicht grundsätzlich aus, legt aber nahe, sie im Zweifel eher zu verneinen. Desweiteren machte der *IGH* die Entstehung von Gewohnheitsrecht aus der vertraglichen Vereinbarung vom Umfang der Beteiligung an dieser abhängig.

„[...] il se peut que, sans même qu'une longue période se soit écoulée, une participation très large et représantative à la convention suffise, à toutefois qu'elle comprenne les Etats particulièrement intéressés.“[282]

Nach Ansicht des *IGH* ist demnach eine hohe Beteiligung an der Konvention erforderlich. Maßstab dafür ist der Anteil derjenigen Staaten, welchen ein besonderes Interesse an der fraglichen Regelung zukommt. Gemäß Art. 1 lit. a der Satzung des Europarates hat dieser zur Aufgabe, eine engere Verbindung zwischen seinen Mitgliedern herzustellen. Lit. b stellt klar, daß auch der Schutz und die Fortentwicklung der Menschenrechte und Grundfreiheiten der Förderung dieses Zieles dient. Der Abschluß der EMRK erscheint daher auch als eine Maßnahme, die den Interessen der Europaratsstaaten dient, was durch den dritten Absatz ihrer Präambel unterstrichen wird. Somit ist deren Anzahl als Maßstab des Umfanges der Beteiligung anzusehen. Am 15. Januar 2000 gehörten alle 40 Staaten des Europarates auch

---

[278] IGH aaO, S. 41 f., „Il faut d'abort, que la disposition en cause ait, en tout cas virtuellement, un caractère fondamentalement normatif [...]“.

[279] EGMR Série A Nr. 7, S. 23.

[280] Vgl. oben, Erster Teil, Kapitel 2, A I 2 a.

[281] IGH ICJ Reports1969, S. 42.

[282] IGH aaO.

der EMRK an[283], im Hinblick auf die interessierten Staaten besteht demnach eine unanime Beteiligung, was ein starkes Indiz für eine gewohnheitsrechtliche Geltung der EMRK darstellt. Als wichtigstes Element hob der *IGH* jedoch eine häufige und einheitliche Anwendung der in Frage stehenden Regelung heraus:

„[...] il demeure indispensable que [...] la pratique des Etats, [...] ait été fréquente et pratiquement uniforme dans le sens de la disposition invoquée [...]"[284]

Damit fordert er, daß zu der Übung noch die Überzeugung der Staaten treten muß, daß sie aufgrund einer Rechtsregel zu ihr verpflichtet sind:

„Non seulement les actes considérés doivent représenter une pratique constante, mais en outre ils doivent témoigner, par leur nature ou la manière dont ils sont accomplis, de la conviction que cette pratique est rendue obligatoire par l'existence d'une règle de droit."[285]

Hier wird deutlich, daß der *IGH* auch bei der Prüfung, ob aus einer vertraglichen Regel Völkergewohnheitsrecht entstanden ist, nicht auf die allgemeinen Voraussetzungen der opinio juris und der consuetudo verzichtet. Vielmehr ist es so, daß für die Erstarkung von Vertrags- zu Gewohnheitsrecht zu den allgemeinen Erfordernissen weitere - nämlich die möglichst vorbehaltlose Akzeptanz der jeweiligen Regel der Konvention, sowie die quasi-unanime Beteiligung der interessierten Staaten an dieser - treten. Dies läßt sich dadurch rechtfertigen, daß die Vertragspartner durch die Übereinkunft ja gerade zum Ausdruck bringen, daß sie sich ohne diese gerade nicht zu einem bestimmten Verhalten verpflichtet fühlten und deshalb den Vertrag schließen. Einer gewohnheitsrechtlichen Bindung könnten die Signatarstaaten dann immer entgegenhalten, daß sie eine bestimmte Übung nur deshalb vornahmen, weil sie sich durch den Vertrag dazu verpflichtet sahen[286], dessen Rechtswirkungen ja anders als die des Völkergewohnheitsrechtes grundsätzlich durch Kündigung beendet werden können. Andererseits wäre es paradox, einer Regel nur deshalb gewohnheitsrechtliche Bindung zu versagen, weil sie vor einer allgemeinen Anerkennung vertraglich vereinbart wurde, was ja immerhin besagt, daß die Vertragsstaaten ihre Befolgung für sinnvoll hielten. Somit ist die Vorgehensweise des *IGH*, neben consuetudo und opinio juris weitere Gegebenheiten zu verlangen, grundsätzlich zu begrüßen. Festzuhalten ist demnach, daß eine Regel nur dann gewohnheitsrechtliche Verbindlichkeit erlangen kann, wenn zumindest ein Teil der Staatengemeinschaft das durch sie vorgegebene Verhalten übt und dabei der Überzeugung ist, daß aufgrund der Regel eben nur dieses Verhalten rechtens ist. Dies setzt jedoch voraus, daß die Staaten nicht einen abstrakten, der Auslegung bedürftigen Norminhalt als

---

[283] Siehe Art. 26 der Satzung des Europarates (Sartorius II Nr. 110), sowie die Ratifikationstabelle zur EMRK (Sartorius II Nr. 130, S. 1).

[284] IGH ICJ-Reports 1969, S. 43.

[285] IGH aaO, S. 44.

[286] Vgl. dazu *Doehring*, ZaöRV 36 (1976), S. 78.

verbindlich anerkennen, sondern einen klar definierten und fest umrissenen Regelungsgehalt. Nur eine nicht weiter konkretisierungsbedürftige Verhaltensmaßgabe ist der Übung fähig, nicht aber ein Normtext, der eine Vielzahl von Sachverhalten regelt und dessen Auswirkungen im Einzelfall nicht von vornherein absehbar sind.[287]

Überträgt man diese Erkenntnisse nun auf die EMRK, so stellt sich die Frage, ob diese in toto zu Völkergewohnheitsrecht erstarkt ist, erst gar nicht. Vielmehr ist zu untersuchen, ob die hier interessierende Regel, daß ein Mensch nicht zur Verteidigung von Sachgütern getötet werden darf, von den Staaten als Norminhalt von Art. 2 Abs. 2 lit. a EMRK anerkannt und in entsprechender Weise geübt wurde. Diesbezüglich ist festzustellen, daß schon die Existenz dieser Regel umstritten ist. Während einige der Auffassung sind, Art. 2 Abs. 2 lit. a EMRK erlaube nur die Tötung zur Verteidigung eines Menschen vor körperlicher Gewalt, wird andererseits vertreten, daß auch der Sachgüterschutz die Vernichtung eines Menschenlebens rechtfertigen könne.[288] Eine Stellungnahme des *EGMR* zu dieser Frage steht noch aus. Ganz abgesehen davon, daß das Problem einer wie auch immer gearteten Geltung der EMRK-Gewährleistungen zwischen Privatpersonen ohnehin noch nicht einer allgemein anerkannten Lösung zugeführt worden ist, kann in Anbetracht der verschiedenen Literaturmeinungen schon nicht von einer Übereinstimmung hinsichtlich eines Tötungsverbotes zum Schutze von Sachgütern ausgegangen werden. Zwar erkennt die überwiegende Mehrheit der Europaratsstaaten eine tödliche Notwehr zum Vermögensschutz nicht an[289], Anhaltspunkte dafür, daß sie sich durch

[287] Vgl. *Uerpmann*, Die EMRK und die deutsche Rechtsprechung, S. 67: „Eine gewohnheitsrechtliche Norm existiert nie als abstrakter Rechtssatz, sondern immer nur mit einem konkreten Inhalt."

[288] *Guillaume* in: *Pettiti/Décaux/Imbert* (Hrsg.), La convention européenne, S. 152 (Art. 2).

[289] So spricht Art. 33 Abs. 1 des schweizerischen StGB davon, daß die Abwehr sich in einer „angemessenen Weise" vollziehen muß. Damit sollte laut den Motiven zum Vorentwurf eine „brutale und unmenschliche Behauptung des Rechts" verhindert werden (Vgl. dazu *Courakis*, Zur sozialethischen Begründung der Notwehr, S. 62 f.). Art. 52 des italienischen StGB fordert, daß die Verteidigung nicht außer Verhältnis zum Angriff steht. Der Richter soll bei der Beurteilung eines Notwehrfalles sowohl die Abwehrhandlung als auch den angerichteten Schaden insgesamt betrachten und vergleichen (näher zum italienischen Recht *Bosch*, ZStW 87 (1975), S. 503 ff.). Das englische common law sah Verteidigungshandlungen mit Todesfolge bis in die letzte Zeit nur dann als rechtmäßig an, wenn ein gewaltsamer Angriff vorlag, der lebensgefährliche Verletzungen befürchten ließ (*Courakis*, aaO, S. 67). Dementsprechend verlangt die britische Notwehrregelung (Section 3 of the Criminal Law Act c. 58) auch, daß die Gewaltanwendung „reasonable", d.h. in einem vernünftigen Verhältnis zur Stärke des Angriffs, erfolgen müsse. Auch in Frankreich wird eine unverhältnismäßige Abwehr im Zuge der Fortbildung des Art. 329 Code pénal allgemein als unzulässig angesehen (*Decocq*, Droit pénal général, S. 321). § 12 Abs. 1 des isländischen StGB von 1940 schreibt ausdrücklich vor, daß die in Notwehr begangene Tat nicht augenscheinlich gefährlicher sein darf, als der Überfall, dessentwegen sie begangen wird (*Sveinsson* in: Sammlung Außerdeutscher Strafgesetzbücher, Berlin 1961, S. 10). Zum ganzen ausführlich *Wittemann*, Grundlinien und Grenzen der Notwehr in Europa, S. 1 ff.

die Konvention zu einer solchen Ausgestaltung ihrer Rechtsordnung verpflichtet sehen, bestehen jedoch nicht. Die Rechtsprechung des EGMR zu Art. 2 EMRK war bis zum Jahre 1999 als äußerst spärlich anzusehen.[290] Überhaupt läßt die geringe Bedeutung, die der Konvention zu Beginn der fünfziger Jahre zugemessen wurde[291], wohl kaum darauf schließen, daß über einen so weitgehenden Eingriff in innerstaatliche Rechtsetzungsbefugnis, wie sie die hier in Frage stehende Beschränkung der Notwehrbefugnisse durch Art. 2 Abs. 2 lit. a EMRK zur Folge hätte, Einigkeit bestand. Vielmehr muß davon ausgegangen werden, daß diese Vorschrift in der Staatenpraxis bisher kaum Beachtung gefunden hat und daher die Annahme einer auf Überzeugung beruhenden Übung als illusorisch anzusehen ist. Nach der Rechtsprechung des *IGH* kann eine gewohnheitsrechtliche Geltung der EMRK als ganzes somit ebensowenig angenommen werden wie die einer Regel des Völkergewohnheitsrechtes, der sich Aussagen zu den Grenzen privater Notwehrbefugnisse entnehmen ließen.

II. Inkorporation der Konventionsrechte als Völkervertragsrecht über Art. 25 GG

Da die Rechte und Freiheiten ihren Geltungsgrund somit ausschließlich im Völkervertragsrecht haben, ist zu untersuchen, ob dieses der Inkorporation über Art. 25 GG fähig ist. Diese Frage wird in der Fachliteratur gemeinhin als umstritten bezeichnet.[292] Die ganz überwiegende Meinung steht ihr ablehnend gegenüber.[293]

---

[290] In Série A no. 324 hatte der EGMR über die Rechtmäßigkeit der Tötung zweier nordirischer Terroristen zu entscheiden, die dabei waren, einen Sprengstoffanschlag auszuführen. EGMR Série A no. 246 beschäftigt sich mit dem Fall zweier Organisationen, die nordirische Frauen über die Möglichkeit einer Abtreibung aufklärten und deswegen gerichtlich belangt wurden. Im Zusammenhang mit der Frage, ob die Einschränkung der Meinungsfreiheit aus Art. 10 EMRK einem legitimen Zweck diente, ging der Gerichtshof auch auf Art. 2 AbS. 1 EMRK ein, wonach der Staat das Leben zu schützen hat. In Série A no. 161 mußte der EGMR über die Rechtmäßigkeit der Auslieferung eines sich in englischer Haft befindenden Deutschen entscheiden, dem in den Vereinigten Staaten die Todesstrafe drohte. Der Gerichtshof stellte fest, daß die Todesstrafe gemäß Art. 2 AbS. 1 S. 1 EMRK nicht gegen die Konvention verstöß und somit grundsätzlich auch keine unmenschliche Behandlung im Sinne des Art. 3 EMRK darstelle.

[291] Vgl. z.B. noch die Ansich *Bockelmanns*, der der Auffassung war, die Konvention sei in Übereinstimmung mit dem nationalen Recht auszulegen und nicht umgekehrt, Engisch-FS, S. 464. In die selbe Richtung auch *Weber*, ZStW 65 (1953), S. 464; *Jescheck*, NJW 1954, S. 785; *Henrichs*, MDR 1955, S. 141, die davon ausgehen, daß es nicht Zweck der Konvention sei, „innerstaatliches Recht zu reformieren“.

[292] So *Wenig*, Schriften zum öffentlichen Recht 158 (1971), S. 27; *Papadimitriu*, Die Stellung der allgemeinen Regeln, S. 81 Fn. 60; *Dronsch*, Der Rang der EMRK, S. 72 f.; Bonner-Kommentar (*Menzel*), Art. 25, S. 7.

[293] Siehe z.B. *v. Münch/Kunig* (*Rojahn*), Art. 25 Rdn. 10; *Geiger*, Grundgesetz und Völkerrecht, S. 164; AK-*Zuleeg*, Art. 25 Rdn. 19; *Sachs* (*Streinz*), Art. 25 Rdn. 29; *Dreier* (*Pernice*), Art. 25

Gleichwohl lassen sich einige Literaturmeinungen finden, denen zufolge auch reines Vertragsrecht unter den Begriff der „allgemeinen Regeln" im Sinne des Art. 25 GG fallen kann.[294] Die Streitfrage bestand schon hinsichtlich des Art. 4 der WRV, der bestimmte, daß „die allgemein anerkannten Regeln des Völkerrechts als bindende Bestandteile des deutschen Reichsrechts" gelten[295]. Für Art. 25 GG finden sich zustimmende Äußerungen mit Begründung vor allem bei *Guradze, Klein, Bleckmann* und *Wäsche.*

1. Die Ansichten Guradze und Kleins

Guradze und *Klein* wählen jeweils als Ausgangspunkt die Feststellung, daß es überwiegend anerkannt sei, daß Art. 25 GG auch diejenigen allgemeinen Regeln erfaßt, die Gegenstand völkerrechtlicher Verträge sind.[296] Anschließend gehen die Verfasser dazu über, zu prüfen, ob die EMRK zu den vertraglich begründeten „allgemeinen Regeln" gehört, was dann im Hinblick auf ihren Geltungsbereich und den Abstraktionsgrad der in ihr enthaltenen Normen zumindest für die Konventionsrechte bejaht wird.[297]

Bei dieser scheinbar klaren Argumentation kommen jedoch die Unsicherheiten zum Tragen, die häufig im Zusammenhang mit der Verwendung des Begriffs der „allgemeinen Regel" zu beobachten sind. Dieser kennzeichnet keine eigenständige Völkerrechtsquelle sondern ist rein staatsrechtlicher Natur.[298] Häufig wird er trotzdem zur Bezeichnung einer Norm des Völkergewohnheitsrechts verwendet.[299] Überprüft man die Quellen, die *Guradze* und *Klein* anführen, um zu belegen, daß auch Vertragsnormen unter Art. 25 GG fallen, soweit sie allgemeine Regeln enthalten, so stellt man fest, daß die zitierten Quellen sich zu einem guten Teil auf die Frage bezogen haben, ob Völkergewohnheitsrecht auch dann noch von Art. 25 GG

Rdn. 17; *Mangoldt/Klein/Starck* (*Koenig*), Art. 25 Rdn. 18; *Uerpmann*, Die EMRK und die deutsche Rechtsprechung, S. 61; *Jarass/Pieroth*, Art. 25 Rdn. 2; BVerwGE 86, 99 (120); BFHE 73, 399 (411).

[294] *Sauer*, Grundlehre des Völkerrechts, S. 23; *Berber*, Völkerrecht Bd. 1, S. 100 f.; bei genauerer Überprüfung auch *Guradze*, EMRK, S. 16; Klein, JiR 11 (1962) = Laun-FS, S. 171.

[295] Siehe dazu z.B. *Anschütz*, Weimarer Reichsverfassung, S. 61f.

[296] *Klein*, JiR 11 (1962) = Laun-FS, S. 168 f.; *Guradze*, EMRK, S. 15.

[297] *Guradze*, aaO, S. 16 f.; *Klein*, aaO, S. 173 f.

[298] *Mangoldt/Klein/Starck* (*Koenig*), Art. 25 Rdn. 16; *Bernhardt*, DÖV 1977, S. 461 ff.; *v. Münch/Kunig* (*Rojahn*), Art. 25 Rdn. 6.

[299] Siehe z.B. *Dreier* (*Pernice*), Art. 25 Rdn. 32, wo die Rede davon ist, daß keine „allgemeine Völkerrechtsregel" existiere, nach der die Immunität von Regierungsmitgliedern die Existenz des betroffenen Staatets überdaure.

erfaßt wird, wenn es später durch Vertrag kodifiziert wird[300], was von der ganz überwiegenden Ansicht bejaht wird.[301] Daß reines Völkervertragsrecht unter Art. 25 GG fallen soll, wird indes beinahe einhellig verneint.[302] Der Verweis auf angeblich herrschende Auffassungen, auf die *Guradze* und *Klein* ihre Thesen stützen, geht somit ins Leere. Überzeugende Argumente dafür, daß auch reines Vertragsrecht unter Umständen von Art. 25 GG erfaßt werden soll, liefern sie jedoch nicht.

2. Die Ansicht Wäsches

Für eine Subsumtion auch vertraglicher Inhalte unter Art. 25 GG spricht sich darüber hinaus *Wäsche* aus. Seiner Ansicht nach ist der Begriff der Regel kein ursprünglich rechtswissenschaftlicher, sondern ein philosophischer. Da die Rechtswissenschaft ihn somit lediglich übernommen habe, müsse bei seiner Auslegung die Deutung der Wissenschaft zugrundegelegt werden, die ihn geprägt hat. In der Philosophie aber sei die Regel als Richtschnur für menschliches Verhalten definiert. Ein solcher Begriffsinhalt decke sich jedoch mit der juristischen Kategorie der Norm. Normen könnten aber nicht nur durch Gewohnheitsrecht, sondern auch durch Verträge gebildet werden. Zwar liege der Gedanke nahe, dem Gewohnheitsrecht einen höheren Rang als dem Vertragsrecht beizumessen; daß der Begriff der Regel in Art. 25 GG in irgendeiner Weise an eine Normenhierarchie anknüpfe, sei jedoch nicht ersichtlich. Voraussetzung für die Inkorporation einer Norm über Art. 25 GG sei somit lediglich deren Allgemeinheit sowie ihre Fähigkeit, innerstaatliche Wirkungen hervorzurufen.[303] Multilaterale Konventionen fielen somit sehr wohl unter

---

300 So führt das von *Klein* zitierte OVG Münster, NJW 1956, S. 1374 f. Folgendes aus: „[...] übersieht aber, daß diese Bestimmung nur die ‚allgemeinen Regeln des Völkerrechts' betrifft. Zwar kann darunter auch Vertragsrecht verstanden werden, aber nur soweit es der schriftliche Niederschlag allgemeiner Völkerrechtsregeln ist [...] die Konvention kann [...] nicht als Niederschlag allgemeinen Völkerrechts angesehen werden, denn in den meisten Teilen der Welt werden derartige Grundrechte nicht anerkannt, [...]" In der angeführten Stellungnahme *Menzels*, Bonner Kommentar, Art. 25 S. 9 heißt es: „Möglich ist aber, daß Verträge nur oder auch eine Aufzeichnung völkerrechtlichen Gewohnheitsrechtes enthalten und insofern lediglich deklaratorische Bedeutung haben [...]" *Seifert-Geeb*, Bundesrecht, Abs. 1 der Erläuterung zu Art. 25, S. 128 stellt zwar zunächst fest, daß „zu den Regeln des Völkerrechts i.S. des Satzes 1 [...] sowohl das ungeschriebene (Völkergewohnheitsrecht) wie das geschriebene Recht (Völkervertragsrecht)" zu rechnen sind, „sofern es sich nur um allg. Regeln handelt." Weiter unten wird diese unklare Aussage dann jedoch ins rechte Licht gerückt: „Lediglich soweit Verträge nur oder auch eine Aufzeichnung völkerrechtlichen Gewohnheitsrrechts enthalten, kommen sie in diesem Zusammenhang in Betracht."

301 Vgl. dazu schon oben, Fn. 249.

302 Vgl. dazu schon oben, Fn. 246.

303 *Wäsche*, Die innerstaatliche Bindung des deutschen Gesetzgebers an die EMRK, S. 53 ff.

den Begriff der allgemeinen Regel i.S. des Art. 25 GG.[304] Daß damit Vorschriften über Vorbehalte gegenüber Verträgen sowie deren Kündigung wirkungslos zu werden drohen, hält *Wäsche* nicht für ein Indiz fehlerhafter Auslegung. Kündigung und Vorbehalte seien immer noch im Hinblick auf die obligatorischen Vorschriften multilateraler Verträge möglich. Dasselbe lasse sich gegen die Befürchtung einwenden, daß Art. 59 Abs. 2 GG durch eine solche Auslegung von Art. 25 GG überflüssig würde. Auf Verträge, die keine allgemeinen Regeln enthalten, sei er schließlich weiterhin anwendbar. Auch stehe der Umstand, daß auf diese Weise dritte Staaten ohne die Beteiligung der Bundesrepublik durch Vertragsschluß deutsches Recht setzen können, der von ihm vertretenen Auffassung nicht entgegen. Schließlich bestehe das Verbot von Verträgen zu Lasten Dritter. Daß Regelungen, die die Bundesrepublik übervorteilten, innerstaatliches Recht werden könnten, sei somit nicht zu befürchten.[305] Rechtspolitische Bedenken gegen seine Lösung bestünden demnach nicht.[306]

Die Argumentation *Wäsches* gründet sich ausschließlich darauf, daß er den Begriff der „Regel" streng nach dessen Herkunft aus dem philosophischen Bereich determiniert. Dadurch zwingt er ihm unter Außerachtlassung juristischer Erwägungen den Inhalt auf, den ihm ein anderer Wissenschaftszweig gegeben hat und führt anschließend lediglich eine Evidenzkontrolle unter rechtlichen Aspekten durch. Daß fachlich vorgeprägte Termini jedoch nur in dem Sinn verstanden werden können, den sie durch den Gebrauch in anderen Gebieten erlangt haben, kann keineswegs als so selbstverständlich angenommen werden, wie dies *Wäsche* tut. Da die Sprache älter als das Recht ist, muß zwangsläufig jeder Rechtsbegriff eine gewisse Vorprägung erhalten haben. Daß das Recht sich aber nicht der Sprache ausliefern kann[307], darf seit Überwindung der Begriffsjurisprudenz allerdings als allgemein anerkannt hingenommen werden. So beinhaltet der Auslegungskanon neben der grammatikalischen, noch die historische, systematische und teleologische Sinnfindungsmethode. Bei der Ermittlung des juristischen Begriffsinhaltes können daher zahlreiche Bedeutungsvarianten des allgemeinen Sprachgebrauches ausscheiden.[308] Warum für fachlich vorbestimmte Termini jedoch etwas anderes gelten soll als für den allgemeinen Sprachgebrauch, ist nicht einzusehen. Schließlich ist die Autonomie der Rechtswissenschaft bei der Begriffsbildung ein anerkannter Bestandteil der Auslegungslehre.[309] Es gilt die Eigenständigkeit des jenigen Wissenschaftsbereiches

---

[304] *Wäsche*, aaO, S. 56.

[305] aaO, S. 73 f.

[306] aaO, S. 77.

[307] *Fikentscher*, Methoden des Rechts Bd. 4, S. 291 f.

[308] *Larenz*, Methodenlehre, S. 321.

[309] Dazu *Bydlinski*, Methodenlehre und Rechtsbegriff, S. 60 ff.; *Pawlowski*, Methodenlehre, S. 328; *Krawietz*, Juristische Entscheidung und wissenschaftliche Erkenntnis, S.68 f.

zu wahren, dessen Begriffe untersucht werden.[310] Soweit *Wäsche* behauptet, daß der Begriff der „Regel“ es nicht erlaube, einzelne abstrakt-generelle Normen aus ihm auszuschließen, kann ihm somit nicht gefolgt werden.

Auch sein Argument, daß der von ihm vorgeschlagenen Auslegung des Art. 25 GG nicht mit der Befürchtung begegnet werden könne, daß dritte Staaten gegen den Willen der Bundesrepublik innerstaatliches Recht setzen könnten, da dies durch das Verbot von Verträgen zulasten Dritter ausgeschlossen sei, vermag nicht zu überzeugen. Zwar kommt in den Art. 34 ff. WVRK zum Ausdruck, daß Verträge zulasten Dritter auch im Völkerrecht keine rechtliche Wirksamkeit entfalten. Ein solcher Vertrag liegt jedoch nur dann vor, wenn durch ihn eine rechtliche Bindung des Drittstaates angestrebt wird.[311] Da es um völkerrechtliche Verträge zulasten Dritter geht, ist für das Eingreifen des Verbots zur Voraussetzung zu machen, daß aus dem Kontrakt eine völkerrechtliche Bindung des Drittstaates hervorgeht. Beruht die innerstaatliche Geltung eines Vertragswerkes für die Bundesrepublik jedoch nur darauf, daß deren Verfassung rechtsgeschäftlich vereinbarte Normen mit allgemeinem Geltungsbereich über Art. 25 GG für innerstaatlich verbindlich erklärt, so liegt gar kein Vertrag zu Lasten Dritter im Sinne der WVRK vor, da die Bundesrepublik durch die jeweilige Norm nur innerstaatlich, nicht aber völkerrechtlich verpflichtet wird. Die Befürchtung, daß bei einer Subsumtion auch vertraglicher Regelungen unter Art. 25 GG andere Staaten ohne Beteiligung Deutschlands innerstaatliches Recht setzen könnten, kann demnach nicht mit dem Hinweis entkräftet werden, dem stehe das Verbot von Verträgen zulasten Dritter entgegen. Die Argumentation *Wäsches* weist somit insgesamt empfindliche Schwächen auf und kann daher nicht als stichhaltig angesehen werden.

3. Die Ansicht Bleckmanns

Einen anderen Ansatz verfolgt *Bleckmann.* Zwar geht auch er davon aus, daß Verträge ursprünglich nach dem Muster des Art. 59 Abs. 2 GG ins deutsche Recht übertragen werden, während universelles und partikuläres Gewohnheitsrecht von Art. 25 GG erfaßt gewesen soll. Dessen ratio erfordere es aber in Anbetracht der Entwicklung des modernen Völkerrechts, bestimmte Vertragstypen ebenfalls als allgemeine Regeln aufzufassen und ihnen somit Übergesetzesrang zu verleihen.[312] Den Ausgangspunkt seiner These bildet die Annahme, daß die völkerrechtliche Kompetenzordnung als Verfassungsrecht der Völker ursprünglich im Völkergewohnheitsrecht verankert war. Das Kompetenzvölkerrecht kennzeichne dabei den Umfang der aus der Souveränität fließenden Handlungsfreiheit des Staates, die an

---

[310] *Wank*, Die juristische Begriffsbildung, S. 79.
[311] *Doehring*, Völkerrecht, S. 150.
[312] *Bleckmann*, EuGRZ 1994, S. 153.

den Souveränitätsrechten der anderen Staaten jeweils ihre Grenzen findet. Es sei demnach in erster Linie ein auf Unterlassen gerichtetes Recht[313], verhindere Übergriffe der Staaten in die Interessensphären anderer Hoheitsberechtigten und sei somit eine wichtige Voraussetzung für Frieden und Gerechtigkeit in der Welt. Wenn Art. 25 GG jedoch das Völkergewohnheitsrecht und damit das Kompetenzvölkerrecht für innerstaatlich anwendbar erklärt, so komme darin der Wille der Verfassungsgeber zum Ausdruck, das gesamte deutsche Rechtssystem im Rahmen der völkerrechtlichen Kompetenz- und Verfassungsordnung zu halten.[314] Mittlerweile sei jedoch neben das Kompetenz- das Kooperationsvölkerrecht getreten. Dieses sei ein auf positives Handeln gerichtetes Recht, welches die Modalitäten und Ziele der Zusammenarbeit regele.[315] Im Gegensatz zu dem auf äußere Abschottung bedachten Kompetenzvölkerrecht unterwerfe es auch die Ausgestaltung der nationalen Rechtsordnungen zu Gunsten der Wohlfahrt der Völkerrechtsgemeinschaft völkerrechtlichen Bindungen. Zum Kooperationsvölkerrecht seien demnach vor allem die Normen zu zählen, die Individualinteressen der Staatsbevölkerung Rechnung tragen.[316] Daß auch das Kooperationsvölkerrecht Bestandteil der Verfassungsordnung der Völkerrechtsgemeinschaft sei, komme besonders darin zum Ausdruck, daß der Kern der Menschenrechte heute auch durch das Völkergewohnheitsrecht geschützt ist.[317] Rechtssetzungsinstrument des Kooperationsvölkerrechts sei jedoch nicht das Gewohnheitsrecht, sondern der völkerrechtliche Vertrag.[318] Soll Art. 25 GG demnach das Versprechen der Verfassungsgeber, die nationale Rechtsordnung den Vorgaben der völkerrechtlichen Verfassungsordnung anzupassen, einhalten, so komme man nicht umhin, auch diejenigen Verträge unter ihn zu fassen, die als Kooperationsvölkerrecht die Grundregeln der verfaßten Völkerrechtsgemeinschaft ergänzen. Dazu aber gehörten vor allem die universellen und regionalen Menschenrechtsabkommen.[319]

Zusammenfassend läßt sich festhalten, daß nach Ansicht *Bleckmanns* Art. 25 GG durch die Inkorporation des Gewohnheitsrechts auf das Kompetenzvölkerrecht bezug nimmt, welches ursprünglich die Verfassungsordnung der Völkerrechtsgemeinschaft ausmachte. Diese sei aber mittlerweile um das Kooperationsvölkerrecht bereichert worden, welches jedoch seinen Geltungsgrund überwiegend auf vertragli-

---

[313] So der von *Bleckmann* zitierte *Verdross/Simma*, Universelles Völkerrecht, S. 51.

[314] *Bleckmann*, aaO, S. 154.

[315] *ders.* Vorträge, Reden und Berichte des Europa-Instituts der Universität des Saarlandes Nr. 254 (1991), S. 26.

[316] *ders.*, aaO, S. 32.

[317] *ders.*, EuGRZ 1994, S. 154.

[318] *ders.*, Vorträge, Reden und Berichte des Europa-Instituts der Universität des Saarlandes Nr. 254 (1991), S. 28.

[319] *ders.* EuGRZ 1994, S. 154.

cher Grundlage hat. Demnach müßten auch gewisse völkerrechtliche Verträge von der Norm erfaßt werden.

Diese Argumentation erweist sich jedoch nur dann als schlüssig, wenn sich die Inhalte der Begriffe Völkergewohnheitsrecht, Kompetenzrecht und Völkerverfassung decken, denn nur in diesem Fall läßt sich behaupten, daß Art. 25 GG die völkerrechtliche Verfasssungsordnung in ihrer Gesamtheit übernehmen wollte und somit auch auf neue Bestandteile der Grundordnung der verfaßten Völkerrechtsgemeinschaft auszudehnen ist. Dem ist jedoch nicht so. Schon vor dem ersten Weltkrieg wurden die Grenzen der Handlungsfreiheiten der Staaten auch vertraglich festgelegt. Dies geschah z.B. durch die Pariser Seerechtsdeklaration von 1856, die Genfer Konventionen von 1864 und 1906, sowie die Haager-Abkommen von 1899 und 1907. So läßt sich behaupten, daß das Völkerverfassungsrecht schon von jeher Gewohnheits- und Vertragsrecht als gleichwertige Rechtsquellen anerkannte.[320] Auch bestand die von *Bleckmann* als vertragliches Völkerverfassungsrecht angeführte Satzung der Vereinten Nationen auch schon vor den Verhandlungen über das Grundgesetz. Versteht man den Begriff der allgemeinen Regel somit ursprünglich als Verweis auf das Gewohnheitsrecht, so muß man davon ausgehen, daß die Vorschrift schon von Beginn an nur einen Teil der Völkerverfassung ins deutsche Recht übernehmen wollte, nämlich den, dessen Geltungsgrund im Gewohnheitsrecht lag. Eine nachträgliche Vermehrung vertraglicher Bestandteile innerhalb der völkerrechtlichen Verfassungsordnung vermag eine dynamische Interpretation des Art. 25 GG demnach nicht zu rechtfertigen. Die These *Bleckmanns* zwingt somit nicht zur Annahme, zumindest Menschenrechtsverträge müßten unter den Begriff der allgemeinen Regel fallen.[321]

4. Eigene Bestimmung des Begriffes der „allgemeinen Regel“

Da die bisher erörterten Versuche dem Merkmal der „allgemeinen Regel“ Konturen zu geben, nicht überzeugen konnten, ist im Folgenden eine eigene Begriffsbestimmung vorzunehmen.

Richtig und mittlerweile allgemein anerkannt ist, daß das Tatbestandsmerkmal „Regel“ vom grammatikalischen Standpunkt aus die Subsumtion jeder abstrakt-

---

[320] So *Verdross/Simma*, Universelles Völkerrecht, S. 322.

[321] Der Ansicht *Bleckmanns*, der EMRK müßte über Art. 25 GG Verfassungsrang zukommen wurde auch von *Sternberg*, Der Rang von Menschenrechtsverträgen, S. 51 f. abgelehnt. Allerdings aus dem Grund, daß die Vorschrift auf regionale Völkerrechtsregeln nicht anzuwenden ist, was jedoch stark umstritten ist und wohl eher zu verneinen sein wird.

generellen Norm zuläßt.[322] Der Zusatz „allgemein" bringt im Hinblick auf die Normqualität, also deren Grad von Abstraktheit oder deren grundlegenden Charakter, keine Einschränkung.[323] Dies ergibt sich daraus, daß Art. 25 GG auf Art. 4 WRV zurückgeht, der von „allgemein anerkannten" Regeln sprach. Mit der Streichung des Zusatzes „anerkannt" wurde lediglich bezweckt, die Bindung der Bundesrepublik ohne Rücksicht auf die Anerkennung der jeweiligen Regel zu binden. Somit wird deutlich, daß das Adjektiv „allgemein" sich nicht auf die Qualität, sondern auf den Grad der Verbreitung der Norm bezieht.[324] Da der Begriff der „Regel" vom grammatikalischen Standpunkt also auch die Subsumtion normativer Vertragsbestimmungen ermöglicht, sind die historischen, systematischen und teleologischen Argumente zu untersuchen, die eine Verengung auf Rechtssätze gewohnheitsrechtlicher Geltung gebieten könnten.

Größtenteils wird einer Erstreckung des Art. 25 GG auf vertragliche Normen in systematischer Argumentation entgegengehalten, daß Art. 59 Abs. 2 GG die Umsetzung völkerrechtlicher Verträge als lex specialis regele.[325] Da Art. 25 GG eine Inkorporationsvorschrift darstellt, setzt die Richtigkeit dieser Behauptung zunächst voraus, daß auch Art. 59 Abs. 2 GG überhaupt als Umsetzungsvorschrift zu verstehen ist. Träfe schon dies nicht zu, so könnte die Norm auch keine speziellere Transformationsvorschrift sein.

Art. 59 Abs. 2 GG bestimmt, daß völkerrechtliche Verträge unter bestimmten Voraussetzungen der Zustimmung der jeweils für die Bundesgesetzgebung zuständigen Körperschaften, also des Bundesrates und des Bundestages, bedürfen. Somit ist er keine Umsetzungsvorschrift im eigentlichen Sinne, sondern Kompetenznorm.[326] Die Transformationsbedürtigkeit völkerrechtlicher Normen führte allerdings schon in der Weimarer Zeit zu der Staatspraxis, die Inhalte kontraktuellen Völkerrechts als durch das gemäß Art. 45 Abs. 3 WRV erforderliche Vertragsgesetz umgesetzt zu betrachten.[327] Dementsprechend gingen auch die Mitglieder des Parlamentarischen Rates beim Entwurf des Art. 59 Abs. 2 GG davon aus, daß diese Vorschrift für die Umwandlung völkerrechtlicher Verträge in innerstaatliches Recht zu beachten sein

---

[322] Diese Erkenntnis wird von der noch darzustellenden lex specialis Argumentation im Hinblick auf Art. 59 Abs. 2 GG vorausgesetzt.

[323] Anderer Ansicht noch *Guradze*, Der Stand der Menschenrechte im Völkerrecht, S. 174.

[324] *Sachs* (*Streinz*), Art. 25 Rdn. 24; *Stern*, Staatsrecht I, S. 489; BVerfGE 31, 145 (177); BVerfGE 23, 288 (317); *Mangoldt/Klein/Starck* (*Koenig*), Art. 25 Rdn. 27.

[325] So *v. Münch/Kunig* (*Rojahn*), Art. 25 Rdn. 10; *Sachs* (*Streinz*), Art. 25 Rdn. 28; *Mangoldt/Klein/Starck* (*Koenig*), Art. 25 Rdn. 28; *Menzel*, DÖV 71, S. 532; *Sternberg*, Der Rang von Menschenrechtsverträgen, S. 181; *Mangoldt*, JiR 3 (1954), S. 17; AK-*Zuleeg*, Art. 25 Rdn. 14.

[326] So auch *Stern*, Staatsrecht I, S. 498.

[327] Vgl. *Anschütz*, Weimarer Reichsverfassung, S. 236.

wird.[328] Somit ist es trotz einer gewissen Ungereimtheit gerechtfertigt, Art. 59 Abs. 2 GG als Transformationsnorm für Völkervertragsrecht anzusehen. Die Annahme eines Spezialitätsverhältnisses zwischen zwei Normen setzt jedoch voraus, daß die Merkmale der einen Norm vollständig im Tatbestand der anderen enthalten sind und bei dieser noch mindestens ein weiteres hinzutritt.[329] Betrachtet man Art. 25 und Art. 59 Abs. 2 GG in ihrer Funktion als Inkorporationsvorschriften für Völkerrecht, so ließe sich ein Spezialitätsverhältnis dann feststellen, wenn das nach einer Norm transformable Völkerrecht auch von der anderen erfaßt würde und deren Tatbestand noch die Inkorporation weiterer Völkerrechtssätze zuließe. Letztere wäre dann als lex generalis anzusehen. Die Argumentation der herrschenden Meinung geht nun dahin, daß unter Art. 25 GG grundsätzlich das gesamte Völkerrecht subsumiert werden könne, während Art. 59 Abs. 2 GG lediglich völkerrechtliche Verträge erfasse und somit spezieller sei.[330] Richtig ist jedoch, daß Art. 25 GG nur völkerrechtliche Regeln mit einer gewissen Allgemeinverbindlichkeit erfaßt. Unter ihn läßt sich demnach lediglich ein Teil der unter Art. 59 Abs. 2 GG fallenden Verträge fassen. Dies kann allerdings nicht die Annahme *Kleins* rechtfertigen, daß nun umgekehrt Art. 25 GG lex specialis zu Art. 59 Abs. 2 GG sei[331], da Art. 25 GG ja zumindest noch das Völkergewohnheitsrecht umfaßt. Die Tatbestände beider Normen bilden demnach zwei Kreise, die sich im Bereich des allgemeinverbindlichen und normsetzenden Vertragsrechts schneiden. Es besteht damit zwar eine Normenkollision, ein Spezialitätsverhältnis läßt sich jedoch nicht feststellen.[332] Das lex specialis-Argument ist somit nicht in der Lage, einen generellen Ausschluß vertraglicher Regelungen aus dem Anwendungsbereich des Art. 25 GG zu rechtfertigen.

Eine andere Ansicht möchte rechtsgeschäftlich vereinbartes Völkerrecht nicht unter Art. 25 GG fassen, da ansonsten im Hinblick auf Verwaltungsabkommen ein unerträglicher Wertungswiderspruch entstünde.[333] Diesen käme ansonsten nämlich ein höherer Rang zu, als wichtigen völkerrechtlichen Verträgen, die eines Vertragsgesetzes bedürfen, sofern sie nur „allgemein" seien.[334]

Hierzu ist zunächst zu sagen, daß die Allgemeinheit allein noch nicht ausreichen würde, um ein multilaterales Verwaltungsabkommen über Art. 25 GG innerstaatlich wirksam werden zu lassen. Vielmehr müßte es sich nach oben[335] beschriebener De-

---

328 So der Abgeordnete *Dr. Hoch* (SPD), siehe Entstehungsgeschichte, JöR 1 (1951), S. 415.

329 *Bydlinski*, Juristische Methodenlehre und Rechtsbegriff, S. 465.

330 *Sternberg*, Der Rang von Menschenrechtsverträgen, S. 180 f.

331 *Mangoldt/Klein* (2. Auflage) Bd. 2, S. 1126 (Art. 25).

332 So auch *Doehring*, Die allgemeinen Regeln, S. 135.

333 *Sachs* (*Streinz*), Art. 25 Rdn. 29; *v. Münch/Kunig* (*Rojahn*), Art. 25 Rdn. 10; *Geiger*, Grundgesetz und Völkerrecht, S. 164.

334 *Geiger*, aaO, S. 164.

335 Erster Teil, Kapitel 2, A II 4.

finition der „Regel“ um ein rechtssetzendes Verwaltungsabkommen handeln. Der Begriff „rechtssetzend“ ist dabei im Sinne von law-making-treaties im Gegensatz zur nur auf gegenseitige Verpflichtung angelegten Vereinbarung zu verstehen. Kennzeichnend für den law-making-treaty ist, daß er über den Austausch von Leistungen darauf gerichtet ist, ein Vertragsregime einzuführen[336] und allgemeine Regeln für das künftige Verhalten der Vertragspartner aufzustellen. Er stellt einen Ersatz für die fehlende internationale Gesetzgebung dar.[337] Typisch für diesen Vertrag ist die Errichtung einer Internationalen Organisation oder die Einführung einer sonstigen institutionalisierten Zusammenarbeit.[338] Für rechtsgeschäftliche Vereinbarungen, die die politischen Beziehungen des Bundes regeln, stellt Art. 59 Abs. 2 GG jedoch das Erfordernis eines Vertragsgesetzes auf, d.h. sie können innerstaatlich nicht als Verwaltungsabkommen angesehen werden. Dabei wird ein Vertrag noch nicht dadurch zu einem politischen, daß er sich ganz allgemein mit öffentlichen Angelegenheiten, dem Gemeinwohl oder den Staatsgeschäften befaßt. Hinzukommen muß, daß die Existenz des Staates, seine territoriale Integrität, seine Unabhängigkeit, seine Stellung oder sein maßgebliches Gewicht in der Staatengemeinschaft durch den Vertrag selbst berührt werden.[339] Die normsetzenden Konventionen legen den Vertragsstaaten für die Zukunft abstrakt-generelle Verhaltensmaßregeln auf, sie sind als internationale Legislativakte anzusehen und begrenzen die nationale Souveränität zugunsten einer verfaßten Völkergemeinschaft. Es ist somit davon auszugehen, daß sie stets politisch in der Beziehung sind, daß sie die Stellung der Bundesrepublik in der Staatengemeinschaft berühren und somit eines Vertragsgesetzes im Sinne des Art. 59 Abs. 2 GG bedürfen. Multilaterale Verwaltungsabkommen normsetzenden Charakters sind somit nicht denkbar. Die Einbeziehung allgemeinverbindlicher law-making-treaties in den Tatbestand des Art. 25 GG würde demnach nicht dazu führen, daß einzelne Verwaltungsabkommen einen höheren Rang genießen als Staatsverträge, die parlamentarischer Zustimmung bedürfen.

Die herkömmlichen Argumente für die grundsätzliche Ausklammerung völkerrechtliche Verträge aus dem Anwendungsbereich des Art. 25 GG können somit nicht überzeugen. Zu überprüfen bleibt daher, ob sich die herrschende Meinung, die für das Völkervertragsrecht ausschließlich Art. 59 Abs. 2 GG als maßgeblich erachtet, aus anderen Gründen rechtfertigen läßt. Im allgemeinen wird behauptet, daß die Entstehungsgeschichte des Art. 25 GG für die Frage, ob auch Vertragsrecht unter die Vorschrift zu fassen ist, nichts hergebe. Richtig ist, daß die Streitfrage in den Beratungen des Parlamentarischen Rates nicht entschieden wurde. Die Ansicht des Abgeordneten *Schmid* (SPD), daß die Vorschrift auch der sittenwidrigen Nich-

---

[336] *Doehring*, Völkerrecht, S. 142.

[337] *Dahm/Dellbrück/Wolfrum*, Völkerrecht Bd. I/1, S. 51.

[338] *Doehring*, Völkerrecht, S. 142.

[339] BVerfGE 1, 372 (380 f.).

tumsetzung von Individualrechtsabkommen vorbeugen könne[340], spricht zwar für eine Beantwortung der Frage im positiven Sinn, vermag als Einzelmeinung jedoch nicht Schlüsse von vergleichbarer Tragweite zu rechtfertigen. Darüber hinaus wird sie durch die Bemerkung *Schmids* an anderer Stelle, daß Art. 25 GG nicht für das normale kontraktuelle Völkerrecht gelten könne, wohl aber für völkerrechtliche Vereinbarungen, durch die Völkergewohnheitsrecht vertraglich fixiert werde, entkräftet.[341] Da Art. 25 GG sprachlich jedoch unmittelbar auf Art. 4 WRV zurückgeht, können auch die Regelungsabsichten des Reichsgesetzgebers zur Klärung des Problems herangezogen werden. Hier könnte zunächst von Bedeutung sein, daß die WRV von allgemein anerkannten Regeln des Völkerrechts sprach. Dabei läßt sich schon der Begriff „anerkannt" besser mit dem Gewohnheits- als mit dem Vertragsrecht vereinbaren. Letzteres hat seinen Geltungsgrund nicht in einer wie auch immer gearteten Anerkennung, sondern in der rechtsgeschäftlichen Vereinbarung der Vertragspartner. Entscheidend dürfte jedoch sein, daß frühere in die Beratungen des Verfassungsausschusses eingebrachte Vorschläge zwischen den Staatsverträgen und den allgemein anerkannten Regeln des Völkerrechts unterschieden.[342] Diese Fassungen wurden jedoch nicht Gesetz. Daraus läßt sich schließen, daß Völkervertragsrecht nicht unter den Begriff der allgemeinen Regel gefaßt wurde. Ein solches grammatikalisch-historisches Verständnis der „allgemeinen Regel" läßt sich auch unter teleologischen Gesichtspunkten rechtfertigen. Durch die Streichung des Zusatzes „anerkannt" sollte klargestellt werden, daß es auf die Akzeptanz der jeweiligen Regel durch die Bundesrepublik nicht mehr ankommen soll.[343] Würde man auch Völkervertragsrecht unter Art. 25 GG subsumieren, so wäre die Bundesrepublik folglich innerstaatlich an Übereinkünfte gebunden, die völkerrechtlich keine Gültigkeit für sie hätten. Mit dem Telos der Vorschrift, den Gleichklang zwischen nationalem Recht und Völkerrechtsordnung sicherzustellen[344], wäre eine solche Folge jedoch nicht vereinbar. Nun könnte man zwar einwenden, daß aufgrund der Entbehrlichkeit der Anerkennung der Regel durch die Bundesrepublik auch für diese unverbindliches Gewohnheitsrecht von Art. 25 GG erfaßt würde. Dem ist jedoch nicht so. Während das Erfordernis der Anerkennung in der Weimarer Republik dahingehend ausgelegt wurde, daß ein positiver und jederzeit widerruflicher Zustimmungsakt des Reiches Voraussetzung der innerstaatlichen Verbindlichkeit war, bindet das Gewohnheitsrecht einen Staat schon dann, wenn er seine Entwicklung schweigend hinnimmt.[345] Einer gewohnheitsrechtlichen Bindung kann sich das Völkerrechtssubjekt höchstens dann entziehen, wenn es der in Entstehung begriffe-

[340] Entstehungsgeschichte, JöR 1 (1951), S. 231.

[341] aaO, S. 230.

[342] Nachweise bei *Walz*, Völkerrecht und staatliches Recht, S. 380 f.

[343] *v. Münch/Kunig* (*Rojahn*), Art. 25 Rdn. 9.

[344] So *Sachs* (*Streinz*), Art. 25 Rdn. 9.

[345] *Doehring*, Völkerrecht, S. 125.

nen Regel ausdrücklich und nachdrücklich widerspricht.[346] Tritt aber die Bundesrepublik während einer sich herausbildenden Übung als sog. persistent objector auf, so besteht Einigkeit darüber, daß eine später entstehende Regel für die Bundesrepublik auch keine innerstaatliche Verbindlichkeit erlangt.[347] Demnach würde der von Art. 25 GG beabsichtigte Gleichklang von nationalem Recht und Völkerrecht allein durch die Erstreckung des Begriffs der allgemeinen Regel auch auf das Völkervertragsrecht gefährdet. Der herrschenden Meinung, die die Inkorporation rechtsgeschäftlicher Übereinkünfte über Art. 25 GG ablehnt, ist somit im Ergebnis zuzustimmen.

Ergebnis

Da zumindest Art. 2 EMRK seinen Geltungsgrund ausschließlich im Völkervertragsrecht hat und solches nicht von Art. 25 GG erfaßt wird, kann diese Vorschrift keinen Übergesetzesrang der in Art. 2 Abs. 2 lit. a EMRK niedergelegten Regelung begründen.

B. Der Ansatz über Art. 24 GG

Die Möglichkeit, über die Vorschrift des Art. 24 GG einen Vorrang der Konventionsrechte vor innerstaatlichem Recht zu konstruieren, wurde zuletzt von *Kleeberger* erörtert.[348] Bevor auf diese Ansicht eingegangen wird, ist zunächst die Regelung des Art. 24 GG in ihrer Bedeutung näher darzustellen.

I. Die Regelung des Art. 24 GG

Nach Art. 24 Abs. 1 GG kann der Bund durch Gesetz Hoheitsrechte auf zwischenstaatliche Einrichtungen übertragen. Dadurch wird eine Ausnahme zu Art. 20 Abs. 2 GG geschaffen, wonach alle Staatsgewalt vom deutschen Volke ausgeht. Die Vorschrift soll es der Bundesrepublik ermöglichen, supranationalen Organisationen beizutreten, deren Besonderheit darin besteht, daß sie Rechtsakte mit unmittelbarer innerstaatlicher Wirkung erlassen können. Die Funktion des Art. 24 Abs. 1 GG besteht somit darin, eine Öffnung der deutschen Rechtsordnung zu bewirken, um dem Recht der zwischenstaatlichen Einrichtung Einlaß in den innerstaatlichen Bereich

---

[346] Siehe z.B. *Charney*, The Persistent Objector Rule and the Development of Customary International Law, British Yearbook of International Law 56 (1985), S. 1 ff.

[347] *Scheuner*, F.A. Mann-FS, S. 429 f.; *Schweitzer*, Staatsrecht III, S. 149; AK-*Zuleeg*, Art. 25 Rdn. 16.

[348] *Kleeberger*, Die Stellung der Rechte der EMRK in der Rechtsordnung der BRD, S. 110 ff.

zu gewähren.[349] Auf Einzelheiten des Übertragungsvorgangs wird dabei später einzugehen sein.

Demgegenüber ermächtigt Art. 24 Abs. 2 GG den Bund, sich in ein System gegenseitiger kollektiver Sicherheit einzuordnen und hierbei in eine Beschränkung seiner Hoheitsrechte einzuwilligen. Unter Beschränkung von Hoheitsrechten ist dabei nicht die Öffnung der nationalen Rechtsordnung für von einer zwischenstaatlichen Einrichtung zu setzendem Recht zu verstehen, vielmehr wird die völkerrechtliche Verpflichtung, die Vertragspflichten einzuhalten, auch ins innerstaatliche Recht übertragen.[350] Diese erhalten dadurch einen Rang über den Gesetzen mit der Folge, daß sie auch durch ein entgegenstehendes lex posterior nicht derogiert werden können.[351]

II. Die Argumentation Kleebergers

Da es sich beim EMRK-Regime erkennbar nicht um ein System kollektiver Sicherheit handelt, kommt eine Erhöhung des innerstaatlichen Rangs der Konventionsrechte nur über Art. 24 Abs. 1 GG in Betracht. Demzufolge untersucht *Kleeberger* zunächst, ob eine Übertragung von Hoheitsrechten gemäß dieser Vorschrift stattgefunden hat. Nach einer veralteten Auffassung war dieser Übertragungsvorgang wörtlich im Sinne einer Zession hoheitlicher Befugnisse anzusehen[352]; diese Ansicht wurde jedoch mittlerweile aufgegeben.[353] *Kleeberger* definiert nun die Übertragung als zweigliedrigen Vorgang, bei dem die Hoheitsrechte zunächst bei der zwischenstaatlichen Einrichtung originär begründet werden, was er als Erwerbsvorgang bezeichnet. Um diesen Hoheitsrechten für den innerstaatlichen Raum Geltung zu verschaffen, sei es dann erforderlich, daß der jeweilige Staat auf die Ausschließlichkeit seiner Hoheitsentfaltung im innerstaatlichen Bereicht verzichtet. Dies kennzeichnet *Kleeberger* als Verzichtsvorgang.[354] Unter dem Begriff des Hoheitsrechtes versteht er in Zusammenschau verschiedener Definitionen[355] die Befugnis, auf be-

---

[349] *Sachs* (*Streinz*), GG, Art. 24 Rdn. 18; *Geiger*, Grundgesetz u. Völkerrecht, S. 182.

[350] Bonner Kommentar (*Tomuschat*), Art. 24 Rdn. 169; *Mangoldt/Klein/Starck* (*Classen*), Art. 24 Rdn. 91.

[351] *Sachs*, aaO, Rdn. 66; *v. Münch/Kunig* (*Rojahn*), Art. 24 Rdn. 90; Bonner Kommentar (*Tomuschat*), Art. 24 Rdn. 169.

[352] So z.B. noch *Herzog*, DÖV 1959, S. 46; *Klein*, Die Übertragung von Hoheitsrechten, S. 28 f.

[353] Vgl. *Maunz/Dürig* (*Randelzhofer*), Art. 24 Rdn. 7 ff.; *v. Münch/Kunig* (*Rojahn*), Art. 24 Rdn. 13; *Stern*, Staatsrecht I, S. 523 f.; *Riegel*, BayVBl. 1976, S. 354.

[354] *Kleeberger*, Die Stellung der Rechte der EMRK, S. 96.

[355] Siehe z.B. Bonner Kommentar (*Tomuschat*), Art. 24 Rdn. 21; *v. Münch/Kunig* (*Rojahn*), Art. 24 Rdn. 9 ff.; *Geiger*, Grundgesetz und Völkerrecht, S. 162.

stimmten Sachgebieten Rechtsverhältnisse einseitig und mit unmittelbarer innerstaatlicher Wirkung zu gestalten.[356]

Sodann untersucht *Kleeberger* Erwerbsvorgänge im Zusammenhang mit der EMRK. Dabei wirft er die Frage auf, ob dem Inkrafttreten der Menschenrechtskonvention ein Erwerb von Rechtssetzungshoheit seitens des Europarates zugrundelag. Dies wird von *Kleeberger* mit Recht verneint. Eine solche Sichtweise der EMRK käme von vornherein nur dann in Betracht, wenn sie überhaupt einen Rechtsakt des Europarates darstellen würde.[357] Zwar wurde die EMRK durch das Ministerkommitee des Europarates und die von ihm eingesetzten Gremien, also von Organen einer zwischenstaatlichen Einrichtung, ausgearbeitet[358], verabschiedet wurde sie jedoch eindeutig in Form eines völkerrechtlichen Vertrages, was schon durch die Bezeichnung des Werkes als „Konvention“, die Erwähnung der Mitgliedsstaaten als „Hohe Vertragsschließende Teile“ und das gemäß Art. 65 Nr. 1 EMRK eingeräumte Kündigungsrecht unmißverständlich klargestellt wird.[359] Die Konventionsrechte stellen sich somit schon nicht als Rechtsakte einer internationalen Organisation dar, sondern sind ein Erzeugnis der Signatarstaaten. Der Erwerb von Rechtssetzungshoheit einer zwischenstaatlichen Einrichtung im Zusammenhang mit der EMRK scheidet somit aus.

Kleeberger beschäftigt sich dann mit der Frage, ob die Anerkennung eines Vorrangs der EMRK vor innerstaatlichen Gesetzen im System des Art. 24 Abs. 1 GG als isolierter Verzichtsvorgang – der Teil einer Hoheitsrechtsübertragung ist - angesehen werden könnte. Der Verzichtsvorgang beinhaltet laut *Kleeberger* zunächst die Aufgabe des Ausschließlichkeitsanspruches durch den jeweiligen Staat hinsichtlich der Rechtssetzung im innerstaatlichen Bereich. Diesen Teilaspekt des Verzichtsvorganges nennt *Kleeberger* Ausschließlichkeitsverzicht. Für den Fall, daß Rechtsakte der zwischenstaatlichen Organisation mit solchen des Staates kollidieren, komme letzteren jedoch aufgrund der Souveränität des Staates, also aufgrund seiner Eigenschaft als nicht notwendig einziger, aber doch höchstrangiger Hoheitsträger, der Vorrang zu. Um den Rechtsakten der zwischenstaatlichen Einrichtung einen höheren Rang zu verschaffen, müsse der Staat demnach auch auf seine Souveränität, vor allem also auf die Setzung derogierender leges posteriores, verzichten, was *Kleeberger* als Souveränitätsverzicht bezeichnet. Ein Hoheitsverzicht liege letztlich vor, wenn der Staat seine Befugnis aufgebe, auf einem bestimmten Bereich

---

356 *Kleeberger*, aaO, S. 97.

357 Dies wurde tatsächlich in ersten Stellungnahmen zur EMRK vertreten. So sprach *Weiß*, EMRK, S. 10 von einem „überstaatlichen Gesetzgeber“, der Abgeordnete *Brill*, 1. Wahlperiode, 217. Sitzung, Stenographische Berichte S. 9510 bezeichnete sie als „Gesetz des Europarates“.

358 *Partsch*, Rechte und Freiheiten, S. 261.

359 *Kleeberger*, Die Stellung der Recht der EMRK, S. 99.

überhaupt Rechtsakte zu setzen. Die Anerkennung eines Vorrangpostulates der EMRK sei dabei mit einem Souveränitätsverzicht identisch, der sich als Teilaspekt des Verzichtsvorganges als Element einer Übertragung von Hoheitsrechten im Rahmen des Art. 24 Abs. 1 GG darstelle.[360]

Im Folgenden untersucht *Kleeberger*, ob die Anerkennung eines isolierten Souveränitätsverzichtes ohne Neubegründung von Hoheitsrechten als minus zu einer Übertragung von der ratio legis des Art. 24 Abs. 1 GG gedeckt wäre. Dabei geht er davon aus, daß diese Vorschrift die Bereitschaft der Bundesrepublik zur Beteiligung an internationaler Integration und zur Überwindung strikter Nationalstaatlichkeit mit aller Deutlichkeit zum Ausdruck bringt. Daneben komme ihr jedoch auch eine integrationserleichternde Funktion zu, da sie die als Idealform internationaler Integration erscheinende Übertragung von Hoheitsrechten ausdrücklich mittels einfachen Gesetzes gestatte. Damit sei es jedoch nicht vereinbar, weniger weitreichende Integrationsformen aus ihrem Anwendungsbereich auszuschließen.[361] Demnach sei auch ein isolierter Souveränitätsverzicht über Art. 24 Abs. 1 GG durchführbar. Somit gelangt er zu einer Akzeptanz des der EMRK immanenten Vorranganspruches über Art. 24 Abs. 1 GG und räumt den Konventionsrechten Verfassungsrang ein.[362]

III. Stellungnahmen der Literatur zum Ansatz über Art. 24 GG

Der von *Kleeberger* eingeschlagenen Weg wurde einige Zeit vorher bereits von *Herzog* untersucht. Dieser stellte die Frage nach der Möglichkeit eines „dinglichen Verzichtes" des Gesetzgebers auf derogierende leges posteriores über Art. 24 Abs. 1 GG.[363] Dabei kam er jedoch zu dem Ergebnis, daß durch einen Verzicht auf Hoheitsrechte ohne deren gleichzeitiger Übernahme durch eine zwischenstaatliche Einrichtung ein Hoheitsvakuum entstünde, in das der Staat auf Grund seiner Allzuständigkeit sofort wieder eintreten könnte.[364] Einen dinglichen Verzicht auf konventionswidrige leges posteriores hielt er daher nicht für möglich.[365]

---

[360] *Kleeberger*, aaO, S. 107 ff.

[361] aaO, S.113 ff., zusammenfassend S. 135 f.

[362] aaO, S. 160.

[363] *Herzog*, DÖV 1959, S. 46 f.

[364] Diese Folgerung *Herzogs* aus dem Hoheitsvakuum verkennt *Sternberg*, Rang von Menschenrechtsverträgen, S. 174, wenn er argumentiert, dessen Entstehung sei nicht bedenklich, da die EMRK gerade dem Schutz der Grundfreiheiten dient und daher die Unterwerfung des Gesetzgebers unter sie verlangt. *Herzog* geht aber nicht davon aus, daß das mit der Aufgabe von Souveränitätsrechten entstehende Hoheitsvakuum in irgendeiner Weise bedenklich wäre, sondern daß es mangels Übernahme der entsprechenden Funktionen durch eine zwischenstaatliche Einrichtung durch den Staat sofort wieder ausgefüllt werden könnte und eine Selbstbindung des Gesetzgebers somit gar nicht möglich sei.

[365] *Herzog*, aaO, S. 47.

Dem ist jedoch entgegenzuhalten, daß in jeder vertraglichen Übernahme völkerrechtlicher Verpflichtungen eine Beschränkung von Hoheitsrechten in dem Sinne zu sehen ist, daß der Staat verspricht, bestimmte aus seiner Souveränität fließenden Befugnisse nicht mehr oder nur noch der vertraglichen Bindung entsprechend auszuüben.[366] Auch in diesem Fall läßt sich jedoch kein Zuwachs an Hoheitsrechten auf anderer Seite feststellen, da der aus der vertraglichen Bindung berechtigte Staat keine Berechtigung erwirbt, seine Ansprüche durch unmittelbare Gestaltung der Rechtsverhältnisse im innerstaatlichen Bereich des Vertragspartners zu regeln.[367] Die These, daß jedem Staat aus seiner Souveränität heraus eine bestimmte Summe von Hoheitsrechten zukommt, von der im Sinne eines Energieerhaltungssatzes nichts weggenommen werden kann, ohne daß diese an anderer Stelle in anderer Form wieder neu entstünde, erscheint somit fragwürdig.[368] Dies belegt auch ein Blick ins Grundgesetz. Denn die durch Art. 24 Abs. 2 GG vorgesehene Beschränkung von Hoheitsrechten zugunsten eines Systems kollektiver Sicherheit beinhaltet, wie oben[369] bereits dargelegt, unter anderem, daß die staatlichen Organe auch nicht mehr mit innerstaatlicher Wirkung den völkerrechtlichen Verpflichtungen der Bundesrepublik zuwiderhandeln können. Die Vorschrift ordnet somit genau die Rechtsfolge an, die durch die Konstruktion eines „dinglichen Verzichtes" auf Hoheitsrechte im obigen Sinne erstrebt wird, nämlich Ausschaltung der Möglichkeit des Gesetzgebers, innerstaatlich umgesetzte Vertragsinhalte durch gegenläufige leges posteriores zu derogieren. Daß der Ansatz *Kleebergers* somit schon deswegen scheitern müßte, weil durch einen einseitigen Verzicht ein „Hoheitsvakuum" entstünde, welches jederzeit wieder durch die Bundesrepublik ausgefüllt werden könnte, läßt sich somit nicht behaupten.

Eine kurze Besprechung des Ansatzes von *Kleeberger* findet sich bei *Sternberg*. Seiner Ansicht nach stellt Art. 24 Abs. 2 GG, der die Beschränkung von Hoheitsrechten erlaubt, für derartige Souveränitätsverzichte die speziellere Vorschrift dar.[370] Daraus folge, daß der Verzicht auf Hoheitsrechte nicht mit Hilfe eines Erst-recht-Schlusses als Minus zur deren Übertragung dargestellt und so dem Anwendungsbereich des Art. 24 Abs. 1 GG unterstellt werden kann.

---

[366] Zur vertraglichen Bindung und der darin liegenden Beschränkung von Hoheitsrechten siehe Bonner Kommentar (*Tomuschat*), Art. 24 Rdn. 156.

[367] Zur Definition des Hoheitsrechtes siehe oben, Erster Teil, Kapitel 2, B II.

[368] So sahen auch *Maunz/Dürig* (*Randelzhofer*), Art. 24 Abs. II Rdn. 30 die Rechtsfolge des Art. 24 Abs. 2 GG unter anderem darin, daß bestimmte staatliche Tätigkeiten überhaupt nicht mehr, d.h. weder innerstaatlich, noch zwischenstaatlich ausgeübt werden. Zustimmend auch *Hamann/Lenz*, S. 235 (Art. 24).

[369] Erster Teil, Kapitel 2, B.

[370] *Sternberg*, Der Rang von Menschenrechtsverträgen, S. 175; so auch schon Uerpmann, Die EMRK und die deutsche Rechtsprechung, S. 186.

Geht man davon aus, daß jedes System gegenseitiger kollektiver Sicherheit zugleich eine zwischenstaatliche Einrichtung ist, so ist der Tatbestand des Art. 24 Abs. 2 GG in der Tat spezieller. Die Feststellung eines Spezialitätsverhältnisses führt jedoch noch nicht zwingend zur Nichtanwendbarkeit der allgemeineren Vorschrift für den Fall, daß auch der speziellere Tatbestand einschlägig ist. Nur dann, wenn die Rechtsfolgen sich ausschließen, führt das logische Verhältnis der Spezialität notwendig zur Verdrängung der allgemeineren Norm, da im umgekehrten Fall die spezielle Norm überhaupt keinen Anwendungsbereich hätte. Ansonsten kommt es darauf an, ob die Rechtsfolgen der spezielleren Norm für deren Anwendungsbereich die allgemeinere nach der Regelungsabsicht des Gesetzes nur ergänzen, sie modifizieren oder aber an ihre Stelle treten sollen. Dies ist eine Frage der teleologischen und systematischen Auslegung.[371] Daß ein Ausschließlichkeitsverhältnis zwischen den Absätzen 1 und 2 des Art. 24 GG nicht bestehen kann, wird jedoch schon deutlich, wenn man sich die Konsequenzen eines solchen Verständnisses vergegenwärtigt. Ginge man davon aus, daß Art. 24 Abs. 2 GG den ersten Absatz der Vorschrift verdrängt, so müßte man zu dem Ergebnis kommen, daß eine Übertragung von Hoheitsrechten auf ein System gegenseitiger kollektiver Sicherheit nicht zulässig wäre. Diese Folgerung wurde jedoch weder im Schrifttum noch in der Rechtsprechung gezogen.[372] Daher kann das lex specialis-Argument der These *Kleebergers* nicht entgegengehalten werden. Allerdings wählt *Sternberg* auch nicht die Tatbestände der beiden Absätze als Anknüpfungspunkt für seine Folgerung. Wenn er anführt, daß der von *Kleeberger* konstruierte Souveränitätsverzicht sich inhaltlich mit dem Begriff der Beschränkung von Hoheitsrechten decke[373], argumentiert er vielmehr von der Rechtsfolge her. Seine Überlegung geht also dahin, daß eine andere Norm die begehrte Rechtsfolge anordnet und diese folglich dem untersuchten Tatbestand nicht entnommen werden darf. Damit ist aber nicht ein Verhältnis der Spezialität, sondern ein Umkehrschluß angesprochen. Dessen Anwendung setzt jedoch voraus, daß die Beschränkung der fraglichen Rechtsfolge auf den Tatbestand, der sie anordnet, ersichtlich vom Gesetzgeber gewollt oder nach der Teleologie des Gesetzes geboten ist.[374] Daß aber der Telos des Art. 24 Abs. 1 GG der Gestattung eines isolierten Souveränitätsverzichtes gerade nicht entgegensteht, wurde von *Kleeberger* ausführlich begründet. Auch sind keine Anhaltspunkte dafür ersichtlich, daß der Gesetzgeber einer extensiven Auslegung des Art. 24 Abs. 1 GG ausdrücklich ablehnend gegenüber gestanden hätte. Dies gilt umso mehr, als die Bereitschaft zur zwi-

---

[371] *Larenz*, Methodenlehre, S. 267 f.

[372] Vgl. z.B. *Schmidt-Bleibtreu/Klein* (*Brockmeyer*), Art. 24 Rdn. 4; *Mangoldt/Klein/Starck* (*Classen*), Art. 24 Rdn. 76; *Maunz/Dürig* (*Randelzhofer*), Art. 24 Abs. II Rdn. 1 f.; BVerfGE 90, 286 (350).

[373] Vgl. die Ausführungen *Sternbergs* aaO: „Art. 24 Abs. 2 GG gestattet eine Beschränkung von Hoheitsrechten und stellt im Verhältnis zu Art. 24 Abs. 1 GG für derartige Souveränitätsverzichte die speziellere Vorschrift dar.“.

[374] *Larenz*, Methodenlehre, S. 390.

schenstaatlichen Zusammenarbeit nach der Verabschiedung des Grundgesetz dramatisch zunahm und sich der Verfassungsgeber daher der Fülle und Erfordernisse der Integrationsformen überhaupt nicht bewußt gewesen sein dürfte. Gerade dies legt die Annahme nahe, daß das Grundgesetz in dieser Hinsicht Lücken enthält, die im Hinblick auf dessen hohe Bereitschaft zur internationalen Zusammenarbeit[375] dann eher integrationsfreundlich zu schließen sind. Auch ein Umkehrschluß zu Art. 24 Abs. 2 GG kann der These *Kleebergers* somit nicht entgegengehalten werden. Die Einwände *Sternbergs* greifen daher nicht durch.

IV. Eigene Kritik am Ansatz Kleebergers

Die von *Kleeberger* konstruierte Möglichkeit der Anerkennung eines innerstaatlichen Vorrangs transformierten Völkervertragsrechts über Art. 24 Abs. 1 GG steht und fällt mit der Richtigkeit der Feststellung, daß sich der Übertragungsvorgang in Neubegründung von Hoheitsrechten seitens der zwischenstaatlichen Einrichtung sowie Ausschließlichkeits- und Souveränitätsverzicht seitens der Bundesrepublik, in voneinander unabhängige und somit trennbare Bestandteile aufspalten läßt. Könnte dies bestätigt werden, so wäre darüber hinaus zu untersuchen, ob dem Zustimmungsgesetz des Bundestages zur Konvention eine Vorrangsanerkennung entnommen werden kann.

Somit ist zunächst der Übertragungsvorgang gemäß Art. 24 Abs. 1 GG einer eingehenderen Analyse zu unterziehen. Im Hinblick auf die Übertragung von Rechtssetzungshoheit besteht er nach *Kleeberger* darin, daß durch völkerrechtlichen Vertrag Rechtssetzungsbefugnisse seitens der internationalen Organisation begründet werden. Da diese wegen des Ausschließlichkeitsanspruches der Bundesrepublik jedoch innerhalb von deren Rechtsordnung keine Geltung zu erlangen vermögen, bedürfte es zusätzlich des Ausschließlichkeitsverzichtes. Allerdings sei aufgrund des Souveränitätsanspruches des deutschen Staates das durch die Öffnung der nationalen Rechtsordnung eingelassene Recht nicht fähig, sich im Kollisionsfall gegen staatliches Recht durchzusetzen. Durch einen Souveränitätsverzicht müsse daher dem fremden Recht der Vorrang eingeräumt werden. Dieses Verständnis des Übertragungsvorranges geht auf *Ruppert*[376] zurück, der den Versuch einer neuen Systematisierung des Art. 24 Abs. 1 GG unternommen hat, damit im Schrifttum aber keineswegs ohne Kritik geblieben ist.[377]

---

[375] So *Tomuschat* in: *Isensee/Kirchhof* (Hrsg.), Handbuch des Staatsrechts Bd. 7, S. 485; *Geiger*, Grundgesetz und Völkerrecht, S. 398; *Vogel*, Die Verfassungsentscheidung des Grundgesetzes für eine internationale Zusammenarbeit, S. 46.

[376] *Ruppert*, Die Integrationsgewalt, insbesodere die S. 106 ff.

[377] Vgl. vor allem *Maunz/Dürig* (*Randelzhofer*), Art. 24 Rdn. 9.

Allerdings erscheint es schon fraglich, ob sich die These *Kleebergers* überhaupt auf der von ihm gewählten dogmatischen Grundlage halten läßt. Bedeutet der Verzicht auf Souveränität nach *Ruppert* die Anerkennung eines Vorrangs des Rechts der internationalen Organisation[378], so stellt sich die Frage, was ein Souveränitätsverzicht bewirken sollte, wenn nicht nur kein fremdes Recht in den innerstaatlichen Raum eingelassen, sondern eine Rechtssetzungshoheit der internationalen Organisation erst gar nicht begründet wurde. Demnach erscheint eine gewisse Abhängigkeit zwischen der Kompetenzbegründung seitens des neuen Gewaltenträgers sowie dem Ausschließlichkeits- und Souveränitätsverzicht zu bestehen. Tatsächlich führt *Ruppert* aus:

„Ausschließlichkeits- und Souveränitätsverzicht sind dabei notwendig auf eine andere originäre Befugnis ausgerichtet: Sie setzen diese Befugnis in Relation zur eigenen Rechtsordnung, indem sie diese als gültig oder gar ranghöher anerkennen. Ohne Erwerb sind sie sinnlos, scheiden hier also aus."[379]

Somit bilden im Rahmen der von *Kleeberger* gewählten dogmatischen Grundlage Begründung von Rechtssetzungsbefugnissen einerseits und Ausschließlichkeits- bzw. Souveränitätsverzicht andererseits nicht voneinander trennbare Bestandteile des Übertragungsvorgangs. Da *Kleeberger* jedoch offen zugibt, daß die Anerkennung eines innerstaatlichen Vorrangs der EMRK nicht mit einem Erwerb von Rechtssetzungshoheit seitens des Europarates verbunden ist[380], erscheint seine These schon im Hinblick auf die von ihm erklärten Prämissen nicht haltbar. Ohnehin ist die Aufspaltung des Verzichtsvorganges in Aufgabe von Ausschließlichkeits- und Souveränitätsanspruch fragwürdig. Wurde die nationale Rechtsordnung erst einmal für das Recht einer anderen Quelle geöffnet, so ist nicht einzusehen, warum dieses Recht auf Grund des Souveränitätsprinzipes innerstaatlichem Recht grundsätzlich untergeordnet sein soll. Dieser Annahme scheint der unstreitig anerkannte Primat des Völkerrechts eindeutig entgegenzustehen. Sowohl *Kleeberger* als auch *Ruppert* begründen ihre Behauptung damit, daß aufgrund der staatstheoretischen Souveränität den vom Staat selbst ausgehenden Akten stets ein höherer Rang zukommen müsse als solchen unstaatlichen Ursprungs.[381] Der Begriff der Souveränität hat eine jahrhundertelange Entwicklung durchlaufen, und so ist es nicht verwunderlich, wenn im Schrifttum bemerkt wird, er sei „dunkel und nicht frei von Widersprüchen".[382] Insofern erscheint es schon fragwürdig, aus ihm konkrete Rechtsfolgen abzuleiten. Untersucht man die einzelnen Erörterungen in der Fachliteratur, so ergeben sich als grobe Umrisse die nach außen gerichtete Handlungsfrei-

---

378 *Ruppert*, aaO, S. 129.

379 aaO, S. 188.

380 Vgl. insoweit das Schaubild bei *Kleeberger*, Die Stellung der Rechte der EMRK, S. 109.

381 *Ruppert*, Die Integrationsgewalt, S. 127; *Kleeberger*, aaO, S. 107.

382 So *Berber*, Völkerrecht Bd. 1, S. 121.

heit des Staates[383], so wie die Abschirmung von dessen Gewaltunterworfenen gegen fremde oder nichtstaatliche Hoheitsgewalt.[384] Die Einarbeitung des Souveränitätsbegriffs in die Systematik des Art. 24 Abs.1 GG, wie sie von *Ruppert* und *Kleeberger* vorgenommen wird, setzt jedoch voraus, daß diesem eine Kollisionsregel für innerstaatliches Recht und für Recht aus anderer Quelle zu entnehmen ist. Dafür bestehen jedoch keine Anhaltspunkte. Da das Prinzip der Staatensouveränität gerade von einem nach außen hin abgeschlossenen nationalen Rechtskreis ausgeht, ist im Gegenteil anzunehmen, daß sich aus dem Begriff der Souveränität gerade keine Folgerungen für den Fall einer Normenkollision ableiten lassen. So gehen das neuere Schrifttum und die jüngste Rechtsprechung auch davon aus, daß sich der Vorrang des nichtstaatlichen Rechts nicht aus einem wie auch immer gearteten Verzicht seitens der Bundesrepublik, sondern aus dem von der zwischenstaatlichen Einrichtung gesetzten Recht selbst ergibt. Der nach Art. 24 Abs. 1 GG erteilte Rechtsanwendungsbefehl erstreckt sich demnach nicht nur auf die materiellen Regelungsgehalte, sondern darüber hinaus auch auf die Kollisionsnormen des Rechts der zwischenstaatlichen Einrichtung.[385] Eine Differenzierung zwischen Ausschließlichkeits- und Souveränitätsverzicht erübrigt sich also. Die Anerkennung eines Vorrangs von Recht aus einer überstaatlichen Quelle läßt sich somit nicht, wie von *Kleeberger* behauptet, als ablösbarer Bestandteil des Übertragungsvorganges gemäß Art. 24 Abs. 1 GG begreifen. Eine Rangerhöhung der EMRK über Art. 24 GG scheidet somit aus. Auf die Frage, ob dem Zustimmungsgesetz zur Konvention die Anerkennung eines Vorrangs vor nachfolgenden Gesetzen entnommen werden kann, braucht daher nicht weiter eingegangen zu werden.

C. Existenz eines völkergewohnheitsrechtlichen „Grundrechtsverschlechterungsverbots" ?

Einen bisher kaum beachteten Versuch[386], die Konventionsrechte der EMRK innerstaatlich gesetzesfest zu machen, wagt *Dronsch.* Diesem Versuch lag die Annahme zugrunde, daß es ein völkergewohnheitsrechtliches Verbot gebe, Menschenrechtsstandards zu verschlechtern, welches über Art. 25 GG auch den Gesetzgeber der Bundesrepublik innerstaatlich binde. Demnach sei es ihm nicht möglich, konventionswidrige leges posteriores zu erlassen.

---

383 *Bleckmann*, EuGRZ 1994, S. 153.

384 *Ipsen*, Völkerrecht, S. 244; *Bleckmann*, Allgemeine Staats- und Völkerrechtslehre, S. 502 f.

385 *Maunz/Dürig* (*Randelzhofer*), Art. 24 Rdn. 16; BVerfGE 73, 339 (375); BVerfGE 75, 223 (244).

386 Vgl. nur *Sternberg*, Der Rang von Menschenrechtsverträgen, S. 187 f.

I. Die Argumentation Dronschs

Dronsch geht davon aus, daß sich aus den Art. 55c, 56 SVN Verpflichtungen der Staaten zum innerstaatlichen Schutz der Menschenrechte ergeben. Art. 56 SVN statuiert eine Pflicht der Mitgliedsstaaten, die Ziele der Vereinten Nationen zu fördern. Die Vorschrift lautet:

> „All Members plegde themselves to take joint and separate action in cooperation with the Organization for the Achievement of the purposes set forth in Art. 55."

Dabei nimmt eines der in Art. 55 SVN niedergelegten Ziele Bezug auf die Menschenrechte:

> „With a view to the creation of conditions of stability and well-beeing which are necessary for peaceful and friendly relations among nations based on respect for the principle of equal rights and self-determination of peoples, the United Nations shall promote:
> [...]
>
> c. universal respect for, and observance of, human rights and fundamental freedoms for all without distinction as to race, sex, language or religion."

Aus der Zusammenschau dieser Vorschriften ergibt sich nach Ansicht *Dronschs* eine Pflicht der Mitgliedsstaaten, die Menschenrechte zu achten. Da sich den entsprechenden Passagen keine weiteren Anhaltspunkte dafür, auf welche Art und Weise die Staaten die Achtung und Verwirklichung der Menschenrechte zu fördern haben, entnehmen lassen, seien konkrete Handlungspflichten aus ihnen nicht ableitbar. Das Gegenteil der „Förderung" sei jedoch die Verletzung der Menschenrechte. Daraus lasse sich schließen, daß nach Art. 56 SVN wenigstens dies unzulässig wäre. Somit enthalte die Satzung der Vereinten Nationen das Verbot, den Stand der Grundrechte in den einzelnen Mitgliedsstaaten zu verschlechtern.[387] Da sich die Bestimmungen der Satzung mittlerweile von ihrer vertraglichen Grundlage gelöst hätten und zum Bestandteil der „objektiven Völkerrechtsordnung"[388] geworden seien, sei das Grundrechtsverschlechterungsverbot allgemeine Regel des Völkerrechts im Sinne des Art. 25 GG und könne in der Bundesrepublik somit Überverfassungsrang beanspruchen.[389] Art. 25 GG übe somit eine „Garantiefunktion" zugunsten von Menschenrechtsbestimmungen aus. Die lex posterior-Regel sei daher im Kollisionsfall von Konventionsrechten und nachfolgendem Gesetzesrecht ausgeschaltet. Faktisch genössen die Grundrechtsbestimmungen der EMRK somit einen Rang zwischen Verfassung und Bundesgesetz.[390]

---

[387] *Dronsch*, Der Rang der EMRK, S. 121 ff.

[388] So *Dahm*, Völkerrecht Bd. I (Stuttgart 1958), S. 23 f.

[389] *Dronsch*, aaO, S. 133.

[390] aaO, S. 136.

II. Die Kritik Sternbergs

Die Argumentation *Dronschs* wurde von *Sternberg* abgelehnt, da sich aus der UN-Charta keine Verpflichtung der Mitgliedsstaaten ableiten lasse, Menschenrechtsverträgen innerstaatlich einen besonderen Rang zuzuweisen.[391] Diese Feststellung geht jedoch an der These *Dronschs,* daß sich aus den Satzungsbestimmungen der Vereinten Nationen ein Verbot der Verschlechterung von Grundrechtsstandards ergebe und daraus für das Recht der Bundesrepublik wegen Art. 25 GG faktisch eine Rangerhöhung der Konventionsrechte folgt, vorbei. Daher ist der Ansatz *Dronschs* einer erneuten Prüfung zu unterziehen.

III. Eigene Würdigung

Für die Plausibilität seiner Ausführungen ist zunächst die Richtigkeit der Behauptung, aus Art. 55c i.V.m. Art. 56 SVN ergäben sich Pflichten der Mitgliedsstaaten im Hinblick auf die Beachtung der Menschenrechte gegenüber den eigenen Staatsangehörigen, von Bedeutung. Während eine aus diesen Vorschriften resultierende Verpflichtung zur Förderung der Menschenrechte im allgemeinen anerkannt ist[392], streiten sich die Lehrmeinungen darum, ob diese Verpflichtung nur in einer nach außen gerichteten loyalen Zusammenarbeit mit den Vereinten Nationen in Sachen Menschenrechten besteht[393] oder ob die Staaten darüber hinaus auch angehalten sind, die Menschenrechte selbst in ihrer eigenen Rechtsordnung zu verwirklichen. Im Rahmen der letztgenannten Auffassung kann dann noch zwischen dem Grad der Bindung differenziert werden. So wird vertreten, die Nationen seien lediglich verpflichtet, die Ausübung der Menschenrecht diskriminierungsfrei, d.h. ohne Unterscheidung zwischen Rasse, Geschlecht, Sprache und Religion zu gewährleisten.[394] Andere sind wiederum der Auffassung, die Gewährleistungspflicht erstrecke sich auf die Grund- und Menschenrechte[395], wie sie in der Allgemeinen Erklärung der Vereinten Nationen niedergelegt sind. Teilweise wird Art. 56 SVN dahingehend ausgelegt, daß nur evidente Verletzungen von Menschenrechten diese Vorschrift

---

[391] *Sternberg,* Der Rang von Menschenrechtsverträgen, S. 187.

[392] Anderer Ansicht nur *Kelsen,* The Law of the UN, S. 100; nach ihm *Rumpf,* Der internationale Schutz der Menschenrechte und das Interventionsverbot, S. 13.

[393] *Wolfrum* in: *Simma* (Hrsg.), Die Charta der Vereinten Nationen, Art. 56 Rdn. 2; *Graefrath,* Menschenrechte und internationale Kooperation, S. 22.

[394] *Partsch* in: *Wolfrum* (Hrsg.), Handbuch Vereinte Nationen, S. 547; *Dahm,* Völkerrecht Bd. I (Stuttgart 1958), S. 424; auch *Lauterpacht,* International Law and Human Rights, S. 154.

[395] *Guradze,* Der Stand der Menschenrechte im Völkerrecht, S. 112.

verletzen.[396] Ebenso wird die Auffassung *Dronschs* bestätigt, aus den zitierten Bestimmungen lasse sich ein Grundrechtsverschlechterungsverbot ableiten[397]

Zweifel an einer Auslegung des Art. 56 SVN, nach der die Staaten verpflichtet sind, selbst für die Einhaltung der Menschenrechte zu bürgen, ergeben sich zunächst aus dessen systematischer Stellung. Die Vorschrift findet sich im IX. Kapitel der Charta, welches mit „International Social and Economic Cooperation" überschrieben ist. Dies legt nahe, daß die dort enthaltenen Bestimmungen lediglich das Verhalten der Staaten untereinander in bezug auf gewisse Ziele regeln wollen.[398] Auch der Wortlaut des Art. 55 SVN, welcher von einer Förderung durch die Vereinten Nationen selbst spricht, sowie eine grammatikalische Auslegung des Art. 56 SVN, der die Verpflichtung des einzelnen lediglich in Beziehung zur Zusammenarbeit mit der Organisation herausstellt[399], sprechen gegen die Annahme, daß die UN-Charta ihren Mitgliedern Auflagen für eine menschenrechtsgerechte Ausgestaltung ihrer nationalen Rechtsordnung machen wollte. Ein solches Verständnis wird darüber hinaus durch die Entstehungsgeschichte des Art. 56 SVN gestützt. Im Laufe der Verhandlungen brachte die australische Delegation den Vorschlag ein, Art. 56 SVN wiefolgt zu ergänzen:

„[...] and to take such independent action as they deem appropriate to achieve these purposes within their own territories."[400]

Dieser Entwurf sah ausdrücklich auch die Ergreifung von Maßnahmen zum Schutze der Menschenrechte im Rahmen der nationalen Rechtsordnungen vor. Daraus, daß der Vorschlag nicht angenommen wurde, läßt sich schließen, daß eine Verpflichtung nur nach außen in Form der kooperativen Zusammenarbeit gewollt war. Außerdem ist anzumerken, daß selbst dieser weitgehende Entwurf keine echten Vorgaben zur Beachtung der Menschenrechte im innerstaatlichen Bereich gemacht hätte, da er diesbezügliche Maßnahmen in das Ermessen der Mitgliedsstaaten stellte („as they deem appropriate").[401]

Sind dies auch gewichtige Argumente, so darf nicht übersehen werden, daß für die UN-Charta als Integrationsvertrag im weitesten Sinne der Grundsatz der dynamischen bzw. flexiblen[402] Auslegung gilt. Wortlaut und insbesondere die Entstehungsgeschichte einer Vorschrift sind demnach nicht überzubewerten, sofern die

---

[396] *Magerstein*, JurBl. 1953, S. 334.
[397] *Martin*, Journal du Droit International, S. 761.
[398] Vgl. *Graefrath*, Menschenrechte und internationale Kooperation, S. 22.
[399] Dies übersieht *Guradze*, Der Stand der Menschenrechte im Völkerrecht, S. 113.
[400] Nachweis bei *Kelsen*, The Law of the UN, S. 115.
[401] So auch *Kelsen*, aaO, S. 102.
[402] Speziell für die Charta *Lauterpacht*, International Law and Human Rights, S. 151.

Teleologie der Vorschrift ein anderes Ergebnis nahelegt. So weist die Erwähnung der Menschenrechte an sieben Stellen der Charta[403] darauf hin, daß nach deren Intention der Schutz der Grundrechte auch eine völkerrechtliche Angelegenheit bildet. Auch wäre es ausgesprochen unlogisch, wenn sich ein Staat, der einer Organisation beigetreten ist, zu deren Zielen auch der Schutz der Menschenrechte gehört, sich darauf berufen könnte, daß die entsprechenden Satzungsvorschriften lediglich eine nach außen gerichtete Förderung und Verbesserung der Individualrechte verlangten und deren Handhabung in bezug auf die eigenen Staatsangehörigen unberührt ließen.[404] Auch der Umstand, daß die Frage der Menschenrechte mittlerweile auch als völkerrechtliche Angelegenheit anerkannt ist, während sie zur Zeit der Gründung der Vereinten Nationen noch weitestgehend als Bestandteil der domaine réservé der Staaten betrachtet wurde[405], spricht eher für eine zeitgemäße und dementsprechend extensive Auslegung des Art. 56 der Satzung.

Dementsprechend hat auch die Generalversammlung schon in mehreren Fällen die Verletzung von Menschenrechten im Hinblick auf die Bestimmungen der Charta verurteilt. So wurde der Erlaß von Gesetzen in der Südafrikanischen Union, durch die die dort lebende indische Bevölkerung auf den Gebieten der gewerblichen Betätigung, des Aufenthaltsrechtes und der politischen Vertretung benachteiligt wurde, als mit den aus der Satzung resultierenden Verpflichtungen unvereinbar angesehen.[406] Eine Pflichtverletzung nahm die Versammlung auch an, weil sowjetische Frauen daran gehindert wurden, mit ihren Gatten anderer Staatsangehörigkeit das Gebiet der UdSSR zu verlassen bzw. diese im Ausland aufzusuchen.[407] Trotzdem muß vor allzu weitgehenden Folgerungen gewarnt werden. Eine Auslegung, die sich von Wortlaut und ursprünglichem Zweck der Norm zu weit entfernt, läuft Gefahr, mehr Ausdruck politischer Wunschvorstellungen denn Rechtsanwendung zu sein. Zwar läßt sich aus den Äußerungen der Generalversammlung ableiten, daß ein zeitgemäßes Verständnis der Art. 55c, 56 SVN die Annahme einer Bindung der Mitgliedsstaaten auch gegenüber ihren eigenen Staatsangehörigen durchaus rechtfertigt, es darf jedoch nicht übersehen werden, daß die Satzung Inhalt und Reichweite der zu achtenden Menschenrechte nicht bestimmt.[408] Diese Lücke kann auch nicht ohne weiteres über die Allgemeine Erklärung der Menschenrechte geschlossen werden[409], da es sich dabei nur um eine unverbindliche Äußerung der Generalversammlung handelt, und es vorliegend um konkrete Pflichten der Mitgliedsstaaten

---

403 Einzelheiten bei *Dronsch*, Der Rang der EMRK, S. 121.

404 In diese Richtung argumentiert *Magerstein*, JurBl. 1953, S. 334.

405 Vgl. *Guradze*, der internationale Stand der Menschenrechte, S. 61; *Dahm/Dellbrück/Wolfrum*, Völkerrecht Bd. I/1, S. 217.

406 Generalversammlung, Resolution 44 (I).

407 Generalversammlung, Resolution 285 (III).

408 Dieses Problem haben auch schon *Dahm*, Völkerrecht Bd. I (Stuttgart 1958), S. 424 erkannt.

409 So aber *Guradze*, Der Stand der Menschenrechte im Völkerrecht, S. 112.

geht. Ein solches Vorgehen dürfte die normative Kraft der Deklaration überlasten. Die mangelnde Konkretisierung der Menschenrechte in der Charta beeinträchtigt auch die Praktikabilität des Ansatzes, der evidente Verletzungen als satzungswidrig ansehen will. Das Kriterium der Evidenz bereitet ohnehin schon Auslegungsprobleme und ist umso schwerer zu handhaben, als die zu wahrenden Rechte alles andere als scharf umrissen sind. Diese Schwierigkeit hat man zwar nicht, wenn man die Verschlechterung des Grundrechtsstandards als „evidente" Verletzung der Pflicht zu deren Förderung begreift, allerdings müssen die verschiedenen Pflichtebenen im Rahmen des Art. 56 SVN berücksichtigt werden. Dieser spricht nur insoweit von der Förderung der Menschenrechte, als damit die Pflicht zur Zusammenarbeit mit der Organisation gemeint ist. Eine Bindung gegenüber den eigenen Staatsangehörigen ist Ergebnis einer von außen an den Normtext getragenen teleologischen Auslegung; die Bestimmung ihrer Reichweite darf sich somit nicht an der Förderungspflicht im Sinne eines ständigen Ausbaus der Grundrechtsstandards orientieren. Diese kann nur so verstanden werden, daß Ziel der Vereinten Nationen die ständige Verbesserung der globalen Menschenrechtssituation ist; einzelne Rückschritte von Staaten, deren Individualrechtsstandards ohnehin bereits hoch entwikkelt sind, müssen dieser nicht entgegenstehen. In Anbetracht der oben[410] genannten Bedenken gegen eine Auslegung der Art. 55c, 56 SVN im Sinne einer nach innen gerichteten Verpflichtung der Mitgliedsstaaten muß ein Verbot der Rücknahme einmal gewährleisteter Standards illusorisch erscheinen, da es als Zementierung der jeweiligen Verfassungsordnungen einen elementaren Eingriff in die staatliche Souveränität darstellen würde. Auch würde es diejenigen Staaten mit hohen Standards härter treffen, was nicht nur aus Gleichheitsgesichtspunkten nicht zu rechtfertigen wäre, sondern darüber hinaus vor der innerstaatlichen Verbesserung der Menschenrechtssituation abschrecken und sich damit kontraproduktiv auswirken würde. Ein realistisches Verständnis der Verpflichtung der Mitgliedsstaaten gegenüber ihrer eigenen Bevölkerung legt vielmehr deren Auslegung als Diskriminierungsverbot nahe. Diese Vorgehensweise begrenzt die Verpflichtung der Mitgliedsstaaten auf Evidenzfälle und wird so der Forderung nach einer Auslegung gerecht, die die Tragfähigkeit des Art. 56 SVN nicht überfordert. Darüber hinaus weist sie den Vorteil der Justiziabilität auf. Zu berücksichtigen ist auch, daß sich die Erklärungen der Generalversammlung, in denen die Satzungswidrigkeit von Menschenrechtsverletzungen festgestellt wurde und auf die sich die extensive Interpretation der entsprechenden Bestimmungen stützt, ausschließlich auf Diskriminierungsfälle beschränkten. So führte auch der *IGH* in dem vielzitierten *Namibia-Gutachten* aus:

„To establish instead, and to enforce, distinctions, exclusions, restrictions and limitations exclusively based on grounds of race, colour, descent or national or ethnic origin which constitute a

---

[410] Erster Teil, Kapitel 2, C III.

denial of fundamental human rights is a flagrant violation of the purpose and principles of the Charter."[411]

Auch der *IGH* macht demnach die Diskriminierung zum entscheidenden Anknüpfungspunkt für die Feststellung einer grundlegenden Menschenrechtsverletzung. Somit bleibt festzuhalten, daß sich aus den Art. 55c, 56 SVN im Hinblick auf die Pflicht der Staaten, die Menschenrechte zu achten, lediglich ein Diskriminierungsverbot entnehmen läßt. Ein Verbot, einmal gewährleistete Standards wieder abzubauen, kann jedoch in Anbetracht von Wortlaut und Entstehungsgeschichte der Vorschriften nicht gerechtfertigt werden. Der Ansatz *Dronschs* ist somit abzulehnen.

D. Der Ansatz über die pacta sunt servanda-Regel

Lebhaft diskutiert wurde die Möglichkeit, ob ein Schutz von Vertragsgesetzen vor derogierenden leges posteriores nicht über die pacta sunt servanda-Regel in Verbindung mit Art. 25 GG zu erreichen ist. Diese Frage wurde von *Münch* aufgegriffen und zunächst bejaht.[412] Damit löste er eine unübersehbare Fülle meist ablehnender Stellungnahmen aus, vereinzelt wurde dieser Weg jedoch auch beschritten, um die Gesetzesfestigkeit der EMRK zu begründen.[413] Der pacta-Satz ist in Art. 24 WVRK niedergelegt, die als Kodifikation von Völkergewohnheitsrecht angesehen wird. Er besagt zunächst, daß Verträge einzuhalten sind. Geht man davon aus, daß er als allgemeine Regel des Völkerrechts über Art. 25 GG mit Übergesetzesrang in die deutsche Rechtsordnung inkorporiert wird, so liegt der Schluß nahe, daß vertragswidrige Gesetze somit auch gegen höherrangiges deutsches Recht verstoßen und damit nichtig sind.[414]

I. Erörterung der bisherigen Kritik am pacta-Ansatz

Einer solchen Argumentation wurde entgegengehalten, daß die pacta-Regel überhaupt kein Rechtssatz sei. Verträge seien kraft Vereinbarung, kraft gesetzten positiven Rechts, kraft konkreten consensus verbindlich, nicht aber wegen des Satzes pacta sunt servanda. Dieser sei vielmehr eine tautologische Verdopplung, Hypostasierung und fiktive Addition, der kein Normcharakter zukomme. Es handele sich

---

411 Nachweis bei *Rumpf*, Der internationale Schutz der Menschenrechte und das Interventionsverbot, S. 14.

412 *Münch*, Revue internationale française du droit des gens 15 (1950), S. 14.

413 So *Heinsius*, Moderne Entwicklung des Notwehrrechts, S. 24 f.

414 Diese Ansicht vertraten *Grewe*, VVdtStRL 12 (1954), S. 149; *Debatin*, AWD 1962, S. 62; *Harupa*, Das Verhältnis zwischen Bund und Ländern im Bereich der Auswärtigen Gewalt, S. 72.

vielmehr um eine Aussage, um eine Feststellung ohne rechtliche Wirkung.[415] Dem ist jedoch entgegenzuhalten, daß die Annahme, Verträge trügen den Grund ihrer bindenden Kraft bereits in sich, eine ebenso unbeweisbare Behauptung darstellt, wie die, daß ihre Verbindlichkeit aus dem pacta-Satz resultiere.[416] Mag man ihn auch als Axiom bezeichnen, so spricht nichts dagegen, die bindende Wirkung von Verträgen in seiner Geltung zu verankern.[417] Mit der Aufnahme der pacta-Regel in die Wiener Konvention über das Recht der Verträge haben die Nationen jedoch gezeigt, daß sie diesen Weg gehen möchten. Somit kann diese durchaus als Rechtssatz angesehen werden.

Weiterhin wurde argumentiert, der pacta-Satz besage nur, daß innerstaatliche Normen die Wirksamkeit von Völkerrecht nicht beeinflussen könnten.[418] Dieses Verhältnis von Völkerrecht zu nationalem Recht findet seinen Ausdruck jedoch schon in den Art. 27 und 46 der WVRK, die klarstellen, daß die Vertragsparteien die Nichterfüllung von Verträgen nicht mit ihrer innerstaatliche Rechtsordnung rechtfertigen können. Inhalt der pacta-Regel ist demgegenüber, daß die Verletzung von völkerrechtlichen Verträgen eine Völkerrechtsverletzung darstellt.[419] Sieht man den Satz mit diesem Inhalt in die innerstaatliche Rechtsordnung umgesetzt, so würde durch ihn überhaupt nichts bewirkt, da das nationalen Recht nicht in der Lage ist, die Tatbestandsvoraussetzungen einer Völkerrechtsverletzung zu definieren. Es würde lediglich die deklaratorische und daher wirkungslose Feststellung getroffen, daß sich die Bundesrepublik im Falle nicht vertragsgemäßen Verhaltens völkerrechtswidrig verhält. Der pacta-Satz wäre vom innerstaatlichen Standpunkt her gesehen eine Formulierung ohne Tatbestand und Rechtsfolge.

Diese Vorstellung scheint den Autoren zu eigen zu sein, die den Ausschluß der Vertragsgesetze von der lex posterior-Regel aufgrund des pacta-Satzes verneinen, da dieser nichts über die innerstaatliche Wirksamkeit von völkerrechtlichen Verträgen sage[420], keine Rangbestimmung enthalte[421], nur den Vorrang des Vertragsrechts in foro externo betreffe[422], lediglich der innerstaatlichen Loslösung von Verträgen die völkerrechtliche Wirksamkeit versage[423] oder Verträge nicht innerstaatlich anwendbar mache.[424] Anders wäre jedoch zu urteilen, wenn man der pacta-Regel die

---

415 *Schmitt*, Verfassungslehre, S. 69 ff.; nach ihm *Dronsch*, Der Rang der EMRK, S. 94 f.

416 So z.B. *Berber*, Völkerrecht Bd. 1, S. 62.

417 Im Ergebnis auch *Rudolf*, Völkerrecht und deutsches Recht, S. 260 f.

418 *Mangoldt*, JiR 3, S. 19; *Boehmer*, Der völkerrechtliche Vertrag, S. 68.

419 *Partsch*, Berichte der Dt. Ges. *für* Völkerrecht Heft 6 (1964), S. 78.

420 *Mangoldt/Klein* (2. Auflage) Bd. 2, S. 1127.

421 *Partsch*, aaO, S. 72.

422 *Berber*, Völkerrecht Bd. 1, S. 101.

423 *Mosler*, Juristische Studiengesellschaft Karlsruhe, Heft 32/33, S. 41.

424 *Meyer-Lindenberg*, Berichte der Dt. Ges. *für* Völkerrecht Heft 4 (1962), S. 105.

Bedeutung „Vertragsverletzungen sind rechtswidrig" zuordnen würde oder wenigstens einen dahingehenden Bedeutungswandel bedingt durch die Inkorporation annähme.

Genau dies legt jedoch folgende Überlegung nahe: Da Völkerrecht und nationales Recht zwei voneinander getrennte Rechtsordnungen sind, kann jede Materie auch nur für ihren Geltungsbereich Rechtsfolgen anordnen. So können Verbotsnormen des Völkergewohnheitsrechts bestimmte Verhaltensweisen auch stets nur als „völkerrechtswidrig" und nicht allgemein als „rechtswidrig" kennzeichnen. Trotzdem werden innerstaatliche Gesetze in der Bundesrepublik, die gegen Völkergewohnheitsrecht verstoßen, wegen Art. 25 GG als nichtig angesehen. Daraus folgt, daß völkerrechtswidriges Handeln der Bundesrepublik stets auch innerstaatlich als rechtswidrig anzusehen ist, sofern die entsprechende Norm des Völkerrechts nur über Art. 25 GG ins deutsche Recht inkorporiert wurde. Verbietet der pacta-Satz aber den Vertragsbruch, so kann der Annahme einer daraus in Verbindung mit Art. 25 GG folgenden Gesetzesfestigkeit nicht entgegengehalten werden, er tue dies nur für die völkerrechtliche Ebene.

Auch kann der Lösung des lex posterior-Problems über den Satz pacta sunt servanda nicht entgegengehalten werden, dieser bewirke nur das Verbot, nicht aber die Unmöglichkeit von Vertragsverletzungen.[425] Dies mag richtig sein, solange man davon ausgeht, daß die Regel nur auf der Ebene des Völkerrechts, nicht aber auch im Rahmen der davon gesondert zu betrachtenden nationalen Rechtsordnung gilt. Legt man jedoch zugrunde, daß das Verbot der Vertragsverletzung auch innerstaatlich Rechtswirkung entfaltet, so muß man zu einem anderen Ergebnis gelangen. Was dem Gesetzgeber der Bundesrepublik Deutschland innerstaatlich verboten ist, das ist ihm auch unmöglich, da die Fehlerfolge bei Gesetzen grundsätzlich die Nichtigkeit ist.

Teils wurde auch angeführt, daß die pacta-Regel von der Inkorporation über Art. 25 GG ausgeschlossen werden müsse, da sich ansonsten im Hinblick auf Art. 25 S. 2 GG unerträgliche Folgen ergäben. Dieser schreibt vor, daß die allgemeinen Regeln des Völkerrechts unmittelbar Rechte und Pflichten für die Bewohner des Bundesgebietes erzeugen. Ließe man zu, daß der pacta-Satz über Art. 25 GG in deutsches Recht transformiert würde, so hätte dies zur Folge, daß jeder Bewohner des Bundesgebietes von der Bundesrepublik die Einhaltung ihrer völkervertragsrechtlichen Pflichten selbst dann verlangen könnte, wenn die jeweilige Norm des Völkerrechts nur Rechte und Pflichten von Staaten normiert[426], was freilich nicht tragbar sei.

---

[425] So aber *Herzog*, DÖV 1959, S. 45.

[426] *Rudolf*, Völkerrecht und deutsches Recht, S. 259.

Eine solche Argumentation gründet sich jedoch auf eine unzutreffende Auslegung des denkbar unglücklich formulierten Satzes 2 der Vorschrift. Dieser ordnet nicht den automatischen Adressatenwechsel der inkorporierten Vorschrift an[427], vielmehr ist er so zu verstehen, daß die transformierten Normen auch Rechte und Pflichten für den Bürger erzeugen *können*, soweit sie ihrem Inhalt nach dazu bestimmt und geeignet sind.[428] Ausschließlich staatsgerichtetes Recht bleibt es auch, wenn es über Art. 25 GG innerstaatliche Geltung erlangt.[429] Daß die Konstruktion einer Gesetzesfestigkeit von transformierten Vertragsinhalten über eine Inkorporation des Satzes pacta sunt servanda die unerträgliche Folge hätte, daß Individuen von der Bundesrepublik die Einhaltung der von ihr abgeschlossenen völkerrechtlichen Verträge verlangen könnten, kann ihr somit nicht entgegengehalten werden.

II. Eigene Würdigung

Ist die Kritik am Ansatz über den Satz „pacta sunt servanda" wie gesehen nicht dogmatisch einwandfrei, so ist ihr im Ergebnis jedoch gleichwohl zuzustimmen. Eine Auslegung des Art. 25 GG, die die Möglichkeit der völkerrechtswidrigen Derogation von Vertragsgesetzen ausschließt, würde eine starke Annäherung an das Modell des strengen Monismus bewirken.[430] Art. 25 GG, der lediglich bestimmte Völkerrechtsnormen, nämlich die allgemeinen Regeln, in die deutsche Rechtsordnung übernimmt, zeigt jedoch, daß die Verfassung gerade von einer grundsätzlichen Trennung der Rechtsordnungen ausgeht. Dies bestätigen auch die Beratungen zu Art. 59 Abs. 2 GG, in denen deutlich wird, daß man weiterhin von der Umsetzungsbedürftigkeit völkerrechtlicher Verträge ausging. Zudem legt Art. 25 GG, der nur den allgemeinen Regeln und somit dem Völkergewohnheitsrecht einen Übergesetzesrang zubilligt, nahe, daß sich der Verfassungsgeber die völkerrechtswidrige innerstaatliche Mißachtung von kontraktuellem Völkerrecht vorbehalten wollte. Dagegen spricht auch nicht der Grundsatz der Völkerrechtsfreundlichkeit des Grundgesetzes[431], da im völkerrechtlichen Verkehr ein Vertragsbruch unter besonderen Umständen als Repressalie durchaus angemessen sein kann. Eine strikte Bindung des Gesetzgebers an völkervertragsrechtliche Pflichten würde die Handlungsfreiheit der Bundesrepublik im Ernstfall zu stark einschränken. Daher ist der pacta Satz in systematischer und teleologischer Auslegung aus dem Begriff der allgemeinen Regel herauszunehmen und somit von der Inkorporation über Art. 25 GG aus-

---

[427] AK-*Zuleeg*, Art. 25 Rdn. 30.

[428] *v. Münch/Kunig* (*Rojahn*), Art. 25 Rdn. 27 f.

[429] *Sachs* (*Streinz*), Art. 25 Rdn. 42.

[430] Auch *Dronsch*, Der Rang der EMRK, S. 95; *Mangoldt*, JiR 3, S. 19 f.; *Maunz/Dürig* (*Maunz*), Art. 25 Rdn. 29 (Fn. 1).

[431] So auch BVerfGE 6, 290 (363).

zuschließen. Die faktische Rangerhöhung von Vertragsrecht über die pacta-Regel wird demnach von der ganz herrschenden Ansicht zu Recht abgelehnt.[432]

E. Art. 1 Abs. 2 GG und internationale Menschenrechte

Teilweise wurde auch versucht, Art. 1 Abs. 2 GG für eine Rangerhöhung vertraglich vereinbarter Menschenrechtsbestimmungen fruchtbar zu machen.

I. Der Ansatz Echterhölters

Eine erste und vielbeachtete Untersuchung geht auf *Echterhölter* zurück. Ausgangspunkt seiner Überlegung war, daß in Art. 1 Abs. 2 GG die Unverletzlichkeit der Menschenrechte statuiert werde. Zwar habe die Norm bekenntnishaften Charakter, das Grundgesetz wolle leere Deklamtationen jedoch vermeiden. So würden schließlich auch aus der Präambel und dem in Art. 146 GG enthaltenen Bekenntnis zur Einheit Deutschlands Rechtsfolgen abgeleitet. Auch folge das Bekenntnis zu den unverletzlichen und unveräußerlichen Menschenrechte daraus, daß in Art. 1 Abs. 1 GG die Unantastbarkeit der Menschenwürde anerkannt und garantiert wird. Ist diese Norm jedoch kein bloßer Programmsatz, so könne es auch die daraus hergeleitete[433] Unverletzlichkeit der Menschenrechte nicht sein. Art. 1 Abs. 3 GG spreche die Bindung aller staatlichen Gewalt für die im Grundgesetz positivierten Menschenrechte aus, Art. 1 Abs. 2 GG habe daher selbständige Bedeutung für Menschenrechte, die nicht im Grundrechtskatalog der Verfassung enthalten sind. Die Norm übe also gegenüber den Menschenrechten eine ähnliche Funktion im Rahmen der verfassungsmäßigen Ordnung aus, wie Art. 25 GG gegenüber den allgemeinen Regeln des Völkerrechts.[434] Demnach seien Menschenrechte, soweit sie in für die Bundesrepublik verbindlichen Verträgen niedergelegt sind, dem Zugriff des Gesetzgebers entzogen. Dies gelte aufgrund der besonderen Stellung des Art. 1 Abs. 2 GG im Gefüge des Grundgesetzes auch für den verfassungsändernden Gesetzgeber. Sie besäßen somit materiellen Verfassungsrang.[435]

---

432 Vgl. außer den Genannten noch *Echterhölter*, JZ 1955, S. 689; *Frowein* , Zeidler-FSBd. 2, S. 1766; *ders.* in: *Jacobs/Roberts* (Hrsg.), The Effect of Treaties, S. 67; *Ingersleben*, Rang und Geltung der EMRK, S. 44; *Papadimitriu*, Die Stellung völkerrechtlicher Normen, S. 80; *Sachs* (*Streinz*), Art. 25 Rdn. 29 f.; *Uerpmann*, Die EMRK und die deutsche Rechtsprechung, S. 78; AK-*Zuleeg*, Art. 25 GG Rdn. 19; BVerfGE 31, 145 (178).

433 Nachdem der Verfassungstext die Unantastbarkeit der Menschenwürde ausgesprochen hat, legt er fest, daß sich das deutsche Volk „darum" zu den Menschenrechten bekennt.

434 *Echterhölter*, JZ 1955, S. 691.

435 *Echterhölter*, aaO, S. 691.

Der Ansatz *Echterhölters* stieß im Schrifttum auf fast einhellige Ablehnung.[436] Ihm wurde unter anderem entgegengehalten, daß Art. 1 Abs. 2 GG keine Rechtssatzqualität zukomme, sondern nur qualitativ moralischen Charakter aufweise[437], der Verfassungsgeber davon ausgegangen sei, daß die Rechte im Sinne des Art. 1 Abs. 2 GG schon im nachfolgenden Grundrechtskatalog enthalten seien[438], materielles Verfassungsrecht nur sein könne, was auch formell Verfassungsrecht ist[439], Art. 1 Abs. 2 GG sich nur auf einen Kernbestand von Menschenrechten beziehe[440] und der Begriff der Menschenrechte im Sinne des Art. 1 Abs. 2 GG sich nicht mit dem der EMRK decke.[441]

Alle diese Argumente auf ihre Plausibilität hin zu überprüfen würde den Rahmen dieser Untersuchung bei weitem sprengen. Der Nachweis, daß Art. 1 Abs. 2 GG nicht als Art. 25 GG vergleichbare Transformationsnorm für Menschenrechtsbestimmungen angesehen werden kann, dürfte allerdings keines hohen Begründungsaufwandes bedürfen. Während Art. 25 GG das zu inkorporierende Recht mit dem Begriff der allgemeinen Regeln des Völkerrechts näher bestimmt und ihm einen Rang innerhalb der deutschen Rechtsordnung zuweist, enthält Art. 1 Abs. 2 GG lediglich ein Bekenntnis zu bestimmten Werten, die als „unveräußerliche und unverletzliche Menschenrechte" gekennzeichnet sind. Damit wird noch nicht einmal auf alle Menschenrechte Bezug genommen, sondern eben nur auf die, die als unverletzlich und unveräußerlich angesehen werden müssen. Da diese Begriffe schwer konkretisierbar und im übrigen der deutschen Grundrechtsdogmatik fremd sind, muß davon ausgegangen werden, daß an dieser Stelle mehr auf eine Idee als auf konkrete Rechtsnormen hingewiesen wird. Dafür spricht auch, daß verbindliche Menschenrechtskataloge zur Zeit der Beratung und Verabschiedung des Grundgesetzes noch gar nicht bestanden.[442] Auch kann die Formulierung, das deutsche Volk bekenne sich zu den unverletzlichen und unveräußerlichen Menschenrechten, kaum als Anordnung einer Rechtsfolge verstanden werden. Zum einen ist unklar, welche konkreten Wirkungen aus einem Bekenntnis herzuleiten sind. Im Umkehrschluß zu Art. 1 Abs. 3 GG ist jedoch zu folgern, daß diese keineswegs einer strikten Bindung gleichgesetzt werden können. Somit kann Art. 1 Abs. 2 GG nicht als Anordnung

---

436 Soweit ersichtlich haben ihm nur *Zwingenberger*, Auswirkungen der EMRK, S. 164; *Klug*, Peters-FS, S. 441; *Model/Müller*, Art. 1 Rdn. 7; sowie scheinbar auch *Beyer*, NJW 1956, S. 577 zugestimmt.

437 *Dronsch*, Der Rang der EMRK, S. 115.

438 *Sommermann*, AöR 114 (1989), S. 407.

439 *Staebe*, JA 1996, S. 79.

440 *Seibert*, M. Hirsch-FS, S. 522; *Stern*, Staatsrecht III/1, S. 38; *Wäsche*, Die innerstaatliche Bindung des deutschen Gesetzgebers an die EMRK, S. 12.

441 *Morvay*, ZaöRV 21 (1961), S. ?; *Staebe*, JA 1996, S. 79; *Geck*, DVBl. 1956, S. 524.

442 Vgl. auch *v. Münch/Kunig* (*Kunig*), Art. 1 Rdn. 44; *Schmidt-Bleibtreu/Klein* (*Kannengießer*), Art. 1 Rdn. 18; Valentin, Grundlagen und Prinzipien des Art. 1 Abs. 2 GG, S. 124.

bestimmter Rechtsfolgen verstanden werden. Er wurde daher als richtungsgebender Maßstab[443], meta-positive Grundlage für die Grundrechte[444], eine Staatszielbestimmung für die Außenpolitik[445], eine Verpflichtung zur offensiven Menschenrechtspolitik[446], ein die Grundrechte rechtsethisch überwölbendes Prinzip[447] oder als Fundierungs- und Legitimitätsgrundlage des Grundgesetzes[448] angesehen.

Welche dieser Deutungen nun richtig ist, braucht an dieser Stelle nicht entschieden zu werden. Als gesichert kann jedoch angesehen werden, daß es sich bei Art. 1 Abs. 2 GG um eine offene Norm mit programmatischem Charakter handelt. Damit soll sie freilich nicht zur Unwirksamkeit verurteilt werden. In Zusammenschau mit anderen Vorschriften können gewiß auch aus ihr in Zweifelsfragen Rechtsfolgen abgeleitet werden. Davor, eine inhaltlich vage Norm mit ungewisser Bestimmung mit weitreichenden Inhalten zu überlasten, ohne dafür eine wirklich zwingende dogmatische Begründung zu liefern, kann jedoch nur gewarnt werden.[449] Auf diese Weise würden Verfassungsnormen zu Blankettvorschriften, die dann im Sinne von gegenwärtigen rechtspolitischen Bedürfnissen ohne Bezug zur Systematik der Verfassung oder zu dem Willen ihrer Schöpfer aufgefüllt werden könnten, was mit dem Anspruch des Grundgesetzes auf normative Kraft nicht vereinbar ist. Ein Verständnis des Art. 1 Abs. 2 GG als Transformationsnorm für Menschenrechte völkerrechtlicher Provenienz ist daher abzulehnen.[450]

II. Der Ansatz Sternbergs

In jüngster Zeit widmete *Sternberg* der Bedeutung von Art. 1 Abs. 2 GG im Hinblick auf den Rang multilateraler Menschenrechtsverträge eine eingehende Untersuchung. Ausgangspunkt seiner Überlegungen bildet die Entstehungsgeschichte der Vorschrift. Dabei stellt er fest, daß im Laufe der Verhandlungen des Parlamentarischen Rates auch die Präambel des Entwurfs für die Erklärung der Menschenrechte

---

443 *Alexy*, Theorie der Grundrechte, S. 75 f.

444 *Bockenförde*, Der Staat 29 (1990), S. 1 f.

445 *Tomuschat*, VVdtStRL 36 (1977), S. 7 ff.; *Stern*, Staatsrecht III/1, S. 1116.

446 *v. Münch/Kunig* (*Kunig*), Art. 1 Rdn. 41.

447 *Hodenberg*, Das Bekenntnis des deutschen Volkes zu den Menschenrechten, S. 118.

448 *Bockenförde*, Der Staat 29 (1990), S. 4.

449 *Hodenberg*, aaO, S. 117.

450 Außer den Genannten im Ergebnis auch *Kleeberger*, Die Stellung der Rechte der EMRK, S. 24; *Partsch*, Rechte und Freiheiten, S. 47; *Sternberg*, Der Rang von Menschenrechtsverträgen, S. 45; *Uerpmann*, Die EMRK und deutsche Rechtsprechung, S. 79; *Kirchhof*, EuGRZ 1994, S. 16; *Klein*, JiR 11 (1962) = Laun-FS, S. 153; *Wagner*, Die Verwirklichung der Menschenrechte, S. 19; *Dreier* (*Dreier*), Art. 1 II Rdn. 15; *v. Münch/Kunig* (*Kunig*), Art. 1 Rdn. 47 m.w.N.

durch die Vereinten Nationen in die Beratung miteinbezogen wurde.[451] Diese lautet in ihrem ersten Absatz:

„Da die Anerkennung der allen Mitgliedern der menschlichen Familie innewohnenden Würde und ihrer gleichen und unveräußerlichen Rechte die Grundlage der Freiheit, der Gerechtigkeit und des Friedens in der Welt bildet,
[...].

verkündet die Generalversammlung
die vorliegende Allgemeine Erklärung der Menschenrechte als das von allen Völkern und Nationen zu erreichende gemeinsame Ideal [...].“

Daraus, daß der Verfassungsgeber die Formulierung des ersten Absatzes fast wörtlich in Art. 1 Abs. 2 GG übernommen hat, schließt Sternberg, daß die Vorschrift mit Bezug auf die internationalen Menschenrechte geschaffen wurde.[452] Zur Bekräftigung dieser Deutung führt er noch Art. 2 Abs. 2 der Verfassung des Landes Brandenburg heran. Dieser bestimmt Folgendes:

„Das Volk des Landes Brandenburg bekennt sich zu den im Grundgesetz für die Bundesrepublik Deutschland, in der Europäischen Konvention zum Schutze der Menschenrechte und Grundfreiheiten, in der Europäischen Sozialcharta und in den Internationalen Menschenrechtspakten niedergelegten Grundrechten.“

In dieser Regelung erblickt *Sternberg* die Überwindung der sprachlichen Unklarheit des Grundgesetzes und ein Defizit des Bundesverfassungsrechtes.[453] Art. 1 Abs. 2 GG spricht davon, daß sich das deutsche Volk zu den Menschenrechten bekennt. Darunter seien, so führt Sternberg unter Berufung auf das Schrifttum aus[454], jedoch nicht alle Individuen des Staates gemeint, vielmehr sei die Bundesrepublik selbst, repräsentiert durch ihre Organe, Subjekt des Bekenntnisses in Art. 1 Abs. 2 GG.[455]

Daraufhin untersucht er den Grad der Verbindlichkeit, der dem Begriff des „Bekennens“ zu entnehmen ist. Dabei räumt er zwar ein, daß ein bloßes Bekenntnis von einer klar und deutlich ausgesprochenen Bindung abzugrenzen sei, allerdings könne die Formulierung allein nicht ausschlaggebend für die Frage der Normativität einer Verfassungsbestimmung sein.[456] Aus der Entstehungsgeschichte des Grundgesetzes lasse sich folgern, daß es rechtsunwirksamen Deklamationen, Deklarationen

---

[451] 22. Sitzung, vgl. Akten und Protokolle Bd. 5, Dok. Nr. 28, S. 584 ff.
[452] *Sternberg*, Der Rang von Menschenrechtsverträgen, S. 200.
[453] aaO, S. 202; so auch *Simon*, NJW 1991, S. 329.
[454] Genannt werden *v. Münch/Kunig* (*Kunig*), Art. 1 Rdn. 37; *Valentin*, Grundlagen und Prinzipien des Art. 1 Abs. 1 GG, S. 41; AK-*Denninger*, Art. 1 Abs. II Rdn. 5.
[455] *Sternberg*, aaO, S. 202.
[456] So auch *Sachs*, ZG 1991, S. 13.

und Direktiven eine Absage erteilt habe.[457] Darüber hinaus habe eine Verfassung als Grundordnung des Staates eine rechtliche Leitfunktion[458], der es widersprechen würde, wenn man einzelnen ihrer Normen die Rechtsqualität abspräche. Somit komme auch Art. 1 Abs. 2 GG rechtliche Relevanz zu.[459] Damit sei jedoch noch nichts über den Grad der Verbindlichkeit gesagt. Dies wiederum erfordere eine Einordnung der Vorschrift in das System der Verfassungsrechtssätze. Als Normtypen führt *Sternberg* den Grundrechtssatz, den Gesetzgebungs- bzw. Verfassungsauftrag, die Staatszielbestimmung, den Programmsatz, sowie das Prinzip an.[460] Dabei geht er davon aus, daß auch das Prinzip Rechtsnormqualität besitzt, also nicht nur als rechtlich unverbindliche deklaratorische Feststellung anzusehen ist. Es enthalte Zielangaben und Zielvorstellungen, im Gegensatz zur Regel[461] bestimme es jedoch nicht, durch welches Verhalten die entsprechenden Vorgaben zu erreichen sind.[462] Prinzipiennormen enthielten kein „Sollen", sondern drückten lediglich ein „Wollen" aus.[463] Da Art. 1 Abs. 2 GG zwar eine Zielvorgabe enthalte, die gebietet, die Menschenrechte zu beachten bzw. zu verwirklichen, inhaltlich jedoch unbestimmt sei und einer Konkretisierung der durch sie verpflichteten Staatsorgane bedürfe, sei das Menschenrechtsbekenntnis als Prinzip anzusehen.

Daraufhin wirft *Sternberg* die Frage auf, welche Konsequenzen sich aus der Eigenschaft des Bekenntnisses in Art. 1 Abs. 2 GG als Verfassungsprinzip im Hinblick auf den Rang von Menschenrechtsverträgen im deutschen Recht ergeben. In diesem Zusammenhang geht er davon aus, daß Prinzipien vor allem eine dirigierende Funktion für die Verfassungsauslegung zukomme.[464] Die Menschenrechte würden so über Art. 1 Abs. 2 GG zu verbindlichen Auslegungskriterien der Verfassung erklärt.[465] Demnach sei auch Art. 59 Abs. 2 GG als Sitz der Rangregel für völkerrechtliche Verträge im Lichte von Art. 1 Abs. 2 GG zu betrachten. Da die Norm den deutschen Staat dazu auffordere, einen Gleichklang zwischen den internationalen Menschenrechten und den nationalen Grundrechten zu schaffen und den natio-

---

457 *Carlo Schmid*, siehe Entstehungsgeschichte, JöR 1 (1951), S. 43.

458 Vgl. *Hesse* in: *Benda/Maiwald/Vogel* (Hrsg.), Handbuch des Verfassungsrechts, S. 6 f.

459 So wohl auch BVerfGE 84, 90 (121): „Auch das in Art. 1 Abs. 2 GG enthaltene Bekenntnis... erlangt insoweit Bedeutung...".

460 *Sternberg*, Der Rang von Menschenrechtsverträgen, S. 205 ff.

461 Die Unterscheidung zwischen Regel und Prinzip geht auf *Alexy* zurück, vgl. Theorie der Grundrechte, S. 71 ff.; *ders.*, ARSP Beiheft 25 (1985), S. 14; *ders.* in: *Krawietz* u.a. (Hrsg.), Rechtstheorie Beiheft 1 (1980), S. 63 f.

462 *Sternberg*, aaO, S. 217; so auch *Penski*, JZ 1989, S. 107.

463 *Sternberg*, der Rang von Menschenrechtsverträgen, aaO; auch *Penski*, aaO, S. 106, ähnlich *Esser*, Grundsatz und Norm, S. 51 f.

464 *Sternberg*, aaO, S. 219 f.; so auch *Geddert-Steinacher*, Menschenwürde als Verfassungsbegriff, S. 171.

465 So auch *Sommermann*, AöR 114 (1989), S. 417; kritisch: *Stern*, Staatsrecht III/2, S. 1622; *Sachs* (*Höfling*), Art. 1 Rdn. 69.

nalen Grundrechtsschutz mit der Entwicklung der internationalen Grundrechte zu koordinieren[466], müsse Art. 59 Abs. 2 GG so verstanden werden, daß Menschenrechte einen Rang erhalten, der sie vor Derogation schützt.[467] Im Folgenden legt *Sternberg* noch dar, daß daraus jedoch keine einheitliche Rangzuweisung für Menschenrechtsverträge ableitbar sei, vielmehr ließen sich aus Art. 23 GG Begrenzungen auf bestimmte Abkommen ableiten. Im Ergebnis seien jedenfalls die Grundrechtsbestimmungen der EMRK gegen einfachgesetzliche Derogation geschützt.[468]

III. Kritik am Ansatz Sternbergs

Unterstellt man die Deutung des Art. 1 Abs. 2 GG durch *Sternberg* als Bekenntnis des deutschen Volkes und damit des deutschen Staates zu den internationalen Menschenrechten als richtig, so stellt sich dennoch die Frage, ob sich daraus die von ihm abgeleiteten Konsequenzen tatsächlich ziehen lassen. *Sternberg* ordnet die Vorschrift in die Normkategorie des „Prinzips" ein, was auch ohne weiteres annehmbar erscheint.[469] *Alexy* sieht Prinzipien als Optimierungsgebote an, deren Ziel es sei, daß etwas in einem relativ - bezogen auf die rechtlichen und tatsächlichen Möglichkeiten - möglichst hohen Maße realisiert werde.[470] In dieser Formulierung kommt ganz besonders zum Ausdruck, daß das Prinzip einen gewissen Rahmen vorfindet, innerhalb dessen es wirken kann. Dort, wo ein Spielraum auf Tatbestands- oder Rechtsfolgenseite besteht, beeinflußt es die Rechtsfindung im Sinne einer Optimierung auf ein bestimmtes Ziel hin. Keinesfalls ist es jedoch geeignet, den Rahmen, den konkrete Verfassungsnormen mit Regelcharakter vorgeben, zu sprengen. Geht *Sternberg* jedoch davon aus, daß Art. 1 Abs. 2 GG eine „Modifizierung der Rangregel des Art. 59 Abs. 2 GG" darstellt[471], so überfordert er die normative Kraft des Prinzipes bei weitem. Zunächst ist es unrichtig zu behaupten, daß Art. 59 Abs. 2 GG eine Rangregel für völkerrechtliche Verträge enthält. Vielmehr läßt sich der Vorschrift nur entnehmen, daß bestimmte Vertragswerke der Zustimmung des Parlamentes in Gesetzesform bedürfen. Traditionsgemäß wird diese Zustimmung jedoch dahingehend interpretiert, daß mit ihr gleichzeitig dem Transformationserfordernis Rechnung getragen wird. Der innerstaatliche Rang völkerrechtlicher Verträge wird somit nicht durch Art. 59 Abs. 2 GG, sondern durch die von der Verfassung vorgegebene Normenhierarchie bestimmt. Diese gibt somit den Rahmen vor, innerhalb dessen Art. 1 Abs. 2 GG als Prinzip wirken kann. Ein Verständnis dieser

---

466 Vgl. auch *Bleckmann*, Staatsrecht I - Staatsorganisationsrecht, S. 44.

467 *Sternberg*, aaO, S. 223 f.

468 aaO, S. 224 ff.

469 *Sommermann*, AöR 114 (1989), S. 417 sieht Art. 1 Abs. 2 GG ebenfalls als verbindliches Prinzip der Verfassungsinterpretation an.

470 *Alexy*, Grundrechte, S. 75; so auch *Koch/Rüßmann*, Juristische Begründungslehre, S. 97 ff.

471 *Sternberg*, aaO, S. 224.

Vorschrift, das ohne ausdrückliche Anordnung dazu führt, daß im einfachen Verfahren beschlossene Gesetze Übergesetzesrang erhalten, verläßt den Boden der von der Verfassung vorgegebenen Rechtsquellenlehre und sprengt somit den durch konkrete und grundlegende Normen mit Regelcharakter gesteckten Rahmen. Dies vermag ein Prinzip nach der eben erfolgten Schilderung seiner Wirkweise nicht zu leisten. Zwar wird die Deutung *Alexys* von *Sternberg* selbst abgelehnt, er selbst nimmt jedoch an, daß Prinzipien über die Auslegung zur Geltung bringen zu seien.[472] Damit sagt er jedoch nichts wesentlich anderes als *Alexy*, bleibt dafür jedoch weniger anschaulich. So bildet der Wortlaut des Gesetzes die Grenze der Auslegung zur Analogie. Er steckt somit den Rahmen für den Wirkbereich des Prinzips. Im Wege der Modifikation der verfassungsmäßigen Normenhierarchie wird die Grenze zur Analogie jedoch weit überschritten. Die Folgerungen *Sternbergs* können demnach auch von seinen Prämissen nicht getragen werden.

IV. Die Untersuchung von Hodenbergs

Auch v*on Hodenberg* unternimmt es in seiner Untersuchung zu Art. 1 Abs. 2 GG, den internationalen Bezug der Vorschrift für die Frage der Geltung von Menschenrechtsabkommen im deutschen Recht fruchtbar zu machen. Er geht davon aus, daß der Parlamentarische Rat mit der Fassung des Art. 1 Abs. 2 GG ein Wiederanknüpfen an den historischen Prozeß der Verwirklichung der Menschenrechte bezweckte. Dies ergebe sich daraus, daß während der Beratungen ausdrücklich auf die Formulierung der „Déclaration des droits de l'homme et du citoyen" von 1789 Bezug genommen wurde und auch die „Virginia Bill of Rights" von 1776 in die Diskussion mit einfloß.[473] Vor allem die Bezeichnung der Menschenrechte als „unverletzlich und unveräußerlich" finde in diesen Erklärungen ihre Vorläufer.[474] Die historische Dimension des Art. 1 Abs. 2 GG lege es somit nahe, in der Vorschrift einen Anschluß an die Menschenrechte als eine dynamische, stets unvollendete Entwicklung zu sehen.[475] Dadurch, daß der Verfassungsgeber bei der Formulierung der Vorschrift auch auf die Allgemeine Erklärung der Menschenrechte zurückgegriffen habe, komme in der Norm jedoch auch der präskriptive Anschluß an die internationalen Strömungen zur Umsetzung der Menschenrechte zum Ausdruck. Es biete sich daher an, Art. 1 Abs. 2 GG zusammen mit dem Grundsatz der Völkerrechtsfreundlichkeit als den entscheidenden normativen Anhaltspunkt für die Einbeziehung der EMRK in die Auslegung der Grundrechte anzusehen.[476]

---

472 aaO, S. 219 f.

473 So auch *Doemming/Füsslein/Matz*, JöR 1 (1951), S. 53.

474 *Hodenberg*, Das Bekenntnis des deutschen Volkes zu den Menschenrechten in Art. 1 Abs. 2 GG, S. 52.

475 aaO, S. 56.

476 aaO, S. 119.

V. Deutung der Ausführungen von Hodenbergs

Den Ausführungen *von Hodenbergs* ist zunächst insofern zuzustimmen, als eine innerstaatliche Verwirklichung der Menschenrechte im Wege der menschenrechtskonformen Auslegung der Grundrechtsbestimmungen den prinzipienhaften Charakter des Bekenntnisses aus Art. 1 Abs. 2 GG nicht überdehnen würde. Allerdings muß angemerkt werden, daß *von Hodenberg* keinesfalls davon ausgeht, daß Art. 1 Abs. 2 GG eine menschenrechtskonforme Auslegung zwingend gebietet, vielmehr geht es ihm darum, eine Möglichkeit aufzuzeigen, wie die Vorgabe des *BVerfG*, die Grundrechte im Lichte der ERMK zu interpretieren, dogmatisch verankert werden kann. Daher ist zu untersuchen, ob Art. 1 Abs. 2 GG tatsächlich, wie *Sternberg* annimmt, einen Gleichklang zwischen den internationalen Menschenrechten und den nationalen Grundrechten sowie eine Koordination des nationalen Grundrechtsschutzes mit der Entwicklung der internationalen Grundrechte fordert, was dann über die menschenrechtskonforme Auslegung der Grundrechtsbestimmungen realisiert werden könnte. Eine solche Forderung leitet *Sternberg* aus der Formulierung „in der Welt", sowie aus der Bezugnahme des Art. 1 Abs. 2 GG auf die Allgemeine Erklärung der Menschenrechte ab.[477] Diese Folgerung könnte indes nur dann gezogen werden, wenn Art. 1 Abs. 2 GG wirklich als Verweis auf internationale Menschenrechte interpretiert werden könnte.

Ob sich dies jedoch allein dadurch rechtfertigen läßt, daß sich der Verfassungsgeber bei der Fassung der Vorschrift nachgewiesenermaßen von der Präambel der Allgemeinen Erklärung der Menschenrechte der Vereinten Nationen hat inspirieren lassen, erscheint allerdings fraglich. Daraus, daß in Art. 1 Abs. 2 GG Formulierungen aus einem internationalen Menschenrechtstext übernommen wurden, läßt sich noch nicht schließen, daß das dort verankerte Bekenntnis in bezug auf die noch zu schaffenden Menschenrechte zu verstehen ist. Vielmehr kommt dadurch zum Ausdruck, daß sich der Verfassungsgeber die Motive, die der Allgemeinen Erklärung der Menschenrechte zugrunde liegen, selbst zu eigen machen wollte. Die Förderung von Menschenrechten ist eines der Ziele, welches sich die Vereinten Nationen gesteckt haben. Dabei ist zu berücksichtigen, daß die Frage der Behandlung der eigenen Staatsangehörigen und damit die der allgemeinen Menschenrechte bis zu diesem Zeitpunkt noch zur domaine réservé der Staaten gezählt wurde.[478] In Anbetracht der Ereignisse des Zweiten Weltkrieges kam man jedoch überein, daß Menschenrechte auch zur völkerrechtlichen Angelegenheit gemacht werden sollten. Dahinter steckt die Erkenntnis, daß sich die Bemühungen um eine dauerhafte und stabile Weltord-

---

477 aaO, S. 223; so auch *Bleckmann*, Staatsrecht I - Staatsorganisationsrecht, S. 44.

478 *Guradze*, der internationale Stand der Menschenrechte, S. 61; *Dahm/Dellbrück/Wolfrum*, Völkerrecht Bd. I/1, S. 217.

nung nicht nur auf die Vermeidung bewaffneter Konflikte beschränken darf, sondern daß Friedenssicherung und Herstellung von Gerechtigkeit und damit auch Achtung der menschlichen Person nicht voneinander zu trennen sind. Diese Überzeugung spiegelt sich auch in dem Umstand wieder, daß massive Menschenrechtsverletzungen teilweise als Bedrohung des Friedens im Sinne des Art. 39 SVN aufgefaßt werden.[479] Wenn das Grundgesetz in Art. 1 Abs. 2 einen internationalen Bezug enthält, so kommt darin vor allem zum Ausdruck, daß es die friedenssichernde Funktion der Menschenrechte anerkannt hat. Die Formulierung „zu unverletzlichen und unveräußerlichen Menschenrechten als Grundlage jeder menschlichen Gemeinschaft, des Friedens und der Gerechtigkeit in der Welt“ kann somit nicht dahingehend verstanden werden, daß konkrete internationale Menschenrechte Gegenstand des Bekenntnisses in Art. 1 Abs. 2 GG sind, so wie dies auf Art. 2 Abs. 2 der Brandenburgischen Verfassung zutrifft. Diese Überlegung wird auch noch dadurch gestützt, daß das Grundgesetz sich nicht zu „den“ Menschenrechten bekennt. Die Wahl der Worte „zu Menschenrechten als“ deutet ebenfalls darauf hin, daß das Bekenntnis nicht auf bestimmte Menschenrechte gerichtet ist, sondern die Feststellung zum Gegenstand hat, daß es die Menschenrechte sind, welche die Grundlage jeder menschlichen Gemeinschaft, des Friedens und der Gerechtigkeit in der Welt sind. Es ist ein bestimmtes Menschenrechtsverständnis, eine Funktion der Menschenrechte, zu der sich das deutsche Volk in Art. 1 Abs. 2 GG bekennt. Zu berücksichtigen ist allerdings, daß das Grundgesetz durch die Bezugnahme auf die Allgemeine Erklärung der Menschenrechte auch auf die Idee der völkerrechtlichen Anerkennung und Verwirklichung der Menschenrechte verweist. Allein durch die Aufstellung eines nationalen Grundrechtskataloges wird die Bedeutungstiefe des Bekenntnisses in Art. 1 Abs. 2 GG somit noch nicht erschöpft. Zweifelsohne sind die Staatsorgane der Bundesrepublik daher dazu angehalten, auch zur internationalen Fortschreibung der Menschenrechte beizutragen. Die Annahme eines „präskriptiven Anschlusses“ an die internationale Entwicklung der Menschenrechte in dem Sinne, daß daraus das zwingende Gebot der menschenrechtskonformen Auslegung von Grundrechtsbestimmungen folgen würde, dürfte indessen zu weit gehen. Allein daraus, daß der Verfassungsgeber die friedenssichernde Funktion der Menschenrechte anerkannt hat und deren Fortentwicklung auf völkerrechtlicher Ebene aufgeschlossen gegenüberstand, kann noch nicht geschlossen werden, daß er deswegen einen steten Gleichklang des nationalen Grundrechtsniveaus mit dem des völkerrechtlichen Rechtsbereiches forderte. Dies wäre jedoch notwendig, um die Annahme eines zwingendes Gebotes der menschenrechtskonformen Verfassungsauslegung zu rechtfertigen. Zu berücksichtigen sind die weitreichenden Folgen, die eine solche Vorgehensweise mit sich bringen würde. Über eine völkerrechtskonforme Auslegung der Verfassung würde das Völkerrecht letzten Endes innerstaatlich für den einfachen Gesetzgeber verbindlich gemacht. Das vom Grundgesetz vorgesehene Verhältnis zwischen Völkerrecht und nationalem Recht würde somit modifiziert.

---

[479] Verdroß/Simma, Universelles Völkerrecht, S. 144.

An die Aufstellung von verbindlichen Maßgaben für die Verfassungsauslegung mit umfangreichen Konsequenzen sind daher hohe Anforderungen zu stellen.

Als Vergleich können die Verfassungen anderer europäischer Staaten herangezogen werden. So schreiben die französiche und italienische Verfassung die völkerrechtskonforme Auslegung ihrer Vorschriften ausdrücklich vor, die spanische dagegen ordnet ein menschenrechtskonformes Verständnis ihrer Grundrechtsbestimmungen an. Da das Grundgesetz solche Vorgaben jedoch nicht enthält, ist bei der Beschreitung des aufgezeigten Weges höchste Vorsicht geboten. Ebensowenig wie der Grundsatz der Völkerrechtsfreundlichkeit der Verfassung dazu führt, daß transformiertes Völkervertragsrecht dem Zugriff des Gesetzgebers entzogen wird, kann die in Art. 1 Abs. 2 GG zum Ausdruck kommende Menschenrechtsfreundlichkeit die Grenzen zwischen nationalem Recht und Völkerrechtsordnung durchbrechen. Allein aus Art. 1 Abs. 2 GG kann somit noch kein Gebot der menschenrechtskonformen Auslegung der Grundrechtsbestimmungen gefolgert werden.

Kapitel 3

Der rechtsvergleichende Ansatz

Im Folgenden soll nun untersucht werden, welche Rolle die Rechtsvergleichung bei der Auslegung des Grundgesetzes im Hinblick auf die in der EMRK niedergelegten Rechte spielt. Daß der Rechtsvergleichung auch im Rahmen der Gesetzesinterpretation Bedeutung zukommt, ist mittlerweile allgemein anerkannt, teilweise wird sie sogar als „fünfte Auslegungsmethode" bezeichnet.[480] Somit erscheint es nicht ausgeschlossen, daß die Erweiterung des Auslegungskanons um die rechtsvergleichende Methode dazu führt, daß der durch Konventionsrechte vermittelte Schutz auf interpretatorischem Wege über die Grundrechte der Verfassung ins innerstaatliche Recht transportiert wird. Bevor auf die Grundlagen der Rechtsvergleichung und ihre Anwendbarkeit im Verhältnis zwischen der Menschenrechtskonvention und den Grundrechten eingegangen wird, soll der Versuch *Uerpmanns*, die rechtsvergleichende Methode für eine Rangerhöhung der Konventionsrechte fruchtbar zu machen, erörtert werden.

A. Der Ansatz Uerpmanns

Eine ausführlichere Erörterung der Möglichkeit, die Gewährleistungen der EMRK im Wege der Rechtsvergleichung zur Auslegung der bundesdeutschen Grundrechtsstandards heranzuziehen, findet sich bei *Uerpmann*. Als mögliche Grundlage für einen Vergleich sieht er vor allem eine entstehungsgeschichtlich bedingte innere

---

[480] So *Häberle*, JZ 1989, S. 916.

Verwandschaft der unterschiedlichen Normierungen an.[481] Im Hinblick auf das Grundgesetz und die EMRK geht *Uerpmann* davon aus, daß beide Kodifikationen in der europäisch-westlichen Grundrechtstradition, die mit der Virginia Bill of Rights von 1776 und der französischen Erklärung der Menschen- und Bürgerrechte von 1789 ihren Ausgang genommen hat, stehen, was für die EMRK dadurch zum Ausdruck komme, daß sie in ihrer Präambel ausdrücklich an „ein gemeinsames Erbe an geistigen Gütern, politischen Überlieferungen, Achtung der Freiheit und Vorherrschaft des Gesetzes" anknüpft und im übrigen bereits eingehend begründet sei.[482] Darüber hinaus stellt sich *Uerpmann* jedoch die Frage, ob nicht auch eine besondere, positiv-rechtliche Verknüpfung der beiden Grundrechtskataloge bestehe. In diesem Zusammenhang zieht auch er Art. 1 Abs. 2 GG heran. Dabei macht er auf dessen Fassung in der Sitzung des Grundsatzausschusses vom 18. November 1948 aufmerksam, nach der die Grundrechte der Art. 2 ff. GG als „für unser Volk aus unserer Zeit geformt und niedergelegt" bezeichnet wurden. Nach der Ansicht des Abgeordneten *von Mangoldt* wurde damit der Gedanke des „natürlichen Rechts", verstanden als dem „gewachsenen Recht der alten Freiheitsrechte", unmittelbar in die Grundrechten hineingelegt, vor diesem Hintergrund seien sie auszulegen.[483] Die Aussage, daß die Grundrechte „aus unserer Zeit geformt und niedergelegt" seien, wurde vom Redaktionsausschuß jedoch für unzutreffend gehalten und wieder gestrichen, sie seien im wesentlichen vielmehr eine Wiederholung dessen, was sich seit Ende des 18. Jahrhunderts herausgebildet habe und in fast allen Verfassungen wiederkehre.[484] Nach Auffassung *Uerpmanns* unterstreiche die Entstehungsgeschichte des Grundgesetzes somit die Einbindung des Grundrechtskataloges in die europäische Verfassungstradition. Die positiv-rechtliche Verklammerung der beiden Texte folge jedoch erst daraus, daß Art. 1 Abs. 2 GG darüber hinaus einen speziellen Bezug zur internationalen Menschenrechtsentwicklung schafft. Durch die fast wörtliche Übernahme einer Formulierung aus der Präambel der Allgemeinen Erklärung der Menschenrechte der Vereinten Nationen werde deutlich, daß die Väter des Grundgesetzes an diese anknüpfen wollten.[485] Die EMRK jedoch begreife sich ihrerseits als Konkretisierung der in der Allgemeinen Erklärung der Menschenrechte zum Ausdruck gekommenen Verbürgungen. Die Präambel der EMRK nehme auf den Zweck der allgemeinen Erklärung bezug, „die universelle und wirksame Anerkennung und Erhaltung der darin [scil. der Allgemeinene Erklärung der Menschenrechte] enthaltenen Rechte zu gewährleisten"; die EMRK werde als erster Schritt „auf dem Wege zu einer kollektiven Garantie gewisser in

---

[481] *Uerpmann*, Die EMRK und die deutsche Rechtsprechung, S. 118; so auch BVerwGE 79, 143 (145).

[482] *Uerpmann* verweist auf *Stern*, Staatsrecht III/1, S. 82 ff., sowie auf *Kühnhardt*, Die Universalität der Menschenrechte, S. 86 ff.

[483] Entstehungsgeschichte, JöR 1 (1951), S. 50 f.

[484] aaO, S. 53.

[485] *Uerpmann*, Die EMRK und die deutsche Rechtsprechung, S. 120.

der Universellen Erklärung [d.h. der Allgemeinen Erklärung der Menschenerechte] verkündeter Rechte" verstanden. Diese Verknüpfung der drei Texte rechtfertige es, zur Auslegung der Grundrechte des Grundgesetzes die ihnen verwandten Menschenrechte der Konvention heranzuziehen.[486]

Demnach würden sich die Schranken, die Art. 2 Abs. 2 lit. a EMRK dem Notwehrrecht Privater möglicherweise zieht, mittelbar über die Auslegung des Rechts auf Leben aus Art. 2 Abs. 2 S. 1 GG auf die Beurteilung der Rechtmäßigkeit des § 32 StGB auswirken. Wie weit die Folgen einer interpretatorischen Umsetzung der Menschenrechte nach dem Ansatz *Uerpmanns* reichen, läßt sich seinen Ausführungen nicht entnehmen. Insbesondere bleibt unklar ob eine konventionskonforme Auslegung in jedem Fall zwingend vorzunehmen ist oder ob sich ihre Bedeutung in einer Hilfe zur Konkretisierung nationaler Grundrechtsstandards erschöpft. Bevor auf dieses Problem näher eingegangen wird, ist jedoch zu untersuchen, ob sich ein Gebot der rechtsvergleichenden Auslegung, das sich auf die Grund- und Menschenrechte stützt, überhaupt auf die Argumentation *Uerpmanns* gründen läßt.

B. Kritik am Ansatz Uerpmanns

Hauptargument *Uerpmanns* für die konventionskonforme Auslegung der Grundrechtsbestimmungen ist somit die jeweilige Anknüpfung von Grundgesetz und EMRK an die Allgemeine Erklärung der Menschenrechte. Da die so durch Art. 1 Abs. 2 GG geschaffene Verklammerung zwischen Grund- und Konventionsrechten eine lediglich mittelbare ist, bleibt der positiv-rechtliche Anknüpfungspunkt für eine rechtsvergleichende Auslegung schwach. Auch kann die in Art. 1 Abs. 2 GG zum Ausdruck kommende Verbindung des Grundgesetzes mit der Menschenrechtserklärung nach oben[487] Gesagtem nicht unbefangen als Bezugnahme auf die dort niedergelgten Rechte verstanden werden, vielmehr ging es den Verfassungsvätern um die Anerkennung der friedenssichernden Funktion der Menschenrechte und des Bedürfnisses, sie auch auf völkerrechtlicher Ebene zu verwirklichen. Daher kann Art. 1 Abs. 2 GG auch nicht das Gebot entnommen werden, die Grundrechte des Grundgesetzes im Sinne der internationalen Menschenrechte auszulegen. Indem *Uerpmann* einen positiv-rechtlichen Anknüpfungspunkt für die konventionskonforme Auslegung sucht, arbeitet er auch nicht rechtsvergleichend im eigentlichen Sinne. Begreift man die Rechtsvergleichung als eine Methode interpretatorischer Rechtsfindung, so bedarf ihre Anwendung keinerlei positiv-rechtlicher Rechtfertigung. Daher soll im Folgenden untersucht werden, inwieweit die Grundrechte im Hinblick auf die Menschenrechtskonvention einer rechtsvergleichenden Auslegung zugänglich sind und welche Konsequenzen sich daraus ergeben.

---

[486] aaO, S. 121

[487] Erster Teil, Kapitel 2, E V.

C. Die Methode der Rechtsvergleichung

Um feststellen zu können, ob die Konventionsrechte ein geeigneter Gegenstand für die rechtsvergleichende Auslegung der Grundrechtsbestimmungen sind, sind zunächst Hintergründe und Rechtfertigung der Rechtsvergleichung zu beleuchten. Anschließend soll untersucht werden, inwieweit sich die Faktoren, die eine rechtsvergleichende Auslegung gebieten, im Verhältnis der EMRK-Rechte zu den Grundrechten des Grundgesetzes wiederfinden.

I. Rechtsvergleichung als Erkenntnisquelle

Daß die Rechtsvergleichung als eine wissenschaftliche Methode der Jurisprudenz eine Vielfalt bedeutender Funktionen hat, ist heute unbestritten.[488] Sie dient wie alle wissenschaftlichen Methoden der Erkenntnis. Versteht man unter der Rechtswissenschaft nicht lediglich eine auf nationale Gesetze und Rechtsprinzipien bezogene Interpretationswissenschaft, sondern die Erforschung von Modellen zur Verhinderung und Bewältigung sozialer Konflikte, so wird deutlich, daß der Rechtsvergleichung als Methode ein breiterer Fundus an Lösungsmodellen zur Verfügung steht, als einer rein introvertierten Rechtswissenschaft, da der Weltgemeinschaft der Rechtswissenschaftler notwendigerweise mehr und in ihrer Differenzierung reichhaltigere Lösungen eingefallen sind, als dem in den Grenzen seines Landes befangenen Juristen. Daher wurde die Rechtsvergleichung für die nach Qualität strebenden Gesetzgeber vieler Nationen zu einem unentbehrlichen Arbeitsinstrument, was sich vor allem im Hinblick auf die mittel- und osteuropäischen Staaten bestätigt, die nach dem Zusammenbruch des Sowjetsystems vor der Aufgabe einer umfassenden Neuordnung ihrer Rechtssysteme standen.

II. Die rechtsvergleichende Auslegung

Eine davon zu trennende Frage ist die, ob fremdes Recht auch zur Ermittlung der Rechtslage nach innerstaatlichem Gesetzesrecht herangezogen werden kann. Begreift man die positive Rechtsordnung als ein isoliertes, durch eine oberste Norm nach außen abgedichtetes System, so ist in der Tat nicht einzusehen, wie die Beschäftigung mit fremdem Recht der Anwendung des eigenen dienlich sein könnte.[489] Versteht man unter Auslegung lediglich eine subjektiv-historische Methode zur Ermittlung der Regelungsabsicht eines Gesetzgebers, so muß der Rechtsverglei-

---

488 *Zweigert/Kötz*, Einführung in die Rechtsvergleichung, S. 13.

489 *Bydlinski*, Methodenlehre und Rechtsbegriff, S. 386.

chung in der Tat Bedeutungslosigkeit im Hinblick auf die Ergründung des Sinngehaltes einer Norm attestiert werden. Indes ist anerkannt, daß jeder Rechtssatz auch eine Art objektiven Eigenlebens entwickeln kann, die es erlaubt, seine Interpretation an der jeweiligen sozialen Wirklichkeit zu messen.[490] Da der Gehalt einer Norm demnach nicht zwingendermaßen vollständig von der Regelungsbefugnis des jeweiligen Souveräns abgeleitet sein muß, muß es auch grundsätzlich zulässig sein, Wertungen und Erkenntnisse, die in einer fremden Norm zum Ausdruck kommen, in die Auslegung mit einzubeziehen.

Nach bisher Gesagtem stellt sich die Rechtsvergleichung jedoch erst als eine Methode dar, die dem Gesetzgeber oder dem Rechtsanwender die Fülle des fremden Rechts als Erkenntnis- und Erfahrungsfundus für die Suche nach einer interessengerechten Lösung zur Verfügung stellt. Eine zwingende Wirkung im Hinblick auf die Gewinnung eines bestimmten Ergebnisses innerhalb des Auslegungsprozesses kommt ihr damit jedoch noch nicht zu.

1. Rechtsvergleichende Auslegung und Rechtsvereinheitlichung

Die Rechtsvergleichung ist jedoch auch im Zusammenhang mit der seit Ende des 19. Jahrhunderts in Gang befindlichen Tendenz zur Rechtsvereinheitlichung zu betrachten. Diese kommt unter anderem in den Bemühungen des Völkerbundes und der Vereinten Nationen zur Harmonisierung auf den Gebieten des Wertpapierrechts und des Rechts der Schiedsgerichtsbarkeit, die des Römischen Instituts für die Vereinheitlichung des Privatrechts auf dem Gebiet des Warenkaufs und der Entscheidung der Vereinten Nationen aus dem Jahre 1966, eine Kommission für internationales Handelsrecht (UNCITRAL) zu etablieren, welche die Aufgabe hat, die Harmonisierung und Vereinheitlichung des internationalen Handelsrechts voranzutreiben, zum Ausdruck. Berücksichtigt man die Trägheit der Staaten in bezug auf den Abschluß und die Umsetzung internationaler Abkommen, so kommt der Rechtsvergleichung als Instrument der Rechtsvereinheitlichung eine nicht unerheblich Vor- und Zuarbeitungsfunktion zu.[491] Daraus alleine ergibt sich freilich noch nicht, daß der nationale Rechtsanwender das innerstaatliche Gesetzesrecht möglichst im Einklang mit fremdem Recht auslegen müßte. Bedenkt man jedoch, daß das Grundgesetz die Entscheidung für eine offene Staatlichkeit enthält und die Organe der Bundesrepublik zu einer aktiven Mitwirkung an der völkerrechtlichen Entwicklung - also auch an den Bestrebungen zur Rechtsvereinheitlichung - verpflichtet, so zeichnet sich schon eine Bedeutung der Rechtsvergleichung ab, die über die Eröffnung von Anschauungs- und Erfahrungsmaterial hinaus in Richtung eines auf Verbindlichkeit pochenden Aspekts im Rahmen des Auslegungsvorgangs geht.

---

[490] *Zweigert/Kötz*, aaO, S. 16.
[491] *Zweigert/Kötz*, aaO, S. 23.

2. Rechtsvergleichung und rechtlicher Gesamtkontext

Ein allgemeines Ziel der Auslegung ist es, das Ergebnis der Rechtsfindung logisch und teleologisch widerspruchsfrei in einen rechtlichen Gesamtkontext einzubinden, was besonders in der systematischen Auslegungsmethode seinen Ausdruck findet.[492] Nach *Savigny* war der einzelne Rechtsgedanke in „den inneren Zusammenhang" zu stellen, „welcher alle Rechtsinstitute und Rechtsregeln zu einer großen Einheit verknüpft".[493] Bezugspunkt der systematischen Auslegung ist die Summe der gleich- und höherrangigen Normen desselben Rechtssystems, sie bilden den inneren Zusammenhang, in den jeder Rechtssatz einzufügen ist. Während *Savigny* jedoch bei der Entwicklung seines Auslegungskanons noch den nach außen abgeschotteten Nationalstaat des 19. Jahrhunderts vor Augen hatte, findet der heutige Rechtsanwender ein völlig anderes Bild vor. Die Staatengemeinschaft ist von einer bloßen Koexistenz zur Kooperation übergegangen, die Bereitschaft zur internationalen Zusammenarbeit erlebt seit dem Zweiten Weltkrieg eine noch nie dagewesene Blüte. Die Entwicklung verlief vom introvertierten Nationalstaatsdenken über die Öffnung der Staatlichkeit nach außen hin zum „kooperativen Verfassungsstaat".[494] Parallel dazu ist auch ein Wandel im Verständnis der Aufgaben der Rechtswissenschaft zu verzeichnen. Begriff *Savigny* unter dem Ziel der Auslegung noch, „sich in Gedanken auf den Standpunkt des Gesetzgebers [zu] versetzen, und dessen Tätigkeit in sich künstlich [zu] wiederholen" bzw. „die Rekonstruktion des dem Gesetz innewohnenden Gedankens"[495], so wurde die Rechtswissenschaft in neuerer Zeit mehr und mehr als „Kultur- und Wirklichkeitswissenschaft"[496] verstanden, deren Ziel es weniger ist, dem im Gesetz verkörperten Willen eines Souveräns Geltung zu verschaffen, als die realen und sozialen Konflikte innerhalb der Gesellschaft anzugehen und auf der Basis von „in der Gemeinschaft konsensfähigen Gerechtigkeitvorstellungen"[497] zu lösen. Dementsprechend ist der Sinnzusammenhang, in den sich das Auslegungsergebnis widerspruchsfrei einzufügen hat, auf den Kulturkreis, dem man angehört, auszudehnen. Da dieser sich jedoch nicht mit den jeweiligen Landesgrenzen deckt, gewinnt auch das fremde Recht für die Auslegung an Bedeutung. Dessen Rechtsgrundsätze lassen sich ebenfalls für die Ermittlung der konsensfähigen Gerechtigkeitsprinzipien mit heranziehen.[498]

---

[492] *Zippelius*, Juristische Methodenlehre, S. 52.

[493] *Savigny*, System des heutigen Römischen Rechts Bd. 1, S. 214.

[494] So *Häberle*, Schelsky-FS, S. 141 ff.; *ders.*, EuGRZ 1991, S.262.

[495] *Savigny*, aaO, S. 213.

[496] *Heller*, Saatslehre, S. 32 ff., 37 ff.; *Häberle*, Partsch-FS, S. 556.

[497] So *Zippelius*, Juristische Methodenlehre, S. 52.

3. Rechtsvergleichende Auslegung und Rechtsidee

Eng damit verbunden ist die Rechtfertigung der Rechtsvergleichung durch den Wandel des Rechtsbegriffes. Mitte des 19. Jahrhunderts wurde auch die Rechtswissenschaft von der damaligen Strömung des Positivismus erfaßt. Der Rechtspositivismus war dadurch gekennzeichnet, daß er das kodifizierte Recht als geschlossenes und axiomatisches System akzeptierte, welches die einzige Quelle der Rechtserkenntnis darstellte.[499] Die Rechtsfindung erfolgte demnach losgelöst von gesellschaftlicher Wirklichkeit und allen anderen nichtjuristischen Elementen.[500] Als programmatische Position wird er jedoch heute kaum noch vertreten.[501] Vielmehr wandte man sich einem wertbezogenen Rechtsbegriff zu, der als Recht auch die Fundamentalprinzipien der Gerechtigkeit, Rechtssicherheit und Zweckmäßigkeit, also die Rechtsidee umfaßt.[502] Die positive Rechtsordnung erscheint demnach nicht mehr als willkürliches Produkt eines Souveräns als Rechtsautorität, sondern als Versuch, die Rechtsidee angemessen zu realisieren. Geht man somit von einer „Universalität“ der Rechtsidee aus, die ihren Ausdruck in den jeweiligen positiven Rechtsordnungen findet, so wird deutlich, daß auch die Rechtsvergleichung fruchtbar gemacht werden kann, um die eigene Rechtsordnung dem Endzweck allen Rechts, nämlich der Verwirklichung von Gerechtigkeit und Zweckmäßigkeit, näher zu kommen.[503]

Ergebnis

Zusammenfassend läßt sich demnach sagen, daß sich die rechtsvergleichende Auslegungsmethode umso mehr rechtfertigt, als ein Bedürfnis nach Rechtsvereinheitlichung besteht, welches eine gegenseitige Annäherung der beiden Texte nahelegt. Darüber hinaus ist Rechtsvergleichung dann indiziert, wenn die Rechtsordnungen, die die jeweiligen Regelungen enthalten, einem gemeinsamen Kulturkreis angehören. Letztlich kann die rechtsvergleichende Auslegung herangezogen werden, wenn beiden Texten eine gemeinsame Rechtsidee zugrundeliegt, deren Verwirklichung sie dienen.

---

[498] *Zippelius*, aaO, S. 58.

[499] Ergänzbares Lexikon des Rechts Bd. 1, Gruppe 2/400, S. 2.

[500] Deutsches Rechtslexikon, Positivismus.

[501] Ergänzbares Lexikon, aaO, S. 3.

[502] *Bydlinski*, Methodenlehre und Rechtsbegriff, S. 317.

[503] So auch *Larenz*, Methodenlehre, S. 193.

D. Die Ideen der Rechtsvergleichung im Verhältnis der Grundrechte zu den Konventionsrechten

Sind damit Grundlagen und Ideen der rechtsvergleichenden Auslegung herausgearbeitet, so ist nun zu untersuchen, inwieweit das Verhältnis zwischen den Bundesgrundrechten und den Konventionsrechten im Hinblick auf diese Grundlagen eine komparative Auslegung geboten erscheinen läßt.

I. Der Aspekt der Rechtsvereinheitlichung

Zunächst ist zu erörtern, ob die EMRK unter anderem auch das Ziel verfolgt, die Menschenrechtsstandards ihrer Mitgliedsstaaten einander anzugleichen. Wie bereits erwähnt ist die Konvention ein gemeinsames Werk der im Europarat vereinigten Staaten. Dessen Satzung spricht in ihrer Präambel von der Überzeugung, daß zwischen den europäischen Ländern „eine engere Verbindung" hergestellt werden müsse und erwähnt das Bedürfnis, eine Organisation zu gründen, „in der die europäischen Staaten enger zusammengeschlossen werden". Art. 1 der Satzung greift die Idee von der Herstellung einer engeren Verbindung noch einmal dadurch auf, daß er sie zur Aufgabe des Europarates erklärt. Dessen Gründung ist als ein Schritt zur Verwirklichung der Europaidee zu sehen, die schon 1814 in *Krauses* „Entwurf eines europäischen Staatenbundes", der Forderung *Hugos* nach den „Vereinigten Staaten von Europa" 1849, sowie in der von *Coudenhove-Kalergi* gegründeten Paneuropäischen Bewegung[504] und der Züricher Rede *Churchills*, in der er zur „Neugründung der europäischen Familie" aufrief, Ausdruck fand. So wird deutlich, daß die Vision von einer europäischen Integration schon lange besteht und die Satzung des Europarates in ihrem Lichte zu betrachten ist. Wesentlicher Bestandteil einer Integration ist auch die Harmonisierung der einzelstaatlichen Rechtsordnungen hin zu einem einheitlich wirkenden Rechtssystem.[505] Somit liegt die Annahme nahe, daß die europäische Idee auch das Ziel der Rechtsangleichung mitumfaßt. Diese wird dadurch gestützt, daß eine Grundlage des Europagedankens die Freiheit von Handel und Verkehr ist[506], welche gerade durch eine Anpassung der Rechtssysteme gefördert wird. Dementsprechend wurde die Annäherungen der europäischen Rechtsordnungen durch Rechtsvergleichung auf dem Gebiet des Privatrechts als Aufgabe der europäischen Rechtslehre erkannt.[507] Auch der EWG-Vertrag, der laut Präambel das Ziel verfolgt, „einen immer engeren Zusammenschluß zwischen den europäischen Völkern zu schaffen" und sich somit auch als Teilschritt auf dem We-

---

[504] Vgl. *Coudenhove-Kalergi*, Paneuropa.

[505] *Bleckmann*, Europarecht, S. 23.

[506] *Streinz*, Europarecht, S. 4.

[507] So *Ulmer*, Wege zu europäischer Rechtseinheit, S. 11.

ge zur Verwirklichung der Europaidee begreifen läßt, ist in diesem Zusammenhang zu berücksichtigen. Die Art. 99 und 100 EWGV sehen ausdrücklich die Angleichung gewisser Rechtsvorschriften zur Erreichung der Vertragsziele vor. Freilich sind davon nur Rechtsmaterien betroffen, die für das Funktionieren des Gemeinsamen Marktes relevant sind. Daraus, daß der im Zuge der Europäischen Integration geschlossene EWGV nur eine Rechtsvereinheitlichung auf dem Gebiet wirtschaftlich bedeutsamer Rechtsgebiete vorsieht, kann jedoch nicht geschlossen werden, daß sich auch der Europäische Gedanke auf diese beschränkt. Vielmehr ist nach oben[508] Gesagtem daran zu erinnern, daß die Rechtsvereinheitlichung auf vertraglichem Wege stets politische Schwierigkeiten mit sich bringt. So klammerte man nach dem Scheitern der Europäischen Verteidigungsgemeinschaft und der Europäischen Politischen Gemeinschaft nichtwirtschaftliche Belange absichtlich aus dem EWGV in der Hoffnung aus, daß eine wirtschaftliche Zusammenarbeit die politische Einheit auch im Wege des „spill over“ Effektes fördern würde.[509] Zwar läßt sich so noch nicht beweisen, daß die europäische Idee auch die Angleichung von Regelungsmaterien ohne wirtschaftlichen Bezug fordert. Daß jedoch auch die Rechtsvereinheitlichung einen bedeutenden Aspekt verkörpert, dürfte jedenfalls erkennbar geworden sein. Wenn die Gründung des Europarates als erster wesentlicher Schritt zur Verwirklichung des Europagedankens der Herstellung einer immer engeren Verbindung seiner Mitgliedsstaaten dienen soll, so muß demnach angenommen werden, daß damit auch die Angleichung der jeweiligen Rechtsordnungen gemeint ist. Allerdings beschränkt sich die Satzung des Europarates im Gegensatz zum EWGV nicht auf wirtschaftliche Fragen. So heißt es in deren Art. 1 lit. b:

> „Diese Aufgabe [eine engere Verbindung zwischen seinen Mitgliedern zu schaffen] wird von den Organen des Rates erfüllt durch Beratung von Fragen von gemeinsamem Interesse, durch [...] sowie durch den Schutz und die Fortentwicklung der Menschenrechte und Grundfreiheiten.“

Dadurch, daß die Förderung der Menschenrechte durch den Europarat in unmittelbare Beziehung zu seiner Aufgabe, eine engere Verbindung zwischen den Mitgliedsstaaten zu schaffen, gesetzt wird, kann geschlosssen werden, daß Ziel dieser Tätigkeit auch die Rechtsvereinheitlichung auf dem Gebiet der Menschenrechte ist. Auch die Präambel der EMRK setzt die Konvention in Beziehung zu den Zielen des Europarates:

> „in der Erwägung, daß das Ziel des Europarates die Herbeiführung einer größeren Einigkeit unter seinen Mitgliedern ist und daß eines der Mittel zur Erreichung dieses Zieles in der Wahrung und in der Entwicklung der Menschenrechte und Grundfreiheiten besteht; [...]“

Da nach eben Gesagtem zu den Zielen des Europarates im Zuge der Schaffung einer engeren Verbindung auch die Angleichung der Rechtsordnungen dient und sich

[508] Erster Teil, Kapitel 3, C II 1.

[509] *Streinz*, aaO, S. 18.

auch die EMRK diesen Zielen unterordnet, kann gefolgert werden, daß eine Absicht der Konvention auch die Rechtsvereinheitlichung auf dem Gebiet der Menschenrechte ist[510]. Dieses Ergebnis läßt sich auch durch folgende Überlegung stützen: Eine Grundlage des Europagedankens ist auch der Belang der Friedenssicherung.[511] In ihrer Präambel nimmt die EMRK auch an zwei Stellen auf die Allgemeine Erklärung der Menschenrechte Bezug. So wurde auch hier die Formulierung übernommen, daß die Grund- und Menschenrechte die „Grundlage der Gerechtigkeit und des Friedens in der Welt bilden". Damit machte man sich die Auffassung der Vereinten Nationen zueigen, daß auch internationale Gewährleistung von Menschenrechten zur Friedenssicherung unabdingbar ist. Damit wird deutlich, daß die Europaidee, deren Ziel es es ja unter anderem ist, eine dauerhafte Friedensordnung zu etablieren, um den Aspekt der Menschenrechte erweitert wurde. Ist jedoch die Rechtsvereinheitlichung ein Instrument zur Verwirklichung des Europäischen Gedankens, so wird deutlich, daß auch eine Anpassung der nationalen Grundrechtsstandards seit dem Inkrafttreten der EMRK einen zentralen Aspekt der europäischen Bewegung verkörpert. Diese Erkenntnis schlägt sich auch in der Entwicklung auf der Ebene des Gemeinschaftsrechts nieder. So verkündeten die Präsidenten des Rates, der Kommission und des Europäischen Parlaments am 7. Dezember 2000 auf der Regierungskonferenz von Nizza eine Europäische Grundreche-Charta, die einen Fortschritt der europäischen Integration auf dem Gebiet der Menschenrechte bewirken soll.[512] So sind die Gemeinschaftsorgane laut Art. 6 Abs. 2 EUV an die Grund- und Menschenrechte gebunden, wie sie in der EMRK niedergelegt sind und wie sie sich aus den gemeinsamen Verfassungsüberlieferungen der Mitgliedsstaaten als Grundsätze des Gemeinschaftsrechts ergeben. Mittlerweile hat der EuGH die Bindung jedoch auch auf die Mitgliedsstaaten ausgedehnt, sofern sie gemeinschaftsrechtliche Aufgaben erfüllen. Auch hier wird eine Angleichung der Menschenrechtsstandards innerhalb des Gemeinschaftsraumes auf dem Niveau der EMRK deutlich. Somit läßt sich festhalten, daß es Ziel der EMRK ist, für eine Rechtsvereinheitlichung auf dem Gebiet der Menschenrechte in Europa zu sorgen.

II. Der kulturelle Zusammenhang zwischen Grund- und Konventionsrechten

In diesem Zusammenhang ist zu untersuchen, ob sich die Grundrechte der deutschen Verfassung und die Rechte und Grundfreiheiten der EMRK als Bestandteile einer größeren Einheit begreifen lassen und inwieweit zwischen ihnen ein innerer

---

[510] So auch *Herzog*, AöR 86 (1961), S. 198; *Echterhölter*, JZ 1956, S. 142.

[511] *Streinz*, Europarecht, S. 18.

[512] *Zuleeg*, EuGRZ 2000, S. 514; vgl. dazu auch *Hilf* in: *Iliopoulos-Strangas* (Hrsg.), Grundrechtsschutz im europäischen Raum, S. 320 ff.; *Schwarze* in: *Schwarze* (Hrsg.), Die Entstehung einer europäischen Verfassungsordnung, S. 463.

Zusammenhang besteht, der eine rechtsvergleichende Heranziehung der Konvention bei der Auslegung des Grundrechtsteils der Verfassung rechtfertigt. Nach oben[513] Gesagtem ist das Auslegungsergebnis einer Norm stets auch in Einklang mit den Leitideen des Kulturkreises zu bringen, in dem sie sich befindet. Unter Kultur ist die Gesamtheit der geistigen, künstlerischen und gestaltenden Leistungen einer Gemeinschaft als Ausdruck menschlicher Höherentwicklung zu verstehen.[514] Betrachtet man die Setzung und Auslegung von Recht nicht lediglich als Kundgabe und Erforschung des Willens eines Souveräns, sondern als Stufen einer immer weiter fortschreitenden Entwicklung und Ausdifferenzierung von Rechtssätzen, deren Ziel eine immer weitergehende Annäherung an die Ideale von Gerechtigkeit und Zweckmäßigkeit des Rechts ist, so stellt sich jede Norm auch als eine geistige bzw. gestalterische Errungenschaft, also als Kulturprodukt dar.[515] EMRK und Bundesgrundrechte können daher als Ausdruck einer bestimmten Rechtskultur verstanden werden. Eine rechtsvergleichende Auslegung wäre daher umso mehr geboten, als es eine gemeinsame Rechtskultur ist, die in den beiden Menschenrechtstexten ihren Niederschlag gefunden hat.

1. Europäische Rechtskultur

Betrachtet man die Verfassungen der europäischen Staaten, so bemerkt man, daß diesen ein Kernbestand an Rechtsprinzipien gemeinsam ist. So ist die Staatsgewalt aller europäischen Nationen demokratisch legitimiert und durch den Grundsatz der Rechtsstaatlichkeit beschränkt. Darüber hinaus enthalten alle europäischen Verfassungen Grundrechtsbestimmungen. Demnach läßt sich behaupten, daß alle Staaten in Europa dem „Typus Verfassungsstaat"[516] zugeordnet werden können. Diese dem Typus Verfassungsstaat entsprechenden Rechtsordnungen können jedoch nicht als rein positivistische Zufallsprodukte aufgefaßt werden, sie sind vielmehr Ergebnisse eines kulturellen Wachstumsprozesses.[517] Schon aus dem Umstand, daß man in Europa eine Familie der Verfassungsstaaten vorfinden kann, deren Ausrichtung in einem Kernbestand von Prinzipien übereinstimmt, legt die Erkenntnis nahe, daß es sich hierbei nicht um parallel laufende, nationale Entwicklungen handeln konnte. Vielmehr erweist sich die Herausbildung des Typus Verfassungsstaat in seiner heutigen Gestalt als vorläufiges Endprodukt einer gegenseitigen Beeinflussung der europäischen Nationen auf ihrem jeweiligen Weg zu einer „guten Verfassung". Diese Entwicklung nimmt ihren Anfangspunkt schon in der internationalen Gemeinschaft der Vordenker des Verfassungsstaates. So waren es Staatsdenker und Rechtsphilo-

[513] Erster Teil, Kapitel 3, C II 2.

[514] Vgl. Duden, Deutsches Universalwörterbuch.

[515] So auch *Häberle*, Europäische Rechtskultur, S. 18.

[516] Zu den Merkmalen des Verfassungsstaates *Häberle*, aaO, S. 17.

[517] *Häberle*, aaO, S. 17.

sophen aus ganz Europa, die durch ihre den Vertragscharakter und somit die Zweiseitigkeit des Herrschaftsverhältnisses betonenden Arbeiten zur Idee des Verfassungsstaates und zur Herausbildung vorwiegend rechtlicher Betrachtungsweisen des Staatswesens überleiteten.[518] Das heutige Verständnis von Demokratie und Rechtsstaatlichkeit wurde mithin in einer gemeineuropäischen Ideenwelt geformt.[519] So bekennen sich die Staaten des Europarates in dessen Präambel auch zu den „geistigen und sittlichen Werten, die das gemeinsame Erbe ihrer Völker sind und der persönlichen Freiheit, der politischen Freiheit und der Herrschaft des Rechtes zugrunde liegen, auf denen jede wahre Demokratie beruht". Der *Europäische Rat* sprach in seiner Erklärung zur Demokratie vom April 1978 von der allgemeinen Direktwahl der Mitglieder der Versammlung als „herausragende Demonstration des allen Mitgliedsstaaten gemeinsamen demokratischen Ideals".[520] Auch in neuerer Zeit lassen sich Beispiele dafür finden, wie einzelne nationale Errungenschaften von der gesamteuropäischen Entwicklung resorbiert werden. Hier seien nur der Siegeszug der „Wesensgehaltsgarantie" des Art. 19 Abs. 2 GG, sowie der beispielhafte Parteienartikel der italienischen Verfassung von 1947[521] und die Rezeption des durch das *BVerfG* entwickelten und verfeinerten Übermaßverbotes genannt.[522] Somit läßt sich mit Recht von einer europäischen Verfassungskultur sprechen, die den Wurzelboden für die Entwicklung des „Typus Verfassungsstaates" bildete und die Vielfalt der europäischen Verfassungen zu einer Einheit verknüpft.

2. Grund- und Konventionsrechte als Bestandteil europäischer Rechtskultur

Ist nun die Zugehörigkeit des Grundgesetzes zu einer europäischen Verfassungskultur geklärt, so ist zu untersuchen, wie sich die Europäische Menschenrechtskonvention und die Grundrechte der bundesdeutschen Verfassung in diesen Gesamtzusammenhang einordnen lassen. Zu diesem Zweck ist auf die Entstehungsgeschichte der Menschenrechte einzugehen.

Schon lange vor ihrer positiv-rechtlichen Verankerung wurden Menschen- und Bürgerrechte in der juristischen und philosophischen Literatur erörtert und geformt. So lehrte der Hugenotte *Hugo Donellus* 1589 an der Universität Altdorf bei Nürnberg, daß das Recht an der eigenen Person die Rechte auf Leben, körperliche Unversehrtheit und öffentliches Ansehen umfasse.[523] In seinem 1603 erschienen

---

[518] Vgl. dazu *Stern*, Staatsrecht I, S. 51.

[519] *Stern*, aaO, S. 592 und 765.

[520] Zitiert in BVerfGE 73, 339 (381 f.).

[521] Vgl. *Häberle*, Partsch-FS, S. 564.

[522] So *Häberle*, Europäische Rechtskultur, S. 23.

[523] *Oestreich*, Die Geschichte der Menschenrechte, S. 47.

Hauptwerk „Politica methodice digesta“ führte der Herborner Professor *Johannes Althusius* aus, daß alle Menschen gleich seien und niemandes Gewalt untertan, es sei denn, sie unterwerfen sich der Herrschaft eines anderen durch freiwillig geschlossenen Vertrag.[524] Der niederländische Humanist und Naturrechtler *Grotius* billigte dem Menschen anfang des 17. Jahrhunderts natürliche Rechte zu, die unentziehbar und auch von der staatlichen Gewalt zu achten seien.[525] 1672 bezeichnete der deutsche Professor *Samuel Pufendorf* den Menschen in seinem Buch „De iure naturae et gentium“ als sittlich freies Wesen und als Träger menschlicher Würde.[526] Kurz darauf wurden die naturrechtlichen Lehren von dem Niederländer *Ulrich Huber* juristisch erfaßt und weiterentwickelt. In seinem Werk „De iure civitatis“ findet sich schon das Recht auf Schutz von Persönlichkeit, Eigentum und Meinungsfreiheit.[527] Die entscheidenden geistigen und wissenschaftlichen Grundlagen wurden dann Mitte bis Ende 17. Jahrhundert von *Thomas Hobbes*, *John Milton*, *Edward Coke* und *John Locke* in England gelegt.[528] Letzterer führte in seinem 1690 erschienen Werk „Two treatises on Government“ aus, daß der Mensch mit einem Anspruch auf umfassende Freiheit und uneingeschränkten Genuß seiner natürlichen Rechte und Priviligien, gleich jedem anderen geboren werde und ihm von Natur aus die Rechtsmacht eingeräumt sei, seine Güter, d.h. sein Leben, seine Freiheit und sein Vermögen vor Angriffen Dritter zu bewahren.[529] Damit wurde die von *Coke* entwickelte grundrechtliche Trias von Leben, Freiheit und Eigentum[530] staatsphilosophisch verarbeitet. Somit wird deutlich, daß es vielfältige Antriebskräfte waren, die zur Entstehung der Grundrechte als Idee führten; die Beiträge der genannten Autoren bilden ein in sich zusammenfließendes Ideengut, ein unauflösliches Gemisch.[531] Dieses Gedankengut wurde von amerikanischen Juristen rezipiert und fand 1776 in der Virginia bill of rights seinen ersten positiv-rechtlichen Niederschlag.[532] In Form der mit der „bill of rights“ inhaltlich weitgehend übereinstim-

---

[524] *Reibstein* in: Staatslexikon Bd. 1, Sp. 284 f.

[525] *Stern*, Staatsrecht III/1, S. 73.

[526] Vgl. *Welzel*, Naturrecht und materiale Gerechtigkeit, S. 142 (Fn. 44).

[527] *Huber*, De iure civitatis, libri tres, Lib. I, Sect. II Cap. III Nr. 24, 39, sowie Sect. III, Cap. IV und Lib. II, Sect. I, Cap. I, Nr. 32; vgl. auch Planitz, JurBl. 1948, S. 112

[528] *Stern*, aaO, S. 75.

[529] *Locke*, Two treatises on government, § 87 des „Second Treatise“: „Man being born with a title to perfect freedom and uncontrolled enjoyment of all rights and privileges of the law of the nature, equally with any other man, or number of men in the world, hath by nature a power... to preserve his property, that is, his life, liberty and estate, against the injuries and attempts of other men.“

[530] So *Stern*, Staatsrecht III/1, S. 78 f.; zur Genese der Formel *Brandt* in: *Schwartländer/Willoweit* (Hrsg.), Das Recht des Menschen auf Eigentum, S. 20 ff.

[531] *Stern*, aaO, S. 79.

[532] *Hägermann*, Die Erklärung der Menschen- und Bürgerrechte in den ersten amerikanischen Staatsverfassungen, S. 15-23 und 44 ff.; *Welzel*, Smend-FS, S. 387 ff.; *Oestreich*, Die Geschichte der Menschenrechte, S. 60 ff.

menden[533] „Déclaration des droits de l'homme et du citoyen" von 1789 kehrte das grundrechtliche Ideengut dann zum kontinentalen Europa zurück. Die Entwicklung der Menschenrechte von ersten Anfängen bis hin zu ihrer ersten Positivierung stellt sich demnach als ein schichtweises Auftragen von Ideen durch eine europäische Gemeinschaft von Staats- und Naturrechtsdenkern dar. Begreift man Kultur als Summe von geistigen Leistungen im Sinne einer menschlichen Höherentwicklung, so läßt sich mit Recht von einer „europäischen Grundrechtskultur"[534] sprechen. In deren Zusammenhang ist auch die EMRK zu sehen. Wenn ihre Präambel von einer „gemeinsamen Auffassung und Achtung der Menschenrechte" bzw. einem gemeinsamen „Erbe an geistigen Gütern, politischen Überlieferungen, Achtung der Freiheit und Vorherrschaft des Gesetzes" spricht, so wird deutlich, daß sie auf dem Wurzelboden der europäischen Grundrechtskultur gediehen ist.[535] *Häberle* spricht in ihrem Zusammenhang gar von einem „Aufblühen des Gemeinsamen" in Europas Rechtskultur.[536]

Während die politische Diskussion über die Menschenrechte und deren Positivierung in Deutschland zunächst schleppend verlief, schloß man sich 1848 an die europäische Entwicklung an.[537] Für den Grundrechtsteil der Paulskirchenverfassung diente auch die französische Erklärung der Menschen- und Bürgerrechte als Vorbild. Das Grundgesetz selbst knüpft sowohl an die WRV als auch an die deutschen Verfassungen und Verfassungsentwürfe aus dem 19. Jahrhundert an.[538] Deutet sich damit die Verwurzelung auch des Grundgesetzes in der europäischen Grundrechtskultur an, so wird diese durch die Entstehungsgeschichte des Art. 1 Abs. 2 GG noch unterstrichen. Mit dem Bekenntnis zu „Menschenrechten als Grundlage für Frieden und Gerechtigkeit in der Welt" wollte der Verfassungsgeber dessen Grundrechtsteil auch in der europäischen Grund- und Menschenrechtstradition verankert wissen, es sollte wie v*on Hodenberg* es formulierte, der Wiederanschluß an den historischen Prozeß der Umsetzung der Menschenrechte erreicht werden.[539] *Hofmann* spricht sogar von einer Erneuerung der Menschenrechtsideen von 1789 durch den Parlamentarischen Rat.[540] Somit können sowohl die Grundrechte des Grundgesetzes, als auch die in der Konvention niedergelegten Rechte und Grundfreiheiten als „Früchte" europäischer Rechtskultur angesehen werden.

---

[533] *Stern*, Staatsrecht III/1, S. 97.

[534] So wohl erstmals *Häberle*, Kommentierte Verfassungsrechtsprechung, S. 88 f.; Vgl. auch *dens.*, JZ 1989, S. 915.

[535] Vgl. auch *Uerpmann*, Die EMRK und die deutsche Rechtsprechung, S. 118.

[536] *Häberle*, Europäische Rechtskultur, S. 28.

[537] *Pieroth/Schlink*, Staatsrecht II, S. 8.

[538] *v. Münch/Kunig* (*Münch*), Vorb. Art. 1-19, Rdn. 5.

[539] *Hodenberg*, Das Bekenntnis des deutschen Volkes zu den Menschenrechten in Art. 1 Abs. 2 GG; ähnlich auch Uerpmann, Die EMRK und die deutsche Rechtsprechung, S. 118.

[540] *Hofmann*, JuS 1988, S. 841.

III. Grund- und Konventionsrechte als Ausdruck der Menschenrechtsidee

Zu klären bleibt, ob sich Grund- und Konventionsrechte als Ausdruck einer gemeinsamen Rechtsidee darstellen, deren Verwirklichung sie dienen. Diese Annahme wird schon durch die bisherigen Erörterungen nahegelegt, die gezeigt haben, daß sowohl aktuelle als auch historische Grund- und Menschenrechtsbestimmungen nicht als positivistische Produkte eines an Zweckmäßigkeit orientierten Souveräns zu begreifen sind, sondern das Ergebnis einer langen geistesgeschichtlichen Entwicklung verkörpern, während deren die philosophischen und theoretischen Grundlagen der modernen Grundrechte Schicht für Schicht aufgetragen wurden. Inwieweit heutigen Grundrechtstexten eine gemeinsame Rechtsidee zugrunde liegt, wird sich bei einem Blick auf die Ursprünge der Menschenrechtsgeschichte zeigen.

Betrachtet man die Gesellschaftsstrukturen vor dem ausgehenden 18. Jahrhundert, so stellt man fest, daß sie im wesentlichen durch ein ineinander verschachteltes System von Über- und Unterordnungsverhältnissen geprägt waren. So wurden die Einwohner eines Landes als Untertanen des jeweiligen Souveräns angesehen, über die dieser aufgrund seines Herrschaftsanspruches regieren und verfügen konnte. Der „freie Mann" war die Ausnahme, der größte Teil der Bevölkerung war kraft Geburt in ein System persönlicher Abhängigkeiten eingebunden, das bis zum Leibeigenen oder Sklaven hinabreichte, über den gleich einer Sache verfügt werden konnte und dessen physische Existenz voll und ganz für die Zwecke der jeweiligen Herrn instrumentalisiert wurde.[541]

Diesem Gesellschaftsbild, welches sich in besonders reiner Form im Feudalismus des 18. Jahrhunderts zeigte, wurden jedoch seit der Antike immer wieder andere Ideen gegenübergestellt. So ging die von den *Sophisten* im 5. Jahrhundert vor Christus betriebene altgriechische Naturrechtslehre von der Annahme aus, daß sich auf der Grundlage der natürlichen Gleichheit aller die prinzipielle Freiheit eines jeden ergebe.[542] Die um 300 vor Christus in Athen gegründete Schule der *Stoa* rief alle Menschen als vernunftbegabte Wesen zur verantwortlichen Ausübung ihres freien Willens auf.[543] In seinem Werk „de dignitate hominis" brachte der italienische Humanist *Giovanni Pico Graf von Mirandola und Concordia* die Vernunftbegabung des Menschen in Zusammenhang mit dem Begriff der menschlichen Würde. Diese werde durch die Fähigkeit des Menschen, seiner selbst bewußt zu werden, sich zu

---

[541] Vgl. dazu Deutsches Rechtslexikon, Feudalismus; *Kroeschell* (Karl), Deutsche Rechtsgeschichte Bd. 1 (8. Auflage, Opladen 1989), § 23 III.

[542] *Hofmann*, aaO, S. 842.

[543] aaO.

bestimmen und seine Umwelt zu gestalten, ausgemacht.[544] Die Gegensätzlichkeit des feudalistischen Menschenbildes und der Vorstellung vom Menschen als ein freies und vernunftbegabtes Wesen wird besonders im Werke *Kants* deutlich. Dieser führte aus, daß der Mensch als „Zweck an sich selbst" existiere, „nicht bloß als Mittel zum beliebigen Gebrauche für diesen oder jenen Willen", er müsse „in allen seinen, sowohl auf sich selbst, als auch auf andere vernünftige Wesen gerichteten Handlungen jederzeit zugleich als Zweck betrachtet werden".[545] Ansatzpunkt für die Forderung nach der Freiheit des Menschen ist also die Erkenntnis seiner Seinsweise als entscheidungs- und gestaltungsfähiges Wesen. Schließt man sich dem Verständnis *Pico della Mirandolas* von der Menschenwürde an, so kann diese als Grund für den Anspruch des Menschen auf Freiheit, der seinen Ausdruck in den historischen und aktuellen Menschenrechtskatalogen findet, angesehen werden. Eine solche Sichtweise bestätigt sich nicht zuletzt durch einen Blick ins Grundgesetz. Daß die Menschenwürde auch nach der Auffassung des Parlamentarischen Rates Ursache und Ausgangspunkt für die Gewährung von Menschenrechten ist, ergibt sich aus dem Einleitungsartikel der Verfassung. Nachdem Art. 1 Abs. 1 GG die Unantastbarkeit der Menschenwürde als oberstes Konstitutionsprinzip etabliert hat, spricht Absatz 2 davon, daß sich das deutsche Volk „darum" zu unverletzlichen und unveräußerlichen Menschenrechten bekennt.[546] Auch die Systematik der nachfolgenden Grundrechte stützt die These vom Zusammenhang zwischen dem hier gewonnenen Würdebegriff und den Freiheitsrechten. An die Spitze des Grundrechtskatalogs wird in Art. 2 Abs. 1 GG das Recht des Menschen auf die freie Entfaltung seiner Persönlichkeit gestellt. Dieses stellt als allgemeines Freiheitsrecht[547] ein Auffanggrundrecht[548] dar, zu dem die anderen Freiheitsrechte im Verhältnis der Spezialität stehen[549] und somit in ihm enthalten sind. Die Vorschrift geht vom Gedanken individueller Selbstentfaltung, von der Autonomie des einzelnen aus[550]; sie will dem Menschen die Entfaltung dessen ermöglichen, was in ihm angelegt ist, akzentuiert Individualität und sucht den staatlichen Oktroi eines inhaltlich bestimmten Persönlichkeitsbildes abzuwehren.[551] Darin finden sich jedoch spiegelbildlich die Grundlagen der menschlichen Würde, nämlich Fähigkeit zur bewußten Selbsterkennung und -bestimmung sowie zur Gestaltung der eigenen Existenz und der Umwelt wieder. Die Anerkennung von Menschenrechten läßt sich somit ganz

---

544 *Pico della Mirandola*, Ausgewählte Schriften, übersetzt und eingeleitet von A. *Liebert*, S. 159 ff. und 181.

545 Zitiert nach *Stern*, Staatsrecht III/1, S. 8.

546 Vgl. nur *Dürig*, AöR 81 (1956), S. 117.

547 So z.B. BVerfGE 63, 45 (60).

548 Vgl. BVerfGE 6, 32 (37); BVerfGE 21, 227 (234); BVerfGE 67, 157 (171); BVerfGE 77, 84 (118).

549 *v. Münch/Kunig* (*Münch*), Art. 2 Rdn. 12.

550 *Stein*, Staatsrecht, § 20 II 4 a.

551 *v. Münch/Kunig* (*Kunig*), Art. 2 Rdn. 11.

allgemein als Konsequenz aus der Erkenntnis der Seinsweise des Menschen im oben[552] dargestellten Sinne begreifen.

Liegt der Grund für die Gewährleistung von Menschenrechten jedoch in der Erkenntnis bzw. in der Idee vom Menschen als vernunftbegabtes Wesen, so wird deutlich, daß sich die Forderung nach persönlicher Freiheit nicht auf die Angehörigen eines bestimmten Staates oder Volkes beschränken kann, sie muß sich vielmehr auf die Menschheit schlechthin erstrecken. So bekannte *Robespierre* 1791 auch, daß er die Rechte der Erklärung von 1789 als universale, unabänderliche und unverjährbare Rechtsgrundsätze betrachtet, geschaffen, um auf alle Völker angewandt zu werden.[553] *Kriele* prägte dementsprechend die Formel „Die Amerikaner hatten bloß Grundrechte, Frankreich aber schenkte der Welt die Menschenrechte".[554] Damit ist die „Universalität"[555] der Menschenrechtsidee angesprochen. Mit den Menschenrechten soll jedem menschlichen Wesen die Möglichkeit gegeben werden, seiner natürlichen Bestimmung und Begabung gemäß seine Persönlichkeit zu entfalten und sein eigenes Leben den eigenen Fähigkeiten entsprechend zu gestalten. Inhalt der Menschenrechtsidee ist es somit, jedem Menschen die freie Entfaltung seiner Persönlichkeit zuzusichern und eine eigenverantwortliche Lebensführung zu ermöglichen. Jede Kodifikation, der diese Idee zugrundeliegt, sucht sich diesem Ideal anzunähern.

Dementsprechend heißt es in der Präambel zur Allgemeinen Erklärung der Menschenrechte:

> „Da die Anerkennung der allen Mitgliedern der menschlichen Familie innewohnenden Würde [...] die Grundlage der Freiheit, der Gerechtigkeit und des Friedens in der Welt bildet, [...]
>
> da die Völker der Nationen in der Satzung ihren Glauben an die grundlegenden Menschenrechte, an die Würde und den Wert der menschlichen Person [...] erneut bekräftigt und beschlossen haben, [...]
>
> verkündet die Generalversammlung
>
> die vorliegende Allgemeine Erklärung der Menschenrechte als das von allen Völkern und Nationen zu erreichende gemeinsame Ideal, [...]"

Dabei darf nicht übersehen werden, daß die maximale Freiheit eines jeden nicht mit der unbeschränkten Freiheit jedes einzelnen vereinbar ist. Die Umsetzung der Menschenrechtsidee erfordert somit einen ausdifferenzierten Grundrechtskatalog mit

---

552 Erster Teil, Kapitel 3, D III.

553 Wiedergegeben nach *Markov*, Revolution im Zeugenstand - Frankreich 1789-1799 Bd. 1, S. 108.

554 Abgedruckt in *Schnur* (Hrsg.), Zur Geschichte der Erklärung der Menschenrechte, S. 191.

555 Vgl. z.B. *Poppe*, Universalität der Menschenrechte - Idee und Realität; *Kühnhardt*, Die Universalität der Menschenrechte; *Stern*, Staatsrecht III/1, S. 209.

Vorbehalten und Beschränkungen zum Schutze des einzelnen und der Gesellschaft im Sinne einer gleichzeitigen Verwirklichung der größtmöglichen persönlichen Freiheit aller. Der Abgrenzung der Schutzbereiche sowie der Eröffnung von Eingriffsmöglichkeiten liegt somit nicht eine Entscheidung darüber zugrunde, welches Maß an Freiheit dem einzelnen zugestanden werden soll; vielmehr geht es darum, die einzelnen Rechtspositionen so zum Ausgleich zu bringen, daß die Freiheitsentfaltung des einen nicht auf Kosten derjenigen der anderen geht. Geht man jedoch davon aus, daß allen Menschenrechtskatalogen diese Zielsetzung immanent ist, so wird um so deutlicher, wie sehr diese im Wege der Rechtsvergleichung voneinander „lernen" können, um dem Ideal von der Möglichkeit jedes einzelnen, sein Leben frei von äußeren Zwängen zu gestalten und zu entfalten, näher zu kommen. Unter diesem Gesichtspunkt müssen somit gerade Menschenrechtstexte als besonders geeigneter Gegenstand einer rechtsvergleichenden Auslegung erscheinen.

E. Folgerungen im Hinblick auf die konventionskonforme Auslegung der Grundrechte

Zusammenfassend läßt sich feststellen, daß die EMRK der Angleichung der Menschenrechtsstandards im europäischen Verfassungsraum dient. Darüber hinaus kann von einer europäischen Grundrechtskultur gesprochen werden, aus der sowohl die Rechte und Freiheiten der EMRK als auch die Grundrechte des Grundgesetzes hervorgegangen sind. Des Weiteren können beide Kodifikationen als Versuche angesehen werden, die Menschenrechtsidee, der die Erkenntnis zugrunde liegt, daß jedem Menschen als vernunftbegabtem Wesen die Möglichkeit zukommen muß, das eigene Dasein frei von staatlichen oder gesellschaftlichen Zwängen zu bestimmen und zu gestalten, optimal zu verwirklichen. Somit treffen die Voraussetzungen, die eine rechtsvergleichende Auslegung als sinnvoll und geboten erscheinen lassen, auf das Verhältnis der Grundrechte zu den Konventionsrechten in besonderem Maße zu. So spricht auch *Hesse* davon, daß die Entwicklung der im europäischen und internationalen Recht gewährleisteten Menschenrechte dazu geführt habe, daß Grundrechte heute nicht mehr nur eine Angelegenheit des nationalen Verfassungsrechts seien. Vor allem die Grundrechte der EMRK müßten somit bei der Auslegung des Grundgesetzes berücksichtigt werden.[556] Laut *Häberle* hat der Verfassungsinterpret auch die universalen und regionalen Menschenrechtstexte mitzudenken, die Rechtsvergleichung solle entschieden und offen in die Grundrechtsauslegung eingebaut werden.[557] Zu einem solchen Vorgehen ermutigt auch ein Blick über die Grenzen. So wurde den Konventionsrechten in der Schweiz ein Übergesetzesrang im Wege der konventionskonformen Auslegung der nationalen Grund-

---

[556] *Hesse*, Verfassungsrecht, S. 27.

[557] *Häberle*, JZ 1989, S. 916.

rechtsbestimmungen eingeräumt[558] Die spanische sowie die portugiesische Verfassung ordnen sogar ausdrücklich an, daß die Grundrechte „in Übereinstimmung“ mit gewissen Menschenrechtstexten auszulegen sind.[559] Auch das *BVerfG* räumte ein, daß der Standard der völkerrechtlich garantierten Menschenrechte für die Auslegung der Grundrechte „bedeutsam“ wäre.[560] Speziell im Hinblick auf die EMRK erkannte es die „Verwandtschaft“ zwischen Grund- und Konventionsrechten an.[561] Daher sei bei der Auslegung der Grundrechte auch Inhalt und Entwicklungsstand der Konvention zu berücksichtigen.[562] Somit sind die Rechte und Freiheiten der EMRK bei der Verfassungsinterpretation in rechtsvergleichender Auslegung heranzuziehen.

F. Auswirkungen der Rechtsvergleichung als Methode der Grundrechtsinterpretation

Ist somit geklärt, daß sich die rechtsvergleichende Heranziehung der EMRK bei der Grundrechtsinterpretation als legitim und sachgerecht erweist, so darf dennoch nicht übersehen werden, daß die rechtsvergleichende Auslegung allenfalls gleichberechtigt neben den herkömmlichen Verfahren der Verfassungsinterpretation steht, es herrscht insofern „Methodenpluralismus“.[563] Es ist daher zu klären, inwieweit die EMRK bei der Grundrechtsauslegung zu „berücksichtigen“ ist und welche konkreten Konsequenzen sich aus ihrer „Bedeutsamkeit“ für die Verfassungsinterpretation ergeben.

Teilweise wird der Methode der Rechtsvergleichung im Rahmen der Verfassungsauslegung nur eine Bestätigungs- oder Kontrollfunktion eingeräumt.[564] Dem ist jedoch entgegenzuhalten, daß ein Auslegungsaspekt, der nicht in der Lage ist, aktiv auf das Auslegungsergebnis einzuwirken, auch nicht zu dessen Kontrolle oder Bestätigung herangezogen werden kann. Darüber hinaus würde eine solche Geringschätzung der komparativen Methode gerade im Hinblick auf die EMRK der immer weiter wachsenden Bedeutung des gesamteuropäischen Zusammenhangs nicht gerecht.

Eine Würdigung des Einflusses der Menschenrechtskonvention auf die Grundrechtsinterpretation kann nicht erfolgen, bevor die Eigenheiten der beiden Texte

[558] Vgl. dazu *Müller*, Elemente einer schweizerischen Grundrechtstheorie, S. 174 f.
[559] Art. 10 Abs. 2 Verfassung Spanien; Art. 16 Abs. 2 Verfassung Portugal.
[560] BVerfGE 83, 119 (128).
[561] BVerfGE 74, 358 (370).
[562] aaO; auch BVerfGE 82, 106 (115).
[563] Häberle, JZ 1989, S. 917
[564] Stern, Staatsrecht I, S. 126

nicht herausgearbeitet wurden. Erst wenn deutlich geworden ist, auf welche Weise die jeweiligen Menschenrechtskataloge der hinter ihnen stehenden Rechtskultur Ausdruck verleihen, kann geklärt werden, wie die ergänzende und harmonisierende Funktion der Rechtsvergleichung umzusetzen ist.

Ein Vergleich der Texte ergibt, daß sich die Konventionsrechte in weiten Teilen durch eine genauere Umschreibung des Schutzbereiches auszeichnen, wobei auch des öfteren Einzelfälle herausgegriffen und geregelt werden, deren Entscheidung im deutschen Verfassungsrecht erst nach einer eingehenden Güterabwägung möglich wäre. So gewährt Art. 2 Abs. 2 GG lediglich allgemein das Recht auf Leben unter Gesetzesvorbehalt, während Art. 2 EMRK genaue Regelungen darüber enthält, unter welchen Voraussetzungen das Leben entzogen werden darf. Das in Art. 103 Abs. 1 GG schlagwortartig gewährleistete Recht auf rechtliches Gehör wird in Art. 6 EMRK in detaillierte Bestandteile zergliedert, was in bestimmten Einzelfällen einen unmittelbaren Schluß auf die Rechtslage erlaubt. Während Art. 11 Abs. 1 GG nur davon spricht, daß alle Deutschen Freizügigkeit im Bundesgebiet genießen und die Ein- und Ausreisefreiheit sowie das Recht auf Freizügigkeit von Ausländern somit nur von der inhaltlich komplett unbestimmten allgemeinen Handlungsfreiheit des Art. 2 Abs. 1 GG gewährleistet werden, treffen die Art. 1 ff. des vierten Zusatzprotokolls zur EMRK diesbezüglich detaillierte Regelungen. Auch wird in Art. 2 Abs. 1 des Protokolls klargestellt, daß die Freizügigkeit sich auch auf das Recht der freien Wahl des Wohnsitzes erstreckt.

Es bietet sich somit an, die Regelungen der EMRK überall dort zur Konkretisierung heranzuziehen, wo die Grundrechtsbestimmungen lediglich schlagwortartig umrissene Schutzbereiche aufweisen, während die Konventionsrechte bis in den Einzelfall hineingehende Regelungen enthalten. So führte auch *Bydlinski* aus, daß die rechtsvergleichende Auslegung vor allem dann fruchtbar gemacht werden kann, wenn trotz Anwendung der herkömmlichen Auslegungsmethoden noch Vagheiten, Lücken oder Widersprüche bestehen; auch er spricht von einer Konkretisierungsfunktion fremden Rechts.[565] Solche Vagheiten bestehen jedoch in Anbetracht der tatbestandlichen Weite der entsprechenden Vorschriften gerade im Grundrechtsbereich. Vor allem die im Rahmen der Grundrechtsprüfung erforderliche Abwägung bringt enorme Unsicherheiten mit sich, die das Auslegungsergebnis teilweise kaum kalkulierbar machen.[566] Die Übernahme der den Einzelfallregelungen zugrundeliegenden Kollisionslösungen in die deutsche Grundrechtsinterpretation könnte diesem Mißstand abhelfen. Notwendige Wertentscheidungen anhand der Menschenrechtskonvention als Spiegel europäischer Grundrechtskultur zu treffen, deren Verbind-

565 *Bydlinski*, Methodenlehre und Rechtsbegriff, S. 386.

566 Vgl. *Müller*, Normstruktur und Normativität, S. 211 ff.; *Bethge* in: *Isensee/Kirchhof* (Hrsg.), Handbuch des Staatsrechts Bd. 6, S.450 spricht von einer Anfälligkeit zum Dezisionismus; siehe auch *Isensee*, Sendler-FS, S. 57.

lichkeit für die Bundesrepublik letzten Endes auf dem Votum des deutschen Gesetzgebers beruht, erscheint im Hinblick auf demokratische Grundsätze sowie in Anbetracht der Offenheit des Grundgesetzes nach außen wesentlich sinnvoller, als diese einem rein richterlichen „Dezisionismus" zu überantworten.[567] Auch das *BVerfG* steht einer Konkretisierungsfunktion der Konventionsrechte bei der Auslegung und Anwendung der deutschen Verfassung keinesfalls ablehnend gegenüber. So ging es bei der Überprüfung der Verfassungsmäßigkeit einer Haftanordnung im Rahmen des Rechtsstaatsprinzips auch auf die in Art. 6 Abs. 2 EMRK niedergelegte Unschuldsvermutung sowie auf eine Empfehlung (!) des Ministerkommitees des Europarats im Hinblick auf die Zulässigkeit der Untersuchungshaft ein.[568] Diese Entscheidung verdeutlicht die enorme Bedeutung von Texten auf europäischer Ebene als Rechtserkenntnisquelle. Somit stellt sich nur noch die Frage, ob die Grundrechte zwingend im Sinne der EMRK auszulegen sind, soweit diese für die Entscheidung des Einzelfalles klarere und detailliertere Regelungen enthält.

Läßt eine tatbestandlich weiter gefaßte Grundrechtsvorschrift eine dem Grundrechtsträger im Vergleich zum entsprechenden Konventionsrecht günstigere Auslegung zu, so ist die Konvention gemäß deren Meistbegünstigungsklausel in Art. 60 nicht zu beachten. Das gleiche muß für die Fälle gelten, in denen der Schutzbereich der Grundrechte wie z.B. im Falle des Art. 104 GG durch differenzierte Vorbehalte eindeutig abgesteckt ist; dem eigenen positiven Recht kommt in jedem Falle der Vorrang zu.[569] Somit beschränkt sich die Fragestellung auf Fälle, in denen die Berücksichtigung einer Einzelfallregelung der EMRK im Rahmen der Auslegung eines inhaltlich offenen Grundrechtstatbestands zu einem für den Grundrechtsträger günstigeren Ergebnis führen würde. Wenn das *BVerfG* auch den universellen und regionalen Menschenrechtsabkommen für die Grundrechtsinterpretation Bedeutung zumessen will, so ist dabei zu bedenken, daß diese lediglich punktuell weitreichendere Gewährleistungen enthalten als das Grundgesetz. Eine wirkliche „Bedeutung" erhalten internationale Menschenrechtspakte somit nur, wenn der durch sie vermittelte Schutz durch Verfassungsinterpretation soweit wie möglich auch im innerstaatlichen Bereich realisiert wird. Auch der Umstand, daß sich die EMRK wie oben[570] dargelegt besonders zur Heranziehung in rechtsvergleichender Auslegung eignet, legt eine solche Vorgehensweise nahe. Schließlich ist zu berücksichtigen, daß das *BVerfG* deutlich gemacht hat, im Rahmen seiner Judikatur auch über die Einhaltung der völkerrechtlichen Verpflichtungen des Bundes zu wachen.[571] Dem-

---

[567] Für eine Berücksichtigung der Wertentscheidungen der EMRK auch *Krey*, JA 1983, S. 639.

[568] BVerfGE 19, 342 (348); vgl. auch noch BVerfGE 20, 162 (208); sowie BVerfGE 35, 311 (319 f.).

[569] *Bydlinski*, Methodenlehre und Rechtsbegriff, S. 386.

[570] Erster Teil, Kapitel 3, D.

[571] So BVerfGE 58, 1 (34); BVerfGE 59, 63 (89).

entsprechend seien auch Gesetze im Einklang mit diesen auszulegen.[572] Der Grundsatz der Völkerrechtsfreundlichkeit des Grundgesetzes gebietet es, das nationale Recht so auszulegen, daß es mit dem Völkerrecht nicht in Widerspruch gerät. Zwar sind die Mitgliedsstaaten der Konvention nicht verpflichtet, den Rechten und Freiheiten der EMRK innerstaatliche Wirksamkeit zu verleihen.[573] Die nationalen Rechtsordnungen dürfen jedoch nicht mit der Konvention in Widerspruch stehen. Dabei wäre die konventionskonforme Auslegung der Grundrechte ein probates Mittel, um Konventionsverletzungen durch einfache Gesetze vorzubeugen. Letztlich ist auch die in Art. 1 Abs. 2 GG verankerte Menschenrechtsfreundlichkeit des Grundgesetzes zu beachten. Ist diese allein auch nicht in der Lage, internationalen Menschenrechten zur Gesetzesfestigkeit im innerstaatlichen Raum zu verhelfen, so kommt in ihr trotzdem die Aufgeschlossenheit der deutschen Verfassung gegenüber der Entwicklung der Menschenrechte auf völkerrechtlicher Ebene zum Ausdruck. Auch dieser Umstand legt eine Öffnung des deutschen Verfassungsraumes nach außen auf dem Gebiet der Menschenrechte im Wege der rechtsvergleichenden Auslegung nahe. Somit bleibt festzuhalten, daß von mehreren Auslegungsmöglichkeiten eines Grundrechts diejenige zu wählen ist, die den Grundrechtsträger auch vor konventionswidrigen Maßnahmen schützen.[574]

G. Konventionskonforme Auslegung von Art. 2 Abs. 2 GG

Ausgehend von der Erkenntnis, daß die Grundrechte nach Möglichkeit konventionskonform zu interpretieren sind, ist nun zu überprüfen, ob das in Art. 2 Abs. 2 GG niedergelegte Recht auf Leben eine interpretatorische Umsetzung des Art. 2 EMRK auf Verfassungsebene zuläßt. Das Grundgesetz spricht lediglich davon, daß jeder das Recht auf Leben hat und Eingriffe in dieses nur aufgrund eines Gesetzes vorgenommen werden dürfen. Für den Bereich der „absichtlichen“ Tötungen stellt Art. 2 EMRK ein generelles Verbot auf, welches nur von den in Absatz 2 niedergelegten Ausnahmen durchbrochen wird. Da der Schutzbereich und der Eingriffsvorbehalt des Art. 2 Abs. 2 GG denkbar unbestimmt und somit flexibel gehalten sind, läßt sich die Vorschrift problemlos dahingehend auslegen, daß „absichtliche“ Tötungshandlungen nur unter den in Art. 2 Abs. 2 EMRK aufgezählten Voraussetzungen zulässig sind. Demnach bleibt festzuhalten, daß konventionswidrige Tötungen ebenfalls einen Verstoß gegen Art. 2 Abs. 2 GG begründen und somit verfassungswidrig sind.

---

[572] BVerfGE 74, 358 (370).

[573] So die h.M., vgl. *Dronsch*, Der Rang der EMRK, S. 99; *Sommermann*, AöR 114 (1989), S. 408; *Staebe*, JA 1996, S. 79; EGMR EuGRZ 1979, S. 149.

[574] Vgl. dazu auch den Vortrag der Präsidentin des BVerfG a.D. *Limbach* im Sommer 2000, in dem sie eine Ausdehnung des Prüfungsmaßstabes des BVerfG auf die Rechte und Freiheiten der EMRK forderte, EuGRZ 2000, S. 418.

Ergebnis

Sollte § 32 StGB mit der Menschenrechtskonvention unvereinbar sein, so verstößt die Regelung demnach auch gegen die Verfassung. Einer Einschränkung des Notwehrrechtes durch Art. 2 Abs. 2 lit. a EMRK läßt sich somit nicht entgegenhalten, daß § 32 StGB als jüngeres Gesetz anzusehen ist und eine entgegenstehende Regelung der EMRK nach der lex posterior-Regel innerstaatlich abbedungen hätte.

Zweiter Teil

Die Reichweite des Tötungsverbotes aus Art. 2 Abs. 1 S. EMRK

Einführung

Voraussetzung für eine Einschränkung des Notwehrrechtes im Sinne dieser Abhandlung ist darüber hinaus, daß Art. 2 EMRK die Tötung eines Menschen zum Schutze von Sachgütern überhaupt verbietet. Hierbei sind im wesentlichen zwei Fragestellungen voneinander zu trennen. Zunächst kommt es darauf an, ob Art. 2 Abs. 1 S. 2 EMRK jede vorsätzliche Tötung untersagt oder ob sich das Tötungsverbot nicht, wie es die deutsche Übersetzung nahelegt, auf absichtliche - im Sinne eines dolus directus ersten Grades - Tötungen beschränkt. Darüber hinaus ist zu klären, wie weit der Rechtfertigungsvorbehalt des Art. 2 Abs. 2 lit. a EMRK reicht, d.h. unter welchen Umständen eine „rechtswidrige Gewaltanwendung" vorliegt, die die „Verteidigung eines Menschen erforderlich macht".

Kapitel 1

Der Begriff der absichtlichen Tötung

Eine Relevanz von Art. 2 Abs. 2 lit. a EMRK für das deutsche Notwehrrecht wurde zum Teil mit dem Argument verneint, daß sich die Vorschrift sich nur auf „absichtliche" Tötungen beziehe. Eine direkt vorsätzliche Tötung zur Verteidigung von Sachgütern werde jedoch kaum jemals erforderlich im Sinne des § 32 StGB sein, da es zur Abwehr genüge, den Angreifer kampf- oder fluchtunfähig zu machen.[575] Somit ist zu erörtern, welche Folgerungen das Merkmal „absichtlich" in Art. 2 Abs. 1 S. 2 EMRK im Hinblick auf die subjektiven Voraussetzungen des Tötungsverbots zuläßt.

A. Das Merkmal „absichtlich"

Die Verwendung des Begriffes „absichtlich" in der deutschen Übersetzung des Art. 2 Abs. 1 S. 2 EMRK läßt darauf schließen, daß nicht jede vorsätzliche Tötung von der Vorschrift erfaßt sein soll. In der strafrechtlichen Dogmatik unterscheidet man grundsätzlich zwischen zwei Vorsatzarten, dem direkten Vorsatz und dem Eventualvorsatz. Der direkte Vorsatz kann dabei in zwei verschiedenen Arten auftreten und zwar in der Form der „Absicht" im Sinne des direkt auf den Erfolg gerichteten Willens und in der Form des sicheren Wissens davon, daß die Handlung eine Rechtsgutsverletzung begründet.[576] Wird von einer „absichtlichen Tötung" ge-

---

[575] So *Roxin*, Allgemeiner Teil, S. 588.

[576] Vgl. *Oehler*, NJW 1966, S. 1633; *Welzel*, NJW 1962, S. 20.

sprochen, so legt dies nach strafrechtsdogmatischen Verständnis nahe, daß nur eine Tötungshandlung mit dolus directus ersten Grades gemeint ist. Im Sprachgebrauch des Gesetzes ist jedoch nicht zwingend die Absicht im eben genannten Sinne gemeint, wenn ein „absichtliches" oder ein Handeln „in der Absicht" verlangt wird, vielmehr genügt unter Umständen auch sicheres Wissen oder gar bedingter Vorsatz.[577] So reicht es im Rahmen des § 242 StGB aus, wenn im subjektiven Tatbestand hinsichtlich der Enteignung des Eigentümers lediglich dolus eventualis gegeben ist[578], obgleich das Gesetz von der Absicht des Täters spricht, sich die Sache rechtswidrig zuzueignen. Auch bei § 263 StGB ist die Absicht des Täters, sich oder einem Dritten einen rechtswidrigen Vermögensvorteil zu verschaffen, schon dann zu bejahen, wenn in bezug auf das Merkmal der Rechtswidrigkeit Eventualvorsatz vorliegt.[579] Somit kann schon bei Zugrundelegung der deutschen Übersetzung anhand des Wortlauts nicht eindeutig bestimmt werden, welche subjektiven Voraussetzungen vorliegen müssen, damit eine Tötung vom Verbot des Art. 2 Abs. 1 S. 2 EMRK erfaßt wird.

B. Maßgeblichkeit der deutschen Übersetzung

Fraglich ist jedoch schon, ob die deutsche Übersetzung überhaupt zur Auslegung der Vorschrift herangezogen werden kann. Ein Teil der Lehre stellt sich auf den Standpunkt, daß die Bestimmung der innerstaatlichen Wirkungen der EMRK sich am deutschen Text zu orientieren habe, da die Geltung der Konvention innerhalb der deutschen Rechtsordnung nach der Transformationstheorie auf dem Zustimmungsgesetz zur EMRK beruht. Dieses aber gebe die deutsche Fassung der Konvention wieder.[580]

Diese Ansicht wurde jedoch schon von der überwiegenden Anzahl derjenigen Autoren, die den Geltungsgrund der Konvention im innerstaatlichen Bereich im Zustimmungsgesetz durch den Bundestag sehen, abgelehnt. Meist wird bei der Auslegung stillschweigend auf die authentischen Fassungen zurückgegriffen, sobald die Sprachenfrage an Relevanz gewinnt.[581] *Echterhölter* begründet dies damit, daß die Auslegung des deutschen Textes sich nicht primär am Wortlaut orientieren dürfe, sondern sich an Sinn und Zweck der Konvention zu halten habe, der durch die eng-

---

577 SchSch-*Cramer*, § 15 Rdn. 66.

578 H.M., vgl. nur *Lackner/Kühl*, § 242 Rdn. 25.

579 RG HRR 40 Nr. 1270; RGSt 59, 257 (259); BGH MDR 1975, S. 22; SchSch-*Cramer*, § 263 Rdn. 176.

580 *Woesner*, NJW 1961, S. 1383; *Krüger*, NJW 1970, S. 1484 f.

581 Siehe nur Niederschriften Bd. 2, Anh. 26, S. 79 ff.; *Lenckner*, GA 1968, S. 6; *Jescheck/Weigend*, Allgemeiner Teil, S. 349 (Fn. 53); *Frister*, GA 1985, S. 559; *Roxin*, ZStW 93 (1981), S. 99.

lische und französische Fassung vorgegeben werde.[582] Tatsächlich aber wurden auch die authentischen Fassungen im Bundesgesetzblatt veröffentlicht[583], wodurch der Gesetzgeber verdeutlicht haben dürfte, daß er eine innerstaatliche Geltung der Konvention mit ihrem völkerrechtlich verbindlichen Inhalt herbeizuführen gedachte. Im Rahmen dieser Untersuchung wird jedoch, wie oben[584] dargelegt, davon ausgegangen, daß Art. 2 Abs. 1 S. 2 der Menschenrechtskonvention über eine konventionskonforme Auslegung des Grundrechts auf Leben ins innerdeutsche Recht hineinwirkt. Diese hat sich selbstverständlich am völkerrechtlich verbindlichen Inhalt der Konvention zu orientieren. Demnach sind bei Auslegungsproblemen die authentischen Fassungen der Konvention heranzuziehen.

C. Die Bedeutung des Begriffes „intentionally" bzw. „intentionellement"

Im Hinblick auf die Frage, welche subjektiven Voraussetzungen eine Tötungshandlung zu erfüllen hat, um unter das Verbot des Art. 2 Abs. 1 S. 2 EMRK zu fallen, ist somit bei den Begriffen „intentionally" bzw. „intentionellement" anzusetzen.

I. Grammatikalische Auslegung

Appell übersetzte diese Termini mit „vorsätzlich" bzw. „gewollt" und sah dementsprechend jede dolose Tötung als von Art. 2 Abs. 1 S. 2 EMRK erfaßt an.[585] Ein unbefangener Blick in verschiedene Wörterbücher offenbart jedoch, daß die Begriffe teilweise mit „absichtlich", teilweise mit „vorsätzlich", meistens aber mit beidem übersetzt werden.[586] Auf diese Art und Weise ist dem Auslegungsproblem somit nicht beizukommen.

---

582 *Echterhölter*, JZ 1956, S. 142.

583 Vgl. BGBl. 1952 II, S. 686.

584 Erster Teil, Kapitel 3, G.

585 *Appell*, Die EMRK in ihrer Bedeutung für das deutsche Strafrecht und Strafverfahrensrecht, S. 114 unter Berufung auf *Waschke*, Englisch-Deutsch und *dens.* Französisch-Deutsch.

586 Vgl. *Langenscheidts* Großwörterbuch Bd. 1, Französisch – Deutsch; *Romain* Bd. 1 (3. Auflage, München 1983); Englisch – Deutsch; *Quemner* (Thomas A.)/*Neumann* (Hugo), Dictionnaire Juridique (Paris 1979); Juristisches Wörterbuch, hrsg. von Alexander *Geißler* und Ilse *Wolff* (2. Auflage, Berlin 1989).

II. Die Bedeutung der Begriffe in der englischen und französischen Rechtssprache

Da eine bloße Übersetzung der Begriffe nicht weiterführt, wurde versucht, ihre Tragweite anhand ihrer Bedeutung in den jeweiligen Rechtssystemen zu klären.

1. Die Auffassungen Jeschecks und Fristers

Jescheck kam dabei unter Berufung auf ausländische Literatur[587] zu dem Ergebnis, daß das Merkmal „intentionally“ bzw. „intentionellement“ nicht als „vorsätzlich“ im allgemeinen Sinne verstanden werden könne, sondern die auf die Herbeiführung des Erfolgs gerichtete Absicht erforderlich sei.[588] Eine Untersuchung *Fristers* zum englischen Recht ergab dagegen, daß der Begriff „intention“ in der englischen Rechtssprache auch für eine Form des bedingten Vorsatzes verwendet wird.[589]

2. Analyse des englischen und französischen Rechts

In Anbetracht dieser gegenläufigen Ansichten über die Tragweite des Begriffes der „intention“ in den Rechtsordnungen Englands und Frankreichs sind diese einer erneuten Analyse zu unterziehen.

Bei einer Betrachtung des englischen Rechts gewinnt man schnell den Eindruck, daß der Begriff der „intention“ durch die angelsächsische Strafrechtsdogmatik noch nicht so präzise definiert wurde, wie dies bei den Vorsatzarten im deutschen Recht der Fall ist. So führten *Smith/Hogan* diesbezüglich Folgendes aus:

> „Numerous offences are defined so as to require proof of „intention“ to cause specified results. It might be expected that the meaning of such a fundamental term would have been settled long ago but this is not so. These cases are inconsistent, judicial opinion has recently changed and there is still some measure of uncertainty.“[590]

Im gleichen Sinne schrieb *Seago*:

---

[587] Genannt werden *Smith/Hogan*, Criminal Law, S. 53; *Kenny/Turner*, Outlines, S. 36; Glanville *Williams*, Criminal Law, S. 34; *Stéfani/Levasseur/Bouloc*, Droit pénal général Nr. 214.

[588] *Jescheck/Weigend*, aaO, S. 349; derselben Auffassung sind *Roxin*, ZStW 93 (1983), S. 99; *Blei*, Strafrecht Allgemeiner Teil, S. 314; *Otto*, Würtemberger-FS, S. 129 ff.; *Krey*, JZ 1979, S. 709.

[589] *Frister*, GA 1985, S. 560 f. unter Berufung auf *Cross/Jones*, Introduction to criminal law, S. 28 ff.

[590] *Smith/Hogan*, Criminal Law, S. 54.

„The word intention has caused much difficulty in recent years and this is largely due to a reluctance by the courts to define what it is, after all, a word in everday use by ordinary citizens".[591]

Ohne auf die einzelnen Auffassungen eingehen zu müssen, kann daher gesagt werden, daß die Handhabung des Begriffes „intention" im englischen Recht nichts zur Lösung des Problems beitragen kann.

Ein anderes Bild bietet die französische Strafrechtswissenschaft. Hier ist zunächst darauf hinzuweisen, daß synonym für das Merkmal der „intention" der Begriff „dol général" gebraucht wird. So führt *Decocq* aus:

„Suivant la définition précitée, l'intention (ou dol général) consiste dans la volonté de commettre l'infraction."[592]

Mag die Umschreibung der „intention" mit dem „Willen" zum Verbrechen noch die Vorstellung erwecken, es sei damit eine Absicht im technischen Sinne der deutschen Terminologie gemeint, so bietet sich nach dem weiteren Studium der Erörterungen ein anderes Bild. So fährt *Decocq* weiter unten wie folgt fort:

„L'intention est évidemment caractérisée dans l'hypothèse où l'agent a précisément recherché le résultat qui a été atteint (ex. : il a tué une personne à qui il voulait donner la mort). On se trouve alors en présence d'un dol déterminé.

Mais le dol général n'est pas nécessairement déterminé, il peut être indéterminé: il suffit, pour qu'il existe, que l'agent se soit représenté le résultat atteint comme possible, et qu'il en ait accepté le risque."[593]

Somit wird deutlich, daß „intention" im französischen Recht weder sicheres Wissen noch Wollen des Handlungserfolges voraussetzt. Vielmehr genügt es, wenn der Täter die Möglichkeit des Erfolgseintrittes erkennt und ein entsprechendes Risiko akzeptiert. Allerdings darf sie dennoch nicht mit dem Begriff des Vorsatzes im deutschen Recht gleichgesetzt werden, der auch den dolus eventualis umfaßt. Dieses ergibt sich aus den folgenden Ausführungen von *Stéfani/Levasseur/Bouloc* zum „dol éventuel":

„Du point de vue psychologique, le dol éventuel se situe entre l'intention proprement dite et la faute d'imprudence ou de négligence, qui ne suppose ni l'acceptation éventuelle du résultat illicite, ni la recherche d'un tel résultat."[594]

---

591 *Seago*, Criminal Law, S. 57.

592 *Decocq*, Droit Pénal Général, S. 208.

593 *Decocq*, aaO, S. 212.

594 *Stéfani/Levasseur/Bouloc*, Droit pénal général, S. 222.

Der „dol éventuel“ ist demnach gar nicht als Vorsatzform zu verstehen, sondern fällt in den Bereich der bewußten Fahrlässigkeit.[595] Von der „intention“ scheint er sich dadurch abzugrenzen, daß diese immerhin noch eine „acceptation éventuelle“ voraussetzt, ein Terminus, den man wohl am besten mit der in der deutschen Rechtsprechung gebräuchlichen Formen des „billigenden Inkaufnehmens“ umschreiben kann. Während im deutschen Recht jedoch anerkannt ist, daß ein „Billigen“ im Rechtssinne auch dann vorliegen kann, wenn dem Täter der Eintritt des Erfolges an sich unerwünscht ist[596], scheint die französische Dogmatik im Rahmen der „intention“ an einem Willenselement festgehalten zu haben. Dies wird durch *Decocqs* Ausführungen bestätigt:

„La nuance qui sépare cette hypothèse [scil. des dol éventuel] du dol indéterminé est donc le défaut d'acceptation du risque du résultat.“[597]

Das französische Recht begreift unter „intention“ somit einen subjektiven Tatbestand, der das Erkennen der Möglichkeit des Erfolgseintritts sowie dessen positive Akzeptanz durch den Täter voraussetzt.[598] Keinesfalls läßt sich jedoch behaupten, die „intention“ decke sich mit dem deutschen Terminus der Absicht im technischen Sinne. Da die französische Rechtssprache den Begriff der „intention“ eher weit faßt und die englische Terminologie unklar ist, läßt sich die Bedeutung des Merkmals in England und Frankreich somit nicht für eine restriktive Auslegung der Vorschrift heranziehen.

3. Nationale Rechtsordnungen und Auslegung der Konvention

Fraglich ist überhaupt, inwieweit bei der Interpretation der EMRK auf das Verständnis von Begriffen zurückgegriffen werden darf, die auch Bestandteil der Rechtssprache eines oder mehrerer ihrer Signatarstaaten sind. Da Völkerrecht und Landesrecht verschiedene Rechtsquellen darstellen, ist eine parallele Auslegung allein aufgrund der lexikalischen Übereinstimmung durch nichts zu rechtfertigen. Bei internationalen Verträgen ist das Rechtssystem, aus dem heraus ausgelegt werden

---

595 So auch *Decocq*, aaO, S. 213: „.. car le 'dol éventuel' n'est pas un dol, il ne constitute qu'une faute.“

596 BGHSt 7, 363 (369).

597 *Decocq*, aaO, S. 213 f.

598 Die Schwierigkeiten die in dieser Definition liegen, decken sich in etwa mit denen, die die Formel vom „billigenden Inkaufnehmen“ mit sich gebracht hat. So fragt sich *Decocq* im Hinblick auf einen Automechaniker, der dem Kunden am Vortag einer Bergtour versichert, die Bremsen des Wagens repariert zu haben, obwohl er dies unterlassen hat: „Accepte-t-il ou n'accepte-t-il pas le risque de l'accident et de ses suites ?“, S. 213.

muß, allein das Völkerrecht.[599] Die Heranziehung nationaler Begriffsbestimmungen erscheint nur dann sinnvoll, wenn man unterstellt, daß die Vertragsparteien bei der Verwendung bestimmter Termini automatisch den Inhalt assoziieren, den diese durch die Rechtspraxis in einem oder mehreren Mitgliedsstaaten erhalten haben. Davon kann jedoch in Bezug auf die EMRK in Anbetracht der Tatsache, daß an ihrer Entwicklung und an ihrem Abschluß eine Vielzahl von Staaten mit verschiedenen Landessprachen beteiligt waren, die zudem - bei aller Verwandschaft der europäischen Rechtsordnungen - verschiedenen Rechtskreisen entstammen, kaum ausgegangen werden. Dementspreched bemühten sich die Signatarstaaten auch bei der Abfassung der Menschenrechtstatbestände, weniger juristisch vorgeprägte Fachbegriffe als neutrale Formulierungen aus der Alltagssprache zu gebrauchen.[600] So ist in Art. 1 des 1. Zusatzprotokolls, wo das Eigentumsrecht niedergelegt ist, nicht von „property" bzw. „proprieté" die Rede, wie es der englischen bzw. französischen Rechtssprache entsprochen hätte[601], sondern von „possessions" und „biens". Darüber hinaus ist zu bedenken, daß eine solche Vorgehensweise methodisch der historischen Auslegung entspräche, da man auf die Vorstellung der Vertragsparteien von bestimmten Begriffsinhalten abstellen würde. Dadurch wären die einzelnen Begriffe der EMRK von vornherein festgelegt, und es wäre nicht möglich, sie den Notwendigkeiten anzupassen, die sich erst im Laufe der Praktizierung des Regelwerkes offenbaren und sie in den Gesamtzusammenhang der Konvention einzufügen. Dementsprechend befürwortet die Völkerrechtslehre für die Auslegung normsetzender Vertragswerke auch weniger eine subjektive, am Willen der Vertragsparteien festhaltende Auslegung, als eine dynamische Interpretationsweise, die sich aktuellen Gegebenheiten anpassen und so Sinn und Zweck des Vertragswerkes optimal verwirklichen kann.[602] Auch der Umstand, daß einem Abkommen später weitere Mitglieder beigetreten sind, schwächt die Bedeutung der subjektiven Auslegung. Das Gebot der Gleichbehandlung der Partner verbietet es, diese an die subjektive Auslegung im Sinne des Parteiwillens der Begründer der Konvention zu binden, denn sie haben beim Beitritt keine Möglichkeit, hierauf Einfluß zu nehmen.[603] Somit wird deutlich, daß die historische Auslegung der EMRK als rechtssetzendem Vertrag[604] nicht gerecht wird. Dies gilt umso mehr, als sich die Zahl ihrer Mitgliedsstaaten seit ihrer Begründung von zehn auf über vierzig erhöht hat.[605] Daß die Konvention von Anfang an auf den Beitritt weiterer Mitgliedsstaaten hin angelegt war, ergibt sich nicht nur aus der Menschenrechtsidee selbst, sondern auch aus der Präambel, die davon spricht, daß „diese Erklärung [scil. die EMRK]

---

599 *Kraus*, JiR 11 (1962) = Laun-FS, S. 229 f.

600 *Herzog*, BayVbl. 1959, S. 45.

601 Vgl. *Beseler/Jacobs-Wüstefeld*, Law Dictionary; Dumey/Plasa, Dictionnaire Juridique

602 *Doehring*, Völkerrecht, S. 166.

603 *Doehring*, aaO.

604 Vgl. EGMR, Série A Nr. 6, S. 23; *Weber*, ZStW 65 (1953), S. 345.

605 Vgl. die Ratifikationstabelle in Sartorius II Nr. 130.

bezweckt, die universelle und wirksame Anerkennung der darin [scil. in der Allgemeinen Erklärung der Menschenrechte durch die Vereinten Nationen] erklärten Rechte zu gewährleisten". Darüber hinaus ist Ziel der EMRK laut deren Präambel nicht nur die „Wahrung", sondern auch die „Entwicklung" der Menschenrechte, was ebenfalls eine dynamische Auslegung geboten erscheinen läßt.[606] Dementsprechend bezeichnete die Kommission die EMRK auch als „living instrument"[607], was verdeutlicht, daß die Begriffsbestimmung dynamisch und flexibel gehalten werden soll, um sich sowohl ändernden Gegebenheiten als auch dem Fortschritt der Grundrechtsdogmatik anpassen zu können. Somit kann der Auffassung, daß die in der EMRK verwendeten Begriffe - mögen sie auch einer nationalen Rechtsordnung entstammen - mit ihrer Aufnahme in die Konvention Eingang in eine europäische Rechtssprache gefunden haben[608], die ihre Terminologie an gesamteuropäischen Gegebenheiten und Erfordernissen ausrichtet, nur zugestimmt werden. Dafür spricht auch insbesondere der Umstand, daß teilweise auf juristisch vorgeprägtes Fachvokabular zugunsten alltäglicher Begriffe verzichtet wurde. Mit dieser Erkenntnis aber ist der Rückgriff auf nationale Sinngebungen bei der Auslegung der Konvention nicht zu vereinbaren, dies umso mehr, als der Abschluß der EMRK mittlerweile beinahe 50 Jahre zurückliegt und die europäische Rechtskultur in diesem Zeitraum eine „besondere Blüte"[609] erlebt hat.

Ergebnis

Die Ansicht, die unter Berufung auf das englische Recht lediglich „absichtliche" Tötungen im technischen Sinne als vom Verbot des Art. 2 Abs. 1 S. 2 EMRK erfaßt sehen will, ist daher unter allen Gesichtspunkten abzulehnen. Ebenso kann jedoch auch eine weite Auslegung des Begriffes der „intention", nach der dieses Merkmal auch bedingt vorsätzliche Tötungen mitumfaßt, nicht mit dem Hinweis auf den Inhalt gerechtfertigt werden, den ihm nationale Rechtsordnungen gegeben haben.

III. Systematische und teleologische Begriffsbestimmung

Da eine grammatikalische Auslegung des Merkmals „intentionally" bzw. „intentionellement" bei Außerachtlassung dessen juristischer Vorprägung wegen seiner inhaltlichen Weite unergiebig ist und die Berücksichtigung nationaler Interpretationen im Wege der historischen Auslegung sich aufgrund der Eigenart der Konvention

606 *Herzog*, AöR 86 (1961), S. 198.

607 Kommission EuGRZ 1979, S. 162, 164.

608 *Weber*, ZStW 65 (1953), S.345; *Herzog*, aaO.

609 So *Häberle*, Europäische Rechtskultur, S. 28.

verbietet, muß die Bestimmung der Reichweite des Begriffes im Rahmen einer objektiven Auslegung anhand von systematischen und teleologischen Gesichtspunkten vorgenommen werden.

Gegen eine Beschränkung des Tötungsverbotes auf direkt vorsätzliche Tötungshandlungen wurde zum Teil Absatz 2 der Vorschrift herangeführt. *Schmidhäuser* führt aus, daß bereits dessen Einleitungssatz „..wenn sie [scil. die Tötung] sich aus einer unbedingt erforderlichen Gewaltanwendung ergibt“ zeige, daß die Vertragspartner bei der Regelung der Ausnahmen vom Tötungsverbot nicht davon ausgingen, daß sich dieses Verbot nur auf direkt vorsätzliche Tötungen bezieht.[610] Dieses Argument zielt darauf ab, daß die Verwendung des Verbes „ergeben“ die Möglichkeit einer nicht zwingendermaßen beabsichtigten Kausalität zwischen Handlung und Erfolg miteinschließt. Tatsächlich kann das Wort „ergeben“ im Deutschen über seine eigentliche Bedeutung im Sinne von „etwas zum Ergebnis haben“ noch gebraucht werden, um auszudrücken, daß ein Ereignis unvorhergesehen eingetreten ist, etwa wenn man davon spricht, daß sich eine Sache eben „so ergeben hat“, ohne daß man von Anfang an darauf hinaus gewollt hätte. Es ist jedoch nicht ersichtlich, daß den Verben „to result“ bzw. „résulter“, die in den für die Auslegung der Konvention allein maßgeblichen authentischen Fassungen Verwendung finden, eine ähnliche Mehrdeutigkeit innewohnen würde. Eine Argumentation, die an den Wortsinn des Begriffes „ergeben“ anknüpft, kann somit nicht überzeugen.

Darüber hinaus wird darauf verwiesen, daß lit. b des Art. 2 Abs. 2 EMRK nur dann Sinn ergebe, wenn sich das Tötungsverbot auch auf andere als direkt vorsätzliche Tötungen erstreckte. Die Vorschrift bestimmt, daß die Tötung unter anderem auch dann nicht als Verletzung des Artikels betrachtet wird, wenn sie erforderlich ist, um eine ordnungsgemäße Festnahme durchzuführen. Festnahmezweck und direkt vorsätzliche Tötung schlössen sich jedoch aus.[611] Dem ist zuzustimmen, eine absichtliche Tötung im technischen Sinne kann niemals geeignet und somit notwendig sein, um eine Festnahme „durchzuführen“. Würde man lediglich „absichtliche“ Tötungen im technischen Sinne unter Art. 2 Abs. 2 EMRK fassen, so könnte lit. b der Vorschrift keiner vernünftigen Auslegung zugänglich gemacht werden.

Auch der dritte Eingriffsvorbehalt läßt sich in diesem Sinne heranführen. Im Rahmen der Unterdrückung eines Aufstandes oder Aufruhrs werden direkt vorsätzliche Tötungshandlungen wohl kaum notwendig sein. Daher gewinnt die Vorschrift erst dann an Bedeutung, wenn man auch bedingt vorsätzliche Tötungen als vom Verbot des Art. 2 EMRK erfaßt ansieht. Unter teleologischen Aspekten ist zu bedenken, daß ein Menschenrecht auf Leben, das nur vor „absichtlichen“ Tötungen schützt,

---

610 *Schmidhäuser* in: *Merten* (Hrsg.), Aktuelle Probleme des Polizeirechts, S. 61 f.; nach ihm *Frister*, GA 1985, S. 561.

611 *Schwabe*, Notrechtsvorbehalte des Polizeirechts, S. 28; *Frister*, GA 1985, S. 561.

lediglich eine relativ vernachlässigenswerte Einschränkung der Staatsgewalt bewirken würde. Ein blindwütiger Einsatz von Schußwaffen durch Ordnungskräfte gegen Demonstranten oder lebensgefährliche Verhörmethoden blieben somit zumindest im Hinblick auf Art. 2 EMRK menschenrechtlich unbedenklich. Solche Konsequenzen wären jedoch mit dem Ziel der EMRK, die universelle und wirksame Anerkennung der in der Allgemeinen Erklärung enthaltenen Rechte zu gewährleisten, nicht vereinbar. Dies umso mehr, als Art. 3 der Erklärung das Leben ganz allgemein und ohne subjektive Anforderungen an die Tötungshandlung schützt. Vom Standpunkt der objektiven Auslegung aus lassen sich somit ausschließlich Argumente für die Ausdehnung des Schutzbereiches auf vorsätzliche Handlungen im allgemeinen gewinnen.

IV. Die Rechtsprechung der Kommission

Ein solches Verständnis des Merkmals „intentional“ bzw. „intentionellement“ wird vom Ergebnis her auch von der Rechtsprechung der *Kommission* bestätigt. Im Fall *Steward* hatte sie die Tötung eines nordirischen Demonstranten durch britische Ordnungskräfte an Art. 2 der Konvention zu messen. Um sich gegen Steinwürfe zu verteidigen, entschloß sich die Patrouille zum Einsatz von Gummigeschossen. Einer der Soldaten zielte dabei auf die Beine des Anführers der etwa einhundertundfünfzig Mann umfassenden Menschenmenge. Kurz vor Abgabe des Schusses wurde er jedoch von einem Wurfgeschoß getroffen und traf demzufolge einen anderen Demonstranten am Kopf, der daraufhin verstarb.[612] Schon die Einlassung der britischen Regierung spricht für die hier vertretene Auslegung des Art. 2 Abs. 1 S. 2 EMRK. So führte diese aus:

> „The Government submits that Article 2 only concerns intentional deprivation of life and does not apply to either accidents or negligent behaviour.“[613]

Die Gegenüberstellung von „intentional deprivation“ und bloßen Unfällen bzw. bloßer Nachlässigkeit läßt darauf schließen, daß man davon ausging, daß vorsätzliche Tötungen im allgemeinen von Art. 2 Abs. 1 S. 2 EMRK erfaßt seien. Etwas überraschend fallen dann freilich die Erörterungen der Kommission aus. Diese verweist zunächst auf ihre Rechtsprechung, in der sie feststellte, daß Art. 2 Abs. 1 S. 1 EMRK die Pflicht des Staates konstituiere, sich schützend vor das Leben zu stellen.[614] Dann führt sie aus:

---

[612] Kommission Decisions and Reports 39, S. 164.

[613] Kommission aaO, S. 168.

[614] Vgl. Kommission Decisions and Reports 14, S. 31.

„The Commission considers that the above interpretation [scil. ein Verständnis der Vorschrift, das dem Staat auch Schutzpflichten auferlegt], which views the sphere of protection afforded by Article 2 as going beyond the intentional deprivation of life, flows from the wording and structure of Article 2. In particular, the exceptions enumerated in paragraph 2 indicate that this provision is not concerned exclusively with intentional killing. [...] In the Commission's opinion the text of Article 2, read as a whole, indicates that paragraph 2 does not primarily define situations where it is permitted intentionally to kill an individual, but defines the situations where it is permissible to „use force" which may result, as the unintended outcome of the use of force, in the depriviation of life."[615]

Hier gewinnt der Leser den Eindruck, daß die Kommission in Anbetracht der Tatsache, daß der Staat nicht nur Eingriffe zu unterlassen, sondern sich darüber hinaus auch schützend vor das Leben zu stellen hat, den Schluß zieht, daß nicht nur Tötungshandlungen, die „intentionally" vorgenommen wurden, an Art. 2 Abs. 1 S. 2 EMRK zu messen sind. So prüft die *Kommission* im weiteren noch, ob der Einsatz von Schußwaffen „absolutely necessary" war, obgleich ein wie auch immer gearteter Tötungsvorsatz offensichtlich nicht vorlag.[616] Dies kann nur bedeuten, daß sie auch fahrlässige Tötungen an Art. 2 EMRK messen will, was mit dem Erfordernis der „intentionally" erfolgten Tötung nicht mehr in Einklang zu bringen ist. Dementsprechen fiel auch der zweite Leitsatz der Entscheidung aus:

„A corollary interpretation of the requirement of this Article to protect life is that it also covers situations where death ist unintentionally inflicted."[617]

Das Merkmal „intentionally" wurde von der *Kommission* demnach einfach weginterpretiert. Ob ein solches Vorgehen als korrekt angesehen werden kann, erscheint zweifelhaft. Dennoch läßt sich festhalten, daß das in dieser Untersuchung gewonnene Auslegungsergebnis von der Rechtsprechung der Straßburger Organe gedeckt ist.

V. Die Rechtsprechung des EGMR

Auch der *EGMR* hat in jüngster Zeit zu der Frage Stellung genommen, welche Tötungen in subjektiver Hinsicht von Art. 2 Abs. 2 EMRK erfaßt werden. Im Gegensatz zur Kommission hat er dabei jedoch von einer dogmatischen Auseinandersetzung mit der Problematik abgesehen. Das Ergebnis wurde jedoch umso deutlicher formuliert. In dem Urteil *Oğur/Türkei* stellte der *Gerichtshof* fest, daß

---

[615] Kommission Decisions and Reports 39, S. 170.

[616] Kommission aaO, S. 172.

[617] aaO, S. 162.

„Art. 2 II EMRK [...] nicht in erster Linie die Umstände dar[legt], unter denen es erlaubt ist, absichtlich zu töten, sondern die, unter denen Gewaltanwendung zulässig ist, die ungewollt den Tod verursachen kann."[618]

Ebenso äußerte sich der *EGMR* kurz darauf in dem Fall *Salman/Türkei*:

„Art. 2 EMRK (Recht auf Leben) erfasst nicht nur vorsätzliche Tötungen, sondern auch die unbeabsichtigte Verursachung des Todes durch eine an sich rechtmäßige Gewaltanwendung."[619]

Die neueste Rechtsprechung des *Gerichtshofs* geht somit dahin, auch fahrlässige Tötungen an Art. 2 Abs. 2 EMRK zu messen, sofern ihnen wenigstens eine vorsätzliche Gewaltanwendung zugrunde liegt. Demnach ist eine Beschränkung des Tötungsverbotes auf direkt vorsätzliche Tötungen abzulehnen.[620]

---

[618] EGMR NJW 2001, S 1991.

[619] EGMR NJW 2001, S. 2001.

[620] So auch *Bockelmann*, Engisch-FS, S. 460; *Echterhölter*, JZ 1956, S. 143; *Frister*, GA 1985, S. 561.

Kapitel 2

Die verteidigungsfähigen Rechtsgüter gemäß Art. 2 Abs. 2 lit. a EMRK

Eine Einschränkung des Notwehrrechts durch Art. 2 EMRK im hier erörterten Sinne setzt jedoch auch voraus, daß der Vorbehalt des lit. a des Absatz 2 Tötungshandlungen zum Schutze von Sachgütern nicht deckt und diese somit dem Regelungsgehalt der Vorschrift zuwiderlaufen. Ist die Tötung im Verteidigungsfall nur zur „Verteidigung eines Menschen gegenüber rechtswidriger Gewaltanwendung" zulässig, so liegt eine solche Folgerung nahe. Dennoch wurde gegen die Ausklammerung tödlicher Sachwehr aus dem Eingriffsvorbehalt des Art. 2 Abs. 2 lit. a EMRK heftig protestiert und eine Vielzahl von Argumenten angeführt.

A. Das Merkmal „person" bzw. „personne"

Das *Bundesjustizministerium* stellte sich in seinem Gutachten auf den Standpunkt, daß die Formulierung „defence of any person" auch eine Auslegung gestatte, nach der als verteidigungsfähige Rechtsgüter nicht nur Leib und Leben eines Menschen, sondern auch Sachwerte anzusehen sind.[621] Diese Argument scheint auf die Unbestimmtheit des Begriffes der „person" abzustellen. So wirft *Jakobs* die Frage auf, ob darunter die Person als biologisches System oder als Summe ihrer Persönlichkeitsrechte, worunter schließlich auch das Eigentum fallen könnte, zu verstehen sei.[622] Ähnlich argumentiert *Appell*. Der Ausdruck „person" beschreibe den Menschen als Träger von Rechten und Pflichten, weshalb er auch eine Auslegung ermögliche, nach der die Verteidigung von Sachgütern ebenfalls die Rechtfertigung von Tötungen begründen könne. Auf ein solches Verständnis deute vor allem der französische Wortlaut „de toute personne" - der ganzen Person, von allen ihren Rechtsgütern, von der Rechtsperson – hin.[623]

Dieses Argument kann jedoch keineswegs überzeugen. Zwar kann „tout" auch „ganz" bedeuten. Soll jedoch zum Ausdruck kommen, daß eine Sache als ganzes gemeint ist, muß dem Substantiv ein Artikel vorstehen, fehlt dieser, so ist „tout" mit „jeder, jede, jedes" zu übersetzen.[624] Es wäre auch verwunderlich gewesen, wenn gegenüber der englischen Fassung, die von „any person" spricht, solche Divergenzen bestanden hätten. Im übrigen erscheint es zweifelhaft, daß mit „person" bzw. „personne" über das Individuum hinaus noch dessen Rechte an Vermögensgütern

[621] Gutachten des Bundesjustizministeriums, Niederschriften Bd. 2, Anh. 26, S. 81.

[622] *Jakobs*, Allgemeiner Teil, S. 397.

[623] *Appell*, Die EMRK in ihrer Bedeutung für das deutsche Strafrecht und Strafverfahrensrecht, S. 119.

[624] *Langenscheidts* Großwörterbuch, lit. I 1 a bei „tout".

gemeint sein sollen. So spricht der Vorentwurf zum französischen code pénal von 1983 in seinem Art. 35 von „défense d'une personne", sowie von „défense d'un bien" in Art. 36.[625] Auch der Reformvorschlag von 1986 differenziert in Art. 122-4/5 zwischen „atteinte injustifiée envers une personne ou un bien. Art. 122-5 Code pénal unterscheidet zwischen „une atteinte injustifiée envers elle-même ou autrui" und „l'éxecution d'un crime ou d'un délit contre un bien".[626] In einer Vorlage an das englische Parlament (Draft Criminal Law Bill) ist in Clause 27 von „protection of person or property" die Rede.[627] Durch die jeweilige Gegenüberstellungen von Personenschutz und Sachgüterschutz wird deutlich, daß sowohl die englische als auch die französische Sprache die Rechte einer Person an Sachen oder sonstigen Vermögensobjekten nicht mehr als Bestandteil der Person selbst ansehen. Zwar wurde oben[628] dargelegt, daß nationale Rechtssysteme zur Auslegung der EMRK nicht herangezogen werden können, doch in diesem Zusammenhang geht es lediglich darum, dem Sinngehalt, den die authentischen Sprachen dem Ausdruck „person" bzw. „personne" beimessen, auf die Spur zu kommen. Da es sich dabei weniger um einen terminus technicus handelt, um dessen Erklärung sich schon zur Zeit der Abfassung der Konvention eine ausdifferenzierte Dogmatik bemühte, wie das z.B. bei dem Rechtsbegriff der „intention" der Fall war, als um ein Wort, dessen Bedeutung sich vom natürlichen Sprachgebrauch her erschließt, erscheint eine solche Vorgehensweise gerechtfertigt. Allein der Umstand, daß die Tötung zur Verteidigung einer „person" bzw. „personne" erforderlich sein muß, spricht vom Standpunkt der grammatikalischen Auslegung gegen eine Einbeziehung von Vermögenswerten in den Kreis der verteidigungsfähigen Rechtsgüter.

B. Das Erfordernis der „unlawful violence" bzw. „violence illégitime"

Selbst bei einer weiten Auslegung des Begriffs „person", die auch Sach- und Vermögensgüter als Angriffsobjekt miteinschließen würde, bliebe es jedoch immer noch dabei, daß Art. 2 Abs. 2 lit. a EMRK „rechtswidrige Gewaltanwendung" als Angriffsmodalität fordert.

Im deutschen Strafrecht hat der Gewaltbegriff im Laufe der Zeit einen regen Wandel durchlaufen. So verstand man unter Gewalt zunächst eine unter Anwendung von Körperkraft erfolgende Einwirkung auf den Körper des Opfers zur Überwindung eines Widerstandes[629], dann sollte bereits der Eintritt einer körperlichen

[625] *Wittemann*, Grundlinien und Grenzen der Notwehr in Europa, S. 79.
[626] *Wittemann*, aaO, S. 81.
[627] aaO, S. 142.
[628] Zweiter Teil, Kapitel 1, C II 3.
[629] RGSt 56, 87 (88); RGSt 64, 113 (115).

Zwangswirkung beim Opfer ausreichen[630], später verlagerte sich der Schwerpunkt auf eine körperliche Einwirkung auf das Opfer[631], mittlerweile ist man zur Auslösung der körperlichen Zwangswirkung beim Opfer zurückgekehrt, wobei die Gegenwärtigkeit der ursächlichen Handlung als zusätzliches Eingrenzungskriterium herangezogen wird.[632] Zueigen war dem Gewaltbegriff jedoch stets, daß finales Objekt der Gewalt ein Mensch sein mußte. Zutreffenderweise wurde jedoch darauf hingewiesen, daß die Auslegung der Terminus „violence" nicht anhand der deutschen Auffassung vom juristischen Gewaltbegriff vorgenommen werden kann.[633] Gegner einer Einschränkung des Notwehrrechts durch die Menschenrechtskonvention rekurrierten vielmehr darauf, daß „violence" im Englischen wie im Französischen auch die körperliche Einwirkung auf Sachen umfasse.[634] Dies ist zweifelsohne richtig, spricht jedoch nicht zwingendermaßen dafür, daß auch Angriffe gegen Sachgüter in den Regelungsbereich des Art. 2 Abs. 2 lit. a EMRK einzubeziehen sind. Schließlich beinhaltet auch der deutsche Ausdruck „Gewalt", sofern man seine Prägung durch die juristische Dogmatik außer acht läßt, Einwirkungen auf Sachen. So kann z.B. die Rede davon sein, daß eine Tür „mit Gewalt" geöffnet wurde. Somit wird deutlich, daß es sich bei dem Merkmal der „rechtswidrigen Gewaltanwendung" um einen normativen Begriff handelt, dessen Inhalt vom allgemeinen Sprachgebrauch her nur grob eingegrenzt wird und somit vor allem unter Berücksichtigung rechtslogischer und -systematischer Gesichtspunkte bestimmt werden muß. Nach oben[635] Gesagtem darf sich die Auslegung jedoch nicht an der Reichweite der Notwehrbefugnisse in England oder Frankreich zur Zeit des Abschlusses der Konvention orientieren.[636] Selbst wenn man unterstellt, daß die Mitgliedsstaaten durch den Abschluß der Konvention ihr Strafrecht unberührt lassen wollten[637], muß dieser historische Wille außer acht gelassen werden. Die Konvention ist nach objektiven Kriterien auszulegen und somit fähig, ein von den Vorstellungen ihrer Begründer unabhängiges „Eigenleben" zu entwickeln. Verweise auf die Ausgestaltungen des Notwehrrechtes in den einzelnen Signatarstaaten sind somit unbeachtlich,

---

[630] So SchSch-*Esser*, Vorb. §§ 234 ff., Rdn. 7.

[631] BGHSt 37, 350 (353); *Blei*, NJW 1954, S. 583; *Geilen*, JZ 1970, S. 527.

[632] SchSch-*Esser*, Vorb. §§ 234 ff., Rdn. 10; *Otto*, Besonderer Teil, S. 93; *Knodel*, Der Begriff der Gewalt im Strafrecht, S. 52 ff.

[633] *Krüger*, NJW 1970, S. 1484; *Lenckner*, GA 1968, S. 6; a.A. nur *Heinsius*, Moderne Entwicklung des Notwehrrechtes, S. 26.

[634] So LK-*Spendel*, § 32 Rdn. 260; *Appel*, Die EMRK in ihrer Bedeutung für das deutsche Strafrecht und Strafverfahrensrecht, S. 120; *Schwabe*, JZ 1974, S. 637; Gutachten des Bundesjustizministeriums, Niederschriften Bd. 2, Anh. 26, S. 80 f.; *Lange*, MDR 1974, S. 359.

[635] Zweiter Teil, Kapitel 1, C II 3.

[636] So jedoch Gutachten des Bundesjustizministeriums, aaO, S. 80 f.; *Bockelmann*, Engisch-FS, S. 464 (Fn. 20).

[637] Vor allem *Jescheck*, NJW 1954, S. 784; *Bockelmann*, aaO; *Weber*, ZStW 65 (1953), S. 346 geht sogar soweit zu behaupten, daß die Konvention so auszulegen sei, daß sie mit dem Recht der Mitgliedsstaaten in Einklang steht und nicht umgekehrt.

die Konvention ist alleine aus sich heraus auszulegen. Wird jedoch vorausgesetzt, daß das Täterverhalten in „rechtswidriger Gewaltanwendung" bestehen muß und ist diese nach dem allgemeinen Sprachgebrauch in den authentischen Sprachen als „fait de briser par la force la résistance opposée par une chose ou par une personne"[638] bzw. „exercise of physical force so as to inflict injury on or damage to persons or property"[639] verstanden, so schließt dies in jedem Fall eine Rechtfertigung nach Art. 2 Abs. 2 lit. a EMRK aus, sofern der Angreifer keine Kraft zur Überwindung eines Widerstandes oder zur Verletzung oder Beschädigung einer Person oder Sache entfaltet. Der Hinweis darauf, daß der Ausdruck „Gewalt" auch im übertragenen Sinne gebraucht werden kann[640], wie z.B. „einem Text Gewalt antun", geht fehl. Art. 2 Abs. 2 lit. a EMRK rechtfertigt eine schwere Rechtsgutsbeeinträchtigung, nämlich die Tötung. Wird dabei eine Gewaltanwendung des Angreifers zur Voraussetzung gemacht, so dient dies dazu, eine bestimmte Art von Täterverhalten herauszuheben, das wegen seiner besonderen Gefährlichkeit einen so weitgehenden Eingriff angemessen erscheinen läßt. Diese besondere Gefährlichkeit kann jedoch nur darin zu erblicken sein, daß der Täter bereit ist, Widerstände durch physische Kraftentfaltung zu überwinden. Ein bloßer Diebstahl eröffnet somit den Anwendungsbereich des Art. 2 Abs. 2 lit. a EMRK nicht. Zu klären bleibt demnach nur noch, ob eine Gewaltanwendung gegen Sachen ausreicht oder ob sich diese vielmehr gegen den Körper einer Person richten muß.

C. Rechtswidrige Gewaltanwendung gegen die „person" bzw. „personne"

Läßt der englische bzw. französische Begriff „violence" dies offen, so legt der Umstand, daß die Tötung zur Verteidigung einer „person" bzw. „personne" erfolgen muß nahe, daß im Falle der EMRK der sprachlich offene Begriff der „violence" juristisch auf die Gewalt gegen Personen im Sinne des deutschen Strafrechts beschränkt werden sollte. Dem läßt sich auch nicht entgegenhalten, daß sich der Genitiv „eines Menschen" eindeutig auf die „Verteidigung" beziehe und nicht im Zusammenhang mit „rechtswidriger Gewaltanwendung" zu lesen sei.[641] Rein grammatikalisch steht die Ergänzung „eines Menschen" freilich in syntaktischem Zusammenhang zur Verteidigung, soll jedoch eine „person" bzw. „personne" gegen rechtswidrige Gewaltanwendung verteidigt werden, so kann kein Zweifel daran bestehen, daß sich die Gewalt auch gegen diese richten muß.

---

638 Le Grand *Robert* Bd. 6.

639 *Shorter* Oxford English Dictionary.

640 So LK-*Spendel*, § 32 Fn. 507.

641 A.A. *Lange*, MDR 1974, S. 359.

Wie oben[642] bereits dargelegt, wird jedoch behauptet, der Ausdruck „person“ bzw. „personne“ könne auch dahingehend ausgelegt werden, daß auch Vermögensrechte und andere nicht höchstpersönliche Rechtsgüter der Person darunter fielen. Zwar spricht die Verwendung des Begriffes in englischen und französischen Rechtstexten eindeutig gegen ein solches Verständnis. In Anbetracht der Tatsache, daß er mit der Verwendung in der EMRK Eingang in eine europäische Rechtssprache gefunden hat, kann dem jedoch nur eingeschränkte Bedeutung zugemessen werden und auch das nur, weil der Ausdruck mehr dem allgemeinen als dem juristischen Sprachgebrauch entspringt und Rechtstexte somit auch über diesen Aufschluß verleihen können. Es sei darauf hingewiesen, daß auch § 32 StGB davon spricht, daß die Handlung des Täters gerechtfertigt ist, wenn sie dazu dient, „einen Angriff von sich oder einem anderen abzuwehren“. Wenn darin auch hinreichend zum Ausdruck kommt, daß eine Person Objekt des Angriffes sein muß, so ist die Notwehrlage ungeachtet dessen schon dann gegeben, wenn lediglich Vermögensrechte des Angegriffenen bedroht sind.[643] Damit soll auch nicht deutsches Recht zur Auslegung der EMRK herangezogen werden; es geht lediglich darum zu zeigen, daß die genannte Interpretation des Merkmals „person“ bzw. „personne“ doch nicht so abwegig ist, wie es zunächst den Anschein hatte. Es darf jedoch nicht übersehen werden, daß neben der Würdigung der oben[644] genannten englischen und französischen Rechtstexte noch die Tatsache für eine enge Auslegung des Art. 2 Abs. 2 lit. a EMRK spricht, daß man weder ausschließlich die Verteidigung einer „person“ bzw. „personne“ noch die Verteidigung gegen „rechtswidrige Gewaltanwendung“ zur Voraussetzung des Eingriffs gemacht, sondern beide Begriffe in dem Sinne miteinander in Verbindung gebracht hat, daß die Verteidigung einer Person gegen rechtswidrige Gewaltanwendung erfolgen muß. Zwar lassen beide Termini eine Auslegung zu, die auch Sachwerte noch in den Kreis der verteidigungsfähigen Rechtsgüter miteinbezieht, dies jedoch nur im Rahmen eines normativen Begriffsverständnisses, das sich im Randbereich des natürlichen Wortsinns befindet. Der Umstand, daß man zur Umschreibung der Rechtfertigungssituation gerade zwei Begriffe miteinander gekoppelt hat, die eher eine restriktive Interpretation nahelegen, muß dann aber auch insgesamt für ein einschränkendes Verständnis der Vorschrift sprechen.

Zusammenfassend läßt sich somit sagen, daß der Wortlaut des Art. 2 Abs. 2 lit. a EMRK sowohl eine Auslegung zuläßt, die auch Sachangriffe in den Anwendungsbereich miteinschließt, sofern diese mit Gewalt vorgetragen werden, als auch eine Interpretation, die nur gewaltsames Vorgehen gegen die Person selbst ausreichen läßt. Zwar legt der Wortlaut der Vorschrift letzteres eindeutig näher, eine end-

642 Zweiter Teil, Kapitel 2, A.

643 Vgl. *Lange*, aaO, S. 359.

644 Zweiter Teil, Kapitel 2, A.

gültige Klärung kann jedoch erst unter Berücksichtigung systematischer und teleologischer Aspekte erfolgen.

D. Systematische und teleologische Auslegung

Gegen ein extensives Verständnis des Eingriffsvorbehalts aus lit. a spricht der Umstand, daß demnach zwar eine gewaltsame Sachbeschädigung zur tödlichen Verteidigung berechtigen würde, nicht jedoch der Diebstahl.[645] Eine solche Differenzierung wäre wenig sinnvoll und ließe die Regelung des Art. 2 Abs. 2 lit. a EMRK widersprüchlich erscheinen. Auslegungsergebnisse, die in vergleichbaren Anwendungsfällen einer Vorschrift zu unterschiedlichen Rechtsfolgen führen, sind jedoch nach Möglichkeit zu vermeiden. Allerdings führt auch eine restriktive Auslegung des lit. a zu Spannungen zwischen den einzelnen Eingriffsvorbehalten. So erscheint es unangemessen, daß eine Tötung zum Zweck einer aus noch so geringem Anlaß erforderlichen Festnahme, nicht jedoch zum Schutze erheblicher Sachwerte zulässig sein soll.[646] Dagegen wendet *Frister* ein, daß lit. a den Schutz des Individuums bezwecke, während das Festnahmerecht in erster Linie der Durchsetzung des staatlichen Strafverfolgungsanspruchs diene. Eine logisch zwingende Rangfolge dieser auf völlig verschiedenen Ebenen liegenden Interessen lasse sich überhaupt nicht bestimmen, so daß ein Wertungswiderspruch zwischen lit. a und lit.b des zweiten Absatzes gar nicht erst entstehen könnte.[647] Zwar erscheint es grundsätzlich nachvollziehbar, an individualschützende Maßnahmen andere Maßstäbe anzulegen als an solche, die im öffentlichen Interesse erfolgen. Ganz lassen sich Wertungswidersprüche mit dem Verweis auf die unterschiedlichen Zielrichtungen der beiden Eingriffsvorbehalte jedoch nicht ausräumen. So kann es kaum als sachgerecht angesehen werden, wenn sich in Unterzahl befindende Polizeikräfte zunächst zusehen müßten, wie Randalierer fremdes Eigentum zerstören, sich aber der Schußwaffe bedienen dürften, sobald die Täter die Flucht ergreifen.

Somit wird deutlich, daß eine Auslegung, die die Eingriffsvorbehalte des Absatz 2 harmonisiert und zu widerspruchsfreien Ergebnissen führt, sich nicht auf die Interpretation dessen lit. a beschränken darf, sondern bei der ganzen Vorschrift ansetzen muß. So schlägt *Frister* auch vor, eventuelle Widersprüche eher durch eine restriktive Auslegung des Art. 2 Abs. 2 lit. b EMRK als durch ein weites Verständnis des ersten Eingriffsvorbehalts zu beseitigen.[648] Damit die im Rahmen der Auslegung gewonnenen systematischen Erkenntnisse richtig gewichtet werden können, soll

---

[645] *Frister*, GA 1985, S. 563.

[646] LK-*Spendel*, § 32 Rdn. 261; *Lerche*, Heydte-FS Bd. 2, S. 1050; *Jakobs*, Allgemeiner Teil, S. 397 (Fn. 76).

[647] *Frister*, GA 1985, S. 562.

[648] *Frister*, aaO.

daher zunächst auf den Telos der Gewährleistung des Art. 2 EMRK eingegangen werden, um ein besseres Verständnis der Schrankensystematik des zweiten Absatzes zu ermöglichen.

I. Sinn und Zweck der Konvention

Die teleologische Interpretation hat von der Zielsetzung der EMRK auszugehen, die Menschenrechte zu wahren und zu entwicklen[649], sowie die freiheitlich-demokratische Staatsauffassung zu schützen.[650] Der darin zum Ausdruck kommende Wille, die Menschenrechte zu fördern, macht deutlich, daß die Auslegung der Konvention sich nicht auf eine Aneinanderreihung der jeweils schwächsten Begriffe beschränken darf.[651] Auch der allgemeine Aufschwung, den die Menschenrechtsidee nach Ende des Zweiten Weltkrieges erfahren hat und der seinen Ausdruck nicht zuletzt in Art. 55 c SVN, sowie in der parallelen Vorschrift des Art. 1 Abs. b der Satzung des Europarates gefunden hat, in dem sich die jeweiligen Organisationen die Verbesserung der internationalen Menschenrechtssituation zur Aufgabe gemacht haben, spricht dafür, die Gewährleistung internationaler Menschenrechtsabkommen tendenziell eher extensiv auszulegen. Diese Ansicht haben sich auch die Straßburger Organe zueigen gemacht. So stellte der *EGMR* klar, daß die Konvention Rechte zu garantieren beabsichtige, die nicht „theoretical or illusory", sondern vielmehr „practically and effective" seien.[652] Im Allgemeinen folgt daraus eine weite Auslegung der jeweiligen Verbürgungen.[653] So führte der *Gerichtshof* zu Art. 6 aus:

> „Dans une société démocratique au sens de la Convention, le droit à une bonne administration de la justice occupe une place si éminente qu'une interprétation restrictive de l'article 6 § 1 ne correspondrait pas au bu et à l'objet de cette disposition."[654]

Dabei wird deutlich, daß das Gericht den Schutzbereich eines Rechtes umso weiter fassen will, als dessen Bedeutung als „grundlegend" betrachtet werden kann. Spiegelbildlich dazu entschied der *EGMR*, daß die Eingriffsvorbehalte der Konvention eng auszulegen sind:

> „Ménageant une exception à un droit garanti par la Convention, ce paragraphe [scil. Art. 8 Abs. 2 EMRK] appelle une interpretation étroite."[655]

---

649 Vgl. Präambel, 3. Absatz.

650 So die Absätze vier und fünf der Präambel, sowie Art. 17 EMRK, Art. 3 ZP I.

651 *Herzog*, AöR 86 (1961), S. 198.

652 EGMR Série A Nr. 37, S. 16; EGMR Série A Nr. 32, S. 12; EGMR Série A Nr. 6, S. 31.

653 *Jacot-Guillard* in: *Petitti/Decaux/Imbert*, La convention européenne, S. 49.

654 EGMR Série A Nr. 11, S. 14 f.

Auch was Eingriffsvorbehalte anbelangt, steht der *Gerichtshof* auf dem Standpunkt, daß die Auslegung umso günstiger für den Menschenrechtsträger auszufallen hat, wie die Gewährleistung als grundlegend angesehen werden muß. So führte er im Urteil *Winterwerp* Folgendes aus:

„To hold otherwise would not be reconciliable with the text of Article 5 § 1 which sets out an exhaustive list of exceptions calling for a narrow interpretation. Neither would it be in conformity with the object and purpose of Article 5 § 1, namely to ensure that no one should be dispossessed of his liberty in an arbitrary fashion. Moreover, it would disregard the importance of the right to liberty in a democratic society."[656]

Später stellte die *Kommission* fest, daß sich die Interpretation des Art. 2 EMRK von der Erkenntnis leiten lassen müsse, daß das Lebensrecht „one of the most important rights in the Convention" sei.[657] Nach eben Gesagtem kann daraus nur das Gebot einer extensiven Auslegung der Gewährleistung sowie ein einschränkendes Verständnis der Eingriffsvorbehalte folgen. Dementsprechend hieß es in der Stellungnahme der *Kommission* weiter:

„These situations, where deprivation of life may be justified, are exhaustive and must be narrowly interpreted, being exceptions to, or indicating the limits of, a fundamental Convention right."[658]

Davon, daß die Eingriffsvorbehalte der Konvention nicht „einschränkend und formalistisch"[659] verstanden werden dürften bzw. als nicht abschließend anzusehen seien[660], kann somit nicht die Rede sein. Eine solche Ansicht ist nicht nur mit der westlichen Vorstellung von einem freiheitlichen Staatswesen sowie mit der Menschenrechtsidee unvereinbar[661], sie widerspricht auch eindeutig der Praxis der Straßburger Organe.

Es bleibt somit festzuhalten, daß gerade im Falle des Art. 2 EMRK derjenigen Auslegung der Schrankenvorbehalte der Vorzug zu geben ist, der dem Lebensrecht die größtmögliche Effektivität verleiht. Freilich sind einer solchen menschenrechtsfreundlichen Interpretation durch Wortlaut und Systematik der Konvention auch

---

655 EGMR Série A Nr. 28, S. 21; ebenso Série A Nr. 90, S. 21.

656 EGMR Série A Nr. 33, S. 16; auch für eine enge Auslegung von Eingriffsvorbehalten EGMR Série A Nr. 39, S. 36 f.

657 Kommission Decisions and Reports 39, S. 169.

658 Decisions and Reports 39, aaO.

659 *Jescheck*, NJW 1954, S. 784.

660 So aber *Jakobs*, Allgemeiner Teil, S. 397.

661 Dagegen daher auch schon *Frister*, GA 1985, S. 563 f.

Grenzen gesetzt.[662] Diesbezüglich ist auf den oben[663] erläuterten Wertungswiderspruch zu verweisen, der sich bei einer restriktiven Auslegung des Eingriffsvorbehalts aus lit. a zu lit. b der Vorschrift auftut. Nach dem bisher Gesagten ist jedoch *Frister* mit Nachdruck zuzustimmen, wenn er dessen Ausräumung auf Kosten der Reichweite des Festnahmerechts gemäß Art. 2 Abs. 2 lit. b EMRK fordert. Fraglich ist jedoch, wie eine solche Einschränkung erreicht werden kann, da der Wortlaut der Vorschrift eindeutig ist und keinen Ansatzpunkt für eine Restriktion zu bieten scheint.

II. Ausräumung des Wertungswiderspruches zwischen lit. a und lit. b des Art. 2 Abs. 2 EMRK

Zu berücksichtigen ist jedoch, daß die Straßburger Organe den Grundsatz der Verhältnismäßigkeit mit in die Prüfung der Rechtmäßigkeit einschränkender Maßnahmen einbezogen haben. So nahm der *Gerichtshof* die Formulierung „necessary in a democratic society" in Art. 8 bis 11 der Konvention zum Anlaß für die Forderung, daß Einschränkungen „proportionate to the legitimate aim pursued" zu sein haben.[664] Betrachtet man die Eingriffsregelung des Art. 2 Abs. 2 EMRK, so fällt auf, daß die Tötung nur dann nicht als Verletzung des vorstehenden Absatzes angesehen wird, wenn sie „absolutely necessary" ist, um eines der folgenden Ziele zu erreichen. Letztgenannte Äußerung des *EGMR* legt nahe, daß diese Formulierung nicht im Sinne einer bloßen Erforderlichkeitsklausel zu verstehen ist, sondern verlangt, daß eine Maßnahme nicht nur von einem der Rechtfertigungstatbestände des Absatz 2 gedeckt ist, sondern darüber hinaus noch dem Grundsatz der Verhältnismäßigkeit entspricht. In Anbetracht der besonderen Bedeutung des Rechtes auf Leben führte die *Kommission* dementsprechend aus, daß die Gewaltanwendung, zu der die Eingriffsvorbehalte der lit. a bis c des Art. 2 Abs. 2 EMRK ermächtigen, sogar „strictly proportionate" zu dem angestrebten Ziel sein müssen.[665] Somit läßt sich die Zulässigkeit lebensgefährlicher Festnahmemittel auf Ausnahmefälle reduzieren. Davon, daß die Tötung zum Zwecke einer aus noch so geringem Anlaß erfolgenden Festnahme rechtmäßig wäre, kann demnach keine Rede sein. Der Wertungswiderspruch, der sich aus einer engen Auslegung des ersten Eingriffsvorbehaltes ergäbe, ist somit ausgeräumt.

Gleichzeitig lassen sich der eben zitierten Rechtsprechung der Straßburger Organe entscheidende Kriterien für die Auslegung des Art. 2 Abs. 2 lit. a EMRK entneh-

---

[662] Vgl. dazu *Harris/Boyle/Warbrick*, Law of the European Convention on Human Rights, S. 16.
[663] Zweiter Teil, Kapitel 2, D.
[664] EGMR Série A Nr. 24, S. 23.
[665] Komission Decisions and Reports 39, S. 171.

men. Wie oben[666] bereits dargelegt, läßt der Wortlaut dieser Vorschrift einen gewissen Interpretationsspielraum, legt jedoch eine Auslegung nahe, nach der lediglich die Gefahr einer physischen Kraftentfaltung gegen das Opfer zur Überwindung dessen Widerstandes einen Eingriff in das Recht auf Leben erfordert. Spricht auch noch die Teleologie der Konvention für eine solche enge Auslegung des Art. 2 Abs. 2 lit. a, so muß die Tatsache, daß der *EGMR* eine restriktive Interpretation der Eingriffsvorbehalte insgesamt fordert, zwangsläufig die Entscheidung zu ihren Gunsten herbeiführen. Demnach greift die Schranke des Art. 2 Abs. 2 lit. a EMRK nur in Fällen, in denen eine Gewaltanwendung gegen das Opfer im eben genannten Sinne zu befürchten ist. Eine Befugnis, Menschenleben zum Schutze von Vermögensinteressen aufzuopfern, kann der Bestimmung dann nicht entnommen werden.

III. Die Rechtsprechung der Kommission zu Art. 2 Abs. 2 EMRK

Ein solches Verständnis läßt sich auch durch die Rechtsprechung der *Kommission* untermauern. Im Fall *Steward* führte sie zur Verhältnismäßigkeit der Tötungshandlung noch Folgendes aus:

„In assessing whether the use of force is strictly proportionate, regard must be had to the nature of the aim pursued, the dangers of life and limb inherent in the situation and the degree of the risk that the force employed might result in loss of life.“[667]

Daraus, daß die *Kommission* bei der Ermittlung der Verhältnismäßigkeit neben dem Ziel, das die zum Todeserfolg führende Handlung verfolgt, noch die der jeweiligen Situation immanenten Gefahren für Leib und Leben berücksichtigt wissen will, läßt sich schließen, daß eine Tötung - egal auf welchen Eingriffsvorbehalt sie sich stützt - nur dann rechtmäßig sein kann, wenn zumindest die Verletzung des Körpers eines Menschen droht. Eine Auslegung des lit. a, die Sachgüter mit in den Kreis der verteidigungsfähigen Güter einbezieht, ist somit keineswegs angezeigt. Vielmehr ist die Vorschrift dahingehend zu interpretieren, daß die Gewaltanwendung gegen die Person sogar die Gefahr einer Körperverletzung miteinschließen muß, so daß auch eine Freiheitsberaubung mittels physischer Einwirkung auf das Opfer eine tödliche Verteidigung nicht zu rechtfertigen vermag.

---

[666] Zweiter Teil, Kapitel 2, A.

[667] Kommission aaO. Die Notwendigkeit eines strengen Maßstabes hinsichtlich der Verhältnismäßigkeit wurde auch von EGMR NJW 2001, S. 1992 und EGMR 2001, S. 2003 betont.

Ergebnis

Somit bleibt festzuhalten, daß sowohl Wortlaut als auch Systematik und Teleologie des Art. 2 EMRK eine Beschränkung der Zulässigkeit der tödlichen Verteidigung auf Fälle rechtswidriger Gewaltanwendung gegen Menschen gebieten. Die Auswirkungen sind indes nicht so weitgehend, wie manche Autoren befürchten: So steht es außer Zweifel, daß eine Frau bei drohender Vergewaltigung notfalls auch mit lebensgefährlichen Mitteln verteidigt darf.[668] Auch kann das Vorliegen von Gewaltanwendung im obigen Sinne nicht in Frage gestellt werden, wenn es eine „Rockerbande" unternimmt, einen Polizisten auf der Straße „splitternackt" auszuziehen.[669] In beiden Fällen läßt es sich gut vertreten, eine üble und unangemessene Behandlung des Opfers anzunehmen, die das körperliche Wohlbefinden nicht nur unerheblich beeinträchtigt. Freilich läßt die Auslegung des Eingriffsvorbehaltes aus lit. a des Art. 2 Abs. 2 EMRK noch Fragen offen. So ist es problematisch, ob der Räuber, der das Opfer unter Gewaltandrohung auffordert, sein Geld herauszugeben, erforderlichenfalls unter Inkaufnahme einer Lebensgefahr niedergeschossen werden darf, obwohl dem Bedrohten noch die Möglichkeit bleibt, seine körperliche Unversehrtheit unter Aufopferung von Vermögenswerten zu retten. Da die Rechtfertigungsprüfung, wie oben[670] dargelegt, das Unsicherheit in sich bergende Element der Verhältnismäßigkeit umfaßt, erweist sich der Versuch einer genauen Begriffsbestimmung im Voraus als untauglich. Diesbezüglich bleibt nichts übrig, als einen Präzedenzfall auf europäischer Ebene abzuwarten. Fest steht jedenfalls, daß eine tödliche Verteidigung zum reinen Sachgüterschutz, d.h. in Fällen, in denen jede physische Einwirkung auf den Körper des Opfers weder vorliegt, noch zu befürchten ist, nicht von Art. 2 Abs. 2 lit. a EMRK gedeckt und somit konventionswidrig ist.[671]

---

668 Dieses Recht sieht *Bockelmann*, Engisch-FS, S. 459 durch die hier befürwortete Auslegung von Art. 2 Abs. 2 lit. a EMRK gefährdet; wie hier: *Frister*, GA 1985, S. 563.

669 Dieses Beispiel führt LK-*Spendel*, Rdn. 262 gegen ein restriktives Verständnis des Art. 2 Abs. 2 lit. a EMRK an.

670 Zweiter Teil, Kapitel 2, D III.

671 Für einen Ausschluß von Vermögenswerten aus dem Kreis der notwehrfähigen Güter im Ergebnis auch *Echterhölter*, JZ 1956, S. 143; *Himmelreich*, GA 1966, S. 133; *Guradze*, EMRK, S. 49; *Stratenwerth*, Allgemeiner Teil, S. 183; *Dahm*, Völkerrecht Bd. I (Stuttgart 1958), S. 432; *Maunz/Dürig* (*Dürig*), Art. 1 Abs. I Rdn. 62; *Schorn*, EMRK, S. 83; *Schuhmacher*, Die Polizei 1973, S. 259; *Heinsius*, Moderne Entwicklung des Notwehrrechts, S. 26; *Krüger*, NJW 1970, S. 1484; *Woesner*, NJW 1961, S. 1384; *Vélu*, La Convention européenne, S. 186; *Frister*, aaO, S. 563.

Dritter Teil

Das Problem des personalen Anwendungsbereiches des Art. 2 Abs. 1 S. 2 EMRK

Einführung

Größtenteils wird eine Einschränkung des Notwehrrechts abgelehnt, da Art. 2 Abs. 2 lit. a EMRK nur die Voraussetzungen regele, unter denen der Staat in das Recht auf Leben eingreifen darf, im Verhältnis der Bürger untereinander jedoch keine Schranken setze.[672] Andere sind demgegenüber der Auffassung, auch die Notwehr Privater sei an Art. 2 Abs. 2 lit. a EMRK zu messen.[673] Es erscheint jedoch fraglich, ob sich bei der hier vertretenen Ansicht über Art und Weise der Einwirkung der Konvention auf das innerstaatliche Recht die Frage nach deren Drittwirkung überhaupt noch stellt. Steht fest, daß die Grundrechte soweit dies möglich ist nicht enger als die entsprechenden Konventionsrechte ausgelegt werden dürfen und steht man auf dem Standpunkt, daß damit der Schutzbereich des Art. 2 GG auch denjenigen des Art. 2 EMRK mitumfaßt, so könnte man behaupten, daß die Rechte aus der EMRK zumindest im selben Umfang auf die Rechtsbeziehungen zwischen Privaten einwirken wie die Grundrechte des Grundgesetzes, für die ja eine mittelbare Drittwirkung anerkannt ist.[674] Eine solche Argumentation wäre jedoch Bedenken ausgesetzt. Zunächst würde so die Möglichkeit eröffnet, daß den Konventionsrechten auf diese Weise innerstaatlich ein weiterreichender personaler Anwendungsbereich zukäme, als er ihnen völkerrechtlich zugedacht wurde, eine Konsequenz, die durch nichts zu rechtfertigen wäre. Daß die Frage der Drittwirkung für

---

[672] So NK-*Herzog*, § 32 Rdn. 94; Gutachten des Bundesjustizministeriums, Niederschriften Bd. 2, Anh. Nr. 26, S. 81; Lk-*Spendel*, § 32 Rdn. 258, *Schmidhäuser*, Allgemeiner Teil, S. 343; *Bokkelmann*, Engisch-FS, S. 463; *ders.* Dreher-FS, S. 250; *Blei*, Allgemeiner Teil, S. 147; *Wessels/Beulke*, Allgemeiner Teil, S. 106; *Tröndle/Fischer*, § 32, Rdn. 21; *Baumann/Weber/Mitsch*, aaO, S. 323; *Maurach/Zipf*, Allgemeiner Teil Bd. 1, S. 363; *Welzel*, Das deutsche Strafrecht, S. 86; *Courakis*, Zur sozialethischen Begründung der Notwehr, S. 115; *Partsch* in: *Bettermann/Neumann/ Nipperdey*: Die Grundrechte Bd. I/1, S. 337; *Schwarz/Dreher* (23. Auflage, München 1961)., S. 193; *Lenckner*, GA 1968, S. 5; *Gropp*, Allgemeiner Teil, S. 106 mit Hinweis auf den Charakter der EMRK als völkerrechtlicher Vertrag; *Ebert*, Allgemeiner Teil, S. 71; *Krey*, JZ 1979, S. 708; *Schünemann*, GA 1985, S. 370.

[673] *Roxin*, Allgemeiner Teil, S. 588, *ders.* ZStW 93 (1981), S. 98; *Frister*, GA 1985, S. 559; bestätigt in GA 1888, S. 314; wohl auch *Suppert*, Studien zur Notwehr, S. 255; *Schorn*, EMRK, S. 82 f.; *Marxen*, Die sozialethischen Grenzen, S. 61; *Montenbruck*, Thesen zur Notwehr, S. 51 f.; *Stratenwerth*, Allgemeiner Teil, S. 183; *Himmelreich*, GA 1966, S. 133; *Dahm*, Völkerrecht Bd. I (Stuttgart 1958), S. 432 (Fn. 23); *Dahm*, Zur Problematik des Völkerstrafrechts, S. 80 f.; *Echterhölter*, JZ 1956, S. 143; *Woesner*, NJW 1961, S. 1384; *Schroeder*, Maurach-FS, S. 139.

[674] Dazu BVerfGE 7, 198 (205); BVerfGE 73, 261 (269); BVerfGE 81, 242 (261 ff.); BVerfGE 89, 214 (232 f.); *Hermes*, NJW 1990, S. 1764; *Hesse*, Verfassungsrecht, S. 160; *Pieroth/Schlink*, Staatsrecht II, S. 43 ff.

Grund- und Konventionsrechte weiterhin getrennt zu beantworten ist, läßt sich jedoch auch dogmatisch erklären. Ziel des rechtsvergleichenden Ansatzes ist es, Schutzniveau und Regelungsgehalte der EMRK in das Grundgesetz zu integrieren. Für die Grundrechte des Grundgesetzes ist jedoch anerkannt, daß diesen verschiedene Grundrechtsdimensionen zukommen. So schreibt man ihnen neben ihrer Funktion als subjektiv-öffentliche Abwehrrechte noch eine leistungsrechtliche Dimension zu, leitet aus ihnen Schutzpflichten ab und interpretiert sie als Elemente einer objektiven Wertordnung.[675] Dabei wird aus der werterechtlichen Dimension der Grundrechte eine mittelbare Drittwirkung dergestalt abgeleitet, daß keine bürgerlich-rechtliche Vorschrift zu ihnen in Widerspruch stehen darf[676] und unbestimmte Rechtsbegriffe und Generalklauseln des Bürgerlichen Rechts im Lichte der Grundrechte auszulegen bzw. mit grundrechtlichen Wertungen aufgefüllt werden müssen.[677] Würde sich nun die Funktion der Konventionsrechte auf die subjektiv-abwehrrechtliche Dimension beschränken, so könnten diese auch nur insoweit rechtsvergleichend zur Auslegung der Grundrechte herangezogen werden, als es um die Bestimmung ihrer Reichweite als subjektiv-öffentliche Abwehrrechte geht. Eine Verstärkung nicht subjektiv-rechtlicher Gehalte durch die Rechte der EMRK wäre damit nicht möglich. Daher ist auch im Rahmen dieser Untersuchung auf den personalen Anwendungsbereich der EMRK einzugehen.

Kapitel 1
Die Diskussion in der strafrechtlichen Literatur

Die Argumente, die im Hinblick auf den personalen Anwendungsbereich der Menschenrechtskonvention für oder gegen eine Beeinflussung des deutschen Notwehrrechtes durch Art. 2 Abs. 2 lit. a EMRK vorgebracht wurden, lasssen sich im wesentlichen in drei Gruppen unterteilen. Zum einen wird von einer Relevanz der Vorschrift für die Beurteilung privater Notwehrbefugnisse aufgrund deren mittelbaren bzw. unmittelbaren Drittwirkung ausgegangen, zum anderen stützt man diese Behauptung auf die Pflicht der Staaten aus Art. 2 Abs. 1 S. 1 EMRK, das Leben zu schützen. Ebenso lassen sich die Argumente gegen eine Einwirkung der Menschenrechtskonvention auf § 32 StGB in diese Kategorien einordnen.

---

[675] Vgl. *v. Münch/Kunig* (*Münch*), Vorb. Art. 1-19, Rdn. 16 ff.; teilweise wird die Schutzverpflichtung des Staates auch unselbständig aus der werterechtlichen Dimension der Grundrechte hergeleitet, siehe dazu *Scherzberg*, DVBl. 1989, S. 1128 ff.

[676] So BVerfGE 7, 198 (205).

[677] Vgl. dazu *Dürig* in: *Bettermann/Neumann/Nipperdey*, Die Grundrechte Bd. II, S. 525.

A. Unmittelbare Drittwirkung des Art. 2 Abs. 1 S. 2 EMRK

Käme dem Tötungsverbot aus Art. 2 Abs. 1 S. 2 EMRK eine unmittelbare Drittwirkung zu, so ergäbe sich daraus zwingend die Konsequenz, daß auch Eingriffe Privater in das Recht auf Leben nur unter den Voraussetzungen des Absatzes 2 der Vorschrift zulässig sind. Eine staatliche Regelung, die weitergehende Befugnisse einräumt, wäre dann ohne weiteres als konventions- und somit als verfassungswidrig anzusehen.

I. Diskussionsstand

Von einer unmittelbaren Drittwirkung der Konventionsrechte überhaupt geht *von Weber* aus. Eine Beschränkung der Gewährleistungen auf einen Schutz vor hoheitlichen Eingriffen stünde vor allem Art. 13 EMRK entgegen, der dem in seinen Rechten und Freiheiten Verletzten ein wirksames Beschwerderecht zusichert, „selbst wenn die Verletzung von Personen begangen worden ist, die in amtlicher Eigenschaft gehandelt haben" und somit den hoheitlichen Eingriff als einen besonderen und nicht den Regelfall ansehe. Des Weiteren könne es durchaus sein, daß bei der Schaffung der Konvention die privaten Eingriffsrechte nicht besonders bedacht worden seien, daß man sie bewußt von der Regelung habe ausschließen wollen, sei jedoch nicht erkennbar.[678] Auch *Otto* stellt darauf ab, daß weder der Wortlaut der Menschenrechtskonvention noch der des Zustimmungsgesetzes hinreichende Argumente für eine nur Hoheitsträger bindende Regelung böten.[679] Nach Auffassung *Echterhölters* schütze die Konvention auch gegen Eingriffe Privater, nur so könnten Ereignisse wie die Reichskristallnacht oder die Aushöhlung der Freiheit durch „pressure groups" verhindert werden.[680] *Frister* verweist im Hinblick auf die grundsätzliche Fähigkeit der Konventionsrechte zur Drittwirkung auf Art. 4 EMRK. Es sei mehr als gekünstelt anzunehmen, daß diese Vorschrift lediglich das Halten von Staatssklaven verbieten wolle[681].

Gegen die Argumentation *von Webers* wandte sich alsbald ein Gutachten des *Bundesjustizministeriums*. Die deutschen Worte „selbst wenn" gäben den Sinn der Originalbegriffe „notwithstanding that" bzw. „alors même" nicht richtig wieder. Diese

---

[678] Weber, ZStW 65 (1953), S. 341; nach ihm Kratzsch, Die Grenzen der Strafbarkeit im Notwehrrecht, S. 220.

[679] Otto, Allgemeiner Teil, S. 109.

[680] Echterhölter, JZ 1956, S. 143.

[681] *Frister*, GA 1985, S. 557; ebenso *Trechsel*, ZStW 101 (1989), S. 821.

wären zutreffenderweise mit „ungeachtet dessen, daß" zu übersetzen gewesen. Demnach zeige sich auch hier, daß Art. 2 der Konvention sich nur mit den von Hoheitsträgern ausgehenden Eingriffen befasse.[682] Auch sei die deutsche Übersetzung insofern irreführend, als sie in Art. 2 Abs. 1 S. 2 EMRK davon spricht, daß eine Tötung nicht vorgenommen werden dürfe. Die Begriffswahl der Originalfassungen „inflicted" bzw. „infligée" sei im Sinne von „verhängen" zu verstehen, was eindeutig für eine bloße Staatsgerichtetheit spreche.[683] *Jescheck* nimmt an, daß es Ziel der Konvention sei, Übergriffe des Staates auf seine Rechtsunterworfenen zu unterbinden, nicht aber in die fundierte Rechtstradition eines Teils ihrer Mitgliedsstaaten einzugreifen. Demnach sei davon auszugehen, daß die EMRK nur das Verhältnis der Staatsgewalt zu den Bürgern regeln wolle und keine Drittwirkung entfalte.[684]

Ein historisches Argument gegen die Drittwirkung findet sich bei *Partsch*. Da im Rahmen der Ausarbeitung der EMRK auf die Vorbereitungsarbeiten am UN-Convenant in der Menschenrechtskommission der Vereinten Nationen zurückgegriffen worden sei, könnten auch diese zur Auslegung der EMRK herangezogen werden. Die Kommission habe zunächst beabsichtigt, das Leben auch gegen Angriffe von Individuen zu schützen. Daher habe der Redaktionsausschuß vorgeschlagen, alle denkbaren zulässigen Eingriffe aufzuzählen, unter denen sich unter anderem auch die Tötung im Zweikampf und die nicht grob fahrlässige Tötung bei einer ärztlichen Operation oder einem medizinischen Versuch befanden, dem sich der Probant freiwillig unterworfen hat. Vertreter von fünf Staaten hätten sich jedoch dafür eingesetzt, das Recht auf Leben auf einen Schutz gegen hoheitliche Eingriffe zu beschränken. Dies zeige sich dadurch, daß ihr Entwurf die oben genannten Eingriffsvorbehalte nicht mehr enthielt. Aus diesem aber sei der endgültige Text des Art. 2 der Menschenrechtskonvention offenbar unmittelbar hervorgegangen. Daher beträfen dessen Absatz 1 S. 2 sowie die in Absatz 2 niedergelegten Ausnahmetatbestände nur das Verhältnis zwischen dem einzelnen und der Obrigkeit.[685] Darüber hinaus untermauert *Partsch* seine Argumentation noch mit der Systematik der Vorbehalte in Art. 2 Abs. 2 EMRK. Die von den lit. b und c erfaßten Eingriffe könnten von vornherein nur von hoher Hand vorgenommen werden. Daraus lasse sich auch die Richtung von lit. a erschließen.[686]

---

[682] Gutachten des Bundesjustizministeriums, Niederschriften Bd. 2, Anh. 26, S. 81.

[683] Gutachten des Bundesjustizministeriums, aaO, so auch *Bockelmann*, Engisch-FS, S. 464; *Partsch* in: *Bettermann/Neumann/Nipperdey*, Die Grundrechte Bd. I/1, S. 337; LK-*Spendel*, § 32 Rdn. 258.

[684] *Jescheck/Weigend*, Allgemeiner Teil, S. 350; so auch *Bockelmann*, aaO, S. 464; LK-*Spendel*, § 32 Rdn. 258.

[685] *Partsch*, aaO, S. 334 ff.

[686] *Partsch*, aaO, S. 337; so auch *Jakobs*, Allgemeiner Teil, S. 397; *Löwe/Rosenberg*, Art. 2 EMRK Rdn. 9; *Krey*, JZ 1979, S. 708.

Gegen das Argument aus dem Wortlaut des Art. 2 Abs. 1 S. 2 EMRK wendet sich wiederum *Frister*. Zwar räumt er ein, daß die Begriffe „inflicted“ bzw. „infligée“ in der Rechtssprache mit „verhängen“ zu übersetzen sind, sie könnten sich jedoch genauso gut auf schlichte Verletzungshandlungen beziehen. So benutze man im Englischen z.B. die Wendung „to inflict bodily harm to someone“, was mit „jemanden körperlich verletzen“ zu übersetzen sei. Eine Interpretation des Begriffes im ersteren Sinne sei jedoch nicht möglich, da der Tod in den lit. b und c der Vorschrift, auf die sich die Formulierung „inflicted“ ebenfalls bezieht, auch nicht „verhängt“ werde.[687] Auch die historische Argumentation *Partschs* wird von *Frister* kritisiert. Der Verzicht auf die beiden Ausnahmen - Tötung im Zweikampf sowie nicht durch grobe Fahrlässigkeit herbeigeführter Ausgang einer Operation bzw. eines medizinischen Versuchs - ließe sich auch zwanglos damit erklären, daß die erste Ausnahme in der Sache nicht anerkannt wurde und man die zweite für überflüssig hielt, da die Vorschrift ohnehin keine fahrlässigen Tötungen erfassen sollte. Zudem sei der fragliche Entwurf nicht in unmittelbarem Zusammenhang mit der ursprünglichen Fassung zu sehen, sondern sei in einem Stadium eingebracht worden, in dem das Recht auf Leben eine völlig unkonturierte Fassung erhalten hatte.[688] Aus der Begründung des Entwurfs[689] ergebe sich, daß dieser nichts zur Problematik der Drittwirkung enthalte, sondern vielmehr allein dazu bestimmt gewesen sei, die derzeitige Unbestimmtheit zu beseitigen. Ebenso wandte er sich gegen das systematische Argument aus den lit. b und c des Absatzes 2 der Vorschrift. Aus dem Umstand, daß bestimmte Ausnahmen ausschließlich für hoheitliches Handeln gelten, folge keineswegs, daß die Regel selbst auch nur solches erfasse.[690]

---

[687] *Frister*, GA 1985, S. 559.

[688] Die Fassung (siehe UN Doc. E/1371 S. 18) lautete folgendermaßen:

1. No one shall be deprived of his life.
2. In countries where capital punishement exists, sentence of death may be imposed only as a penalty for the most serious crimes.
3. No one may be executed save in virtue of the sentence of a competent court and in accordance with a law in force and not contrary to the principles expressed in the Universal Declaration of Human Rights.
4. Amnesty, pardon or commutation of the sentence of death may be granted in all cases.

[689] UN Doc. E/1371 S. 32: “The representatives of Australia, Denmark, France, Lebanon and the United Kingdom therefore feel obliged to place on record their doubt whether their respective Governments will feel able to accede to a convenant imposing such imprecise obligations and to restate their view, that these two articles should be drafted on more precise lines before the covenant is submitted to the General Assambly for approval.”

[690] *Frister*, aaO, S. 558.

II. Würdigung

Das Argument aus Art. 13 EMRK für eine Drittwirkung der Konventionsrechte läßt sich nicht allein mit der Behauptung entkräften, die Originalfassungen seien mit „ungeachtet dessen, daß" zu übersetzen. Mag dies vielleicht für die englische Begriffswahl gelten, so stimmt zumindest die französische Fassung mir der deutschen Übersetzung überein.[691] Dies wird noch dadurch unterstrichen, daß auch französischsprachige Autoren Art. 13 EMRK zur Untermauerung der These von der unmittelbaren Drittwirkung heranziehen.[692] Da der Grundsatz der restriktiven Auslegung auf rechtssetzende Verträge und insbesondere auf Menschenrechtsabkommen nicht angewandt werden darf[693], kann der englische Wortlaut dem französischen nicht einfach gegenübergestellt und als engere Fassung für maßgeblich erklärt werden.[694] Methodisch ergeben sich jedoch Bedenken, aus einer einzigen Formulierung so weitreichende Konsequenzen wie die Drittwirkung der Gesamtheit der Konventionsrechte abzuleiten. Dies gilt umso mehr, als zur Zeit der Abfassung der EMRK die Diskussion über die Bedeutungserweiterung der Menschenrechte über ihre klassische Funktion als subjektiv-öffentliche Abwehrrechte hinaus noch nicht besonders weit fortgeschritten war[695], und es darüber hinaus zweifelhaft erscheint, die materielle Reichweite der Konventionsrechte aus einer prozessualen Vorschrift ableiten zu wollen. Zum Nachweis einer Drittwirkung bedarf es stets einer Entsprechung in den materiellen Menschenrechtsbestimmungen.[696] Daher ist eine Deutung zu bevorzugen, die die Vorschrift ohne Bezug zur Drittwirkungsfrage erklären kann. *Reichenbaum* weist darauf hin, daß ein lückenloser Rechtsschutz des einzelnen gegenüber der staatlichen Gewalt in den nationalen Rechtsordnungen der Vertragsstaaten nicht selbstverständlich ist. Dies treffe vor allem auf das angelsächsische Rechtssystem zu, welches die im kontinentalen Recht übliche Trennung zwischen privatem und öffentlichem Recht nicht kenne mit der Folge, daß für alle Rechtsstreitigkeiten, gleichgültig, ob sie nur zwischen Privaten oder zwischen Privaten und staatlichen Organen nebst ihrer Beamten ausgetragen werden, dieselben zivilen Gerichte zuständig sind. Gegen Handlungen von Beamten könne jedoch anders als gegen die Privater nicht voraussetzungslos geklagt werden. Eine solche Klagemöglichkeit solle Art. 13 EMRK jedoch für die in der Konvention niedergelegten Rechte gerade sicherstellen.[697] Demnach ist der Vorschrift nichts im Hinblick auf die Frage der Drittwirkung zu entnehmen.

---

[691] Ebenso *Guradze*, Nipperdey-FS Bd. 2, S. 764; *ders.*, Der internationale Stand der Menschenrechte, S. 185; *Glatzel*, Die Einwirkung der EMRK, S. 61; *Morvay*, ZaöRV 21 (1961), S. 320.

[692] Siehe *Eissen* in: La protection internationale, S. 178; *Vasak*, La convention européenne des droits de l'homme, S. 78 f.

[693] Vgl. oben, Zweiter Teil, Kapitel 1, C II 3.

[694] So auch *Morvay*, aaO, S. 320.

[695] *Glatzel*, Die Einwirkung der EMRK, S. 60; Morvay, ZaöRV (1961), S. 320.

[696] *Hahne*, Das Drittwirkungsproblem, S. 76.

[697] *Reichenbaum*, Grundrechte und soziale Gewalten, S. 149; *Glatzel*, aaO, S. 62.

Auch kann aus dem Umstand, daß die Bestimmungen der EMRK eine Drittwirkung nicht ausdrücklich ausschließen, nicht auf ihre Anwendbarkeit auch auf das Verhältnis zwischen Privaten geschlossen werden, wie dies *von Weber* und *Otto* tun. Die traditionelle Auffassung der Menschenrechte begreift diese als Abwehrrechte des Bürgers gegen den Staat.[698] Daher bedarf es stets handfester Anknüpfungspunkte für die Annahme einer Drittwirkung. Dies gilt insbesondere für die EMRK, da angesichts des Entwicklungsstandes der Bedeutungserweiterung der Menschenrechte über den subjektiv-abwehrrechtlichen Charakter hinaus im Jahre 1950 kaum angenommen werden kann, daß die Signatarstaaten stillschweigend von einer unmittelbaren Drittwirkung ausgingen.[699] Aus demselben Grund ist die auf rein teleologischen Gesichtspunkten beruhende Argumentation *Echterhölters* zurückzuweisen. Auch unter der Herrschaft des Grundgesetzes stellt sich das Problem der Aushöhlung der Grundrechte durch soziale Gewalten, ohne daß man deswegen gleich von deren unmittelbarer Drittwirkung ausgegangen wäre.

Die an den Begriff „inflicted" bzw. „infligée" anknüpfende Argumentation aus dem Gutachten des *Bundesjustizministeriums* ist von *Frister* überzeugend widerlegt worden. Dem kann nur noch hinzugefügt werden, daß das Verb „infliger" auch im Französischen zur Bezeichnung schlichter Verletzungshandlungen gebraucht wird, so z.B. „infliger une leçon à quelqu'un" - jemandem eine Lektion erteilen.[700] Auch seine Stellungnahme zur historischen Argumentation *Partschs* ist nicht ohne weiteres von der Hand zu weisen. Zwar ist nicht auszuschließen, daß die fünf Staaten in ihrem Entwurf auf die zwei fraglichen Eingriffsvorbehalte auch deswegen verzichteten, weil sie mit einer Drittwirkung der Vorschrift nicht einverstanden waren, dies kann jedoch in Anbetracht der von *Frister* dargelegten Tatsachen nicht so zwingend aus dem Entwurf gefolgert werden, wie *Partsch* glauben machen möchte. Entscheidend ist jedoch, daß die historische Auslegung, wie bereits oben[701] dargelegt, aufgrund der Besonderheiten der EMRK nicht dazu geeignet ist, Restriktionen zu begründen.

Fraglich erscheint jedoch, ob das systematische Argument aus den lit. b und c des Art. 2 Abs. 2 EMRK einfach mit dem Hinweis aus dem Weg geräumt werden kann, daß aus der Tatsache, daß bestimmte Ausnahmen nur für hoheitliche Eingriffe von Belang sind, noch nicht folge, daß die Regel selbst nur diese betreffe. Steht in Frage, ob eine Regel verschiedene Sachverhalte erfaßt, so lassen sich aus dem Umstand, daß die Ausnahmen von der Regel überwiegend so ausgelegt werden müssen, daß sie nur einen dieser Sachverhalte betreffen, durchaus Rückschlüsse auf die Re-

---

698 *Hesse*, Verfassungsrecht, S. 129 f.; *Stern*, Staatsrecht III/1, S. 71 ff.; *v. Münch/Kunig* (*Münch*), Vor Art. 1-19, Rdn. 16.

699 Dazu schon oben, Dritter Teil, Kapitel 1, A II.

700 *Langenscheidts* Handwörterbuch Französisch (6. Auflage, Berlin/München 2000).

701 Zweiter Teil, Kapitel 1, C II 3.

gel selbst ziehen. Trotzdem kann die systematische Auslegung *Partschs* nicht überzeugen. Zunächst ist es nicht richtig, daß die lit. b und c eindeutig nur hoheitliches Handeln erfassen. Zumindest der Vorbehalt zugunsten ordnungsgemäßer Festnahmen aus lit. b 1. Alternative läßt sich auch auf das Verhältnis Privater untereinander anwenden, wie § 127 Abs. 1 StPO zeigt. Sind von vier Ausnahmetatbeständen immerhin zwei zumindest auch auf Privatpersonen anwendbar, so erscheint der in Frage stehende Schluß schon nicht mehr besonders zwingend. Darüber hinaus ist zu berücksichtigen, von welcher Regel Art. 2 Abs. 2 EMRK Ausnahmen zuläßt. Geschützt wird das Recht auf Leben und zwar gegen vorsätzliche Tötungen. Andere Vorbehalte zugunsten Privater als ein Tötungsrecht im Notwehrfall sind hier kaum denkbar. Die Tatsache, daß die Ausnahmen des Absatz 2 überwiegend nur auf hoheitliches Handeln Anwendung finden können, kann also keinen Schluß auf eine ausschließliche Staatsgerichtetheit des Lebensrechtes rechtfertigen. Die Argumente *Partschs* erweisen sich demnach nicht als durchgreifend.

Ebenso ist das Vorbringen *Jeschecks*, die Konvention wolle nicht innerstaatliches Recht reformieren, zurückzuweisen. Eines der Ziele der EMRK ist die Erreichung einer größeren Einheit durch Rechtsangleichung.[702] Daraus folgt jedoch, daß sich das nationale Recht an den Vorgaben der Menschenrechtskonvention messen lassen muß. Dementsprechend hat auch der *EGMR* schon in mehreren Fällen die nationale Gesetzgebung anhand der Kovnentionsrechte geprüft und teilweise auch Verstöße festgestellt.[703] Davon, daß der EMRK ein Vorbehalt zugunsten fundierter Rechtstraditionen immanent wäre, kann also keineswegs gesprochen werden.

Fraglich ist demgegenüber, ob man der Behauptung *Fristers* zustimmen kann, Art. 4 Abs. 1 EMRK belege die grundsätzliche Fähigkeit der Konventionsrechte zur Drittwirkung. Hiergegen kann eingewandt werden, daß es sich bei dieser Vorschrift genausogut um einen Ausnahmefall handeln kann. Schließlich entfaltet die in Art. 9 Abs. 2 S. 1 GG niedergelegte Koalitionsfreiheit ebenfalls eine unmittelbare Drittwirkung, ohne daß dies gleich für alle Grundrechte angenommen würde. Darüber hinaus könnte Art. 4 Abs. 1 EMRK auch als eine Norm mit objektiv-rechtlichen Charakter verstanden werden, die es den Staaten verbietet, die Sklaverei als Rechtsinstitut wieder einzuführen oder zu dulden. Demnach kann auch diese Vorschrift nicht für die Annahme einer unmittelbaren Drittwirkung fruchtbar gemacht werden.

Somit gehen sowohl die Argumente für eine solche Behauptung als auch die dagegen ins Leere. Da die Annahme einer Drittwirkung, wie bereits oben[704] dargelegt,

---

[702] *Herzog*, AöR 86 (1961), S. 198; *Echterhölter*, JZ 1956, S. 142; *Glatzel*, Die Einwirkung der EMRK, S. 70.

[703] So EGMR EuGRZ 1981, S. 561; Decisions and Reports 56, S. 209; EGMR EuGRZ 1985, S. 570.

[704] Dritter Teil, Kapitel 1, A II.

positiver Anhaltspunkte bedürfte, ist in Anbetracht des Streitstandes in der strafrechtlichen Literatur nicht davon auszugehen, daß die Konventionsrechte unmittelbar zwischen Privaten wirken. Im völkerrechtlichen Schrifttum wurde noch vereinzelt versucht, eine solche Annahme aus den Art. 1, 8 bis 11 Abs. 2, 17 und 25 EMRK zu rechtfertigen[705], jedoch konnten sich auch diese Versuche nicht durchsetzen. Auch die Völkerrechtslehre lehnt eine unmittelbare Drittwirkung der Konventionsrechte mittlerweile geschlossen ab.[706] Mit ihrer Hilfe kann eine Relevanz des Art. 2 Abs. 2 lit. a EMRK für das deutsche Notwehrrecht somit ebenfalls nicht begründet werden.

B. Mittelbare Drittwirkung

Hat sich auch die Lehre von einer unmittelbaren Drittwirkung der Konventionsrechte nicht durchsetzen können, so geht jedoch ein Teil des Schrifttums[707] davon aus, daß die Menschenrechtskonvention gleichwohl auch für die Beurteilung der Rechtsbeziehungen zwischen Privaten nicht gänzlich irrelevant ist. Diese Ansichten lassen sich unter dem Schlagwort der „mittelbaren Drittwirkung" der Koventionsrechte zusammenfassen. Demnach ist der Bürger zwar nicht direkter Pflichtenadressat der in der EMRK niedergelegten Rechte und Freiheiten, sein Handlungsspielraum im Verhältnis zu anderen Rechtsunterworfenen wird jedoch trotzdem durch die in ihnen zum Ausdruck kommenden Wertungen bestimmt und begrenzt. Auch auf dieser Basis wurde von Vertretern der strafrechtlichen Literatur versucht, Art. 2 Abs. 2 lit. a EMRK zum Maßstab privater Notwehrbefugnisse zu machen. Diese Ansichten sollen im Folgenden einer kritischen Würdigung unterzogen werden.

I. Beeinflussung des Notwehrrechtes durch eine „Ausstrahlungswirkung" von Art. 2 Abs. 2 lit. a EMRK

Roxin geht zwar davon aus, daß nur die Staatsgewalt an die EMRK gebunden ist, er wies jedoch darauf hin, daß dies der Annahme einer „Ausstrahlungswirkung" der

---

[705] So vor allem *Eissen* in: La protection internationale, S. 172 ff.

[706] Darunter *Frowein/Peukert*, EMRK, S. 29; *Glatzel*, aaO, S. 58 ff.; *Murswiek*, Schriften zum öffentlichen Recht 484 (1985); *Doehring*, ZaöRV 20 (1959/60), S. 283; *Guradze*, Der internationale Stand der Menschenrechte, S. 179; *Hahne*, Das Drittwirkungsproblem, S. 80; *Moser*, Die EMRK und das bürgerliche Recht, S. 109; *Reichenbaum*, Grundrechte und soziale Gewalten, S. 148 ff.; vgl. auch *Stern*, Staatsrecht III/1, S. 287; *Kühl*, ZStW 100 (1988), S. 411 mit Nachweisen aus der Straßburger Rechtsprechung.

[707] So *Glatzel*, Die Einwirkung der EMRK, S. 101; *Weidmann*, Der EGMR auf dem Weg zu einem europäischen Verfassungsgerichtshof, S. 140.

Menschenrechtskonvention auf das private Notwehrrecht mit der Konsequenz nicht entgegenstehe, daß für dieses die selben Einschränkungen zu gelten haben wie für die staatliche Notwehrtötung.[708] Ähnlich argumentiert *Bitzilekis*. Seiner Ansicht nach enthält die Konvention ebenso wie die Grundrechte des Grundgesetzes normative Ordnungsmaßstäbe für das soziale Leben, die mittelbar für die Interpretation einer jeden rechtlichen Vorschrift - auch des § 32 StGB - bedeutsam werden. Daher habe sich auch die Notwehrvorschrift an diesen Wertungsmaßstäben zu orientieren.[709] Ebenso läßt sich die Aussage *Woesners*, die Konvention stelle Grundsatznormen mit einem „Pathos der Formulierung" auf, das auf allgemeine Wertungen hindeute, die für alle Bereiche des Rechts Geltung beanspruchen könnten, in diese Kategorie einordnen.[710]

II. Die Konventionsrechte als Elemente objektiver Ordnung

Damit ist ausgehend von der deutschen Grundrechtsdogmatik die mittelbare Drittwirkung der Grundrechte angesprochen. Nach der Rechtsprechung des *BVerfG* sind die Grundrechte nicht nur als subjektiv-öffentliche Abwehrrechte des einzelnen gegen die Staatsgewalt zu verstehen, sondern bilden darüber hinaus noch eine objektive Wertordnung.[711] In seinem richtungsweisenden *Lüth*-Urteil stellte es klar, daß neues Recht mit dieser in Einklang zu stehen habe und älteres inhaltlich an ihr auszurichten sei.[712] Somit sind Privatpersonen zwar nicht unmittelbar an die Grundrechte gebunden; da diese jedoch auch „Ordnungsgrundsätz für das soziale Leben"[713] enthalten, an der sich die für Private geltenden Rechtsvorschriften zu orientieren haben, entfalten sie eine „Ausstrahlungswirkung"[714] auf die gesamte Rechtsordnung und beeinflussen demnach auch die Rechtsbeziehungen Privater untereinander.

Eine Relevanz der Menschenrechtskonvention für das deutsche Notwehrrecht läßt sich mit dem Verweis auf deren „Ausstrahlungswirkung" bzw. auf die Eigenschaft der in ihr niedergelegten Rechte als „Ordnungsmaßstäbe des sozialen Lebens" nur dann begründen, wenn auch diese über ihren subjektiven Gehalt hinaus noch ob-

---

[708] *Roxin*, Allgemeiner Teil, S. 588; *ders.* ZStW 93 (1981), S. 98.

[709] *Bitzilekis*, Einschränkung des Notwehrrechts, S. 134.

[710] *Woesner*, NJW 1961, S. 1384.

[711] So BVerfGE BVerfGE 6, 55 (71); BVerfGE 7, 198 (205); BVerfGE 8, 210 (217); BVerfGE 24, 120 (135); BVerfGE 25, 256 (263); BVerfGE 30, 173, (200 f.); BVerfGE 34, 269 (280); BVerfGE 35, 79 (120); BVerfGE 42, 143 (148).

[712] BVerfGE 7, 198, (204 f.).

[713] So *Hesse*, Verfassungsrecht, S. 157.

[714] Vgl. *Pieroth/Schlink*, *Staatsrecht* II, S. 46; *Bleckmann*, Staatsrecht II – Die Grundrechte, S. 315.

jektive Elemente einer Wertordnung enthalten. Daher ist zunächst der diesbezügliche Diskussionsstand in der völkerrechtlichen Literatur zu würdigen.

1. Die Auffassung Glatzels

Einer ersten ausführlichen Untersuchung der mittelbaren Wirkung der Konventionsrechte widmete sich *Glatzel*. Ausgangspunkt seiner Überlegungen war die Feststellung, daß sich die EMRK nicht auf die Einräumung subjektiver Rechte gegenüber dem Bürger beschränke, sondern darüber hinaus Bestandteil eines ordre public européen sei.[715] Dies entnimmt er dem Umstand, daß es neben der Individual- noch die Staatenbeschwerde gebe, was belege, daß die Einhaltung der Menschenrechte auch im öffentlichen Interesse liege.[716] Darüber hinaus verfolge die EMRK nach Absatz 3 ihrer Präambel den Zweck, die Ziele des Europarates zu verwirklichen. Diese bestehen nach Art. 1 des Statuts des Europarates auch darin, eine engere Verbindung zwischen seinen Mitgliedsstaaten herzustellen. Die EMRK diene daher dazu, den einzelnen Staat in eine engere Rechtsgemeinschaft regionalen Charakters einzubinden.[717] Sie solle daher die Entwicklung einer geistig-seelischen Übereinstimmung fördern, die die Basis für die entsprechende Ordnung der fraglichen Lebensbeziehungen abgibt.[718] Den Konventionsrechten komme somit eine gemeinschaftsbildende, d.h. eine integrierende Funktion zu.[719] Sie verkörperten Sinngehalte, bei deren sachlicher Verwirklichung die Vertragspartner ihre Einheit finden wollen. So gesehen enthalte jedes garantierte Recht ein politisches Gut, einen Wert, der die Bildung einer europäischen Gemeinschaft fördern will.[720] Die Rechte und Freiheiten der Konvention verstünden sich nach dem Vertragszweck somit nicht nur als Ausgrenzungen des einzelnen aus der Staatsgewalt, sondern beinhalten vielmehr Grundentscheidungen, die für alle Bereiche des Rechts verbindlich seien.[721] Im Folgenden geht er davon aus, daß sich der Wertgehalt der EMRK zwischen Privaten „durch das Medium der dieses Rechtsgebiet unmittelbar beherrschenden Vorschriften entfaltet".[722] Einbruchstellen seien dabei unbestimmte Rechtsbegriffe und vor allem die "wertausfüllungsfähigen und wertausfüllungsbedürftigen Generalklauseln"[723], wie z.B. die §§ 138, 242 und 826 BGB.[724] Für den Grad der mittel-

---

[715] *Glatzel*, Die Einwirkung der EMRK, S. 72 f.

[716] So auch die Kommission Yearbook 4 (1961), S. 134 f.

[717] *Glatzel*, aaO, S. 76, nach *Menzel*, VVdtStRL 12 (1954), S. 210.

[718] *Glatzel*, aaO, S. 80, nach *Meyer-Cording*, AVR 10 (1962/63), S. 43.

[719] So schon *Partsch* in: *Bettermann/Neumann/Nipperdey*, die Grundrechte Bd. I/1, S. 319.

[720] *Glatzel*, Die Einwirkung der EMRK, S. 82.

[721] *Glatzel*, aaO, S. 84.

[722] aaO, S. 101 in Anlehnung an BVerfGE 7, 198 (205).

[723] Nach *Dürig*, Nawiasky-FS, S. 176.

[724] *Glatzel*, Die Einwirkung der EMRK, S. 101.

baren Einwirkung der EMRK Rechte stellt *Glatzel* dann allerdings keine allgemeinen Maßstäbe mehr auf. Im Rahmen seiner Prüfung eines zivilrechtlichen Anspruchs auf Achtung der Privat- und Familienlebens unter Berücksichtigung von Art. 8 Abs. 1 EMRK wird jedoch deutlich, daß auch er der Sache nach eine Güterabwägung zwischen den im Einzelfall kollidierenden Konventionsrechten vornimmt.[725]

2. Die Auffassung Weidmanns

Eine spätere ausführliche Untersuchung nicht subjektiv-rechtlicher Gehalte der EMRK Rechte findet sich bei *Weidmann*. Ausgangspunkt für ihn ist zunächst die Rechtsprechung der Straßburger Organe. In diesem Zusammenhang hebt er besonders das Urteil *Handyside*[726] vom 7. Dezember 1976 hervor. Dort rügte der Beschwerdeführer eine Verletzung des Rechtes auf Meinungsfreiheit, da das von ihm vertriebene „Kleine rote Schülerbuch" gemäß dem britischen Gesetz über obszöne Veröffentlichungen beschlagnahmt und er zu einer Geldstrafe verurteilt wurde. Der *EGMR* äußerte sich dergestalt, daß das Recht auf freie Meinungsäußerung einen Grundpfeiler der demokratischen Gesellschaft und eine Grundvoraussetzung für ihren Fortschritt und die Enfaltung jedes einzelnen darstelle. Andererseits träfen jeden, der sein Recht auf freie Meinungsäußerung ausübt, Pflichten und Verantwortlichkeiten.[727] Hier werde sowohl eine Leitbildwirkung des Grundrechtes als auch die materiale Bindung des Staates bei Erlaß und Handhabung grundrechtsrelevanter Gesetze deutlich. Diese allgemein verpflichtende Grundsatzwirkung müsse auch der Bürger respektieren.[728] Konkret auf die Frage der Drittwirkung bezogen kommt er zu dem Ergebnis, daß es die objektive Schutzpflicht sei, die die Brücke zwischen grundrechtswidrigem Verhalten und der internationalen Verantwortlichkeit eines Vertragsstaates bilde.[729] Die Termini unmittelbare und mittelbare Drittwirkung könnten für die Konvention nur von sekundärer Bedeutung sein.[730]

Die Ansicht *Weidmanns* über den Ursprung dieser Pflichten bleibt indes unklar. Zunächst scheint er davon auszugehen, daß diese aus der Funktion der Grundrechte als objektive Prinzipien staatlichen Handels folgen[731], später zieht er Art. 1 EMRK

---

[725] *Glatzel*, aaO, S. 113 f.

[726] EGMR EuGRZ 1977, S. 38.

[727] EGMR aaO, S. 42.

[728] *Weidmann*, Der EGMR auf dem Weg zu einem europäischen Verfassungsgerichtshof, S. 140 f.

[729] *Weidmann*, aaO, S. 166.

[730] aaO, S. 168.

[731] aaO, S. 152.

in Verbindung mit dem Sachgehalt der jeweiligen Freiheit heran.[732] Dabei sei der Schutzbereich gegenüber Dritteingriffen allerdings für jedes Recht gesondert herauszuarbeiten.[733]

III. Folgerungen im Hinblick auf die Notwehrfrage

Nach Auffassung *Glatzels* kann sich der durch die Konvention aufgestellte ordre public nur dort entfalten, wo ihm das einfache Recht eine Einbruchsstelle gewährt. Wie oben[734] bereits dargelegt, läßt der Wortlaut des § 32 StGB im Hinblick auf Art. 103 Abs. 2 GG jedoch keine Beschränkung der Notwehr in dem Sinne, daß eine lebensgefährliche Sachwehr nicht mehr von ihr erfaßt sein soll, zu. Insbesondere bietet das Merkmal des Gebotenseins keine Einbruchsstelle, über die ein der Menschenrechtskonvention zu entnehmendes Verbot der Tötung eines Menschen zur Verteidigung von Vermögensinteressen Wirkung erlangen könnte. Nach bisher Gesagtem kann der Verweis auf die Ausstrahlungswirkung somit keine Anwendbarkeit der Beschränkung des Art. 2 Abs. 2 lit. a EMRK auf Notwehrhandlungen Privater rechtfertigen.[735]

Zu prüfen bleibt, ob sich die Ausführungen *Weidmanns* zur Klärung der hier interessierenden Frage heranziehen lassen. Zwar geht auch er auf nicht-subjektivrechtliche Gehalte der Konventionsrechte ein, für eine Ausstrahlungswirkung auf Rechtsverhältnisse zwischen Privaten können seine Ansichten allerdings nicht fruchtbar gemacht werden. Da er den Grund für die Verantwortlichkeit eines Staates beim Handeln Privater lediglich in der Schutzpflicht erblickt, wirken die Garantien der EMRK streng genommen überhaupt nicht zwischen Privaten. Die Schutzpflichtkonstruktion wahrt vielmehr die klassische Grundrechtskonzeption im Sinne der ausschließlichen Wirkung im Verhältnis zwischen Staat und Bürger. Daß die Rechte auch zur Abgrenzung der Freiheitsbereiche unter den Bürgern führen, stellt sich somit als reiner Reflex der staatsgerichteten Grundrechtsdimension dar. Wenn er davon spricht, daß der Schutzgehalt der Dritteingriffe stets gesondert zu

---

[732] aaO, S. 166 f.

[733] aaO, S. 168.

[734] Erster Teil, Kapitel 1, A II 2.

[735] Diese Frage wird auch von *Glatzel* selbst untersucht. Er mißt dabei der EMRK keine Bedeutung für das Notwehrrecht zu. Überraschen muß indes seine Begründung. Diese liegt nämlich darin, daß das Recht auf Leben lediglich staatsgerichtet sei und keine unmittelbare Wirkung zwischen Privaten entfalte. Aber genau darin ist ja die Prämisse seiner ganzen Arbeit zu sehen, auf die Frage, inwiefern die Wertung des Art. 2 Abs. 2 lit. a EMRK sich mittelbar auf das Notwehrrecht übertragen läßt, geht er überhaupt nicht ein. Lediglich in einem Satz stellt er lapidar fest, daß die Ansichten, die der Konvention eine Bedeutung für das Notwehrrecht beimessen, sich nicht durch den von ihm entwickelten Gedanken der mittelbaren Einwirkung tragen ließen; *Glatzel*, Die Einwirkung der EMRK, S. 121 ff.

Sinne der ausschließlichen Wirkung im Verhältnis zwischen Staat und Bürger. Daß die Rechte auch zur Abgrenzung der Freiheitsbereiche unter den Bürgern führen, stellt sich somit als reiner Reflex der staatsgerichteten Grundrechtsdimension dar. Wenn er davon spricht, daß der Schutzgehalt der Dritteingriffe stets gesondert zu ermitteln ist, geht er darüber hinaus davon aus, daß dieser nicht mit dem subjektiv-abwehrrechtlichen Gehalt übereinstimmen und letztlich auch hier ein staatlicher Ermessensspielraum verbleiben wird. Folglich kann auch die Untersuchung *Weidmanns* die These, daß Art. 2 Abs. 2 lit. a EMRK über eine Ausstrahlungswirkung Bedeutung für das Notwehrrecht erlangen kann, nicht stützen.

Somit wird deutlich, daß der Verweis auf die Austrahlungswirkung der Konventionsrechte bzw. auf deren Eigenschaft als Ordnungsmaßstäbe des sozialen Lebens eine Anwendbarkeit der Beschränkung des Art. 2 Abs. 2 lit. a EMRK auf Notwehrhandlungen Privater beim gegenwärtigen Streitstand in der völkerrechtlichen Diskussion nicht rechtfertigen kann. Zwar können die Thesen *Bitzilekis*, *Roxins* und *Woesners* damit noch nicht als widerlegt angesehen werden, ohne weitere Begründung aber sind sie jedenfalls nicht haltbar. Auf die Bedeutung nicht subjektiv-rechtlicher Gehalte der Konventionsrechte wird jedoch später zurückzukommen sein.

C. Schutzpflichten aus Art. 2 Abs. 1 S. 1 EMRK

Von einigen Autoren wurde versucht, eine Relevanz von Art. 2 Abs. 2 lit. a EMRK für die Bestimmung der Reichweite privater Notwehrbefugnisse unter Verweis auf die in Art. 2 Abs. 1 S. 1 EMRK niedergelegte Schutzpflicht des Staates zugunsten des Lebens zu begründen. Zu Beginn der Diskussion um eine Beschränkung des Notwehrrechts durch die Menschenrechtskonvention wurde die Existenz staatlicher Schutzpflichten trotz des an sich eindeutigen Wortlauts des Art. 2 Abs. 1 S. 1 EMRK noch geleugnet.[736] Mittlerweile hat der *EGMR* jedoch selbst aus Menschenrechtsbestimmungen, welche keine dem Einleitungssatz des Art. 2 EMRK vergleichbare Formulierung enthalten, Schutzpflichten hergeleitet.[737] Daran, daß Art. 2 Abs. 1 S. EMRK eine staatliche Schutzpflicht konstituiert, können somit keine Zweifel bestehen, so daß es sich erübrigt, auf letztgenannte Ansicht einzugehen. Zu untersuchen bleiben demnach die Auffassungen, die Art. 2 Abs. 2 lit. a unter Verweis auf die staatliche Verpflichtung zum Schutze des Lebens zum Maßstab privater Notwehrbefugnisse machen wollen.

---

[736] So *Bockelmann*, Engisch-FS, S. 463; *ders.*, Dreher-FS, S. 250.

[737] Im Fall *Marckx*, EuGRZ 1979, S. 454 f. stellte der Gerichtshof fest, daß aus Art. 8 EMRK die Pflicht des Gesetzgebers folge, durch rechtliche Maßnahmen die Integration eines Kindes vom Augenblick seiner Geburt an sicherzustellen. Ebenso eine Lücke im niederländischen Strafprozeßrecht, die zur Folge hatte, daß ein Täter, der eine geistig behinderte Frau mißbrauchte, nicht bestraft werden konnte, als Verstoß gegen Art. 8 EMRK angesehen, EGMR EuGRZ1985, S. 297.

I. Die Ansichten Woesners und Fristers

Woesner führt aus, daß die Konvention, soweit sie Ansprüche auf staatlichen Schutz gegen Angriffe anderer statuiere, zugleich diese Eingriffe für rechtswidrig erkläre. So gesehen regele sie auch die Beziehungen der Staatsbürger untereinander, Art. 2 Abs. 1 S. 2 EMRK verbiete damit die absichtliche Tötung schlechthin, nicht nur eine solche der öffentlichen Gewalt.[738] Auch *Frister*, der die These einer Beschränkung des Notwehrrechts durch die Menschenrechtskonvention am entschiedensten vertritt, untermauert seine Ansicht unter Verweis auf die staatliche Schutzpflicht aus Absatz 1 S. 1 der Vorschrift. Durch deren Festschreibung hätten die Unterzeichnerstaaten gezeigt, daß sie wegen der existenziellen Bedeutung des Rechts auf Leben dem Umstand, von wem dieses Recht bedroht ist, keine Bedeutung beimessen wollten. In Anbetracht des engen textlichen Zusammenhangs zwischen der Schutzpflicht aus Absatz 1 S. 1 und dem Tötungsverbot aus Absatz 1 S. 2 des Art. 2 EMRK sei es somit nicht sinnvoll, hinsichtlich der Drittwirkung zwischen diesen beiden Regelungen zu differenzieren.[739]

Diesen beiden Ansätzen ist gemeinsam, daß sie die rechtliche Einordnung der Schutzpflicht verkennen. Erkennt man an, daß dem Staat aus einer Grundrechtsnorm Schutzpflichten erwachsen, so bleibt er dennoch alleiniges Pflichtensubjekt.[740] Daraus, daß der Staat als Grundrechtsadressat verpflichtet ist, vor bestimmten Einwirkungen zu schützen, kann noch nicht geschlossen werden, daß diese, sollten sie von Privaten ausgehen, damit schon als rechtswidrig anzusehen sind. Eine solche Konsequenz kann sich vielmehr erst aus der Wahrnehmung des staatlichen Schutzauftrages ergeben. Allein aus Art. 2 Abs. 1 S. 1 EMRK kann somit noch keine Geltung des Tötungsverbotes auch für Private gefolgert werden, wie dies *Woesner* tat. Ähnliches ist zu *Frister* zu sagen. Da nur der Staat Adressat der Schutzverpflichtung aus Art. 2 Abs. 1 S. 1 EMRK ist, kommt dieser Regelung gerade keine Drittwirkung zu. Somit ist der Versuch von der vermeintlichen Drittwirkung des Einleitungssatzes der Vorschrift auf die des Tötungsverbotes aus deren Absatz 1 S. 2 von vornherein zum Scheitern verurteilt. Letzten Endes knüpfen *Frister* und *Woesner* argumentatorisch zwar an die Schutzpflicht des Staates an, ihre Ausführungen tendieren jedoch eher dazu, eine unmittelbare Drittwirkung des Art. 2 EMRK begründen zu wollen. Daß eine solche jedoch nicht anzuerkennen ist, wurde bereits oben[741] dargelegt.

---

738 *Woesner*, NJW 1961, S. 1384.

739 *Frister*, GA 1985, S. 557.

740 So ausdrücklich *Morvay*, ZaöRV 21 (1961), S. 321.

Ebenfalls auf die Schutzpflicht stellt *Trechsel* ab. Seiner Ansicht nach haben die Vertragsstaaten mit Art. 2 Abs. 1 S. 1 EMRK die Pflicht übernommen, das Leben der ihrer Herrschaftsgewalt Unterworfenen mindestens in dem von Art. 2 EMRK gezogenen Rahmen durch Gesetz zu schützen. Demnach gelangt er zu dem Ergebnis, daß Auslegung und Anwendung des Notwehrparagraphen mit Art. 2 Abs. 2 lit. a EMRK in Einklang zu stehen haben.[742] Ähnlich argumentierte *Frowein.* Aus der staatlichen Schutzverpflichtung folgert er, daß die Rechtsordnung die Tötung eines Menschen nur unter den Voraussetzungen des Art. 2 Abs. 2 EMRK zulassen darf. Demnach obliege es dem Gesetzgeber, die Notwehrregelung der Ausnahme des lit. a der Vorschrift anzupassen.[743]

Sowohl *Trechsel* als auch *Frowein* gehen davon aus, daß der Staat das Leben im selben Maße schützen muß, wie er sich selbst Eingriffen zu enthalten hat. Kann die Existenz einer staatlichen Schutzpflicht aus Art. 2 Abs. 1 S. 1 EMRK auch nicht in Frage gestellt werden, so erscheint die Annahme, daß sich Schutzpflicht und Abwehrrecht in ihrer Reichweite decken, dennoch zweifelhaft.

Genau darauf stellt scheinbar auch *Partsch* ab, wenn er auf die unterschiedliche Entstehungsgeschichte der Schutzverpflichtung aus Absatz 1 S. 1 und der übrigen Vorschrift aufmerksam macht. Art. 2 Abs. 1 S. 1 EMRK einerseits und Art. 2 Abs. 1 S. 2 bzw. Abs. 2 EMRK andererseits seien ursprünglich nicht als einheitliche Regelung konzipiert, sondern stammten aus verschiedenen Stadien der Arbeiten an dem Menschenrechtspakt der Vereinten Nationen. Die Formulierung der Art. 2 Abs. 1 S. 2 und Abs. 2 EMRK entspreche einem von fünf Staaten in der 5. Sitzung der UN-Menschenrechtskommission eingebrachten Entwurf, während der Wortlaut des Art. 2 Abs. 1 S. 1 EMRK aus dem Entwurf des UN-Menschenrechtspakts nach den Beschlüssen der 6. Sitzung der Kommission übernommen worden sei. Als der Sachverständigenausschuß des Ministerkomitees des Europarates sich entschloß, die einzelnen Rechte und Freiheiten nicht nur aufzuzählen, sondern auch zu definieren, sei der Entwurf der fünf Staaten übernommen, der Anfangssatz des Art. 2 zunächst als eigener Absatz hinzugefügt worden. Erst der Unterausschuß des Ministerrates habe die beiden ersten Absätze zu einem Absatz mit zwei Sätzen zusammengezogen. Aufgrund dieser Vorgeschichte könne von einer Pflicht der Staaten, die Unrechtssausschließungsgründe im StGB genau so wie in Art. 2 Abs. 2 der Konvention zu regeln, nicht ausgegangen werden.[744]

Gegen diese Argumentation wandte schon *Frister* ein, daß die beiden Regelungen unterschiedlichen Ursprungs im Laufe der Beratungen immerhin zu einem einheitli-

---

[741] Dritter Teil, Kapitel 1, A II.

[742] *Trechsel*, ZStW 101 (1989), S. 821.

[743] *Frowein/Peukert*, S. 35 f.

[744] *Partsch* in: *Bettermann/Neumann/Nipperdey*, Die Grundrechte Bd. I/1, S. 334.

chen Absatz zusammengefaßt worden seien.[745] Darüber hinaus wurde bereits oben[746] darauf hingewiesen, daß die Entstehungsgeschichte der EMRK aufgrund deren Besonderheiten nicht im Sinner einer restriktiven Auslegung herangezogen werden kann. Entscheidend ist jedoch, daß an dieser Methode zur Bestimmung der Reichweite der Schutzpflicht aus Art. 2 Abs. 1 S. 1 EMRK grundsätzliche Kritik geübt werden muß. Schon oben[747] wurde aufgezeigt, daß der *EGMR* auch aus anderen Menschenrechten staatliche Schutzpflichten abgeleitet hat, obwohl eine solche Verpflichtung expressis verbis nur in Art. 2 der Konvention niedergelegt ist. Somit muß davon ausgegangen werden, daß die staatliche Schutzpflicht einen Bestandteil eines ungeschriebenen „Allgemeinen Teils“ der EMRK und somit eine für alle Konventionsrechte geltende, gewissermaßen vor die Klammer gezogene Regelung darstellt. Die Frage der Reichweite der Schutzpflichten kann also nicht anhand der Systematik oder Entstehungsgeschichte eines einzigen Konventionsrechtes beantwortet geklärt werden, sie ist vielmehr für alle Rechte und Freiheiten einheitlich zu beantworten.

III. Das Regelungsermessen der Mitgliedsstaaten

In diesem Sinne führt *Gollwitzer* aus, daß den Vertragsstaaten im Hinblick auf die Erfüllung ihrer Schutzpflichten ein weites Regelungsermessen zukomme. Daher sei es ihnen nicht verwehrt, die Grenze für die rechtfertigende Notwehr im Interesse des Angegriffenen auch bis zu einem gewissen Grade anders als in Art. 2 Abs. 2 lit. a EMRK zu setzen, ohne ihre Schutzpflicht zu verletzen.[748] Diese Ansicht deckt sich im Wesentlichen mit der Rechtsprechung des *BVerfG* hinsichtlich der staatlichen Schutzpflichten aus den Grundrechten des Grundgesetzes. Danach ist die Schutzpflicht erst dann verletzt, „wenn die öffentliche Gewalt Schutzvorkehrungen entweder überhaupt nicht getroffen hat oder die getroffenen Regelungen und Maßnahmen gänzlich ungeeignet oder völlig unzulänglich sind, das gebotene Schutzziel zu erreichen oder erheblich dahinter zurückbleiben“.[749] Diese Einschränkung rechtfertigt sich aus der spezifischen Problematik der der Staat bei der Schutzpflichterfüllung gegenübersteht. Während er sich bei der Realisierung seiner Bindung an die abwehrrechtliche Seite der Grundrechte auf ein schlichtes Unterlassen beschränken kann, hat er im Rahmen der Wahrnehmung seiner Schutzaufträge eine Vielzahl von gegenläufigen Interessen zu berücksichtigen und zum Ausgleich zu bringen.[750] Da

---

745 *Frister*, GA 1985, S. 557.

746 Zweiter Teil, Kapitel 1, C II 3.

747 Dritter Teil, Kapitel 1, C.

748 *Löwe/Rosenberg*, Art. 2 EMRK Rdn. 19; auf das Ermessen der Mitgliedsstaaten bei der Erfüllung der Schutzpflicht wies auch bereits *Echterhölter*, JZ 1956, S. 143 hin.

749 BVerfGE 92, 26 (26).

750 Vgl. auch *Pieroth/Schlink*, Staatsrecht II, S. 25; *Hesse*, Verfassungsrecht, S. 156.

sich die Mitgliedsstaaten der EMRK bei der Erfüllung der ihnen aus ihr erwachsenden Schutzpflichten in der gleichen Situation befinden, ist es nicht verwunderlich, daß auch der *EGMR* die Schutzverpflichtungen der Staaten unter Vorbehalte gestellt hat. So hat er klargestellt, daß den Staaten bei der Wahrnehmung ihrer Schutzaufträge ein weites Ermessen zukommt.[751] Dies gelte umso mehr, als es um den Ausgleich mehrerer Rechtsgüter geht[752], wie es bei der Grenzziehung zwischen Rechtsgüterschutz des Notwehrübenden und Lebensrecht des Angreifers der Fall ist. Somit kann nicht davon ausgegangen werden, daß die Staaten das Leben ihrer Rechtsunterworfenen automatisch in dem durch Art. 2 Abs. 2 EMRK gezogenen Rahmen zu schützen haben. Zwar kann auch nicht ausgeschlossen werden, daß eine von Art. 2 Abs. 2 lit. a EMRK abweichende Gestaltung des Notwehrrechts nicht mehr vom Ermessensspielraum der Mitgliedsstaaten gedeckt ist, *Gollwitzer* kann jedoch insofern zugestimmt werden, als ein bloßer Verweis auf die staatliche Schutzpflicht ohne weitere Begründung jedenfalls nicht ausreichend ist, um die Vorschrift zum Maßstab der privaten Notwehr zu erklären.

D. Notwehreinschränkung unabhängig von der Drittwirkungsfrage ?

Den bisher geschilderten Ansichten ist gemeinsam, daß sie von der Prämisse ausgehen, daß sich eine Relevanz von Art. 2 Abs. 2 lit. a EMRK für die Reichweite privater Notwehrbefugnisse nicht allein durch den subjektiv-abwehrrechtlichen Charakter des Konventionsrechts begründen läßt. Dementsprechend wird die Lösung des Problems in darüber hinausgehenden Menschenrechtsdimensionen gesucht. Zu berücksichtigen ist jedoch, daß auch § 32 StGB als formelles Gesetz eine hoheitliche Maßnahme darstellt. Folglich erscheint die Frage, ob der hoheitliche Charakter der Notwehrregelung es nicht erlaubt, die Vorschrift unmittelbar an den Konventionsrechten zu messen, zumindest berechtigt. So ging auch schon *Schwabe* in der Diskussion über die Verfassungsmäßigkeit des § 32 StGB im Hinblick auf Art. 2 Abs. 2 GG davon aus, daß es keinen Unterschied machen könne, ob der Staat mit einer Regelung seine eigenen Organe oder einen Privaten zum Grundrechtseingriff ermächtigt. Vergleichbare Argumente wurden auch in bezug auf die hier interessierende Frage der Einschränkung des Notwehrrechts durch die Menschenrechtskonvention vorgebracht.

I. Die Ansicht Marxens

Einen solchen Ansatzpunkt wählt *Marxen.* Seiner Ansicht nach kommt es auf die Frage der Drittwirkung der Konventionsrechte überhaupt nicht an. Dies begründet er damit, daß es keine rein privaten, „staatsfreien“ Notwehrsituationen gäbe; die

---

[751] EGMR EHHR 9 (1987), S. 204.

[752] EGMR EHHR 22 (1996), S. 410.

Struktur der Notwehr schließe vielmehr ein staatliches Element mit ein. Dieses sei darin zu sehen, daß die Notwehrausübung zumindest auch an staatlichen Zielen ausgerichtet ist. Die Abwehr eines Angriffs bewahre nicht nur den Verteidiger vor einer Einbuße an seinen eigenen Rechtsgütern, sie trage auch zur Stabilisierung der staatlichen Rechtsordnung bei. Darüber hinaus unterliege die Notwehr der staatlichen Reglementierung. Daher sei es falsch, in der Notwehr eine Privatangelegenheit zwischen Angreifer und Verteidiger zu sehen.[753]

II. Die Kritik Fristers

Dagegen wendet *Frister* ein, daß eine Handlung nicht schon dadurch zum hoheitlichen Eingriff werde, daß sie auch staatlichen Zwecken dient.[754] Dieser Einwurf wird der Argumentation *Marxens* jedoch nicht vollständig gerecht. Zwar stellt er auch auf die generalpräventive Wirkung der Notwehr ab, darin erschöpfen sich seine Ausführungen jedoch noch nicht. Vielmehr weist er noch darauf hin, daß es der Staat ist, der das Notwehrrecht bestimmt und die entsprechenden Befugnisse einräumt. Auch *Jakobs* macht darauf aufmerksam, daß zum Verhältnis Staat-Bürger jede Norm und damit auch § 32 StGB gehöre.[755]

III. Eigene Würdigung

Daß sich eine uneingeschränkte Staatenverantwortlichkeit schon daraus ergibt, daß der Hoheitsträger Private zu bestimmten Handlungen ermächtigt, kann keineswegs als gesichert angesehen werden. Eine solche Annahme wäre auch schweren Bedenken ausgesezt. Ginge man davon aus, daß der Staat immer dann, wenn er dem Bürger Rechte zu Lasten eines anderen einräumt, einer uneingeschränkten Bindung unterliegt, so würden die Menschenrechte letzten Endes überall dort, wo der Staat die Rechtsverhältnisse von Privaten untereinader regelt, unmittelbare Drittwirkung entfalten. Wie oben[756] bereits dargelegt, lehnt das aktuelle völkerrechtliche Schrifttum eine solche nahezu einhellig ab. Dementsprechend führt *Alexy* im Hinblick auf die Grundrechte des Grundgesetzes aus, daß die bloße Tatsache, daß eine Handlung nicht verboten und daher erlaubt ist, weder eine Beteiligung des Staates an ihrem Vollzug noch eine Zurechnung ihres Vollzugs zum Staate begründet.[757] Den Be-

---

753 *Marxen*, Die sozialethischen Grenzen der Notwehr, S. 31 und 61.

754 *Frister*, GA 1985, S. 554.

755 *Jakobs*, Allgemeiner Teil, S. 396 (Fn. 73).

756 Dritter Teil, Kapitel 1, A II.

757 *Alexy*, Theorie der Grundrechte, S. 417; ebenso: *Stern*, Staatsrecht III/1, S. 1550 ff.; *Lorenz* in: *Isensee/Kirchhof* (Hrsg.), Handbuch des Staatsrechts Bd. 6, S. 19; *Hermes*, Das Grundrecht auf Schutz von Leben und Gesundheit, S. 88 ff. m.w.N.

weis, daß hinsichtlich der Konventionsrechte etwas anderes gelten soll, bleiben jedoch sowohl *Marxen* als auch *Jakobs* schuldig. Somit kann eine Relevanz des Art. 2 Abs. 2 lit. a EMRK für die Notwehrrechte Privater auch nicht mit der Behauptung begründet werden, auf die Frage der Drittwirkung komme es überhaupt nicht an.

Kapitel 2

Berücksichtigung des Art. 2 Abs. 2 lit. a EMRK im Rahmen der Notwehr durch die Rechtsprechung

Die Stellungnahmen der Rechtsprechung zu dem angesprochenen Problemkreis sind äußerst spärlich. Lediglich zwei Urteile sind bekannt, in denen das Recht zur Notwehr an Art. 2 Abs. 2 lit. a EMRK gemessen wird.

A. Das Urteil BVerwG NJW 1974, S. 1343

Im ersten Fall hatte das *BVerwG*[758] zu entscheiden, ob die Bereitschaft zu kriegerischen Abwehrhandlungen mit potentieller Tötungsfolge in qualifizierten Notwehrsituationen der Anerkennung eines Wehrpflichtigen als Kriegsdienstverweigerer entgegensteht. Im Rahmen seiner Argumentation verglich es den Begriff der militärischen Verteidigung mit dem Begriff der Verteidigung, der den §§ 227 BGB und 32 StGB zugrundeliegt. Dabei kam es unter Berücksichtigung von Art. 2 Abs. 2 lit. a EMRK zu dem Ergebnis, daß die Vernichtung eines Menschenlebens erst dann gerechtfertigt sei, wenn sie sich aus einer unbedingt erforderlichen Gewaltanwendung ergibt, um die Verteidigung eines Menschen gegenüber rechtswidriger Gewaltanwendung sicherzustellen, nach Ansicht des *BVerwG* also nur bei gegenwärtigen Angriffen auf Leib und Leben.[759]

B. Das Urteil OLG Köln OLGSt 1964-1982, § 32 S. 1

Im Rahmen des zweiten Falles hatte das *OLG Köln*[760] als Revisionsinstanz über eine fahrlässige Körperverletzung zu entscheiden. Der Angeklagte hatte aus dem 7. Stockwerk einen Blumenkübel auf einen Polizeiwagen geworfen und dabei einen Beamten lebensgefährlich verletzt. Er tat dies in der irrigen Annahme, daß es sich bei dem Streifenwagen um das Fahrzeug von Einbrechern handelte, die er an der

---

[758] BVerwG NJW 1974, S. 1343.
[759] BVerwG aaO S. 1344.
[760] Urteil vom 18.2.1975, OLGSt 1964-1982, § 32 S.1.

Flucht mit der Beute hindern wollte. Das *OLG* prüfte im Rahmen eines Erlaubnistatbestandsirrtums, ob die Handlung des Angeklagten, unterstellt, seine Vorstellung wäre richtig gewesen, nach § 32 StGB gerechtfertigt gewesen wäre. Dabei kam es zu dem Ergebnis, daß Art. 2 Abs. 2 lit. a EMRK lediglich die Tötung des Angreifers zur Verteidigung von Sachgütern verbiete, nicht jedoch dessen Verletzung und sei es auch eine schwerwiedende oder gar lebensgefährliche.[761] Im Hinblick auf die Körperverletzung sprach es den Angeklagten folglich frei.[762]

C. Würdigung

Zwar gingen sowohl das *BVerwG* als auch das *OLG Köln* stillschweigend davon aus, daß Art. 2 Abs. 2 lit. a EMRK auch die Voraussetzungen der privaten Notwehr betrifft, Begründungen dieser Rechtsansicht lassen sich den Urteilen jedoch nicht entnehmen. Somit hat die Rechtsprechung keinen brauchbaren Beitrag zur Diskussion der Frage geleistet, ob die Menschenrechtskonvention auch für die Notwehrbefugnisse Privater Relevanz besitzt.

Zusammenfassend kann daher festgehalten werden, daß bisher noch keine überzeugenden Argumente dafür geliefert worden sind, daß § 32 StGB an Art. 2 Abs. 2 lit. a EMRK zu messen ist. Zwar kann die Ansicht, auch Private seien unmittelbar an die Konventionsrechte gebunden, mittlerweile als widerlegt angesehen werden, in Anbetracht der Tatsache, daß inzwischen sowohl staatliche Schutzpflichten als auch mittelbare Einwirkungen der EMRK auf Rechtsbeziehnungen Privater anerkannt sind, erscheint es andererseits auch nicht ausgeschlossen, daß sich die Reichweite nationaler Notwehrbestimmungen auch an Art. 2 Abs. 2 lit. a EMRK zu orientieren hat. Demnach ist der Relevanz der EMRK für die Rechtsverhältnisse der Bürger untereinander eine vertiefte Untersuchung zu widmen.

Kapitel 3

Der Fall Young, James & Webster vor den Straßburger Organen

In der jüngeren Diskussion um die Einwirkung der Konventionsrechte auf Rechtsbeziehungen zwischen Privaten hat das Urteil *Young, James & Webster* des *EGMR*

---

761 OLG Köln, aaO, S. 3.

762 OLG Köln, aaO, S. 4; Ob Art. 2 Abs. 2 EMRK, möchte man auch die private Notwehr an ihm messen, in seinem Anwendungsbereich tatsächlich die lebensgefährliche Verletzung des Angreifers zuläßt wird noch zu erörtern sein. Die Entscheidung des OLG ist aber jedenfalls insofern nicht zu beanstanden, als der Angeklagte hier keinesfalls "absichtlich" i.m Sinne des Art. 2 EMRK gehandelt hat.

große Beachtung gefunden. Zahlreiche Autoren waren der Auffassung, daß dieses Urteil als eine Schlüsselentscheidung zur Drittwirkungsfrage anzusehen ist.[763] Daher ist es auch im Rahmen dieser Abhandlung auf seinen diesbezüglichen Gehalt hin zu überprüfen.

A. Das Verfahren vor Kommission und Gerichtshof

Der vom *EGMR* zu entscheidende Fall hatte die Entlassung von drei Beschäftigten der britischen Eisenbahn zum Gegenstand.[764] Diese hatte im Juli 1975 mit drei Eisenbahngewerkschaften eine sog. closed-shop Übereinkunft getroffen, welche die Mitgliedschaft in einer dieser Gewerkschaften zur Bedingung der Beschäftigung bei British Rail machte. Nach dem Industrial Relations Act von 1971 waren Arbeiter gegen unfaire Entlassungen geschützt. Darüber hinaus enthielt das Gesetz Vorschriften, welche darauf gerichtet waren, closed-shop Übereinkünfte zu verbieten, bzw. jedem Arbeitnehmer das Recht einzuräumen, nicht einer Gewerkschaft anzugehören. Diese Rechtslage wurde später durch den Trade Union and Labour Relations Act von 1974 verändert. Durch diesen wurde sowohl das Verbot von closed-shop Vereinbarungen als auch das Recht, nicht einer Gewerkschaft anzugehören, abgeschafft. Die Regelung sah nunmehr vor, daß die Entlassung eines Arbeitnehmers als fair anzusehen sei, wenn dieser sich weigerte, einer bestimmten Gewerkschaft beizutreten, obwohl dies zwischen seinem Arbeitgeber und der entsprechenden Trade Union zur Beschäftigungsbedingung gemacht wurde. Ausnahmsweise war die Entlassung als unfair anzusehen, wenn der Arbeitnehmer seine Nichtmitgliedschaft durch religiöse oder sonstige vernünftige Gründe rechtfertigen konnte. Da die Beschwerdeführer sich dem Beitrittszwang nicht beugten, wurden sie im Sommer 1976 entlassen, eine Kündigungsschutzklage des Beschwerdeführers James vor dem nationalen Industrial Tribunal blieb erfolglos. Die Beschwerdeführer rügten nun eine Verletzung der Art. 9, 10, 11 und 13 der Konvention. Sowohl *Kommission*[765] als auch *Gerichtshof*[766] gingen davon aus, daß es sich bei British Rail um einen privaten Arbeitgeber handelte.

---

[763] Vgl. die Würdigungen des Urteils durch *Murswiek*, Schriften zum öffentlichen Recht 484 (1985), S. 217; *Carillo-Salcedo* in: *Pettiti/Decaux/Imbert* (Hrsg.), La convention européenne, S. 137 (Art. 1); *Scholz*, AöR 106 (1981), S.84; *Valticos* in: *Pettiti/Decaux/Imbert* (Hrsg.), La convention européenne, S. 432 (Art. 11); *Frowein/Peukert*, S. 22; *Abraham* in: *Pettiti/Décaux/Imbert* (Hrsg.), aaO, S. 584 (Art. 25).

[764] Sachverhalt u.a. in EGMR EHHR 4 (1982), S. 40 ff.

[765] EGMR EHRR 4 (1982), S. 28.

I. Die Stellungnahme der Kommission

Die *Kommission* untersuchte im Rahmen des Verfahrens die Frage, ob Art. 11 EMRK auch das Recht, nicht einer Gewerkschaft umfaßt, ob Art. 13 EMRK auch die Gewährung von Rechtsschutz gegen Akte des Gesetzgebers vorschreibt und ob eine Verantwortlichkeit des britischen Staates für angenommen werden kann. Dieser wandte ein, das Verhältnis zwischen bei dem gleichen Arbeitgeber beschäftigten Arbeitnehmern könne nicht als Vereinigung im Sinne des Art. 11 EMRK angesehen werden, da es lediglich von den vertraglichen Verhältnissen zwischen Arbeitgeber und Arbeitnehmer abhänge. Hinter dieser etwas mißverständlichen Formulierung verbirgt sich nichts anderes als eine Berufung auf die mangelnde Drittwirkung der Menschenrechtskonvention. Da für die vorliegende Untersuchung nur die letzte Frage von Bedeutung ist, ist die Würdigung des Falles auf diese zu beschränken.

Unter Berufung auf die Rechtssache *Marcks*[767] stellte die *Kommission* zunächst fest, daß der Staat die Konventionsrechte vor Handlungen anderer zu schützen habe.[768] Dann führte sie aus, daß es das britische Rechtssystem sei, welches die Rechtsverletzung im vorliegenden Fall ermöglicht hätte. Der Staat sei demnach für die Entlassung als verantwortlich anzusehen, da sein Rechtssystem die Entlassung legalisiert hat. Dabei verwies die *Kommission* auf den Fall *X* gg. *Irland*.[769] Im Folgenden stellte sie dann klar, daß sie auf eine Rechtfertigungsprüfung nach Art. 11 Abs. 2 EMRK verzichte, da die britische Regierung diesbezüglich keine Ausführungen gemacht hatte.

II. Das Urteil des EGMR

Auch der *Gerichtshof* setzte im Rahmen seiner Urteilsbegründung zunächst bei der Staatenverantwortlichkeit an. Unter Berufung auf die Vorarbeit der *Kommission* stellte er lediglich kurz fest, daß es trotz der Tatsache, daß die Problematik des vorliegenden Falls in der Übereinkunft zwischen British Rail und den Eisenbahngewerkschaften liegt, das nationale Recht gewesen sei, welches das durch die Beschwerdeführer angegriffene Verhalten legalisiert habe. Auf dieser Basis bestehe demnach die Verantwortlichkeit des Staates. Die Frage, ob er auch als Arbeitgeber angesehen werden muß oder sich seine Verantwortlichkeit aus der Herrschaft über British Rail ergibt, sei demnach nicht mehr zu untersuchen.[770] Weiterhin führte der Gerichtshof aus, daß es auf das Problem der negativen Vereinigungsfreiheit nicht ankomme, vielmehr umfasse das Recht, Vereinigungen zu bilden und solchen bei-

---

766 EGMR EHHR 4 (1982), S. 52.

767 EGMR EHRR 3 (1981), S. 330.

768 EGMR EHHR 4 (1982), S. 28.

769 Kommission Yearbook 14 (1971), S. 222.

770 EGMR EHHR 4 (1982), S. 52.

zutreten, automatisch ein gewisses Maß an Freiheit der Auswahl. Art. 11 EMRK dahingehend auszulegen, daß er irgendeine Zwangsausübung im Hinblick auf die Gewerkschaftsmitgliedschaft zuließe, würde somit die „very substance" der Vereinigungsfreiheit treffen.[771] Weiterhin prüft der Gerichtshof eine Rechtfertigung nach Art. 11 Abs. 2 EMRK, obwohl sich die britische Regierung für den Fall, daß eine Beeinträchtigung der Vereinigungsfreiheit festgestellt würde, nicht auf diese Vorschrift berief. Er untersuchte, ob die closed-shop Vereinbarung den Schutz von Rechten und Freiheiten anderer bezweckte. Zwar hielt er diesen Rechtfertigungsvorbehalt für einschlägig, kam jedoch zu dem Ergebnis, daß die Beeinträchtigung der Beschwerdeführer auch unter Berücksichtigung eines staatlichen Ermessensspielraums jedenfalls unverhältnismäßig sei und stellte somit eine Verletzung von Art. 11 EMRK fest.[772]

B. Die Problematik der Entscheidung

Zwar steht mit dem Urteil im britischen Eisenbahnerfall fest, daß sich der Staat unter Umständen auch dann einer Konventionsverletzung schuldig macht, wenn die Freiheitsbeeinträchtigung von Privaten ausgeht, doch läßt sich der Entscheidung des *EGMR* eine präzise dogmatische Begründung der Staatenverantwortlichkeit nicht ohne weiteres entnehmen. Sieht der *EGMR* diese als Folge der Legalisierung des angegriffenen Arbeitgeberverhaltens an, so spricht einiges dafür, daß er die Zurechnung der Konventionsverletzung aufgrund eines positiven Tuns des Königreiches vornimmt. Eine solche Deutung stünde auch im Einklang mit der Tatsache, daß der *Gerichtshof* eine Rechtfertigung nach Art. 11 Abs. 2 EMRK prüft und sich damit in der für die klassische abwehrrechtliche Menschenrechtsdimension geltenden Schrankensystematik bewegt. Dem steht jedoch die Tatsache gegenüber, daß die *Kommission* in ihrer Würdigung des Falles auf die Pflicht des Staates abstellt, seine Rechtsunterworfenen vor Übergriffen Dritter zu schützen. Diese Stellungnahme, auf die der *Gerichtshof* in seinem Urteil Bezug nimmt, spricht eindeutig für eine Begründung der Staatenverantwortleichkeit durch ein Unterlassen. Für eine solche Interpretation spräche auch noch, daß der *EGMR* auf einen Ermessensspielraum der Mitgliedsstaaten aufmerksam macht, der diesen in der Regel im Rahmen der Wahrnehmung ihrer Schutzaufträge aus den Konventionsrechten zukommt. Gänzlich unklar ist es, warum der *Gerichtshof* es für nötig hielt zu betonen, daß die Vereinigungsfreiheit in ihrem Kernbereich betroffen ist. Zur Ermittlung der Grundsätze der Staatenverantwortlichkeit bedarf es daher einer eingehenden Analyse des Urteils.

---

[771] EGMR aaO, S. 53.

[772] aaO, S. 56 ff.

C. Bisherige Stellungnahmen zum Urteil Young, James & Webster

Wie oben[773] bereits dargelegt, wurde dem Urteil des *EGMR* im Schrifttum große Bedeutung im Hinblick auf das Drittwirkungsproblem im Bereich der Konventionsrechte zugemessen. Daher sind zunächst die bisherigen Versuche, der Entscheidung des *Gerichtshofes* Grundsätze für die Staatenverantwortlichkeit im Falle von Rechtsverletzungen seitens Privater zu entnehmen, darzustellen und zu würdigen.

I. Die Deutung Murswieks

Eine ausführliche Diskussion der Rechtssache findet sich bei *Murswiek*. Ihm geht es darum, die Rolle der EMRK für die Sicherung der Freiheit des einzelnen durch den Staat zu untersuchen. Seine Prämisse ist dabei, daß die Rechte und Freiheiten der EMRK nicht drittgerichtet sind.[774] Seiner Ansicht nach ergibt sich die Verantwortlichkeit des Staates bei der Verletzung von Freiheitsrechten seitens Privater aus der Vernachlässigung seiner Pflicht, die Konventionsrechte auch vor nichtstaatlichen Eingriffen zu schützen, also aus einem Unterlassen.[775] In diesem Sinne deutet er auch das Urteil des *EGMR*.[776] Er geht davon aus, daß die *Kommission* diese Schutzpflicht direkt aus Art. 11 EMRK hergeleitet hat[777], während der *EGMR* auf dem Standpunkt stehe, daß die Vertragsstaaten nach Art. 1 EMRK verpflichtet seien, die Konventionsrechte auch gegen Verletzungen seitens Dritter in ihrer innerstaatlichen Gesetzgebung zu schützen.[778] Die Begründung der Schutzpflicht durch

---

[773] Dritter Teil, Kapitel 3, A.

[774] *Murswiek*, Schriften zum öffentlichen Recht 484 (1985), S. 217.

[775] *Murswiek*, aaO, S. 217.

[776] "Sowohl die Kommission als auch der Gerichtshof begründen die Verantwortlichkeit des Vereinigten Königreiches also mit dem Versäumnis, die Koalitionsfreiheit gegen Eingriffe Dritter in der staatlichen Gesetzgebung zu schützen.", aaO, S. 220.

[777] Seltsamerweise interpretiert *Murswiek* die Stellungnahme der Kommission als Entscheidung für eine absolute Schutzwirkung des Art. 11 EMRK zu. Wo die EMRK innerstaatlich gelte, müsse ihrem Art. 11 insoweit unmittelbare Drittwirkung zukommen, Schriften zum öffentlichen Recht 484 (1985), S. 221.

[778] aaO, S. 221 f.

[779] So schon *Guradze*, Nipperdey-FS II, S. 762 f.

[780] *Murswiek*, Schriften zum öffentlichen Recht 484 (1985), S. 222.

[781] *Murswiek*, aaO, S. 224 f.

[782] aaO, S. 225 f.

[783] aaO, S. 226.

[784] aaO, S. 242.

[785] *Carillo-Salcedo* in: *Pettiti/Decaux/Imbert* (Hrsg.), La convention européenne, S. 137 (Art. 1).

den EGMR hält *Murswiek* allerdings nicht für tragfähig. Zwar seien die Vertragsstaaten gemäß Art. 1 EMRK verpflichtet, die Konventionsrechte innerstaatlich zu gewährleisten, der materielle Umfang dieser Verpflichtung ergebe sich jedoch nicht aus Art. 1 EMRK, sondern aus den Konventionsrechten selbst. Würden diese aber den Staat ausschließlich zur Unterlassung eigener Eingriffe, nicht aber auch zum Schutz gegen Eingriffe Dritter verpflichten, dann könnte sich auch die Gewährleistungspflicht des Art. 1 EMRK nur auf die staatliche Unterlassungspflicht beziehen.[779] Art. 1 EMRK füge also materiell den Pflichten des Staates, welche sich aus den Rechten und Freiheiten der Konvention ergeben, nichts hinzu.[780] Dann macht *Murswiek* darauf aufmerksam, daß der *EGMR* neben dem Schutzpflichtargument noch einen weiteren Begründungsansatz im Hinblick auf die Staatenverantwortlichkeit geliefert hat. Macht das innerstaatliche Recht eine Verletzung von Schutzgütern der Konvention durch Dritte rechtmäßig, so erscheint dies als Konventionsverletzung des Staates. Allerdings zweifelt er daran, daß die gesetzliche Eingriffsermächtigung überhaupt eine rechtliche Relevanz hat.[781] Dies verneint er dann mit dem Argument, daß der Bürger eines freiheitlichen Rechtsstaates für seine Handlungen keiner gesetzlichen Ermächtigung bedürfe, da ohnehin alles erlaubt sei, was nicht verboten ist. Der Legalisierung der fraglichen Entlassung käme nur deswegen konstitutive Bedeutung zu, weil sie unter der Geltung des Industrial Relations Act von 1971 verboten war. Da die EMRK die Vertragsstaaten aber nicht verpflichte, den jeweils höchsten Schutzstandard, der jemals gewährt wurde, aufrechtzuerhalten, könne es nicht darauf ankommen, ob sie eine Verletzung ausdrücklich in ihrer Gesetzgebung erlaubt haben, sondern nur darauf, daß sie es unterlassen haben, sie zu verbieten.[782] Den entscheidenden Anknüpfungspunkt für die Staatenverantwortlichkeit sieht *Murswiek* demnach in einem Untätigbleiben. Die Pflicht des Staates zum Tätigwerden rechtfertigt er mit der folgenden Überlegung: Die Rechtsordnung sichere alles unverbotene Verhalten durch Störungsverbote ab. An Handlungen, die nicht verboten sind, darf man auch gehindert werden. Unverbotenes Verhalten werde also rechtlich gewährleistet. Was der eine tun darf, müsse der andere dulden, und was dieser nicht zu dulden braucht, habe jener zu unterlassen. Alle Mitgliedsstaaten der EMRK verpflichten ihre Bürger demnach im innerstaatlichen Recht zur Duldung nicht verbotenen Verhaltens anderer. Mit der Auferlegung dieser Duldungspflicht schränke der Staat die Konventionsrechte somit ein, wenn das nicht verbotene Verhalten Dritter deren Schutzgehalt verletze.[783] Sofern sich solche Eingriffe nicht aufgrund der Einschränkungsvoraussetzungen der Konvention rechtfertigen lassen, sei der Staat demnach verpflichtet, ein solches Verhalten Dritter innerstaatlich zu verbieten.[784]

Fraglich ist indes, ob die Deutung *Murswieks* einer kritischen Überprüfung standhält. Kern seiner These ist die Annahme, daß der Staat seine Bürger verpflichtet, unverbotenes Verhalten zu dulden. Wird ein grundrechtswidriges Verhalten Privater also nicht verboten, so ist die diesem Verhalten spiegelbildlich entsprechende Duldungspflicht als staatlicher Grundrechtseingriff zu werten. Die Schutzpflicht erscheint somit als bloßer Reflex des subjektiven Abwehrrechts und ist daher keiner selbständigen Grundrechtsdimension zuzuordnen. Damit ließe sich immerhin erklären, daß der Gerichtshof trotz seiner Schutzpflichtargumentation eine Rechtfertigungsprüfung anhand von Art. 11 Abs. 2 EMRK vorgenommen hat.

Schon der Ausgangspunkt, daß der Staat den Bürger quasi a priori verpflichtet, das Verhalten seines Nächsten zu dulden, sofern dieses nicht verboten ist, kann jedoch nicht überzeugen. *Murswiek* übersieht dabei die Bedeutung der staatlichen Regelungsmechanismen für die Abgrenzung der Freiheitsbereiche des einzelnen. Denkt man jedwede staatliche Verbotsnorm hinweg, so müßte das nach *Murswiek* konsequenterweise dazu führen, daß nun jeder tun kann was er will; gleichzeitig wäre aber jedem die Pflicht auferlegt, jedes Verhalten des anderen zu dulden. Daß der einzelne jede beliebige Handlung vornehmen darf und dabei jede beliebige Handlung eines anderen zu dulden hat, ist jedoch unmöglich, da eine absolute Handlungsfreiheit die Befugnis, sich gegen Handlungen anderer zu wehren, mit einschließt. Darüber hinaus kann der Ansatz *Murswieks* nicht erklären, warum dem Staat bei der Erfüllung seiner Schutzpflichten ein Ermessensspielraum zukommt. Interpretiert man nämlich das Unterlassen des Verbotes grundrechtswidrigen Verhaltens als positiven Eingriff durch Auferlegen einer Duldungspflicht, so stellt sich die gebotene staatliche Maßnahme als gebunden dar. Raum für einen Ermessens- oder Beurteilungsspielraum bleibt dabei nicht. Zwar ist der Deutung *Murswieks* zuzugestehen, daß sie den Widerspruch aufzulösen vermag, der sich daraus ergibt, daß der *EGMR* eine Rechtfertigungsprüfung vornimmt, obwohl er an anderer Stelle den Weg über eine Schutzpflichtskonstruktion wählt, aufgrund der dargestellten Mängel kann sie jedoch trotzdem nicht als überzeugend angesehen werden.

II. Weitere Stellungnahmen aus dem Schrifttum

Auch in der übrigen Literatur ist eine überzeugende Deutung des Urteils zu vermissen. Diesbezügliche Äußerungen beschränken sich meist auf kaum substantiiert begründete Feststellungen. Das Problem liegt darin, klar herauszuarbeiten, wodurch der *EGMR* die Staatenverantwortlichkeit nun genau begründet sah. Hier kommt einerseits die unzureichende Erfüllung der Pflicht, den Arbeitnehmer vor der Vereinigungsfreiheit zuwiderlaufenden Zwängen zu schützen, andererseits ein durch die fehlerhafte Ausgestaltung des Rechtssystems und der damit verbundenen Legalisierung des Arbeitnehmerverhaltens vermittelter positiver Eingriff des Staates in Betracht. Darüber hinaus ist noch zu überlegen, ob die englische Gesetzgebung vorliegend im Hinblick auf eine objektiv-werterechtliche Dimension der EMRK-Rechte als konventionswidrig angesehen werden mußte.

Byk[785] sah die Verantwortlichkeit Großbritanniens dadurch begründet, daß es sein nationales Recht nicht konventionskonform ausgestaltet hatte. Das durch die Beschwerdeführer angegriffene Verhalten sei durch die innerstaatliche Gesetzgebung ermöglicht worden; auf diese Weise könne der Staat für die Konventionsverletzung verantwortlich gemacht werden. Ebenso zweideutig erscheinen die Ausführungen von *Scholz*. Auch er sieht die Verantwortlichkeit Großbritanniens durch den Umstand begründet, daß es entsprechende Entlassungen im Bereich seiner Rechtsordnung nicht verhinderte[786], spricht jedoch gleichzeitig auch von der Verpflichtung aller nationalen Gesetzgebungen, das nationale Recht im Einklang mit der EMRK zu halten.[787] Eindeutig auf die Verletzung der staatlichen Schutzpflicht stellt dage-

786 *Scholz*, AöR 106 (1981), S.84, seine Abhandlung bezieht sich allerdings nur auf die Zulässigkeitsentscheidung der Kommission.

787 *Scholz*, aaO, S. 92.

788 *Valticos* in: *Pettiti/Decaux/Imbert* (Hrsg.), La convention européenne, S. 432 (Art. 11).

789 *Frowein/Peukert*, S. 22.

790 *Abraham* in: *Pettiti/Decaux/Imbert* (Hrsg.), aaO, S. 584 (Art. 25), Im Original drückte sich *Revaud* folgendermaßen aus: "Il en va ainsi à plus forte raison si les violations des droits commis par des particuliers ont été organisés, voire encouragés, par les autorités publiques."

791 EGMR EHRR 3 (1981), S. 28.

792 Vgl. Kommission Yearbook 14 (1971), S. 202.

793 Kommission aaO, S. 222.

794 EGMR EHRR 4 (1982), S. 52.

795 EGMR aaO.

796 EGMR aaO, S. 56.

797 EGMR EHRR 2 (1979/80), S. 342.

798 *Weidmann*, Der EGMR auf dem Weg zu einem europäischen Verfassungsgerichtshof, S. 153.

799 Zu den einzelnen Regelungen siehe EGMR EHRR 2 (1979/80), S. 335 ff.

800 So z.B. *Frowein/Peukert*, S. 21 f.; *Weidmann*, aaO, S. 152 ff.

801 Vgl. allgemein dazu v. *Münch/Kunig* (*Coester-Waltjen*), Art. 6 Rdn. 11, 19.

802 EGMR EHRR 4 (1982), S. 56.

803 EGMR aaO, S. 57.

804 Dritter Teil, Kapitel 1, B II 2.

gen *Coussirat-Coustère* ab. Seiner Ansicht nach falle die Verantwortlichkeit dem Staat zu, wenn sich die Konventionsverletzung aus dem Versäumnis ergibt, die Rechte der Bürger im innerstaatlichen Recht abzusichern.[788] Ebenso ist die Aussage *Froweins* zu werten, der als entscheidende Frage ansieht, inwieweit sich aus Art. 11 EMRK eine Verpflichtung des Staates ergibt, durch seine Gesetzgebung dieses Recht auch im Verhältnis zwischen Arbeitgeber und Arbeitnehmer zu schützen.[789] Einen differenzierten Standpunkt vertritt *Revaud.* Zunächst stellt er heraus, daß sich die Staatenverantwortlichkeit auch durch Rechtsverletzungen Privater ergeben könne, falls der Staat seiner Verpflichtung, die Konvetionsrechte zu schützen, nicht nachgekommmen ist und sich die Verletzung als schwerwiegend und systematisch erweist. Allerdings macht er deutlich, daß die Verantwortlichkeit des Staates umso mehr begründet ist, als dieser das fragliche Verhalten Privater in seiner Rechtsordnung vorsieht oder sogar dazu ermutigt.[790]

D. Eigene Würdigung der Rechtssache

Da sich aus der Würdigung der Literaturstimmen noch kein klares Bild über die Tragweite der Entscheidungen im Hinblick auf die Staatenverantwortlichkeit ergibt, sind die Stellungnahmen von *Kommission* und *Gerichtshof* noch einmal unter diesem Gesichtspunkt zu untersuchen.

I. Die Äußerungen von Kommission und Gerichtshof zu den Grundsätzen der Staatenverantwortlichkeit im Fall Young, James & Webster

Die erste Äußerung der *Kommission* spricht eindeutig für die Lösung des Verantwortungsproblems über die Schutzpflichtkonstruktion. In ihrer Stellungnahme hieß es folgendermaßen:

„It is well established by now that apart from protecting the individual against State action, there are articles of the Convention which oblige the State to protect individual rights even against the action of others.“[791]

Im Folgenden stellte sie dann fest, daß Art. 11 EMRK zu diesen Vorschriften zu zählen ist. Noch im selben Absatz rechnet die *Kommission* den Eingriff dann allerdings aufgrund seiner Legalisierung durch die britische Gesetzgebung dem Staat zu.

„After having found that Article 11 protects against this kind of compulsion, it follows that the State is responsible under the convention if its legal system makes such a dismissal lawful."

Dabei beruft sie sich auf den Fall *X* gg. *Irland.* Dort ging es um die Beschwerde eines Arbeitnehmers, der wegen gewerkschaftlicher Aktivitäten von der Geschäftsführung unter Druck gesetzt wurde.[792] Die *Kommission* stellt fest, daß ein solche Einmischung unter Umständen eine ernsthafte Einschränkung der Vereinigungsfreiheit darstellen könnte. Sie prüft alsdann, ob das nationale Recht gegen solche Verletzungen von Art. 11 EMRK ausreichende Rechtsschutzmöglichkeiten zur Verfügung stellt, was sie dann im Ergebnis bejahte.[793] Im Fall *X* gg. *Irland* ging es somit nicht darum, daß der Staat den Arbeitgeber zu einem bestimmten Verhalten ermächtigte, sondern um die Frage, ob er es in konventionswidriger Weise unterlassen hat, Vorschriften zu erlassen, welche den Arbeitnehmer vor dem fraglichen Verhalten sichern. Dieser Verweis entwertet die Aussage der *Kommission* im Hinblick auf die Begründung der Staatenverantwortlichkeit durch ein positives Tun des Gesetzgebers.

Der *Gerichtshof* nahm in seinen Ausführungen zur Staatenverantwortlichkeit zunächst auf die Auffassung der *Kommission* Bezug. In diesem Sinne stellte auch er auf die Nichtbeachtung staatlicher Schutzpflichten ab.

„[...] hence, if a violation of one of these rights and freedoms is the result of non-observance of that obligation [scil. die Konventionsrechte einem jeden zuzusichern] in the enactment of domestic legislation, the responsibility of the State for that violation ist engaged."[794]

Wie *Murswiek* jedoch schon feststellte, hebt der *EGMR* jedoch auch die Legalisierung der Entlassung als positives Tun des Staates hervor.

„[...] it was the domestic law in force at the relevant time that made lawful the treatment of which the applicants complained. The responsibility of the respondent State for any resultant breach of the Convention is thus engaged on this basis."[795]

Zu untersuchen bleibt also, ob sich weitere Anhaltspunkte in dem Urteil bzw. in der Rechtsprechung des *EGMR* finden lassen, um die dogmatische Struktur der Staatenverantwortlichkeit bei Legalisierung konventionswidrigen Verhaltens zu erhellen. Ein Indiz für die Bewertung des staatlichen Verhaltens als über ein bloßes Unterlassen hinausgehend könnte in der Rechtfertigungsprüfung durch den *EGMR* liegen. In diesem Zusammenhang stellt das Gericht Folgendes fest:

„An interference with the excercise of an Article 11 right will not be compatible with paragraph (2) unless it was 'prescribed by law', had an aim or aims that is or are legitimate under that paragraph and was 'necessary in a democratic society' for the aforesaid aim or aims."[796]

Im Folgenden geht der *Gerichtshof* dann davon aus, daß die Einmischung im Sinne der Konvention „vom Gesetz vorgesehen" war. Er bewegt sich damit im Rahmen der für die klassische abwehrrechtliche Funktion geltenden Schrankensystematik, was den Eindruck erweckt, daß die Verantwortlichkeit des Königreiches durch einen positiven Eingriff in die Vereinigungsfreiheit zu sehen ist. Dieser könnte noch durch die Ausführungen des *EGMR* im Fall *Marckx* verstärkt werden, in dem der *Gerichtshof* auf eine Rechtfertigungsprüfung verzichtet. Dort hieß es:

„As envisaged by Article 8, respect for family life implies in particular, in the Court's view, the existence in domestic law of legal safeguards that render possible, as from the moment of birth, the child's integration in its family. In this connection, the State has a choice of various means, but a law that fails to satisfy this requirement violates paragraph 1 of Article 8 without there being any call to examine it under paragraph 2"[797]

Dies wurde von *Weidmann* so interpretiert, daß der Gerichtshof von einer Prüfung von Art. 8 Abs. 2 EMRK abgesehen hat, da kein unmittelbarer Eingriff des Staates ins Privatleben vorliege.[798] Unterstellt man die Richtigkeit dieser Annahme, so spräche einiges dafür, daß der *EGMR* im Fall *Young, James & Webster* der positiven Legalisierung des angegriffenen Verhaltens durchaus Bedeutung zugemessen hat, da hier eine dem Eingriffsdenken entsprechende Rechtfertigungsprüfung durchgeführt wurde. Gegen einen solchen Rückschluß spricht allerdings die unterschiedliche Ausgangslage in den beiden Rechtssachen. Während es im Urteil *Young, James & Webster* um die Verantwortlichkeit des Staates für ein koventionswidriges Verhalten Privater geht, lag ein solcher Anknüpfungspunkt im Fall *Marckx* nicht vor. Dort beanstandeten die Beschwerdeführerinnen das belgische Nichtehelichenrecht. Sie wandten sich gegen Regelungen, die vorsahen, daß ein nichteheliches Kind zur Begründung eines Verwandtschaftsverhältnisses erst von der Mutter anerkannt werden muß und selbst dann nicht mit den Verwandten der Mutter verwandt ist. Darüber hinaus brachte die Rechtslage in Belgien eine Starke Einschränkung der erbrechtlichen Stellung des Kindes bzw. dessen Fähigkeit, von der Mutter finanzielle Zuwendungen unter Lebenden zu erhalten, mit sich.[799] Zwar wurde auch dieser Fall in der Literatur zumeist unter dem Thema „Schutzpflichten" behandelt[800], tatsächlich geht es aber gerade nicht darum, die Rechte des nichtehelichen Kindes durch die Gesetzgebung zu schützen. Die Gefahr geht ja nicht von irgendwelchen Dritten, sondern vom Gesetzgeber selbst aus und zwar dahingehend, daß das nichteheliche Kind bei der Ausgestaltung des Familienrechts Sonderregelungen unterliegt und dadurch benachteiligt wird. Im Streit stand also nicht die Pflicht des Staates, das Rechtsinstitut der Familie gegen Gefahren von außen abzuschirmen, sondern diejenige, es nach innen diskriminierungsfrei auszugestalten.[801] Demnach war auch im Fall *Marckx* ein aktives Handeln für die Konventionsverletzung ausschlaggebend.

Es kann somit nicht davon ausgegangen werden, daß der *Gerichtshof* auf eine Rechtfertigungsprüfung verzichtete, da sich diese mit der dogmatischen Begründung der Staatenverantwortlichkeit durch die Schutzpflichtskonstruktion nicht hätte vereinbaren lassen. Der Umstand, daß der *EGMR* im Urteil *Young, James & Webster* im Gegensatz zur Rechtssache *Marckx* eine Rechtfertigungsprüfung durchgeführt hat, bleibt zwar somit immerhin ein Indiz dafür, daß der Gerichtshof das konventionswidrige Verhalten des Vereinigten Königreiches nicht in einem bloßen Unterlassen sah, darf jedoch auch nicht in diesem Sinne überbewertet werden. Allerdings finden sich im Urteil *Young, James & Webster* selbst Passagen, die weitere Schlüsse auf die Bewertung des positiven Tuns des britischen Gesetzgebers zulassen. So stellt sich der *EGMR* dort die folgende Frage:

„[...] was it 'necessary in a democratic society' to make lawful the dismissal of the applicants, who were engaged at a time when union membership was not a condition of employment ?“[802]

Daraus läßt sich entnehmen, daß der *EGMR* das Gesetz selbst und nicht etwa die closed shop-Regelung, vor der es den Arbeitnehmer zu schützen galt, als grundrechtsrelevantes Verhalten gewertet hat. Diese Annahme wird durch die Ausführungen im nächsten Absatz weiter gestützt. Dort hieß es folgendermaßen:

„The fact that British Rail's closed shop agreement may in a general way have produced certain advantages is therefore not of itself conclusive as to the necessity of the interference complained of.“[803]

Auch hier wird deutlich, daß das closed shop-Übereinkommen nicht mit der „interference complained of", also dem Eingriff indentisch ist, der dann nur noch in der gesetzlichen Regelung gesehen werden kann. Darüber hinaus verweist der *EGMR* bei der Feststellung, daß die Einschränkung verhältnismäßig sein müsse, auf das *Handyside* Urteil. Dort ging es, wie bereits oben[804] schon dargelegt, um die Anfechtung einer zensorischen Maßnahme, also um einen Fall, in der das Menschenrecht in seiner klassischen abwehrrechtlichen Dimension fungiert.

Dagegen, daß der *EGMR* den vorliegenden Sachverhalt unter dem Aspekt der Schutzpflichtverletzung gelöst hat, spricht auch noch die Tatsache, daß er in seiner bisherigen Rechtsprechung den Staaten bei deren Realisierung einen großen Ermessensspielraum eingeräumt hat.[805] Diesbezügliche Überlegungen fehlen jedoch im

---

805 Siehe z.B. EGMR EHRR 22 (1996), S. 410; EGMR EHRR 9 (1987), S. 204.

806 EGMR EHRR 4 (1983), S. 58.

807 EGMR EHRR 2 (1979/80), S. 245. In diesem Fall hatte der EGMR zu prüfen, ob die Zensur eines Zeitungsartikels, der sich mit dem Contergan Prozeß und seinen Hintergründen beschäftigte, mit der Meinungs- und Pressefreiheit aus Art. 10 EMRK zu vereinbaren war. Auch hier war also die abwehrrechltiche Grundrechtsdimension einschlägig.

808 Sachverhalt in EGMR EHRR 17 (1994), S. 193.

809 EGMR aaO, S. 200 f.

810 aaO, S. 201.

811 Namentlich *Frowein*, *Rozakis* und *Martinez*.

Urteil *Young, James & Webster*. Zwar spricht das Gericht abschließend davon, daß dem Staat ein "margin of appreciation"[806] zustehe, vor allem aber der Verweis auf das Urteil *Sunday Times*[807] macht jedoch deutlich, daß er damit nicht ein Auswahlermessen in bezug auf die Mittel zur Schutzpflichterfüllung meint, sondern einen Beurteilungsspielraum dahingehend, daß es dem Staat in gewissen Grenzen obliegt, zu beurteilen, welche Eingriffe sich im Sinne des Art. 11 Abs. 2 EMRK anhand von Notwendigkeiten in einer demokratischen Gesellschaft rechtfertigen lassen. Es bleibt somit festzuhalten, daß der Gerichtshof, von der anfänglichen Beurteilung des Falles unter Schutzpflichtaspekten zu einer Würdigung des britischen Gesetzes als aktive Grundrechtsbeeinträchtigung umgeschwenkt ist. Die Betonung positiven Tuns des Vereinigten Königreiches steht im Fall *Young, James & Webster* damit im Vordergrund.

II. Bezugnahmen auf den Fall Young, James & Webster in der späteren Rechtsprechung der Straßburger Organe

Es bleibt jedoch zu untersuchen, ob sich der aus dem erläuterten Urteil gewonnene Eindruck vor dem Hintergrund der übrigen Rechtsprechung des Gerichtshof bestätigt. Eine Bezugnahme auf das erörterte Urteil findet sich im Fall *Sibson*. Dort ging es um einen Depotarbeiter, der wegen Unehrlichkeit von seiner Gewerkschaft ausgeschlossen wurde und daraufhin einer anderen beitrat. Auf die Drohung seiner Kollegen hin, die Arbeit niederzulegen, falls Sibson weiterhin in ihrem Depot arbeite, wurde er von seinem Arbeitgeber vor die Wahl gestellt, sich entweder wieder um Aufnahme in die erste Gewerkschaft zu bemühen oder seine Tätigkeit in einer anderen Zweigstelle des gleichen Unternehmens fortzuführen. Als Sibson beides ablehnte, stellte ihm sein Arbeitgeber in Aussicht, ohne Bezahlung nach Hause geschickt zu werden, falls er wieder an seinem alten Arbeitsplatz erscheine. Daraufhin betrachtete sich Sibson als entlassen. Nachdem seine Klage in zweiter Instanz abgewiesen wurde, wandte er sich unter Berufung auf Art. 11 EMRK an die Europäische *Kommission* für Menschenrechte.[808] Diese führte in ihrer Stellungnahme unter Bezugnahme auf das Urteil *Young, James & Webster* zur Staatenverantwortlichkeit Folgendes aus:

> „The Commission has considered therefore, wether on the facts of the case the legal system of the United Kingdom has failed to protect the applicant from compulsion contrary to his rights under Article 11 of the Convention."[809]

Daraus geht hervor, daß die *Kommission* den britischen Eisenbahnerfall trotz der angeführten Argumente immer noch im Lichte der Schutzpflichtproblematik deutet. Eine Verletzung von Art. 11 EMRK lehnte sie dann im wesentlichen deshalb ab, weil sich die Versetzung innerhalb des Unternehmens nach britischem Recht innerhalb des Weisungsrechts des Arbeitgebers halte und das Motiv für dessen Ausübung irrelevant sei.[810] In einem Sondervotum von *Loucaides*, dem noch drei andere Kommissionsmitglieder beitraten[811], wurde diese Position angegriffen und folgender Standpunkt geäußert:

„Contracting States are under an obligation to ensure by their legislation that individuals are not penalised in the above manner as a result of their refusal to join a trade union.“[812]

Auch hier wird die Verantwortlichkeit des Staates wieder mit der Vernachlässigung der Schutzpflicht begründet. In die selbe Richtung geht das Sondervotum von *Busuttil*. Dort hieß es:

„There was no pressing social need justifying the interference by the employers with the applicant's negative right to freedom of association for any of the purposes enumerated in Art. 11 II. What happened in this case was a blatant abuse of the closed-shop system by the union in question - an abuse condoned by the employers and further condoned by the judgement of the Court of Appeal - which struck at the very substance of the freedom guaranteed by Art. 11.“[813]

---

[812] EGMR EHRR 17 (1994), S. 203.

[813] EGMR aaO, S. 205.

[814] aaO, S. 206.

[815] Es sei daran erinnert, daß sich die Beschwerdeführer in diesem Fall auf eine Ausnahmeregelung des Trade Union and Labour Relations Act 1974 für den Fall, daß es dem Arbeitnehmer aus Religions- oder Gewissensgründen nicht zuzumuten ist, einer der beteiligten Gewerkschaften beizutreten, beriefen, vgl. EGMR EHRR 3 (1981), S. 21; EGMR EHRR 4 (1982), S. 43.

[816] EGMR EHRR 17 (1994), S. 207.

[817] EGMR aaO, S. 209.

[818] aaO, S. 208.

[819] *Weidmann*, Der EGMR auf dem Weg zu einem europäischen Verfassungsgerichtshof, S. 166.

[820] So aber *Weidmann*, aaO, S. 166.

[821] Diese Folgerung wird durch die Aussage Berkas bekräftigt, der feststellt, daß "bei jedem Recht der fragliche Schutzbereich gegenüber 'Dritteingriffen' gesondert herauszuarbeiten sein wird", ÖJZ 34 1979, S. 369; ihm folgend Weidmann, aaO, S. 168.

[822] Darstellung der Rechtslage durch den EGMR EHRR 4 (1982), S. 42.

[823] Dritter Teil, Kapitel 2, A.

Hier wird deutlich, daß der Eingriff nicht in einer staatlichen Regelung, sondern der Kollusion zwischen Arbeitgeber und Gewerkschaft gesehen wird. Interessant ist dabei, wie *Busuttil* die Rechtfertigungsprüfung nach Absatz 2 aus dem Urteil *Young, James & Webster* wiederaufgreift. Nicht die staatliche Regelung, sondern das closed shop-Regime wird an der Rechtfertigungsklausel gemessen. Dies ließe sich so deuten, daß der Staat nur vor Eingriffen zu schützen hat, die, wären sie von seiner Seite aus vorgenommen worden, nicht zu rechtfertigen gewesen wären. Der *Gerichtshof* führte in seinem Urteil unter Berufung auf den brititischen Eisenbahnerfall Folgendes aus:

„The present case involves no direct interference on the part of the State. If the matters complained of by Mr. Sibson constituted an infringement of his right under Article 11 of the Convention, the responsibility of the United Kingdom would nevertheless be engaged if that infringement resulted from a failure on its part to secure those rights to him in its domestic law.“[814]

An dieser Stelle wird deutlich, daß der *Gerichtshof* davon ausgeht, daß auch im Urteil *Young, James & Webster* die Staatenverantwortlichkeit durch die Verletzung der Schutzpflicht vermittelt wurde. Im weiteren lehnte er im vorliegenden Fall eine Verletzung von Art. 11 EMRK ab. Dies begründete er zunächst damit, daß es die Vereinigungsfreiheit hier im Gegensatz zum Eisenbahnerfall[815] nicht im Lichte von Art. 9 und 10 der Konvention auszulegen sei.[816] Darüber hinaus sei Sibson nicht wie im Fall *Young, James & Webster* von einer Entlassung auf Lebenszeit bedroht gewesen, ihm sei vielmehr die Möglichkeit geblieben, seine Tätigkeit in einem anderen Depot des gleichen Arbeitgebers fortzusetzen. Bemerkenswert ist, daß der *EGMR* seine Ausführung mit der Feststellung schließt, daß ein "treatment striking at the very substance of the freedom of association guaranteed by Art. 11" nicht vorliege. Auf eine Rechtfertigung des angegriffenen Verhaltens geht er dementsprechend nicht ein. Weiter oben heißt es folgendermaßen:

„[...] the Court held that although compulsion to join a particular trade union may not always be contrary to the Convention, a form of such compulsion which, in the circumstances of the case, strikes at the very substance of the freedom of association guaranteed by Art. 11 will constitute an interference with that freedom."

Dies läßt darauf schließen, daß der *EGMR* in Fällen, in denen sich die Verantwortlichkeit des Staates lediglich mittelbar im Zusammenspiel mit Handlungen Privater ergibt, eine Verletzung der Konvention nur dann anerkennen will, wenn eine ihrer Freiheiten im Kernbereich betroffen ist. In einem Sondervotum vertritt *Russo* dann den Standpunkt, daß eine solche Betroffenheit wohl vorliege.[817] Zur Staatenverantwortlichkeit äußerte er sich wiefolgt:

„[...] the United Kingdom is responsible, in accordance with Article 1 of the Convention, since the infringement resulted from the failure of the United Kingdom to fulfill its positive obligation to adapt the legal system in order to secure that freedom.“[818]

Seine Stellungnahme ist im Gegensatz zum Urteil der übrigen Richter nicht zwingend im Sinne einer Schutzpflichtverletzung deuten, vielmehr läßt sich ihr der Gedanke entnehmen, daß der Staat auch bei der Rechtssetzung im menschenrechtsrelevanten Bereich die Konventionsrechte beachten muß.

III. Abschließende Würdigung der untersuchten Rechtsprechung

Festzuhalten bleibt demnach, daß die Rechtsprechung des *EGMR* kein einheitliches Bild bietet. Die Äußerungen des Gerichtshofes zur Staatenverantwortlichkeit für Handlungen Privater müssen demnach als „Findlinge in der Rechtsprechungslandschaft“[819] angesehen werden, aus denen sich noch keine klare dogmatische Linie ergibt. Im Folgenden soll daher versucht werden, die Ansätze des *EGMR* sinnvoll in das bestehende Menschenrechtssystem einzubauen.

Bei aller Spärlichkeit und Uneinheitlichkeit der Äußerungen der Straßburger Organe läßt sich nicht behaupten, daß diese „noch nicht einmal ein Mosaik” bildeten.[820] Klar erkennbar ist zum einen, daß in Fällen nur mittelbarer Staatenverantwortlichkeit der Schutzbereich der jeweiligen Freiheit enger als im Hinblick auf unmittelbare staatliche Eingriffe zu ziehen ist[821], zum anderen, daß die positive Ermächtigung zu Eingriffen Privater nicht ohne Bedeutung sein kann, von einem bloßen Untätigbleiben des Gesetzgebers also abzugrenzen ist. Was die Beurteilung der Ermächtigung zu grundrechtsrelevanten Verhaltensweisen Privater betrifft, ist zu sagen, daß ein Ansatz, der darin einen Eingriff erblickt, nicht erklären könnte, warum der Schutzbereich in diesen Fällen anders zu bestimmen sein soll, als dort, wo der Staat die Beeinträchtigung durch das Handeln seiner Organe unmittelbar herbeiführt. Auch würde eine solche Deutung in den Fällen, in denen der Staat die Freiheitsbereiche der Bürger durch Einräumung von Handlungsrechten bzw. Auferlegung von Duldungspflichten regelt, zu einer unmittelbaren Drittwirkung führen, die von der ganz herrschenden Ansicht bereits abgelehnt wird. Darüber trägt ein solcher Ansatz dem Umstand nicht Rechnung, daß der Schutzbereich der Menschenrechte in seiner abwehrrechtlichen Dimension dem dem Staat-Bürger Verhältnis innewohnenden spezifischen Kräfteverhältnis angepaßt ist, welches in den Beziehungen der Bürger untereinander fehlt.

Fraglich ist hingegen, ob eine Lösung der zitierten Fälle über das Moment der staatlichen Schutzpflicht sachgerecht ist. Die wiederholte Betonung der Legalisierung des angegriffenen Verhaltens im Urteil *Young, James & Webster* ließe sich dann nicht rechtfertigen. Ausgangspunkt ist zunächst die britische Regelung zum Schutze vor unfairen Entlassungen. Diese besteht darin, daß der Arbeitnehmer nicht ohne rechtfertigenden Grund entlassen werden darf.[822] Ergänzt wurde diese Regelung dann, wie bereits oben[823] gesehen, durch die Anordnung, daß eine Entlassung aufgrund einer Zuwiderhandlung gegen das closed shop-Regime nicht als unfair anzusehen sei, jene also einen ausreichenden Grund darstellt. Läßt sich jetzt mit *Murswiek*[824] behaupten, daß diese Legalisierung lediglich die Aufhebung eines vorherigen Verbots darstellt und folglich daher nur ein bisweilen gewährter Schutz wieder aufgehoben wird ? Dies würde voraussetzen, daß die Einführung eines rechtfertigenden Grundes als Voraussetzung einer Entlassung dazu bestimmt war, die Vereinigungsfreiheit des Arbeitnehmers zu schützen. Das ist allerdings nicht der Fall. Der Kündigungsschutz betrifft nicht die Freiheitsrechte des einzelnen, sondern die Erhaltung von dessen Arbeitsplatz und damit die Gewährleistung seiner sozialen Sicherheit. Die Richtigkeit dieses Gedankengangs spiegelt sich auch in dem, wenn auch im Ergebnis unzutreffenden, Sondervotum der Richter *Sørensen*, *Thór*, *Vilhjálmsson* und *Lagergren* wieder, die Folgendes ausführten:

„[...] that [scil. die angemessen Lösung des Problems] is in safeguarding the right to security of employment in such circumstances. But this right is not among those recognised by the Convention [...]“[825]

Daß die Richter - wenn auch fälschlicherweise - annahmen, daß hier ein nicht existierendes Recht auf Sicherung des Arbeitsplatzes einschlägig war, belegt, daß das grundsätzliche Verbot, aus jedem beliebigen Grund zu kündigen, nicht dem Schutz der Vereinigungsfreiheit dient. Dadurch, daß man den Arbeitnehmer gegen willkürliche Entlassung geschützt hat, wozu die Konvention, wie das genannte Sondervotum belegt, überhaupt keine Veranlassung gab, wurde erst eine Situation geschaffen, aus der im vorliegenden Fall die Konventionsverletzung hervorging. Diese ist dadurch gekennzeichnet, daß dem Arbeitnehmer soziale Sicherheiten gegeben wurden, deren Rücknahme für ihn einen schweren Nachteil bedeuten würde. Somit wurde eine Möglichkeit geschaffen, den Arbeitnehmer unter Druck zu setzen. Diese Überlegung beweist jedoch, daß erst die Legalisierung des closed shop-Regimes einen spezifischen Bezug zur Vereinigungsfreiheit aufweist. Der Grund für die Verantwortlichkeit des Staates erschöpft sich daher in deren Vornahme. Kann die Ausnahme vom Verbot jedoch weder als Unterlassen eines Schutzes noch als positiver Eingriff in ein Konventionsrecht gewertet werden, so kann die Staatenverantwortlichkeit im Falle *Young, James & Webster* nur noch dadurch begründet sein,

---

[824] Murswiek, Schriften zum Öffentlichen Recht 484 (1985), S. 224.
[825] EGMR EHRR 4 (1982), S. 63.
[826] Zweiter Teil, Kapitel 2, A.

daß die Mitgliedsstaaten bei der Regelung privater Rechtsverhältnisse die Konventionsrechte in ihrem Kernbereich zu berücksichtigen haben. Eine Regelung, die dies versäumt, verstößt somit positiv gegen die EMRK und ist je nach deren innerstaatlicher Geltung den Folgen der Rechtswidrigkeit ausgesetzt. Die bereits angesprochene ordre public-Funktion der Konvention ist demnach mit der objektiven Wertordnung des Grundgesetzes vergleichbar, was in Anbetracht der Rechtsprechung der Straßburger Organe nun als abgesichert betrachtet werden kann.

E. Folgerungen aus der Straßburger Rechtsprechung im Hinblick auf die Notwehrproblematik

Durch die Normierung der Notwehrbefugnisse regelt der Staat, welche Handlungen der Verteidiger zur Abwehr des Angriffs rechtmäßig auf Kosten des Angreifers vornehmen darf. Er grenzt damit die Freiheitssphären von Angreifer und Verteidiger gegeneinander ab. Nach den Ergebnissen dieser Untersuchung hat er dabei auch den Kernbereich der Konventionsrechte zu beachten. Sollte demnach bei der Abfassung des § 32 StGB der Kernbereich des Art. 2 EMRK außer Acht gelassen worden sein, so wäre die Regelung als konventions- und - wegen des Gebots der menschenrechtskonformen Auslegung der Grundrechtsbestimmungen - auch als verfassungswidrig anzusehen. Wie bereits oben[826] dargelegt verbietet Art. 2 Abs. 1 S. 2 EMRK die Tötung eines Menschen zur ausschließlichen Verteidigung von Sachwerten. Da § 32 StGB eine tödliche Sachwehr zuläßt, sofern sie erforderlich ist und die Geringwertigkeit des Vermögensinteresses kein unerträgliches Mißverhältnis zwischen verteidigtem und beeinträchtigten Rechtsgut begründet, verstieße die Regelung gegen die Konvention und somit gegen die Verfassung, wenn das Verbot der lebensgefährlichen Sachwehr zum Kernbereich des Art. 2 EMRK zu zählen wäre.

F. Die Bestimmung des Kernbereiches von Art. 2 Abs. 1 S. 2 EMRK

Fraglich ist jedoch, wie ein Kernbereich des Art. 2 Abs. 1 S. 2 EMRK methodisch zu bestimmen ist. Im britischen Eisenbahnerfall beschränkte sich der *EGMR* auf die Feststellung, daß eine mit drohender Entlassung bewehrte Zwangsmitgliedschaft Art. 11 EMRK in seiner „very substance“ träfe, ohne zu erläutern, was er unter dem Kernbereich eines Konventionsrechts versteht. Somit ist die übrige Rechtsprechung des *EGMR* auf Kriterien zur Herausarbeitung des Kernbereichs eines Konventionsrechts zu untersuchen.

I. Das Urteil Winterwerp

In der sonstigen Rechtsprechung des *EGMR* läßt sich das Kernbereichsargument nur noch im Fall *Winterwerp* finden. Der wegen Geisteskrankheit festgehaltene Beschwerdeführer brachte vor, daß er von den Gerichtsverfahren, in denen seine Einweisung beschlossen und bestätigt wurde, weder unterrichtet worden war, noch an ihnen teilnehmen konnte. Darüber hinaus rügte er, daß seine Anträge auf Entlassung von seinem Vormund nicht an ein Gericht weitergeleitet und ihm ohne ordnungsgemäße Gerichtsentscheidung seine Vermögenssorge entzogen worden war. Daher machte er eine Verletzung seines Rechts auf ein richterliches Verfahren bei Freiheitsentziehung gemäß Art. 5 Abs. 4 EMRK sowie seines Rechts auf rechtliches Gehör aus Art. 6 Abs. 1 EMRK geltend.[827] Die niederländische Regierung berief sich dagegen darauf, daß sich das angegriffene Verhalten aufgrund der psychischen Krankheit des Beschwerdeführers gerechtfertigt sei. Zu einer Verletzung von Art. 5 Abs. 4 EMRK führte der *Gerichtshof* Folgendes aus:

„Mental illness may entail restricting or modifying the manner of exercise of such a right, but it cannot justify impairing the very essence of the right. Indeed, special procedural safeguards may prove called for in order to protect the interests of persons who, on account of their mental disabilities, are not fully capable of acting for themselves."[828]

---

827 Sachverhalt in EGMR EHHR 2 (1979/80), S. 387.
828 EGMR aaO, S. 409.
829 aaO, S. 414.
830 aaO, S. 410.
831 aaO, S. 409 f.
832 Jarass/Pieroth, Art. 19 Rdn. 7; Mangoldt/Klein/Starck (Huber), Art. 19, Rdn. 140.
833 BVerfGE 88, 203 (255 ff.).
834 BVerwGE 47, 330 (358).
835 *Pieroth/Schlink*, Staatsrecht II, S. 70; vgl. auch BVerfGE 2, 266 (285).
836 Kommission Decisions and Reports 39, S. 169.
837 Kommission aaO, S. 170.
838 aaO, S. 171.
839 aaO, S. 169.

Auch in diesem Fall also wählt der *EGMR* die Verletzung einer „very essence", d.h. eines Kernbereiches, als juristischen Anknüpfungspunkt für seine Entscheidung. Aufschluß darüber, was er darunter versteht, könnten seine Ausführungen zu einer Verletzung von Art. 6 Abs. 1 EMRK geben:

„While, as has been indicated above in connection with Article 5 (4) [es folgt ein Verweis auf die eben zitierte Stelle], mental illnes may render legitimate certain limitations upon the exercise of the 'right to a court', it cannot warrant the total absence of that right as embodied in Art. 6 (1)."[829]

Beide Male konstatiert der *Gerichtshof*, daß Geisteskrankheit gewisse Beschränkungen der fraglichen Rechte zu rechtfertigen vermag. Im weiteren stellt er einmal darauf ab, daß deswegen jedoch nicht die „very essence" eines Rechts angetastet werden darf, das andere Mal verdeutlicht er, daß dieser Umstand jedoch nicht in der der Lage ist, die völlige Außerkraftsetzung eines Rechts zu bewirken. Es liegt somit nahe zu vermuten, daß der Kernbereich eines Rechtes jedenfalls dann betroffen ist, wenn nach dem Eingriff nichts mehr von diesem übrig bleibt. Daß eine Verletzung der „very essence" jedoch nur in diesen Fällen anzunehmen ist, erscheint im Hinblick auf eine Aussage des *Gerichtshofs* an anderer Stelle zweifelhaft. Zur Verletzung von Art. 5 Abs. 4 EMRK führte der *EGMR* noch Folgendes aus:

„Without in any way underestimating the value of the many guarantees provided under the Mentally Ill Persons Act, the court finds that the said procedure did not meet the requirements of Article 5 (4)."[830]

Daraus, daß der *EGMR* vorher feststellte, daß eine Maßnahme nicht die „very essence" eines Rechtes antasten darf und dann zum Ergebnis kommt, daß Art. 5 Abs. 4 EMRK verletzt wurde, obwohl das niederländische Gesetz über Geisteskranke auch seiner Ansicht nach einige nicht zu unterschätzende Gewährleistungen enthält, läßt sich folgern, daß eine Verletzung des Kernbereiches nicht die vollständige Beseitigung des Grundrechtsschutzes erfordert. Aus den bisherigen Ausführungen des Gerichts läßt sich jedoch bereits schließen, daß es bei der Bestimmung des Kernbereiches bei der Frage ansetzt, was dem Beschwerdeführer nach dem Eingriff noch an grundrechtlich geschützten Positionen verbleibt. Dieser Eindruck bestätigt sich auch bei der Würdigung einer weiteren Stellungnahme des *Gerichtshofs*. Dort hieß es zu einer Verletzung von Art. 5 Abs. 4 der Konvention:

„[...] the applicant was never associated, either personally or through a representative, in the proceedings leading to the various detention orders made against him: he was never notified of the proceedings or of their outcome; neither was he heard by the courts or given the opportunity to argue his case.

In this fundamental respect, the guarantees demanded by Article 5 (4) of the Convention were lacking both in law and in practice."[831]

An dieser Stelle zählt der *EGMR* von Art. 5 Abs. 4 EMRK gewährleistete Rechtspositionen auf, die dem Beschwerdeführer entzogen wurden. Er untersucht demnach, welche Gewährleistungen dem Beschwerdeführer noch verbleiben. Das Vorgehen des Gerichts erinnert somit an die im deutschen Recht zur Bestimmung des Wesensgehaltes entwickelten „Subtraktionsmethode". Nach dieser ist bei der Ermittlung einer Beeinträchtigung des Wesensgehaltes danach zu fragen, ob dem Garantiebereich eines bestimmten Grundrechtes auch unter Berücksichtigung der zur Überprüfung stehenden Norm noch hinreichend gewichtige Schutzgüter unterfallen, ob mit anderen Worten ausreichend viele grundrechtlich geschützte Interessen im sachlichen Schutzbereich des Grundrechts verbleiben.[832]

II. Spezifische Probleme bei der Bestimmung eines Kernbereiches des Rechtes auf Leben

Zweifelhaft erscheint jedoch, ob sich diese Grundsätze auch auf Art. 2 Abs. 1 S. 2 EMRK übertragen lassen. Während sich aus der Vereinigungsfreiheit, dem Recht auf rechtliches Gehör sowie der körperlichen Bewegungsfreiheit einzelne Rechtspositionen herausarbeiten lassen, die dem Rechtsträger teils entzogen, teils belassen werden können, ist das Leben unteilbar. So führte das *BVerfG* in seinem Fristenlösungsurteil aus, daß „auf der Seite des ungeborenen Lebens in jedem Fall nicht ein Mehr oder Weniger an Rechten, die Hinnahme von Nachteilen oder Einschränkungen, sondern alles, das Leben selbst in Frage steht".[833] Die Bestimmung eines Kernbereichs nach der Subtraktionsmethode ist somit im Hinblick auf das Recht auf Leben nicht möglich. Es muß daher nach Alternativen gesucht werden, die der Eigenartigkeit des Rechtsgutes Leben Rechnung zu tragen vermögen.

In der deutschen Verfassungslehre wurde teilweise vorgeschlagen, den Wesensgehalt relativ für jeden einzelnen Fall zu bestimmen. Eine Antastung soll demnach ausscheiden, wenn dem Grundrecht „das geringere Gewicht für die konkret zu entscheidende Frage beizumessen ist".[834] Andere fragen konkret in bezug auf das Recht auf Leben danach, ob durch die Maßnahme der praktische Wegfall der im Grundgesetz verankerten, der Allgemeinheit gegebenen, unabhängig vom Individuum bestehenden Garantie bewirkt wird.[835]

III. Die Besonderheiten des Art. 2 EMRK

Allerdings ist schon die prinzipielle Tauglichkeit solcher Ansätze für die Beantwortung der hier zu entscheidenden Frage zu bezweifeln. Denn anders als die Grundrechte des Grundgesetzes setzt Art. 2 Abs. 1 S. EMRK erst gar nicht bei der

Umschreibung eines Rechtsgutes an, in das unter gewissen Voraussetzungen eingegriffen werden darf. Die Vorschrift trägt vielmehr den Charakter einer Verbotsnorm. Ein konkretes Verhalten, nämlich die „absichtliche Tötung" wird dem Normadressaten untersagt, sofern nicht bestimmte Voraussetzungen vorliegen. Genau genommen enthält Art. 2 Abs. 1 S. 2 EMRK somit gar keine Gewährleistung, die man in wie auch immer geartete Kern- oder Randbereiche aufteilen könnte. Die Feststellung, ob § 32 StGB den objektiv-werterechtlichen Gehalt des Art. 2 Abs. 1 S. 2 EMRK verletzt, muß sich daher an anderen Gesichtspunkten orientieren.

Dadurch, daß der *EGMR* den Mitgliedsstaaten bei der Ausgestaltung der Rechtsverhältnisse zwischen Privaten nur die Beachtung des Kernbereichs der Konventionsrechte auferlegt, bringt er zum Ausdruck, daß er in diesen Fällen eine schwächere Bindung an die EMRK für angemessen hält. Im Hinblick auf Art. 2 Abs. 1 S. 2 EMRK bedeutet dies, daß von dem dort niedergelegten Tötungsverbot bei der Regelung der Rechtsbeziehungen Privater weitere Ausnahmen zugelassen werden müssen als Art. 2 Abs. 2 der Konvention dies zuläßt. Legt lit. a dieses Absatzes fest, daß eine staatliche Tötung zum Zwecke des Individualrechtsgüterschutzes nur dann rechtmäßig ist, wenn gegen einen Menschen Gewalt angewendet wird, so scheint daraus zu folgen, daß der Staat Private auch unter geringeren Voraussetzungen zur Tötung ermächtigen darf. Ob dann die eine tödliche Sachwehr rechtfertigende Vorschrift des § 32 StGB noch als konventionswidrig angesehen werden muß, erscheint fraglich.

Allerdings ist die Gestalt zu berücksichtigen, die Art. 2 Abs. 1 S. 2 EMRK durch die Auslegung der Straßburger Organe angenommen hat. Die *Kommission* stellte fest, daß sich die Interpretation der Vorschrift von der Erkenntnis leiten lassen müsse, daß sie eines der wichtigsten Rechte der Konvention enthält.[836] Dementsprechend sah sie es im Hinblick auf die im Einleitungssatz verankerte staatliche Schutzpflicht nicht als folgerichtig an, das Tötungsverbot des Art. 2 Abs. 1 S. 2 EMRK auf vorsätzliche Tötungen zu beschränken und dehnte es somit auch auf fahrlässige Tötungshandlungen aus.[837] Darüber hinaus legte sie das Merkmal „necessary" in Absatz 2 nicht etwa im Sinne von „erforderlich" aus, sondern maß ihm die Bedeutung einer Verhältnismäßigkeitsklausel zu. Da die Vorschrift sogar von „absolutely necessary" spricht, seien besonders strenge Ansprüche an die Verhältnismäßigkeit zu stellen.[838] Auch ließ sie anklingen, daß über eine bevorstehende Gewaltanwendung gegen die Person hinaus eine Gefahr für Leib und Leben vorliegen müsse, um eine Maßnahme nach Art. 2 Abs. 2 lit. a EMRK rechtfertigen zu können. Dies macht deutlich, daß die Schranken, die Art. 2 Abs. 1 S. 2 EMRK der staatlichen Gewalt setzt, von der *Kommission* noch nicht als ausreichend betrachtet wurden. Eine Tötung kann somit selbst dann konventionswidrig sein, wenn sie sich im Rahmen der Eingriffsvorbehalte des Absatzes 2 bewegt.

IV. Folgerungen im Hinblick auf den Kernbereich des Rechtes auf Leben aus Art. 2 Abs. 1 S. 2 EMRK

Für die Bestimmung der Grenzen, die der Staat bei der Ausgestaltung der Rechtsverhältnisse zwischen Privaten zu beachten hat, bietet es sich daher an, Art. 2 Abs. 1 S. 2 EMRK einfach wieder auf seinen Wortlaut zu reduzieren, d.h. es dem Staat zu untersagen, vorsätzliche Tötungen unter geringeren als durch die lit. a bis c des Absatz 2 aufgestellten Voraussetzungen zuzulassen. Dafür spricht zunächst die überragende Bedeutung, die dem Recht auf Leben durch die *Kommission* zugemessen wurde.[839] Auch erscheint ein solches Vorgehen in Anbetracht der Tatsache gerechtfertigt, daß der *EGMR* - soweit ersichtlich - von einer weiten Auslegung des Kernbereiches ausgeht. So nahm er im Fall *Young, James & Webster* an, daß die „very substance" der Vereinigungsfreiheit durch die Zwangsmitgliedschaft in einer bestimmten Gewerkschaft betroffen sei, obwohl er dem closed shop-System legitime Zwecke durchaus nicht absprechen wollte. Auch im Fall *Winterwerp* stellte er eine Verletzung der „very essence" des Art. 5 Abs. 4 EMRK fest, obwohl er zugab, daß die nach dem niederländischen Mentally Ill Persons Act immerhin verbleibenden Rechte keineswegs zu unterschätzen seien. Darüber hinaus kann der prinzipienhafte Charakter des Art. 2 Abs. 2 lit. a herangeführt werden. Die Konventionsrechte errichten nach oben[840] Gesagtem eine Wertordnung, an der sich das gesamte soziale Leben auszurichten hat. Die Erkenntnis, daß ein Menschenleben nicht zur Rettung von Sachgütern aufgeopfert werden soll, verkörpert jedoch in hohem Maße eine Wertentscheidung, die zur Übertragung auf Sachverhalte außerhalb des Staat-Bürger Verhältnisses bestens geeignet ist.

Ergebnis

Es bleibt festzuhalten, daß zumindest der Grundsatz, daß Eingriffe in das Leben nicht durch Vermögensinteressen gerechtfertigt werden können, zum Kernbereich des Lebensrechtes aus der Konvention zu zählen ist. Diese Wertentscheidung hat der Gesetzgeber damit auch bei der Ausgestaltung der innerstaatlichen Gesetzgebung zu beachten.

---

[840] Dritter Teil, Kapitel 1, B II.

Vierter Teil

Ergebnis und Konsequenzen

Da § 32 StGB die lebensgefährliche Notwehr auch zum Schutze von Sachgütern für rechtmäßig erklärt, hat der deutsche Gesetzgeber den Kernbereich des Art. 2 EMRK bei der Abgrenzung der Freiheitsbereiche der Beteiligten außer Acht gelassen. Die Regelung ist somit konventionswidrig. Aus dem Umstand, daß Art. 2 Abs. 2 GG konventionskonform dahingehend auszulegen ist, daß Verstöße gegen Art. 2 EMRK gleichzeitig eine Verletzung des Grundrechts auf Leben nach sich ziehen, ist § 32 StGB in seiner bisherigen Anwendung als verfassungswidrig anzusehen. Es bleibt nunmehr zu untersuchen, welche Konsequenzen sich daraus für die Rechtslage im Notwehrbereich ergeben.

Kapitel 1

Die Wirksamkeit von § 32 StGB

Stellt die Rechtsordnung an einen Rechtsakt bestimmte Anforderungen, so ist im Zweifel anzunehmen, daß der Rechtsakt nicht wirksam sein soll, wenn er diesen Anforderungen nicht genügt. Daher geht man gemeinhin davon aus, daß die Nichtigkeit rechtswidriger Akte der Normalfall sind.[841] Wie jedoch im Folgenden zu zeigen sein wird, ergeben sich diesbezüglich insbesondere im Hinblick auf formelle Gesetze gewichtige Einschränkungen, so daß aus der Erkenntnis der Verfassungswidrigkeit von § 32 StGB in seiner bisherigen Anwendung nicht ohne weiteres geschlossen werden kann, daß die Vorschrift in künftigen Verfahren nicht mehr herangezogen werden dürfte.

A. Das Gebot der verfassungskonformen Auslegung

In mehreren Entscheidungen stellt das *BVerfG* klar, daß eine Norm, die zumindest eine verfassungskonforme Auslegung zuläßt, nicht für nichtig zu erklären ist. Stattdessen hat der Rechtsanwender künftig diejenige Auslegung zu wählen, die den verfassungsrechtlichen Anforderungen genügt.[842] Damit sind nicht die Rechtsfolgen eines Verfassungsverstoßes im eigentlichen Sinne angesprochen, vielmehr geht es bei der Frage der verfassungskonformen Auslegung um die Voraussetzungen, unter denen eine Norm überhaupt als verfassungswidrig anzusehen ist. Da § 32 StGB insoweit als mit Art. 2 Abs. 2 GG unvereinbar angesehen werden muß, als er die Anwendung lebensgefährlicher Verteidigungsmittel gegen einen Angreifer, der ledig-

---

841 So z.B. *Maurer*, Allgemeines Verwaltungsrecht, S. 241.

842 BVerfGE 2, 266 (282; BVerfGE 49, 148 (157); BVerfGE 66, 313 (319); BVerfGE 67, 70 (88).

lich Vermögenswerte bedroht, für rechtmäßig erklärt, erscheint eine verfassungskonforme Auslegung in zweierlei Hinsicht möglich. Zunächst wäre eine Korrektur auf der Tatbestandsseite insofern denkbar, als lebensgefährliche Abwehrmaßnahmen zur Verteidigung von Sachgütern aus dem Anwendungsbereich der Vorschrift ausgeklammert werden. Andererseits ist darüber nachzudenken, ob nicht auch eine Korrektur der Rechtsfolge dahingehend, daß eine lebensgefährliche Sachwehr lediglich als straflos, nicht aber rechtmäßig angesehen werden muß, § 32 StGB mit Menschenrechtskonvention und Grundgesetz in Einklang zu bringen vermag.

I. Korrektur auf Tatbestandsseite

Wie bereits oben[843] dargelegt wurde, läßt der Wortlaut des § 32 StGB im Hinblick auf Art. 103 Abs. 2 GG keine Auslegung dahingehend zu, daß eine Tötung zum Schutze von Sachgütern nicht mehr in den Anwendungsbereich der Vorschrift fiele. Die verfassungskonforme Auslegung findet aber ebenso wie die völkerrechtskonforme Gesetzesinterpretation ihre Schranke am klaren Wortlaut und dem eindeutig erkennbaren Regelungszweck.[844] Somit kann der Widerspruch der Vorschrift zum Grundgesetz auch nicht im Wege einer Korrektur auf Tatbestandsebene behoben werden.

II. Korrektur auf Rechtsfolgenseite

Fraglich erscheint jedoch, ob § 32 StGB nicht durch eine Korrektur der Rechtsfolgenanordnung mit der Verfassung in Einklang gebracht werden kann. So wurde mehrfach vorgeschlagen, die Vorschrift in Fällen lebensgefährlicher Sachwehr nicht mehr als Rechtfertigungs-, sondern vielmehr als Schuld- oder Strafausschließungsgrund zu verstehen.[845]

1. Strafpflichten der Mitgliedsstaaten aus Art. 2 EMRK

Die Tauglichkeit eines solchen Ansatzes setzt jedoch voraus, daß eine Regelung, die die lebensgefährliche Sachwehr zwar nicht erlaubt, aber den Täter doch immerhin straffrei ausgehen läßt, mit der Konvention vereinbar ist. Dagegen wandte *Bokkelmann* ein, daß die Konvention Tötungen, die sie als Verletzungen des Rechts auf Leben betrachtet, unter allen rechtlichen Gesichtspunkten für unzulässig erklären

---

843 Erster Teil, Kapitel 1, A II 2.

844 *Maunz/Zippelius*, Deutsches Staatsrecht, S. 49.

845 So SchSch-*Schröder* (17. Auflage, München 1974), § 53 Rdn. 3; *Echterhölter*, JZ 1956, S. 144.

und als Handlungen ansehen wollte, gegen die jede Rechtsordnung Schutz gewähren müsse, und zwar den Schutz, den die Kriminalstrafe verbürgt.[846]

Eine solche Folgerung verkennt jedoch die unterschiedlichen Dimensionen der Menschenrechte. Wie oben[847] dargelegt, binden die Rechte und Freiheiten der Konvention Privatpersonen nicht unmittelbar. Jedoch ist der Gesetzgeber bei der Ausgestaltung der Rechtsverhältnisse zwischen Privaten, d.h. bei der Abgrenzung der Freiheitssphären der Bürger untereinander, an ihren Kernbereich als Element objektiver Ordnung gebunden. Dadurch, daß § 32 StGB die lebensgefährliche Verteidigung von Sachgütern für rechtmäßig erklärt, hat der Gesetzgeber den Freiheitsbereich des Angegriffenen in konventions- und damit verfassungswidriger Weise auf Kosten desjenigen des Angegriffenen ausgedehnt. Wird § 32 StGB in solchen Fällen jedoch als Schuld- oder Strafausschließungsgrund angesehen, so stellt die lebensbedrohliche Sachwehr einen rechtswidrigen Übergriff in die Freiheitssphäre des Angreifers dar, und eine Konventionsverletzung scheidet unter diesem Aspekt aus. Ob einem solchen Übergriff dann aber mit strafrechtlichen Mitteln begegnet werden muß, ist kein Problem der objektiv-werterechtlichen Menschenrechtsdimension, sondern betrifft vielmehr die Frage, durch welche aktiven Maßnahmen der Staat die menschenrechtlich geschützten Freiheitsbereiche, vor Eingriffen Dritter zu sichern hat. Folglich ist danach zu fragen, ob die Schutzpflicht des Staates aus Art. 2 Abs. 1 S. 1 EMRK gebietet, rechtswidrige Tötungen zur Verteidigung von Sachgütern unter Strafe zu stellen. Zwar hat der *EGMR* den Staaten bei der Erfüllung der ihnen aus den Konventionsrechten erwachsenden Schutzpflichten einen weiten Ermessenspielraum eingeräumt, doch nahm er im Einzelfall auch eine Verpflichtung zum Erlaß von Strafvorschriften zugunsten konventionsrechtlich geschützter Rechtsgüter an. Somit ist zu untersuchen, unter welchen Umständen der *EGMR* im Hinblick auf die Auswahl des Strafrechts als Mittel zum Schutz von Konventionsrechten eine Reduzierung des mitgliedsstaatlichen Ermessens auf Null annimmt.

a. Der Fall X und Y gegen die Niederlande

Von einer Ermessensreduzierung auf Null gingen die Straßburger Organe im Fall *X* und *Y* gg. die *Niederlande* aus. Dort hatte der Gerichtshof über die Klage einer geistig Behinderten zu entscheiden, die von dem Schwiegersohn der Leiterin des Heimes, in dem sie untergebracht war, zum sexuellen Verkehr gezwungen wurde. Die Beschwerdeführerin rügte, daß das niederländische Rechtssystem keine strafrechtliche Verfolgung des Täters zulasse und somit eine Verletzung des Art. 8 EMRK vorliege, der die Mitgliedsstaaten auch zu aktiven Maßnahmen zum Schutze der

---

[846] Bockelmann, *Engisch*-FS, S. 462.

[847] Dritter Teil, Kapitel 1, A II.

Privat- und Intimssphäre verpflichte. Die Möglichkeit, zivilrechtliche Ansprüche gegen den Täter geltend zu machen, sei diesbezüglich nicht ausreichend. Demgegenüber wandte die niederländische Regierung ein, daß die Auswahl der Mittel zum Schutze der Konventionsrechte im Ermessen der Mitgliedsstaaten stehe und ein Einsatz strafrechtlicher Maßnahmen zu einer nicht akzeptablen Bevormundung durch den Staat führe.[848] Die *Kommission* führte dazu Folgendes aus:

„It is true that Contracting Parties dispose of a wide discretionary power as regards the choice of means of complying with obligations arising out of the Convention, which in their opinion are best adapted to protect the relevant interests and that the criminal legislation is not the only way for a State to comply with its obligation under Art. 8.

The applicants however have submitted that [...] criminal law by virtue of its deterrent character is a particulary adequate means of protecting the sexual integrity of persons who are in an especially vulnerable position [...].

The Comission thus notes that the Dutch legislator has opted for a system of criminal law protection in this field, which seems to cover all the cases where protection is required, with the exception of situations like that of the second applicant.“[849]

Im Folgenden geht die *Kommission* dann von einer Verletzung von Art. 8 EMRK aus. Der *Gerichtshof* stimmte in seinem Urteil der Ansicht der Kommission im wesentlichen zu. Dann greift er das Argument der niederländischen Regierung, ein strafrechtlicher Schutz hätte eine zu weitgehende Bevormundung zur Folge, auf, allerdings ohne weiter darauf einzugehen. Schließlich kommt auch er zu dem Ergebnis, daß nur ein Schutz durch strafrechtliche Vorschriften den Anforderungen des Art. 8 EMRK genüge. So hieß es in dem Urteil:

„The court finds that the protection afforded by the civil law in the case of wrongdoing of the kind inflicted on Miss Y is insufficient. This is a case where fundamental values and essential aspects of private life are at stake. Effective deterrence is indispensible in this area and it can be achieved only by criminal law provisions; indeed, it is by such provisions that the matter is normally regulated.

[...] The only gap, so far as the Comission and the Court have been made aware, is as regards persons in the situation of Miss Y; [...]“[850]

Aus der Stellungnahme der *Kommission* läßt sich zunächst entnehmen, daß sie den Erlaß strafrechtlicher Vorschriften wegen der besonderen Schutzbedürftigkeit der Beschwerdeführerin für erforderlich hält. Auch wird deutlich, daß sie darauf abstellt, daß die sexuelle Integrität im niederländischen Recht üblicherweise mit straf-

---

848 Sachverhalt im Original abgedruckt in EGMR EHRR 6 (1984), S. 311 ff.; eine deutsche Übersetzung findet sich in EuGRZ 1985, S. 297 f.

849 EGMR EHRR 6 (1984), S. 317 f.

850 EGMR EHRR 8 (1986), S. 240 f.

rechtlichen Mitteln geschützt wird. Da auch der Gerichtshof diese Argumentation wieder aufgriff, ist anzunehmen, daß der Umstand, daß im Hinblick auf den Fall der Beschwerdeführerin eine „Lücke" im strafrechtlichen Schutz der sexuellen Selbstbestimmung bestand, für den Ausgang des Verfahrens zumindest mitentscheidend war. Daraus, daß die Argumente der niederländischen Regierung vom *EGMR* ebenfalls mit in das Urteil übernommen wurden, läßt sich schließen, daß der Gerichtshof einen möglichst effektiven Schutz verlangt, dessen Verweigerung zumindest nachvollziehbarer Gründe bedarf. Die Betonung der grundlegenden Bedeutung der sexuellen Selbstbestimmung als Teilaspekt des Rechts auf Privatsphäre macht deutlich, daß der *EGMR* die Festlegung des erforderlichen Schutzniveaus auch vom Stellenwert des betroffenen Rechts abhängig macht.

b. Folgerungen aus dem Urteil für die Pflicht zur Bestrafung von Notwehrüberschreitungen im Bereich des Sachgüterschutzes

Überträgt man diese Kriterien auf die hier zu entscheidende Notwehrfrage, so läßt sich zunächst feststellen, daß eine besondere Schutzbedürftigkeit des Angreifers in Fällen lebensgefährlicher Sachwehr nicht vorliegt. Anders als Frauen, die der Gefahr sexuellen Mißbrauchs ausgeliefert sind, hat er es uneingeschränkt in der Hand, sich vor der rechtswidrigen Bedrohung oder Vernichtung seines Lebens dadurch zu schützen, daß er es unterläßt, in fremde Vermögensrechte einzugreifen. Auch läßt sich nicht behaupten, das deutsche Strafrecht schütze das Recht auf Leben lückenlos. So geht eine Frau, die einen widerrechtlichen Schwangerschaftsabbruch vornimmt, in den Fällen der §§ 218a Abs. 4, 218b Abs. 1 S. 3 StGB straffrei aus. Ebenso wird der Täter in den Fällen der §§ 33, 35 StGB trotz Rechtswidrigkeit der Tötung nicht bestraft. Fraglich ist auch, ob ein strafrechtlicher Schutz in Fällen tödlicher Sachwehr überhaupt erforderlich ist. Anders als ein Täter, der sich zur Befriedigung seines Geschlechtstriebes an einer Frau vergeht, könnte der Eigentümer, der zur Verteidigung seiner Güter auch zum Einsatz tödlicher Mittel bereit ist, durchaus auch durch zivilrechtliche Haftungsrisiken abgeschreckt werden. Was er bewahren will, ist gerade sein Vermögen und dieses Ziel kann er nicht erreichen, wenn er im Nachhinein mit Schadensersatzforderungen überzogen wird, die im Falle einer lebensgefährlichen Verletzung oder gar Tötung des Angreifers nicht gerade unerheblich sein werden. Allerdings läßt sich dagegen einwenden, daß dieses Argument in dem vielzitierten Fall des „mit der Millionenbeute flüchtenden Diebs" nicht greift. Gerade hier wird jedoch das Problem der tödlichen Sachwehr aktuell. Daß ein Bürger, dem die Brieftasche gestohlen wird, den Angreifer mit einer Waffe niederschießt, ist wohl weniger vorstellbar, als der Fall, daß Mitglieder eines Sicherheitsdienstes gegen Bankräuber oder Einbrecher mit der Schußwaffe vorgehen. In solchen Fällen wird der Wert der Beute die drohenden Schadensersatzforderungen in der Regel weit überschreiten, und es muß davon ausgegangen werden, daß sich der Leiter eines Unternehmens wohl nur dadurch von der Erteilung eines

Schießbefehls abbringen läßt, daß ansonsten die Bestrafung wegen Anstiftung zum Totschlag droht. Auch ist zu bedenken, daß die *Kommission* der Auffassung ist, daß sich die Auslegung des Art. 2 EMRK durch die Erkenntnis leiten lassen müsse, daß die Vorschrift eines der wichtigsten Rechte der Konvention enthält.[851] Diese Ansicht wird auch noch durch die Tatsache gestützt, daß Art. 2 EMRK ausdrücklich vom Notstandsvorbehalt des Art. 15 EMRK ausgenommen wurde.

Somit läßt sich festhalten, daß sich anhand der Kriterien der Straßburger Organe sowohl Argumente für als auch gegen einen strafrechtlichen Schutz vor lebensgefährlicher Sachwehr finden lassen. Aufgrund der Tatsache, daß der Gerichtshof den Mitgliedsstaaten einen weiten Ermessensspielraum zugesteht, ist daher nicht von einer Ermessensreduzierung auf Null auszugehen. Eine Verpflichtung, eine rechtswidrige Tötung zum Schutze von Sachgütern auch unter Strafe zu stellen, besteht demnach nicht.[852]

2. § 32 StGB als bloßer Schuld- bzw. Strafausschließungsgrund ?

Damit ist jedoch lediglich festgestellt, daß eine Interpretation des § 32 StGB für Fälle lebensgefährlicher Sachwehr als Schuld- bzw. Strafausschließungsgrund den Vorgaben der Konvention und somit der Verfassung genügen würde. Wie oben[853] bereits dargelegt, ist nach der Rechtsprechung des *BVerfG* eine verfassungskonforme Auslegung jedoch nicht schrankenlos möglich. Daher bleibt zu untersuchen, ob Wortlaut und Entstehungsgeschichte der Vorschrift eine Korrektur auf Rechtsfolgenseite im obigen Sinne überhaupt zulassen. *Montenbruck* wendet dagegen ein, daß die Strafrechtsreform von 1975 einen solchen Ausweg mit der Festschreibung des § 32 StGB als Rechtfertigungsgrund versperrt habe. Dem ist zuzustimmen. Die verfassungskonforme Auslegung findet ihre Grenze dort, wo sie mit dem klar erkennbaren Willen des Gesetzgebers in Widerspruch treten würde.[854] Mit der Ersetzung der Formulierung „Eine strafbare Handlung ist nicht vorhanden“[855] durch die Worte „handelt nicht rechtswidrig“ hat der Gesetzgeber klar zu erkennen gegeben, daß der Notwehr eine rechtfertigende, nicht aber eine strafausschließende oder entschuldigende Wirkung zukommen soll. Darüber hinaus muß man sich fragen, inwieweit man eine Interpretation des § 32 StGB in Fällen lebensgefährlicher Sachwehr als Strafausschließungs- oder Entschuldigungsgrund überhaupt noch als Aus-

---

851 Kommission Decisions and Reports 39 (1984), S. 169.

852 So im Ergebnis auch *Machacek*, EuGRZ 1983, S. 463, der allerdings davon ausgeht, daß Art. 2 EMRK generell keinen Erlaß von Strafvorschriften fordert, was jedoch zu weit gehen dürfte.

853 Erster Teil, Kapitel 1, A II.

854 BVerfGE 18, 97 (111); BVerfGE 52, 357 (368 f.); *Stern*, Staatsrecht I, S. 136.

855 Die alte Fassung des Notwehrrechtes ist z.B. bei LK-*Spendel*, § 32 abgedruckt.

legung ansehen könnte. Deren Grenze wird durch den äußersten Wortsinn einer Norm bestimmt. Für eine Aufsplitterung des § 32 StGB in einen rechtfertigenden und einen strafausschließenden bzw. entschuldigenden Teil bestehen jedoch keinerlei positiv-rechtliche Anknüpfungspunkte. Vielmehr handelt es sich um einen einheitlichen Tatbestand, an den lediglich eine einzige Rechtsfolge, nämlich Wegfall der Rechtswidrigkeit geknüpft ist. Die verfassungskonforme Auslegung darf jedoch nicht dazu führen, daß anstelle des gesetzgeberisch Gewollten eine neue oder andere Regelung treten würde.[856] Wegen der Eindeutigkeit des Wortlauts und der Einheitlichkeit von Tatbestand und Rechtsfolge wäre jedoch gerade dies der Fall, würde man § 32 StGB partiell in einen Strafausschließungs- bzw. Entschuldigungsgrund umdeuten wollen. Zwar könnte man noch an eine „verfassungskonforme teleologische Reduktion"[857] denken, doch würde dies voraussetzen, daß sich eine Straflosigkeit des Täters in Fällen tödlicher Sachwehr folgerichtig in das innere System des Allgemeinen Teils einordnen ließe. Wie jedoch *Frister* darlegt, liegen den Schuldausschließungsgründen stets durch psychische Zwangslagen gekennzeichnete Situationen zugrunde, die die Fähigkeit zu normgemäßem Verhalten einschränken.[858] Vom Vorliegen einer solchen kann jedoch in Fällen lebensgefährlicher Sachwehr nicht ausgegangen werden. Dies läßt sich auch durch § 35 StGB belegen, der den Täter nur entschuldigt, soweit eine Gefahr für Leib, Leben oder Freiheit vorliegt, nicht aber in Fällen, in denen ihm oder einem anderen Vermögenseinbußen drohen, mögen diese auch noch so gewichtig sein. Für eine Vergleichbarkeit der lebensgefährlichen Sachwehr mit Sachverhalten, die von Strafausschließungsgründen des Allgemeinen Teils erfaßt werden, bestehen ebenfalls keine Anhaltspunkte. Darüber hinaus ist *Frister* zuzustimmen, wenn er fordert, daß für die Annahme einer Strafausschließung als Ausnahme von dem Grundsatz, daß die rechtswidrige und schuldhafte Tatbestandsverwirklichung stets unter Strafe zu stellen ist, stets eine gesetzliche Grundlage erforderlich ist.[859] Ausnahmevorschriften sind nicht analogiefähig.[860] Eine partielle Umdeutung des Notwehrrechtes in eine Straf- oder Schuldausschließungsgrund widerspräche somit nicht nur dem eindeutigen Wortlaut der Vorschrift sowie der gesetzgeberischen Regelungsabsicht, sondern wäre darüber hinaus auch nicht mit der Systematik des Allgemeinen Teils in Einklang zu bringen. Entsprechenden Ansichten in der Literatur ist daher nicht zu folgen.

---

[856] *Stern*, Staatsrecht I, S. 136; *Prümm*, Verfassung und Methodik, S. 242; *Leibholz/Rinck*, Einführung Rdn. 4 m.w.N. aus der Rechtsprechung des BVerfG.

[857] Dazu *Larenz*, Methodenlehre, S. 340.

[858] *Frister*, GA 1985, S. 565; so auch SK-*Rudolphi*, Vor § 19 Rdn. 6.

[859] *Frister*, aaO, S. 565; ebenso *Schorn*, DRiZ 1963, S. 341.

[860] Zu dieser Regel *Zippelius*, Juristische Methodenlehre, S. 71.

3. Bloßer Strafunrechtsausschluß durch § 32 StGB ?

Eine letzte Möglichkeit, § 32 StGB in konventions- und verfassungsgemäßer Weise auszulegen, bestünde darin, die Rechtsfolge der Vorschrift nicht im Ausschluß der Rechtswidrigkeit schlechthin, sondern lediglich im Ausschluß der Strafrechtswidrigkeit der Verteidigungshandlung zu erblicken. Eine lebensgefährliche Sachwehr bliebe dann rechtswidrig, so daß in ihr ein Übergriff in den Freiheitsbereich des Angreifers gesehen werden müßte, mangels Strafrechtswidrigkeit ginge der Verteidiger jedoch straffrei aus.

a. Die Lehre von der Strafrechtswidrigkeit

Die Entwicklung eines strafrechtsspezifischen Rechtswidrigkeitsbegriff wurde in jüngerer Zeit von *Günther*[861] vertreten. Während der Rechtswidrigkeitsbegriff in der übrigen Rechtsordnung die Trennlinie zwischen Recht und Unrecht kennzeichne, solle der strafrechtliche Rechtswidrigkeitsbegriff sich auf die Grenze zwischen strafwürdigem und nicht strafwürdigem Unrecht beziehen.[862] Dadurch könnten Normwidersprüche behoben werden, die sich daraus ergeben, daß Vorschriften des Strafrechts, die teilweise die gleichen Sachverhalte regeln wie Normen anderer Rechtsgebiete, mitunter andere Anforderungen an die Rechtmäßigkeit der zu beurteilenden Handlung als diese stellen. Gehe man nämlich von einem einheitlichen Rechtswidrigkeitsbegriff aus, so habe man es in solchen Fällen mit einer Normenkollision zu tun, die es aufzulösen gelte. Bei Zugrundelegung eines gebietsspezifischen Rechtswidrigkeitsbegriffs aber könnten beide Normen nebeneinander existieren, ohne sich zu widersprechen. Als exemplarisch für das angesprochene Problem könne der Widerspruch zwischen dem allgemeinen Nothilferecht aus § 32 StGB und den Landespolizeigesetzen gelten, die unterschiedliche Befugnisse zur Verteidigung Dritter gegen rechtswidrige Angriffe normieren.[863] Darüber hinaus ermögliche es die Verengung des strafrechtlichen Rechtswidrigkeitsbegriffs, trotz ihrer Tatbestandsmäßigkeit und mangelnden Rechtfertigung nicht strafwürdige Verhaltensweisen von der Sanktionsdrohung auszunehmen und so dem Grundsatz der Verhältnismäßigkeit Rechnung zu tragen.[864]

Für die im StGB geregelten Rechtfertigungsgründe habe die Anwendung der Lehre der Strafrechtswidrigkeit zur Folge, daß sie nur den Wegfall der Strafrechtswidrigkeit des Verhaltens beseitigen und die Strafbarkeit des Täters somit ausschließen. Die Frage, ob dieses Verhalten als Recht oder Unrecht im Sinne eines Verstoßes

[861] *Günther*, Strafrechtswidrigkeit und Strafunrechtsausschluß, S. 1 ff.

[862] *Günther*, aaO, S. 86.

[863] *Günther*, aaO, S. 3 f.

[864] aaO, S. 199 ff.

gegen die Gesamtrechtsordnung angesehen werden muß, lassen sie jedoch offen.[865] Dabei sei zwischen echten und unechten Strafunrechtsausschließungsgründen zu differenzieren. Während eine Handlung, die unter erstere fällt, lediglich als nicht strafwürdig, gleichwohl aber als rechtswidrig anzusehen wäre, erfaßten letztere Verhaltensweisen, die auch die übrige Rechtsordnung als rechtmäßig ansieht.[866] Zu den unechten Strafunrechtsausschließungsgründen seien die §§ 32, 34 StGB zu zählen. Ein Verhalten, welches unter sie fällt, sei zwar auch aus Sicht der Gesamtrechtsordnung als rechtmäßig anzusehen, dieses Rechtmäßigkeitsprädikat erhalte es aber auch nur durch deren Vorschriften. Die rechtliche Wirkung dieser Rechtfertigungsgründe entfalte sich demnach lediglich auf dem Gebiet des Strafrechts, und zwar in Form des Strafunrechtsausschlusses.[867]

b. Konsequenzen aus der Lehre der Strafrechtswidrigkeit für die Beurteilung der Verfassungsmäßigkeit des § 32 StGB

Ginge man von der Richtigkeit der Auffassung *Günthers* aus, so ergäbe sich für die Beurteilung der vorliegenden Frage folgendes Bild: § 32 StGB für sich genommen besagt lediglich, daß ein unter seinen Tatbestand fallendes Verhalten nicht strafrechtswidrig, d.h. nicht strafwürdig ist. Daß solche Handlungen auch nicht als rechtswidrig angesehen werden können, folgt nicht aus dieser Vorschrift selbst, sondern aus § 227 BGB. Da Art. 2 Abs. 2 lit. a EMRK und somit Art. 2 Abs. 2 GG jedoch nicht fordern, daß die lebensgefährliche Sachwehr unter Strafe gestellt wird, kann eine Norm, die lediglich ihre Strafrechtswidrigkeit ausschließt, als konventions- und verfassungskonform angesehen werden. § 32 StGB wäre demnach verfassungsrechtlich nicht zu beanstanden. Anderes gelte im Hinblick auf § 227 BGB, da diese Vorschrift die Grenzziehung zwischen Recht und Unrecht betrifft und somit im Gegensatz zu § 32 StGB auch Duldungspflichten des Verteidigers begründet. Da diese Norm jedoch nicht den strengen Anforderungen des strafrechtlichen Bestimmtheitsgrundsatzes aus Art. 103 Abs. 2 GG zu genügen hat, könnte man die lebensgefährliche Sachwehr im Wege der verfassungskonformen Auslegung aus ihrem Anwendungsbereich ausschließen. § 32 StGB aber wäre jedenfalls als verfassungskonform anzusehen.

c. Kritik an der Lehre der Strafrechtswidrigkeit

Eine gründliche Auseinandersetzung mit den Thesen *Günthers* würde den Umfang dieser Arbeit bei weitem sprengen. Daher hat sich die Untersuchung der Tragfähig-

---

[865] aaO, S. 255 f.

[866] aaO, S. 259 f.

[867] aaO, S. 396.

keit seines Ansatzes auf einige grundlegende Überlegungen zu beschränken. Konstituierende Elemente der Straftat sind Straftatbestand, Rechtswidrigkeit und Schuld. Jedem dieser Elemente kommt die Funktion zu, unter einem bestimmten Aspekt strafbares von nicht strafbarem Verhalten zu trennen. Dabei setzt die Strafbarkeit eines Verhaltens dessen Strafwürdigkeit bzw. Strafbedürftigkeit voraus. Was als strafbedürftig zu bezeichnen ist, ergibt sich aus der Aufgabe des Strafrechts. Diese liegt zunächst wie die Funktion jeden Rechts in der Regelung menschlicher Beziehungen und der Ordnung des Sozialgebildes.[868] Dabei verfolgt das Strafrecht jedoch keinen Selbstzweck. Seine Bedeutung liegt vielmehr darin, die sozial wichtigsten Interessen mit einem besonders starken Schutz zu versehen.[869] Demnach schafft das Strafrecht keine eigene Sozialordnung, vielmehr findet es diese bereits vor und bewehrt die grundlegendsten Pflichten des Individuums mit strafrechtlichen Sanktionsdrohungen.[870] Somit wird deutlich, daß die Voraussetzungen, unter denen ein Verhalten unter Strafe gestellt wird, stets einen Bezug zur Gesamtrechtsordnung aufweisen müssen. Eine strafbedürftige Handlung kennzeichnet sich demnach dadurch, daß der Täter durch sie seine Rechtspflichten verletzt und dadurch den ihm innerhalb der sozialen Ordnung zustehenden Handlungsspielraum überschreitet. Darüber hinaus muß die Pflichtverletzung durch den Täter als so gravierend angesehen werden, daß die Verhängung von Strafe als unerläßliches Mittel erscheint, um die Gesellschaft vor solchen Verhaltensweisen zu schützen und die Rechtsordnung zu bewähren.[871] Da die staatliche Strafe jedoch nicht als bloße Vergeltung für erlittenes Unrecht anzusehen ist, sondern zugleich einen Vorwurf an den Täter beinhaltet, sich sozialschädlich verhalten zu haben, setzt die Strafbedürftigkeit einer Handlung noch voraus, daß der Täter für sie verantwortlich gemacht werden kann.[872] Dieser Gesichtspunkt strafbedürftigen Verhaltens wird von der Schuld als Element der Straftat umfaßt und soll hier nicht weiter interessieren. Vielmehr geht es darum, die Funktionsbereiche von Tatbestand und Rechtswidrigkeit voneinander abzugrenzen. Die entscheidende Frage dabei lautet, ob die Kennzeichnung eines Verhaltens als besonderes, die Strafwürdigkeitsgrenze übersteigendes Unrecht durch den Tatbestand oder die Rechtswidrigkeit erfolgt. Nur wenn diese Funktion von der Rechtswidrigkeit als Element der Straftat vorgenommen wird, läßt sich behaupten, es existiere ein spezifisch strafrechtlicher Rechtswidrigkeitsbegriff, der sich auf die Trennlinie zwischen strafwürdigem und nicht strafwürdigem Unrecht bezieht. Wie bereits gesehen, kann ein Verhalten nur dann mit Strafe belegt werden, wenn es gegen die Gesamtrechtsordnung verstößt.

---

[868] *Baumann/Weber/Mitsch*, Allgemeiner Teil, S. 9.

[869] *Baumann/Weber/Mitsch*, aaO, S. 11.

[870] Siehe LK-*Hirsch*, Vor § 32 Rdn. 10.

[871] *Otto*, Allgemeiner Teil, S. 10.

[872] Vgl. *Baumann/Weber/Mitsch*, Allgemeiner Teil, S. 23 ff.; Otto, aaO, S. 10 f.

Grundlegende Voraussetzung der Strafbarkeit ist daher die Rechtswidrigkeit einer Handlung. Mit strafrechtlichen Konsequenzen werden jedoch nur diejenigen Handlungen belegt, die darüber hinaus noch als gravierende Verstöße gegen die Gesamtrechtsordnung angesehen werden können. Es liegt somit nahe, dem Verbrechensmerkmal der Rechtswidrigkeit die Funktion zuzuschreiben, den Verstoß gegen die Gesamtrechtsordnung festzustellen[873], während dem gesetzlichen Tatbestand die Aufgabe zukommt, aus all denjenigen Rechtsverstößen diejenigen herauszufiltern, die so gravierend sind, daß sie strafrechtlicher Sanktion bedürfen.[874] Die Einführung eines strafrechtsspezifischen Rechtswidrigkeitsbegriffes hätte demgegenüber zur Folge, daß das Element der Rechtswidrigkeit gleich zwei Funktionen zu erfüllen hat, nämlich die der Scheidung von Recht und Unrecht, sowie die der Trennung von Unrecht und gesteigertem, strafbedürftigen Unrecht. Gleichzeitig würde die Bedeutung des Tatbestandes bei der Kennzeichnung von strafbedürftigem Verhalten geschwächt. Bedürften selbst tatbestandsmäßige und rechtswidrige Handlungen noch des Nachweises einer besonderen Strafrechtswidrigkeit, so setzt dies voraus, daß die Tatbestände des Besonderen Teils nicht zwingendermaßen strafbedürftiges Unrecht umschreiben. Dann aber muß man sich fragen, nach welchen Kriterien die Bestimmung des gesteigerten Unrechts noch vorgenommen werden soll, wenn nicht durch den gesetzlichen Tatbestand. Hier bleiben dann nur noch die von *Günther* herausgearbeiteten echten Strafunrechtsausschließungsgründe als negative Voraussetzungen der Strafrechtswidrigkeit. Unechte Strafunrechtsausschließungsgründe könne hierfür nichts leisten, da sie ja nur speziell für das Strafrecht noch einmal erlauben, was aufgrund von Vorschriften aus der übrigen Rechtsordnung ohnehin schon nicht verboten ist. Handlungen, die von ihnen erfaßt werden, sind von vornherein als rechtmäßig anzusehen, weswegen diese Tatbestände eine Scheidung von strafwürdigem und nicht strafwürdigem Unrecht nicht zu leisten vermögen. Als geschriebene echte Strafunrechtsausschließungsgründe sieht *Günther* die §§ 193, 218 a, 240 Abs. 2, 253 Abs. 2 StGB an.[875] Hierbei fällt auf, daß es sich lediglich um Vorschriften handelt, die nur auf in bestimmten Deliktstatbestände vertypte Verhaltensweisen zugeschnitten sind und somit keine allgemeine Geltung beanspruchen können. Eine Trennung von strafbedürftigem von nicht strafbedürftigem Unrecht auf der Ebene der Rechtswidrigkeit könnte dann nur in den Fällen derjenigen Deliktstatbestände erfolgen, für die der Gesetzgeber besondere Ausnahmetatbestände geschaffen hat, die *Günther* als Strafunrechtsausschließungsgründe bezeichnet. Dies würde jedoch dem Charakter der Rechtswidrigkeit als allgemeines Verbrechensmerkmal nicht gerecht. Im Hinblick auf die Unterscheidung von strafbedürftigen und nicht strafbedürftigen Verhaltensweisen müssen diesen Funktionen zugewiesen werden, die sie generell und nicht nur vereinzelt erfüllen können. Zwar sieht *Günther* auch die Einwilligung, das Erziehungsprivileg von Eltern und Lehrern,

---

[873] LK-*Hirsch*, Vor § 32 Rdn. 6; *Stratenwerth*, Allgemeiner Teil, S. 91.

[874] *Rudolphi*, Arm. Kaufmann-GS, S. 374; *Maurach/Zipf*, Allgemeiner Teil Bd. 1, S. 278.

[875] *Günther*, Strafrechtswidrigkeit und Strafunrechtsausschluß, S. 395.

sowie die „notstandsähnliche Lage"[876] - also Rechtfertigungsgründe mit allgemeiner Geltung - ebenfalls als echte Strafunrechtsausschließungsgründe an[877], jedoch muß sich eine Konzeption der Straftat zunächst am Gesetz messen lassen und darf ihre Folgerichtigkeit nicht erst durch praeter legem gebildete Rechtsinstitute erhalten. Bei Zugrundelegung des Gesetzes aber läuft das Verbrechensmerkmal der Rechtswidrigkeit mit Ausnahme von Einzelfällen teilweise leer, da im Rahmen seiner Prüfung nicht nur Recht und Unrecht voneinander abgegrenzt werden, sondern zugleich noch die Feststellung einer über bloßes Unrecht hinausgehenden Strafrechtswidrigkeit vorgenommen werden muß, die im Falle der Tatbestandsverwirklichung jedoch immer dann unwiderlegbar indiziert ist, wenn für das jeweilige Delikt nicht gerade besondere Strafunrechtsausschließungsgründe normiert sind. Gerade dieser Gedankengang zeigt jedoch, daß die Unterscheidung von „normalem" und strafbedürftigem Unrecht nach der gesetzlichen Konzeption des Strafrechts gerade in den Funktionsbereich des Tatbestandes fällt. Die Einführung eines strafrechtsspezifischen Rechtswidrigkeitsbegriffes führt somit zu Unstimmigkeiten innerhalb des Verbrechensaufbaus und ist daher abzulehnen.

Darüber hinaus lassen sich auch praktische Konsequenzen der Auffassung *Günthers* aufzeigen, die nicht unbedingt als begrüßenswert angesehen werden können. Beseitigen die von ihm genannten Strafunrechtsausschließungsgründe lediglich die Strafbedürftigkeit des Verhaltens, nicht aber dessen Rechtswidrigkeit, so müßte gegen eine Handlung, die unter ihren Tatbestand fällt, konsequenterweise rechtmäßige Notwehr gemäß § 32 StGB geübt werden.[878] *Roxin* bemerkte in diesem Zusammenhang, daß die Lehre vom Strafunrechtsausschluß dem gesellschaftlichen Frieden nicht dienlich sei.[879] Darüber hinaus würde ein solches Verhalten die Voraussetzungen einer unerlaubten Handlung im Sinne der §§ 823 ff. BGB mit allen sich daraus ergebenden Folgen erfüllen. Daß dies vom Gesetzgeber gewollt ist, kann kaum angenommen werden. So ist der Tatbestand der Wahrnehmung berechtigter Interessen gemäß § 193 StGB im Lichte der durch Art. 5 GG gewährleisteten Meinungsfreiheit zu verstehen.[880] Eine Interpretation dieser Vorschrift als bloßer Strafunrechtsausschließungsgrund, der es weiterhin bei der Rechtswidrigkeit des Verhaltens beläßt, würde diesem Umstand jedoch nicht gerecht. Auch die vom Gesetzgeber in § 218a StGB zum Ausdruck gebrachte Unterscheidung zwischen nicht

---

876 Unter diesen Rechtfertigungsgrund faßt *Günther*, die Fallgruppen der Pflichtenkollision, des Nötigungsnotstandes und der Defensivnotlagen bei Überschreitungen der Notwehr- und Notstandsgrenzen; aaO.

877 *Günther*, Strafrechtswidrigkeit und Strafunrechtsausschluß, aaO.

878 Das auf den Angriff bezogene Merkmal der Rechtswidrigkeit kennzeichnet nach *Günther*, aaO, S. 381 ff. lediglich rechtswidriges, nicht jedoch zwangsläufig strafrechtswidriges Verhalten.

879 *Roxin* in: *Eser/Fletcher* (Hrsg.), Rechtfertigung und Entschuldigung, S. 255.

880 BVerfGE 42, 143 (152); BGHSt 12, 287 (293); BVerwG NJW 1982, S. 1010; *Lackner/Kühl*, § 193 Rdn. 1.

rechtswidrigem und lediglich straflosen Schwangerschaftsabbruch würde durch die Lehre *Günthers* eingeebnet.[881] Aufgrund dieser Unstimmigkeiten ist nicht davon auszugehen, daß sie sich durchsetzen wird.[882] Dementsprechend soll sie auch nicht bei der Klärung der hier interessierenden Fragen zugrunde gelegt werden. § 32 StGB kann somit nicht dahingehend ausgelegt werden, daß das Vorliegen der Notwehrvoraussetzungen lediglich die Strafrechtswidrigkeit der Verteidigung beseitigt.

Eine zur Konventions- und Verfassungskonformität führende Korrektur des Notwehrrechts ist somit auch auf Rechtsfolgenseite nicht möglich. Folglich ist auf die Konsequenzen einzugehen, die die Verfassungswidrigkeit der Vorschrift zur Folge hat.

B. Ipso iure Nichtigkeit verfassungswidriger Gesetze ?

Bisher noch nicht abschließend geklärt ist die Frage, ob ein verfassungswidriges formelles Gesetz ohne weiteres als unwirksam anzusehen ist oder ob die Nichtigkeit erst aus einer entsprechenden Erklärung des *BVerfG* gemäß § 78 BVerfGG folgt. Die überwiegende Meinung hält dabei an dem für die Entwicklung des richterlichen Prüfungsrechts in der Weimarer Zeit maßgeblichen Grundsatz der ipso iure Nichtigkeit fest, wonach die kollidierende niederrangige Vorschrift vom Zeitpunkt ihrer Kollision mit höherrangigem Recht an ohne weiteres nichtig wird.[883] Die Vernichtbarkeitslehre geht demgegenüber davon aus, daß die Nichtigkeitserklärung des *BVerfG* als konstitutiv für die Unwirksamkeit der Norm anzusehen ist.[884] Tatsächlich ist der Streit jedoch mehr akademischer Natur als von praktischer Relevanz.[885] Gemäß Art. 100 Abs. 1 GG ist bei Zweifeln über die Vereinbarkeit von Bundesrecht mit dem Grundgesetz im Rahmen eines gerichtlichen Verfahrens die Entscheidung des *BVerfG* einzuholen. Damit hat der Verfassungsgeber klargestellt, daß das Verwerfungsmonopol für formelle Gesetze nicht beim Rechts-

---

[881] Vgl. auch LK-*Hirsch*, Vor § 32 Rdn. 10, der davon spricht, daß die Lehrmeinung Günthers die Grenzen zwischen Unrechtsausschluß einerseits und Entschuldigung und persönlicher Strafausschließung zu verwischen droht.

[882] Im Ergebnis ebenfalls ablehndend *Jakobs*, Allgemeiner Teil, S. 351 f. (Fn. 10 a); *Bacigalupo*, Arm. *Kaufmann*-GS, S. 467 ff.; LK-*Hirsch*, Vor § 32 Rdn. 10; *Hirsch*, Tjong-GS, S. 60; *Roxin*, Oehler-FS, S. 181 ff.; *Amelung* in: *Schünemann* (Hrsg.), Grundfragen des modernen Strafrechtssystems, S. 92 f.; Lackner/Kühl, Vor § 32 Rdn. 4; Rudolphi, Arm. *Kaufmann*-GS, S. 376 f.; SchSch-*Lenckner*, § 32 Rdn. 8; *Weber*, JZ 1984, S. 277.

[883] *Arndt*, NJW 1957, S. 363; *Bachof*, AöR 87 (1962), S. 1 ff.; *Forsthoff*, DÖV 1959, S. 42; *Sigloch*, JZ 1958, S. 81; *Müller*, DVBl. 1962, S. 162; *Hamann*, NJW 1959, S. 1465.

[884] *Flor*, NJW 1957, S. 246; *Hoffmann*, JZ 1961, S. 198; *Wolff*, Allgemeines Verwaltungsrecht, S. 127.

[885] *v. Münch/Kunig* (*Meyer*), Art. 93 Rdn. 39 bezeichnet ihn als „rechtsmetaphysisch".

anwender, sondern beim *BVerfG* liegt.[886] Unabhängig von der materiellen Verfassungswidrigkeit einer Norm ist diese damit solange anzuwenden, bis das *BVerfG* ihre Nichtigkeit ausspricht. Sollte ein Fall tödlicher Sachwehr verhandelt werden, so hat das erkennende Gericht die Frage der Verfassungsmäßigkeit des § 32 StGB somit dem *BVerfG* vorzulegen. Daher ist zu untersuchen, welchen Ausspruch das Gericht im Falle einer Vorlage treffen wird und welche Konsequenzen daraus für die Rechtslage im Notwehrbereich zu ziehen sind.

C. Die Entscheidung des BVerfG

Gemäß § 78 BVerfGG erklärt das *BVerfG* ein Gesetz, welches mit dem Grundgesetz unvereinbar ist, für nichtig. Die Vorschrift gilt unmittelbar für die abstrakte Normenkontrolle nach Art. 93 Abs. 1 Nr. 2 GG und gemäß § 82 Abs. 1 BVerfGG entsprechend für das Vorlageverfahren nach Art. 100 Abs. 1 GG. Im Falle der Rechtssatzverfassungsbeschwerde sind verfassungswidrige Gesetze gemäß § 95 Abs. 3 für nichtig zu erklären. Zwar scheint der Wortlaut der Vorschrift die Rechtsfolgen im Falle der Verfassungswidrigkeit klar in dem Sinne zu definieren, daß die mit dem Grundgesetz unvereinbare Vorschrift zwingend für nichtig zu erklären ist. Tatsächlich ist die Problematik der Regelung jedoch eine diffizilere. Zum einen ist zu klären, was unter einem „Gesetz" im Sinne des § 78 BVerfGG zu verstehen ist. Damit ist die Frage angesprochen, welche Bestandteile der angegriffenen Regelung vom Nichtigkeitsverdikt des *BVerfG* betroffen sind und welche als verfassungskonforme „Überbleibsel" als fortgeltend betrachtet werden können. Zum anderen sind neben der Nichtigkeitserklärung noch andere Tenorierungsformen anerkannt, so daß diese Entscheidung keineswegs so zwingend aus der Verfassungswidrigkeit der Norm folgt, wie dies der Wortlaut des § 78 BVerfGG nahelegt.

I. Das Problem der Teilnichtigkeit

Gesetz im Sinne des § 78 BVerfGG muß nicht zwangsläufig eine ganze Vorschrift oder ein ganzer Absatz einer Vorschrift sein. *Ulsamer* führt aus, daß es sich regelmäßig um einen einzelnen Satz oder Satzteil handele, sogar ein in einem einzelnen Wort oder Wortteil zum Ausdruck kommender selbständiger Regelungsbestandteil könne Gegenstand der Nichtigkeitserklärung sein.[887] Diese Stellungnahme macht deutlich, daß der Umfang der Nichtigkeitsfolge zwar einerseits möglichst gering zu halten ist, der Gegenstand der Nichtigkeitserklärung jedoch andererseits nicht beliebig begrenzt werden kann. Erforderlich ist vielmehr, daß er sich zumindest noch an

[886] Vgl. nur *Maunz/Dürig* (*Maunz*), Art. 100 Abs. I Rdn. 1; *v. Münch/Kunig* (*Meyer*), Art. 100 Rdn. 1; *Maunz/Zippelius*, Deutsches Staatsrecht, S. 375 f.

[887] *Maunz/Schmidt-Bleibtreu/Klein/Ulsamer*, § 78 Rdn. 23.

einem herauslösbaren Textteil der Vorschrift festmachen läßt. Diese Linie läßt sich auch in der Rechtsprechunge des *BVerfG* finden. So führte es in einem Beschluß aus dem Jahre 1963 Folgendes aus:

„Voraussetzung einer Einschränkung der Prüfung im Normenkontrollverfahren ist, daß die zu prüfende Vorschrift oder die als Prüfungsmaßstab dienende Vorschrift nach ihrem Wortlaut und Sinngehalt zwischen verschiedenen Tatbeständen (beispielsweise verschiedenen Personenkreisen unterscheidet)."[888]

Im Hinblick auf § 32 StGB stellt sich somit die Frage, ob die Vorschrift nur insoweit für nichtig erklärt werden kann, als sie die lebensgefährliche Verteidigung von Sachgütern zuläßt oder ob vielmehr die ganze Regelung von einer Nichtigkeitserklärung erfaßt wäre. Nach eben Gesagten kommt eine teilweise Aufrechterhaltung der Vorschrift nur dann in Betracht, wenn sich die Erstreckung der rechtfertigenden Wirkung auf den lebensgefährlichen Sachgüterschutz an einem grammatikalisch abtrennbaren Teil der Regelung festmachen läßt, ohne den die übrigen Rechtswirkungen der Vorschrift weiterbestehen können. Dies ist jedoch nicht der Fall. Die Schärfe des Notwehrrechts resultiert daraus, daß die Zulässigkeit der Verteidigung nur durch das Kriterium der Erforderlichkeit begrenzt wird. Darüber hinausgehende Beschränkungen lassen sich nicht dadurch erreichen, daß ein bestimmter Teil aus der Notwehrregelung herausgelöst wird, vielmehr wäre die Einführung weiterer Kriterien notwendig. Zur positiven Abänderung von Rechtssätzen ist das *BVerfG* aus Gründen der Gewaltenteilung jedoch nicht befugt. Demnach wäre nach den bisherigen Feststellungen § 32 StGB insgesamt von einer Nichtigkeitserklärung betroffen.

Die Forderung des Gerichtes nach einem textlichen Anknüpfungspunkt für den nichtigen Regelungsgehalt einer Vorschrift wird jedoch in seiner Rechtsprechung nicht konsequent durchgehalten. Vielmehr geht es teilweise dazu über, Normen insoweit für nichtig zu erklären, als sie bestimmte Sachverhalte erfassen, ohne daß der Gesetzeswortlaut solche Differenzierungen zugelassen hätte. So hieß es im Tenor einer weiteren Entscheidung des Gerichts:

„§ 4 Abs. 1 Nr. 1 c zweiter Halbsatz des Bundesentschädigungsgesetzes i.d.F. vom 29. Juni 1956 [...] ist insoweit nichtig, als er [...] Entschädigungsansprüche solcher Verfolgter ausschließt, die [...] ihren Wohnsitz oder dauernden Aufenthalt in Polen oder Ungarn haben."[889]

Das Gesetz schloß dabei Ansprüche von Personen aus, die in Gebieten wohnten, „mit deren Regierungen die Bundesrepublik Deutschland [...] keine diplomatischen

---

[888] BVerfGE 17, 155 (163); ähnlich auch BVerfGE 9, 50 (254 f.); BVerfGE 6, 55 (84), wo das Gericht darauf abstellte, daß kein „inhaltlich selbständiger Regelungsbestandteil" vorliege bzw. es sich um eine „einheitliche Vorschrift" handele.
[889] BVerfGE 13, 31 (31).

Beziehungen unterhält".[890] Mangels eines textlichen Anknüpfungspunktes für den Ausschluß Polens und Ungarns aus dem Ausnahmetatbestand hatte die Entscheidung des Gerichts zur Folge, daß die Vorschrift künftig auf Verfolgte, die in diesen Ländern ihren Wohnsitz hatten, nicht mehr anwendbar war, ohne daß sich der Wortlaut der Norm geändert hätte. Legt man diese Rechtsprechung des *BVerfG* zugrunde, so wäre auch eine Nichtigkeit des § 32 StGB denkbar, soweit diese Vorschrift eine lebensgefährliche Verteidigung zum Schutze von Sachgütern als rechtmäßig erklärt. An diesem Vorgehen des Gerichts wurde jedoch von Seiten der Literatur vehemente Kritik geübt. Enthalte eine Vorschrift nur eine einzige Aussage und ließen sich die Vielzahl der in diesem Gesetzesbefehl enthaltenen Rechtsfolgen nur aus einer Aufsplitterung der dabei verwendeten Begriffe ableiten, so trete durch die Herauslösung einzelner Fallgruppen aus einem solchen Tatbestandsmerkmal an die Stelle der vom Gesetzgeber erlassenen Regelung eine neue Vorschrift, was einen Verstoß gegen das Gewaltenteilungsprinzip darstelle.[891]

Dieser Einwand erscheint berechtigt. So dürfte der eben erwähnte § 4 Abs. 1 Nr. 1 c erster Halbsatz des Bundesentschädigungsgesetzes nach der Teilnichtigkeitserklärung durch das *BVerfG* nicht mehr „die in Gebieten ihren Aufenthalt haben, mit deren Regierungen die Bundesrepublik Deutschland keine diplomatischen Beziehungen unterhält" lauten; vielmehr müßten die Worte „die in Gebieten mit Ausnahme Ungarns und Polens ihren Aufenthalt usw." im Gesetzeswortlaut stehen. Durch die Ausklammerung einzelner Sachverhalte aus dem Inhalt eines Oberbegriffes wird die Regelung faktisch durch einen Ausnahmetatbestand ergänzt.

Gerade im vorliegenden Fall sprechen darüber hinaus besondere Gründe gegen eine Teilnichtigkeitserklärung ohne textlichen Anknüpfungspunkt. Wie bereits gezeigt, hat eine solche Entscheidung die Änderung des Regelungsgehaltes einer Norm ohne damit einhergehende Veränderung des Wortlauts zur Folge.[892] Nach obigen Ausführungen ist dies jedoch im Hinblick auf die Garantiefunktion des Strafrechts höchst bedenklich. Durch eine Einschränkung des Anwendungsbereiches des § 32 StGB ohne Änderung des Wortlautes würde die Strafbarkeit erweitert, ohne daß dies dem Normadressaten erkennbar wäre. Der Bestimmtheitsgrundsatz aus Art. 103 Abs. 2 GG fordert jedoch gerade, daß das Strafbarkeitsrisiko deutlich aus dem Wortlaut des Tatbestandes hervorgeht. Zwar wird der eben skizzierte Mißstand dadurch abgemildert, daß der Nichtigkeitserklärung des BVerfG gemäß § 31

---

[890] Zur gesetzlichen Regelung siehe *Sachs*, DVBl. 1979, S. 392.

[891] So *Maunz/Schmidt-Bleibtreu/Klein/Ulsamer*, § 80 Rdn. 128; Sachs, DVBl. 1979, S. 391; *Brinckmann*, Das entscheidungserhebliche Gesetz, S. 136; einschränkend auch *Haak*, Normenkontrolle und verfassungskonforme Gesetzesauslegung, S. 253 ff.; aus der Rechtsprechung des BVerfG selbst BVerfGE 8, 274 (301); BVerfGE 17, 155 (163).

[892] So übrigens auch *Benda/Klein*, Verfassungsprozeßrechts, S. 491; *Skouris*, Teilnichtigkeit von Gesetzen, S. 92 spricht davon, daß die Norm nicht an Wortlaut, sondern an Inhalt einbüße.

Abs. 2 BVerfGG Gesetzeskraft zukommt und im Bundesgesetzblatt zu veröffentlichen ist. So gesehen fände doch eine Änderung des Gesetzeswortlautes insofern statt, als durch die Entscheidung des Gerichts ein Ausnahmetatbestand mit Gesetzeskraft normiert würde. Wie bereits oben[893] dargelegt, ist es mit dem Charakter des StGB als „verbriefte" Strafrechtsordnung jedoch nicht zu vereinbaren, wenn strafrechtliche Erlaubnistatbestände durch Normen außerhalb des StGB eingeschränkt werden. Würde der Bürger, der sich auf die in § 32 StGB normierte Schneidigkeit des Notwehrrechts verläßt, unter Hinweis auf eine irgendwo im Bundesgesetzblatt veröffentlichte Entscheidung des *BVerfG* bestraft, so trüge dies den Charakter einer Berufung auf „Kleingedrucktes", welches einen scheinbar günstigen Vertrag zur Falle werden läßt. Eine solche Aufspaltung der Normierung gesetzlicher Strafbarkeitsvoraussetzungen wäre somit mit dem Bestimmtheitsgrundsatz, an den in den Fällen des § 78 BVerfGG auch das *BVerfG* gebunden ist[894], nicht vereinbar. Daher ist davon auszugehen, daß das Gericht § 32 StGB nicht teilweise für nichtig erklären wird.

II. Weitere Entscheidungsmöglichkeiten

Wie bereits angedeutet, existieren neben der Gesamt- und Teilnichtigkeitserklärung noch weitere, nicht in § 78 BVerfGG geregelte Tenorierungsformeln. Dies rechtfertigt sich daraus, daß in manchen Fällen eine Nichtigkeitserklärung entweder in den Gestaltungsspielraum des Gesetzgebers eingreifen würde oder eine verfassungskonforme Rechtslage nur durch ihn herbeigeführt werden kann, da der Rechtszustand nach einer Nichtigkeitserklärung noch weniger den Anforderungen entspräche als vorher. In diesen Fällen erklärt das *BVerfG* die Norm mit dem Grundgesetz für unvereinbar, läßt sie jedoch formell weiterbestehen und verpflichtet den Gesetzgeber zur Schaffung einer verfassungsgemäßen Rechtslage.[895]

Vorliegend muß man sich die Frage stellen, was durch eine Nichtigkeitserklärung des § 32 StGB gewonnen wäre. Daß künftig überhaupt keine Notwehr mehr geübt werden dürfte, ist jedenfalls nicht vorstellbar. So wäre es möglich, Notwehrhandlungen über § 227 BGB zu rechtfertigen, der zwar vom Wortlaut her dem strafrechtlichen Notwehrrecht entspricht, anders als dieses jedoch nicht dem nullum crimen-Satz unterliegt und somit unter Umständen einer völkerrechts- bzw. verfassungskonformen Auslegung zugänglich ist. Andererseits bestünde die Möglichkeit, Notwehrhandlungen an § 34 StGB zu messen. Zwar setzt dieser eine in ihrer Reichweite für Notwehrsituationen untragbare Güterproportionalität voraus, es

---

[893] Erster Teil, Kapitel 1, A II 3 a.

[894] *Benda/Klein*, Verfassungsprozeßrechts, S. 491.

[895] *Maunz/Schmidt-Bleibtreu/Klein/Ulsamer*, § 78 Rdn. 29 ff.; *Skouris*, Teilnichtigkeit von Gesetzen, S. 47 ff.; *Benda/Klein*, aaO, S. 492 f.

spricht jedoch nichts dagegen, das Rechtsbewährungsinteresse mit in die Abwägung einzubeziehen, so daß mit Ausnahme der lebensgefährlichen Sachwehr die gleichen Ergebnisse wie bisher erzielt werden könnten. Diesen beiden Lösungsansätzen ist gemeinsam, daß sie der bereits verworfenen Möglichkeit der Teilnichtigkeitserklärung an Rechtsunsicherheit um nichts nachstehen. Eine Feststellung der Unvereinbarkeit des § 32 StGB unter Aufforderung an den Gesetzgeber, einen verfassungskonformen Rechtsszustand herzustellen, erscheint daher bedenkenswert.

Gerichtsverfahren, in denen die Vorschrift wegen Zweifeln an der Vereinbarkeit mit dem Grundgesetzes gemäß Art. 100 Abs. 1 GG dem *BVerfG* zur Überprüfung vorgelegt würden, wären dann bis zur Neuregelung des Notwehrrechts auszusetzen.[896] Wegen des Rückwirkungsverbotes aus Art. 103 Abs. 2 GG hätte dies auf die Strafbarkeit des Verteidigers allerdings keinen Einfluß. Wie oben[897] bereits dargelegt, ist aus der Konvention jedoch nicht zwingendermaßen zu folgern, daß derjenige, der zur Verteidigung von Sachgütern tötet, auch bestraft werden muß, so daß dagegen keine verfassungsrechtliche Bedenken bestehen. Worauf es ankommt ist, daß eine solche Tötung nicht als rechtmäßig angesehen werden kann. Stehen jedoch andere Rechtsfolgen als die Strafbarkeit des Verteidigers sowie beispielsweise die Strafbarkeit desjenigen, der sich gegen eine lebensgefährliche Verteidigung von Sachgütern zur Wehr setzt, in Frage, so kann gemäß § 2 Abs. 3 StGB im Falle der Wiederaufnahme problemlos die neue, völkerrechts- und verfassungskonforme Rechtslage zugrundegelegt werden. In Notwehrfällen, die nicht von Art. 2 Abs. 2 lit. a EMRK berührt werden, könnte eine Vorlage gemäß Art. 100 Abs. 1 GG demgegenüber mangels Entscheidungserheblichkeit unterbleiben, da der Verteidiger auch bei Unanwendbarkeit des § 32 StGB jedenfalls gemäß § 34 StGB oder § 227 BGB gerechtfertigt wäre.

Somit könnten durch eine schlichte Unvereinbarkeitserklärung konventions- und damit verfassungsgemäße Ergebnisse erzielt werden. Gegenüber einer Nichtigkeitserklärung hätte sie den Vorteil, daß durch sie der Gesetzgeber dazu verpflichtet wäre, den unangenehmen Schwebezustand schnellstmöglich zu beheben. Auch würde durch das formelle Inkraftbleiben der Regelung die Funktion des § 32 StGB als Garantietatbestand gewahrt, da die Voraussetzungen der Notwehr, an denen sich bis auf die Ausnahme der lebensgefährlichen Sachwehr nichts ändern wird, weiterhin gesetzlich normiert blieben. Demnach ist davon auszugehen, daß das *BVerfG* § 32 StGB im Falle einer Vorlage nicht für nichtig erklären, sondern lediglich seine Unvereinbarkeit mit dem Grundgesetz unter Aufforderung an den Gesetzgeber, eine verfassungskonforme Rechtslage zu schaffen, feststellen würde.

---

[896] *Skouris*, aaO; *Maunz/Schmidt-Bleibtreu/Klein/Ulsamer*, aaO.

[897] Vierter Teil, Kapitel 1, A II 1 b.

Ergebnis

Es bleibt festzuhalten, daß Notwehrfälle, in denen keine lebensgefährliche Verteidigung zum Schutze von Sachgütern geübt wurden, weiterhin nach § 32 StGB zu beurteilen sind. Dies erklärt sich daraus, daß ein formelles Gesetz vom Richter erst dann außer Acht gelassen werden darf, wenn das *BVerfG* die Verfassungswidrigkeit der Vorschrift festgestellt hat. Zu einer Vorlage gemäß Art. 100 Abs. 1 GG ist der Richter jedoch in diesen Fällen nicht befugt, da der Notwehrübende jedenfalls nach anderen Vorschriften gerechtfertigt wäre und es somit an der Entscheidungserheblichkeit fehlt. Ist jedoch ein Täter wegen lebensgefährlicher Sachwehr angeklagt, so hat das Gericht eine Entscheidung des BVerfG zu beantragen. Dieses wird die Unvereinbarkeit des § 32 StGB mit dem Grundgesetz feststellen und die Aussetzung des Verfahrens bis zur Neuregelung der Notwehrvoraussetzungen anordnen. Der Notwehrübende bleibt jedoch in jedem Falle straflos, da das Gericht wegen des Rückwirkungsverbotes aus Art. 103 Abs. 2 GG die alte Rechtslage zugrundezulegen hat. Steht demgegenüber ein Täter vor Gericht, der sich selbst gegen eine konventions- und somit verfassungswidrige Verteidigung zur Wehr gesetzt hat, so kann zu seinen Gunsten die Neuregelung zugrundegelegt werden. Die Frage, die es nun noch zu erörtern gilt ist diejenige, wie die Strafbarkeit des Notwehrübenden nach einer Neuregelung des Notwehrrechtes zu beurteilen sein wird.

Kapitel 2

Die Strafbarkeit des Notwehrübenden nach einer Neuregelung des Notwehrrechtes

Überlegungen über die Strafbarkeit des Täters einer lebensgefährlichen Sachwehr nach einer Neuregelung des Notwehrrechts tragen zwangsläufig hypothetischen Charakter, da anzunehmen ist, daß der Gesetzgeber im Rahmen einer Neufassung des § 32 StGB seinen diesbezüglichen Willen zum Ausdruck bringen wird. Für den Fall, daß er es dabei beläßt, die Verteidigung von Vermögenswerten mit lebensgefährlichen Mitteln aus dem Anwendungsbereich des Notwehrrechtes auszuschließen, ohne darüber hinaus gleichzeitig eine Aussage über die Strafbarkeit des Notwehrübenden zu machen, ist jedoch trotzdem zu untersuchen, ob die unmittelbare oder analoge Anwendung anderer Vorschriften des StGB zur Straflosigkeit führen könnte.

A. Die Ansicht Montenbrucks

Dieser Problemkreis wurde bereits von *Montenbruck* einer ausführlichen Erörterung unterzogen. Dabei zog er zunächst die Bestimmung des § 213 StGB heran. Diese

Vorschrift sehe eine Strafmilderung vor, wenn der Tötung eine Körperverletzung oder eine schwere Beleidigung vorausgehe, und der Täter dadurch zum Zorn gereizt werde. Der Begriff der Beleidigung sei dabei weit auszulegen, unter der Reizung zum Zorn sei eine nachvollziehbare „Provokation“ zu verstehen. Eine solche gehe aber auch vielfach von einem Einbruch aus, da der Dieb in die vom Betroffenen selbst gesicherte Gewahrsams- und Privatsphäre eingegriffen hat. Daher könne man in den Fällen, in denen gegen den flüchtenden Einbrecher mit lebensgefährlichen Mitteln vorgegangen wird, durchaus von einem minder schweren Fall des Totschlags gemäß § 213 StGB ausgehen. Selbst wenn man den Begriff der Beleidigung so eng faßt, daß eine Verletzung der Privatsphäre durch einen Einbruch nicht mehr darunter fällt, stehe die Möglichkeit offen, einen sonstigen minder schweren Fall anzunehmen. Berücksichtige man darüber hinaus noch die Rechtsgedanken der §§ 34, 35 StGB, die beide den Schutz von konkreten Rechtsgütern als ein wesentliches Interesse kennzeichnen, so wie das Prinzip der Rechtsbewährung, so erscheine es statthaft, die erhebliche Strafmilderung des § 213 StGB zu einem vollen Entschuldigungsgrund aufzuwerten.[898]

Während sich diese Ausführungen noch auf den Fall einer vorausgehenden Verletzung der Privatsphäre durch einen Einbrecher bezogen, geht *Montenbruck* im Folgenden sogar noch von einer generellen Entschuldbarkeit der lebensgefährlichen Sachwehr aus. Entscheidendes Kriterium des entschuldigenden Notstandes gemäß § 35 StGB sei der Gesichtspunkt, daß es sich um den Schutz der Existenz einer Person handelt. In Zeiten, die im Rechtsbewußtsein der Bevölkerung als unsicher erscheinen, liege es jedoch nahe, der Bewährung der Rechtsordnung ebenfalls eine für die Gemeinschaft „existenzielle“ Bedeutung zuzuschreiben. Im Hinblick auf die lebensgefährliche Sachwehr lasse sich eine Analogie zu § 35 StGB somit dadurch rechtfertigen, daß man den im zu verteidigenden Vermögenswert zum Ausdruck kommenden Belang der Individualrechtsgüter- und Rechtsfriedensordnung dem Schutzwert nach der sozialen Existenz eines Menschen gleichstellt. Sofern es sich nicht lediglich um die Verteidigung geringwertiger Güter handele, könne in Fällen lebensgefährlicher Sachwehr demnach § 35 StGB in analoger Anwendung als Entschuldigungsgrund herangezogen werden.[899]

---

[898] *Montenbruck*, Thesen zur Notwehr, S. 53 f.

[899] *Montenbruck*, aaO, S. 56.

B. Würdigung der Ansicht Montenbrucks

Zunächst ist auf den Vorschlag *Montenbrucks* einzugehen, Fälle, in denen gegen einen mit der Beute flüchtenden Einbrecher lebensgefährliche Notwehr geübt wird, unter § 213 StGB zu subsumieren, um so den hohen Strafrahmen des § 212 StGB nicht zur Anwendung kommen zu lassen. Seine Argumentation geht dahin, die durch den Einbruch bewirkte Verletzung der Privatsphäre als schwere Beleidigung aufzufassen, die den Täter in einen solchen Erregungszustand versetzt, daß er zur Tötung hingerissen wird. Ausgangspunkt seiner Überlegungen ist dabei, daß der Begriff der schweren Beleidigung im Sinne des § 213 StGB weit auszulegen sei. Dieser Aussage ist zwar nicht zu widersprechen, sie darf jedoch nicht dahingehend mißverstanden werden, daß an die Schwere der Beleidigung keine hohen Anforderungen zu stellen wären. Vielmehr ist damit gemeint, daß keine tatbestandliche Beleidigung im Sinne der §§ 185 ff. StGB vorauszusetzen ist, sondern jede schwere Kränkung ausreicht.[900] Dabei ist jedoch nach allgemeiner Ansicht kein zu niedriger Maßstab anzusetzen.[901]

Ein Sachverhalt, in dem die Anwendung des § 213 StGB im Zusammenhang mit einem Hausriedensbruch in Frage stand, lag bereits dem *BGH* vor. In dem zu entscheidenden Fall wurde A von B bei mehreren Auseinandersetzungen geschlagen. Darüber hinaus versuchte er zweimal, gewaltsam in die Wohnung des A einzudringen. Beim zweiten Versuch versetzte ihm A einen lebensgefährlichen Messerstich in den Bauch. Dazu führte der *BGH* Folgendes aus:

> „In der wiederholten Mißachtung des Hausrechts des A am Tattage durch fremdes Eigentum beschädigende Gewaltakte, in denen B zum Ausdruck brachte, daß er ohne Rücksicht auf Abwesenheit oder Anwesenheit des A und dessen nachdrückliche, ein hohes Risiko für den Eindringling ankündigte [ankündigende] Warnung sich Zugang verschaffe, wann immer es ihm passe, lag eine schwere Kränkung des A.“[902]

Bemerkenswert an der Entscheidung ist zunächst, daß der *BGH* die schwere Kränkung erst in der zweiten Verletzung des Hausrechts erblickte, obwohl aus dem Sachverhalt nicht ersichtlich wird, daß diese die erste an Intensität oder Nachdrücklichkeit überboten hätte. Darin kommt zum Ausdruck, daß die konkrete, als Kränkung in Betracht kommende Handlung nicht isoliert, sondern im Zusammenhang der Täter-Opfer-Beziehung zu würdigen ist.[903] So kann ein für sich genommen unbedeutender Anlaß nach vorausgegangenen Beleidigungen der Tropfen sein, der das

---

[900] Vgl. SchSch-*Eser*, § 213 Rdn. 5; *Tröndle/Fischer*, § 213 Rdn. 4; BGH MDR 1978, S. 110; BGH StV 1990, S. 205.

[901] *Tröndle/Fischer*, aaO; LK-*Jähnke*, § 213 Rdn. 4; BGH NStZ 1996, S. 33.

[902] BGH MDR 1979, S. 987.

[903] So auch *Tröndle/Fischer*, § 213 Rdn. 4; LK-*Jähnke*, § 213 Rdn. 6; SchSch-*Eser*, § 213 Rdn. 5; vgl. auch BGH MDR 1977, S. 638; *Eser*, NStZ 1984, S. 52.

Faß zum Überlaufen bringt, umgekehrt aber wirken an sich gravierende Kränkungen minder schwer, wenn ihnen nach der konkreten Täter-Opfer-Beziehung kein besonderes Gewicht zukommt.[904] Dies muß Zweifel daran wecken, daß die durch einen einmaligen Einbruch bewirkte Verletzung der Privatsphäre des Täters als geeignet angesehen werden kann, ihn im „gerechten Zorn"[905] zum Einsatz lebensgefährlicher Mittel zu veranlassen. In solchen Fällen besteht gerade keine Beziehung zwischen Täter und Opfer, diese stehen sich vielmehr als Fremde gegenüber. In der geschilderten Entscheidung aber sah der *BGH* die schwere Kränkung dadurch begründet, daß B mit der zweiten Verletzung des Hausrechtes zum Ausdruck brachte, A so gering zu schätzen, daß dessen Willen und rechtlich geschützte Privatsphäre für ihn unbeachtlich sind und keinerlei Hindernisse darstellen. In einen gewöhnlichen Einbruch kann eine solche gezielte Mißachtung des Geschädigten jedoch nicht hineininterpretiert werden, da es dem Einbrecher nicht um die Person, sondern lediglich um die im Haus befindlichen Wertgegenstände geht. Somit ist *Montenbruck* nicht zu folgen, soweit er in einem Einbruch eine schwere Beleidigung des Täters sieht, die geeignet ist, ihn derart zum Zorn zu reizen, daß er in nachvollziehbarer Weise zur Tat hingerissen wird.

Überhaupt kann dem § 213 StGB nicht in generalisierender Art und Weise eine bestimmte Sachverhaltskonstellation zugeordnet werden. Dies hängt damit zusammen, daß neben der Provokation, die geeignet ist, eine verständliche Reizung des Täters zum „gerechten Zorn" hervorzurufen, dieser Zorn selbst im konkreten Fall vorliegen muß. Es kann jedoch nicht davon ausgegangen werden, daß jeder, dem eine schwere Kränkung widerfährt, die Selbstkontrolle in dem von § 213 StGB geforderten Maß verliert. Daß der Täter durch die schwere Beleidigung in die zum Totschlag führende Erregung versetzt wird, ist jedoch unabdingbare Voraussetzung der Vorschrift. Die Norm soll nicht denjenigen vogelfrei stellen, der sich in einer bestimmten Weise grob sozialwidrig verhält, sondern der psychischen Zwangslage eines Täters Rechnung tragen, der in einem solchen Fall aufgrund der ganz konkreten Tatumstände von einem kaum noch zu steuernden Zorn erfaßt wird. Ob dies jedoch zutrifft, hängt nicht nur von der Vorgeschichte des provokativen Verhaltens, sondern darüber hinaus noch von der in jedem Einzelfall verschiedenen Täterpersönlichkeit ab. Daher kann schon gar nicht allgemein die Regel aufgestellt werden, daß ein Totschlag, der auf eine mehr oder minder genau umschriebene Provokation folgt, generell nach § 213 StGB zu beurteilen ist. Somit ist die von *Montenbruck* vorgeschlagene Handhabung von lebensgefährlichen Maßnahmen zur Rettung von Vermögenswerten im Anschluß an einen Einbruch beim Täter abzulehnen.

Zu untersuchen bleibt, ob eine lebensgefährliche Sachwehr analog § 35 StGB entschuldigt werden kann. *Montenbruck* bejaht dies mit dem Argument, daß die Be-

---

[904] LK-*Jähnke*, aaO.

[905] So BGH MDR 1961, S. 1027.

währung der Rechtsordnung als existenzielles Gut der Gemeinschaft dem Schutzwert nach der sozialen Existenz eines Menschen, deren Schutz das entscheidende Kriterium der Vorschrift darstelle, gleichgestellt werden könne. Eine analoge Übertragung der für Individualrechtsgüter geltenden Grundsätze auf Gemeinschaftsinteressen ist jedoch schweren Bedenken ausgesetzt. In § 35 StGB kommt die Erkenntnis zum Ausdruck, daß der durch den Notstand ausgelöste Selbsterhaltungstrieb des Täters seine Fähigkeit zu sinnhafter Selbstbestimmung beeinträchtigt.[906] Die Vorschrift berücksichtigt somit eine biologische Reaktion der menschlichen Psyche, die an eine Bedrohung der eigenen Existenz geknüpft ist. Die Bedrohung von Gemeinschaftsinteressen ist damit jedoch in keinster Weise vergleichbar. Daß der Gesetzgeber eine Gefährdung der Belange Dritter nur sehr eingeschränkt für ausreichend hält, um den Täter in eine psychische Zwangslage zu versetzen, kommt auch darin zum Ausdruck, daß er ihn nur entschuldigt, sofern die Notstandstat zugunsten von ihm naherstehenden Personen verübt wurde. Wenn selbst die Mißhandlung von konkreten Personen vor den Augen des Täters nach Auffassung des Gesetzgebers nicht geeignet ist, einen zur Entschuldigung genügenden Motivationsdruck zu bewirken, kann dies erst recht nicht auf die Bedrohung der Interessen eines anonymen Kollektivs zutreffen. Wie sehr sich der einzelne durch die Verletzung der Rechtsordnung in eine psychische Zwangslage versetzt fühlt, wird deutlich, wenn man sich die häufigen Fälle vor Augen hält, in denen die zum Teil schwere Mißhandlung von Personen in der Öffentlichkeit von hunderten von Passanten tatenlos hingenommen wurde. Es kann somit in keinster Weise davon ausgegangen werden, daß der einzelne durch die Bedrohung der Rechtsordnung unter einen Motivationsdruck gestellt würde, der die Fähigkeit zu normgemäßen Verhalten beeinträchtigt. Grundgedanke des entschuldigenden Notstandes ist aber gerade die Erkenntnis, daß dem Täter aufgrund einer psychischen Zwangslage die Befolgung von Verbotsnormen nicht mehr zugemutet werden kann. Die existenzielle Bedeutung der Rechtsbewährung rechtfertigt es daher nicht, § 35 StGB in Fällen lebensgefährlicher Sachwehr analog zur Entschuldigung des Täters heranzuziehen. Die Versuche *Montenbrucks*, die Strafbarkeit der lebensgefährlichen Verteidigung von Vermögensinteressen zu mindern oder gar auszuschließen sind somit abzulehnen.

C. Abschließende Bemerkungen zur Strafbarkeit des Notwehrübenden

Zu den mehr oder minder substantiierten Versuchen in der Literatur, die lebensgefährliche Sachwehr trotz eines Konflikts von § 32 StGB und Art. 2 Abs. 2 lit. a EMRK weiterhin den Strafdrohungen der §§ 211 ff. StGB zu entziehen – sei es nun durch die Konstruktion von speziellen Entschuldigungsgründen oder durch

[906] SK-*Rudolphi*, § 35 Rdn. 2; LK-*Hirsch*, § 35 Rdn. 3; *Jescheck/Weigend*, Allgemeiner Teil, S. 480.

die Interpretation des Notwehrrechtes als Entschuldigungsgrund – bleibt zu sagen, daß diese wohl weniger von juristischer Überzeugung als von dem Bedürfnis, unter allen Umständen an der alten Rechtslage festhalten zu wollen, herrühren. Nur damit kann man sich auch die Unsachlichkeit und Emotionsgeladenheit erklären, mit der die hier vorliegende Notwehrproblematik teilweise diskutiert wurde.[907] Daß aber gerade die Überschreitung der Notwehrgrenzen im Hinblick auf den Sachgüterschutz durch großzügigste Gesetzesauslegung und Analogie straflos gestellt werden soll, erscheint im Hinblick auf die Beurteilung von Notwehrhandlungen zwischen Ehegatten äußerst fragwürdig. Hier wurden lebensgefährliche Verteidigungshandlungen, die an sich vom Wortlaut des § 32 Abs. 2 StGB gedeckt waren, zuungunsten von Ehefrauen, denen körperliche Mißhandlungen seitens ihrer Ehegatten drohten, im Wege der sozialethischen Einschränkung des Notwehrrechts vom Anwendungsbereich der Vorschrift ausgeschlossen. In einem Fall, in dem eine Ehefrau ihren gewalttätigen Gatten durch einen Stoß mit einer Schirmspitze tötete, entschied der *BGH*, daß die Gefahr lediglich leichter Körperverletzungen kein volles Notwehrrecht der Ehefrau begründet. Vielmehr habe diese sich auf nicht lebensgefährliche Verteidigungshandlungen zu beschränken, sofern diese zumindest geeignet sind, den Angriff mit großer Wahrscheinlichkeit zu beenden.[908] In der Literatur ging man teilweise noch weiter und erlegte der Ehefrau „Duldungspflichten" hinsichtlich leichter Körperverletzungen auf.[909] Ungeachtet kritischer Stimmen[910] ist der *BGH* bis heute nicht von seiner Rechtsprechung abgewichen[911] und hat Ehe-

---

[907] Man denke z.B. an die Aussage *Bockelmanns*, Engisch-FS, S. 464, daß die Menschenrechtskonvention in Übereinstimmung mit den nationalen Gesetzen auszulegen sei „und nicht umgekehrt". Ähnlich ist das Argument desselben, aaO, S. 463 zu werten, der Nachsatz des Art. 2 Abs. 1 S. 2 EMRK wolle keinen Rechtfertigungsgrund für eine Tötung statuieren, „die der Scharfrichter in Erfüllung seiner Amtspflicht [!!!]" begeht. In dieselbe Richtung gehen die Ausführungen von LK-*Spendel* zur Notwehreinschränkung durch Art. 2 Abs. 2 lit. a EMRK. Dieser hält die „Verteidigung einer Person gegen rechtswidrige Gewaltanwendung" mit der Begründung auch schon bei Angriffen auf die Ehre geboten, daß der Begriff der Gewalt auch im übertragenen Sinne, z.B. als „violence verbale" gebraucht werden könne (Rdn. 262) und eine Notwehrrestriktion mit dem Argument verneint, daß sich ein Polizeibeamter nicht zum Spott von einer „Rokker-Bande" auf der Straße „splitternackt" ausziehen zu lassen bräuchte (aaO) und somit suggeriert, daß eine Einschränkung der Zulässigkeit lebensgefährlicher Verteidigungsmittel dem Verbrechen Tür und Tor öffnen würde. Tatsächlich jedoch wäre in einem solchen Fall auch nach einer extensiven Auslegung der Menschenrechtskonvention eine möglicherweise tödliche Verteidigung zulässig. So fragten auch *Eser/Burkhardt*, Strafrecht I, S. 127 danach, ob die „doch recht gekünstelten Differenzierungen und Minimalisierungsbemühungen" nicht ihren Grund darin haben, daß man „hierzulande von dem doch recht vordergründig formalistischen Grundsatz ‚Recht braucht dem Unrecht nicht zu weichen' nur schwer loskommt".

[908] BGH NJW 1969, S. 802 f.

[909] *Kühl*, Allgemeiner Teil, S. 220; *Schünemann*, GA 1985, S. 367.

[910] Vgl. LK-*Spendel*, § 32 Rdn. 310 ff.; *Otto*, Würtenberger-FS, S. 148 f.; *Engels*, GA 1982, S. 109 ff.; *Dencker*, NStZ 1983, S. 399; *Frister*, GA 1988, S. 307.

[911] In BGH NJW 1975, S. 62 lehnte das Gericht eine Rechtfertigung der Ehefrau erneut mit der Begründung ab, daß an das Gebotensein der Abwehrhandlung erhöhte Anforderungen zu stellen

frauen, die sich gegen ihre Ehemänner in „erforderlicher“ Stärke zur Wehr gesetzt haben, zu erheblichen Freiheitsstrafen verurteilt.[912] Die wohl herrschende Meinung im Schrifttum ist dem zumindest grundsätzlich gefolgt.[913] Wurden in diesen Fällen vom Wortlaut des Notwehrrechtes gedeckte Verteidigungshandlungen nicht nur als rechtswidrig, sondern darüber hinaus auch noch als schuldhaft angesehen und mit Strafe belegt, so können die Bemühungen, die lebensgefährliche Sachwehr im Falle ihrer Rechtswidrigkeit zumindest vom Anwendungsbereich der §§ 211 ff. StGB auszuschließen, nicht so recht nachvollzogen werden. Für den Fall der Überschreitung der Notwehr- bzw. Notstandsgrenzen hat der Gesetzgeber in den §§ 33, 35 StGB Entschuldigungsgründe normiert, sind diese nicht einschlägig, so besteht kein Bedürfnis, von Strafe abzusehen. Tatbestandliches, rechtswidriges und schuldhaftes Verhalten ist grundsätzlich mit Strafe zu belegen.[914] Dies gilt um so mehr, als den Beratungen über eine mögliche Einschränkung des Notwehrrechtes durch Art. 2 Abs. 2 lit. a EMRK im Sonderausschuß des Deutschen Bundestages für die Strafrechtsreform keine Anhaltspunkte dafür zu entnehmen sind, daß man Verteidigungshandlungen, die im Hinblick auf diese Vorschrift nicht mehr als rechtmäßig angesehen werden können, nicht auch hätte bestrafen wollen. Demnach ist festzuhalten, daß es dem Gesetzgeber obliegt, im Rahmen einer Neuregelung über die Strafbarkeit der lebensgefährlichen Verteidigung von Vermögenswerten zu entscheiden. Beläßt er es dabei, diese aus dem Anwendungsbereich der Notwehr auszuscheiden, so sind entsprechende Handlungen strafrechtlich zu verfolgen. Die bisherigen Versuche, diesbezüglich Strafausschließungs- oder Entschuldigungsgründe zu konstruieren sind jedenfalls als gescheitert anzusehen und nach eben Gesagtem besteht auch kein Bedürfnis, in diese Richtung weitere Bemühungen zu unternehmen.

---

seien, wenn es sich um „nicht feindlich Gesinnte desselben Lebenskreises handelt und die gewählte Verteidigung den Tod des Angreifers bedeuten kann“. In BGH JZ 1984, S. 529 hob der Gerichtshof zwar die Verurteilung einer Ehefrau, die ihren Mann in Notwehr erstochen hatte auf, ließ die Frage der sozialethischen Einschränkung des Notwehrrechtes jedoch bewußt offen, da seiner Ansicht nach auch die diesbezüglich geltenden Grundsätze nicht zu einem Ausschluß der Notwehr geführt hätten. Zudem ist zu bedenken, daß die Angeklagte zur Tatzeit schwanger war, was die Entscheidung des BGH unabhängig von den konkreten Umständen der Notwehrsituation wohl zu ihren Gunsten beeinflußt haben dürfte.

[912] Im Fall BGH NJW 1969, S. 802 erhielt die Angeklagte eine neunmonatige Freiheitsstrafe, im Fall BGH 1975, S. 62 erfolgte eine Verurteilung zu einer Freiheitsstrafe von zwei Jahren und sechs Monaten.

[913] Vgl. *Roxin*, Allgemeiner Teil, S. 593; *Geilen*, JR 1976, S. 317 f.; *Blei*, JA 1975, S. 171; *Bokkelmann*, Allgemeiner Teil, S. 96 f.; *Schumann*, JuS 1979, S. 566; *Stratenwerth*, Allgemeiner Teil, S. 184; *Jescheck/Weigend*, Allgemeiner Teil, S. 346; *Bitzilekis*; Einschränkung des Notwehrrechts, S. 125; SchSch-*Lenckner*, § 32 Rdn. 53.

[914] So auch *Frister*, GA 1985, S. 565.

Zusammenfassung

Der Europäischen Menschenrechtskonvention kommt vom gesetzestechnischen Standpunkt her gesehen lediglich der Rang eines einfachen Bundesgesetzes zu. Die bisherigen Versuche, einen Übergesetzesrang der EMRK zu begründen, sind jedenfalls als gescheitert anzusehen. Auf dieser Basis kommt den Regelungen der Menschenrechtskonvention für den innerstaatlichen Bereich auch keine Gesetzesfestigkeit zu. Zwar sind spätere Gesetze völkerrechtskonform auszulegen, dies gilt jedoch nur insoweit, als der Wortlaut und die der späteren Regelung zugrundeliegende gesetzgeberische Zielsetzung dem nicht entgegenstehen. Aus der EMRK folgende Einschränkungen des Notwehrrechts können jedoch nicht wie vorgeschlagen im Rahmen der Gebotenheitsklausel der später erlassenen Notwehrvorschrift des § 32 StGB berücksichtigt werden. Diese formell dem Strafrecht zugehörige Norm unterliegt dem strafrechtlichen Bestimmtheitsgrundsatz aus Art. 102 Abs. 2 GG. Demzufolge hat der Gesetzgeber sich im Bereich des Strafrechts größtmöglicher Bestimmtheit zu befleißigen und muß darüber hinaus gewährleisten, daß der Bürger dem Wortlaut der Strafnorm zumindest entnehmen können muß, ob er mit dem von ihm beabsichtigten Verhalten ein Strafbarkeitsrisiko auf sich nimmt. Legt man diesen Maßstab zugrunde, so ist in der Verwendung des Merkmals des Gebotenseins im Rahmen des § 32 StGB in der Absicht, auf diese Weise Einschränkungen aus Art. 2 Abs. 2 lit. a EMRK Rechnung zu tragen, keine gesetzliche Bestimmung der Strafbarkeit im Sinne von Art. 103 Abs. 2 GG zu sehen. Die in Frage stehende Ausklammerung lebensgefährlicher Verteidigungsmaßnahmen zum Schutze von Vermögensinteressen steht außerhalb des in § 32 Abs. 2 StGB klar zum Ausdruck gekommenen Regelungsprinzip des Notwehrrechtes. Die Gebotenheitsklausel kann als sprachlich dürftiger Anknüpfungspunkt für normative Wertungen im Notwehrbereich jedoch nur solche Einschränkungen tragen, die sich aus den Grundgedanken der Notwehr herleiten lassen. Da dies jedoch auf ein Verbot tödlicher Sachwehr nicht zutrifft, besteht keine Möglichkeit einer völkerrechtskonformen Auslegung auf Tatbestandsebene.

Allerdings sind die Konventionsrechte im Bereich der Verfassungsinterpretation zu berücksichtigen, was in der Rechtsprechung des *BVerfG* auch bereits mehrfach angeklungen ist. Methodisch ist dies durch die Erweiterung des Auslegungskanons um die rechtsvergleichende Gesetzesinterpretation zu rechtfertigen. Da die Menschenrechtskonvention der Rechtsvereinheitlichung in Europa auf dem Gebiet der Menschenrechte dient und ebenso wie der Grundrechtsteil des Grundgesetzes als Frucht europäischer Rechtskultur anzusehen ist, liegen die Voraussetzungen der rechtsvergleichenden Auslegung im Verhältnis zwischen Konvention und Grundgesetz in besonderem Maße vor. Dies gilt um so mehr, als beide Texte als Annäherung an die universale Menschenrechtsidee verstanden werden können und sich das Grundgesetz in Art. 1 Abs. 2 als menschenrechtsfreundliche Verfassung offenbart. Demnach sind die in Art. 2 ff. GG niedergelegten Grundrechte konventionskonform auszulegen, sofern ihr Schutzbereich nicht eindeutig enger gezogen ist, als derjenige des entsprechenden Konventionsrechtes und eine konventionskonforme Auslegung nicht zu einer Verschlechterung des bundesdeutschen Grundrechtsstandards führt. Da dies auf das Verhältnis von Art. 2 EMRK und Art. 2 GG nicht zutrifft, ist das in der deutschen Verfassung niedergelegte Grundrecht auf Leben dahingehend auszulegen, daß ein Verstoß gegen das Konventionsrecht auch innerstaatlich als Grundrechtsverletzung anzusehen ist. Sollte die Neufassung des § 32 StGB mit Art. 2 Abs. 2 lit. a EMRK nicht vereinbar sein, so ist sie demnach auch verfassungswidrig. Insofern steht die Strafrechtsreform von 1975 konventionsbedingten Einschränkungen des Notwehrrechts nicht entgegen.

Eine Auslegung des Art. 2 Abs. 2 lit. a im Lichte der Rechtsprechung der Straßburger Organe ergibt, daß die öffentliche Gewalt Tötungen im Bereich des Individualgüterschutzes nur vornehmen darf, sofern damit eine physische Gewalteinwirkung auf den Körper eines Menschen verhindert werden soll. Darüber hinaus muß die Maßnahme auch verhältnismäßig sein. Dies ergibt sich aus der herausragenden Bedeutung, die dem Recht auf Leben von der *Kommission* zugemessen wurde. Dementsprechend sind die Eingriffsvorbehalte des Art. 2 Abs. 2 der Menschenrechtskonvention eng auszulegen. Dies führt auch dazu, daß dem Merkmal „intentional" bzw. „intentionellement" keine Beschränkung des Verbots auf absichtliche Tötungen im technischen Sinne zu entnehmen ist. Eine zumindest bedingt vorsätzliche Tötung durch die Staatsgewalt zum bloßen Schutze von Sachgütern ist somit als konventionswidrig anzusehen.

Eine unmittelbare Drittwirkung der Konventionsrechte ist demgegenüber nicht anzuerkennen. Der sich in Notwehr befindliche Bürger ist demnach an die Grenzen, die Art. 2 Abs. 2 lit. a EMRK dem Individualrechtsgüterschutz setzt, nicht gebunden. Wie sich der Rechtsprechung des *EGMR*, insbesondere dem *Urteil Young/James & Webster vs. United Kingdom*, entnehmen läßt, ist der Staat jedoch auch dann an die Konvention gebunden, wenn er die Rechtsverhältnisse Privater regelt und somit deren Freiheitsbereiche gegeneinander abgrenzt. Diese Bindung beschränkt sich jedoch auf den Kernbereich der Konventionsrechte. Das Verbot, Leben zugunsten von Vermögenswerten zu gefährden, kann jedoch zum Kernbereich des Art. 2 Abs. 2 lit. a EMRK gezählt werden. Dies ergibt sich daraus, daß die Kommission den Schutzbereich der Vorschrift, soweit es um die unmittelbare Begrenzung hoheitlicher Befugnisse geht, weit über ihren Wortlaut hinaus ausgedehnt hat. So sollen beispielsweise auch fahrlässige Tötungen durch die Staatsgewalt an dem Konventionsrecht zu messen sein. Da der EGMR bei der Bestimmung des Kernbereiches im übrigen recht großzügig vorgeht, erscheint es angemessen, auch im Hinblick auf die Bindung des Privatrechtsgesetzgebers an der Beschränkung tödlicher Verteidigungsmittel auf gewaltsame Angriffe im eben genannten Sinne festzuhalten.

Daraus ergibt sich, daß § 32 StGB - soweit er eine lebensgefährliche Verteidigung von bloßen Sachwerten rechtfertigt - als konventions- und daher nach den Erkenntnissen dieser Untersuchung auch als verfassungswidrig anzusehen ist. Eine Untersuchung der Rechtsprechung des *EGMR* ergibt jedoch, daß eine Pflicht der Mitgliedsstaaten, entsprechende Handlungen unter Strafe zu stellen, durch Art. 2 Abs. 1 S. 1 EMRK nicht begründet ist.

Ein Verständnis des § 32 StGB als Entschuldigungs- oder bloßer Strafunrechtsausschließungsgrund wäre somit im Hinblick auf die Menschenrechtskonvention unbedenklich. Die Lehre *Günthers* von der Strafrechtswidrigkeit ist jedoch mit der herrschenden Ansicht abzulehnen, da sie zu Unstimmigkeiten hinsichtlich der Funktionszuweisungen im Verbrechensaufbau führt. Auch wurde der Ausweg über eine Interpretation des § 32 StGB als Strafausschließungsgrund durch die klare Festschreibung der Notwehr als Rechtfertigungsgrund im Rahmen der Strafrechtsreform von 1975 verbaut. Für eine Auslegung des § 32 StGB als partieller Entschuldigungsgrund fehlt demgegenüber jeder positiv rechtliche Anknüpfungspunkt. Die Vorschrift ist demnach „unheilbar" verfassungswidrig.

Für die Frage, welche Konsequenzen sich daraus für die Strafbarkeit im Notwehrbereich ergeben, ist das Problem, ob verfassungswidrige Gesetze ipso iure als nichtig anzusehen sind oder vielmehr eine Nichtigkeitserklärung des BVerfG erforderlich ist, ohne Bedeutung. Aus dem Verwerfungsmonopol des BVerfG aus Art. 100 Abs. 1 GG folgt jedenfalls, daß die Gerichte die Vorschrift bis zu dessen Entscheidung anzuwenden haben. Da eine Vorlage an das BVerfG jedoch nur insoweit statthaft ist, als die Vereinbarkeit der in Frage stehenden Norm mit dem Grundgesetz entscheidungserheblich ist, sind Fälle, in denen sich Notwehrmaßnahmen im Rahmen des nach Art. 2 Abs. 2 lit. a EMRK Zulässigen gehalten haben, weiterhin nach § 32 StGB zu beurteilen. Die Frage der Verfassungsmäßigkeit der Vorschrift ist hier nicht entscheidungserheblich, da der Verteidiger zumindest nach § 227 BGB oder § 34 StGB gerechtfertigt wäre. Dies ergibt sich zum einen daraus, daß das Notwehrrecht des BGB nicht an den strengen Anforderungen des Art. 103 Abs. 2 GG zu messen und somit einer konventions- und verfassungskonformen Auslegung zugänglich ist. Zum anderen lassen sich durch eine Anwendung des § 34 StGB die selben Ergebnisse wie mit § 32 StGB erzielen, da einer Berücksichtigung des Rechtsbewährungsinteresses, welches als entscheidende Rechtfertigung des schneidigen Notwehrrechtes angesehen wird, bei der Interessenabwägung im Rahmen des § 34 StGB nichts entgegensteht. Wird demgegenüber ein Fall lebensgefährlicher Sachwehr verhandelt, so ist die Frage der Vereinbarkeit des § 32 StGB mit dem Grundgesetz dem BVerfG zur Entscheidung vorzulegen. Dieses wird die Vorschrift mit Rücksicht auf die Rechtssicherheit im Notwehrbereich nicht für nichtig, sondern lediglich für verfassungswidrig erklären und den Gesetzgeber zu einer verfassungskonformen Neuregelung verpflichten. Bis dorthin ist das Verfahren auszusetzen. Auf die Strafbarkeit des Verteidigers wird sich eine Neufassung des Notwehrrechtes wegen des Rückwirkungsverbotes aus Art. 103 Abs. 2 GG jedoch nicht auswirken. Etwas anderes gilt, wenn es um die Beurteilung von Verteidigungsmaßnahmen geht, die sich selbst gegen eine lebensgefährliche Sachwehr gewandt haben. Dort steht der Zugrundelegung der neuen Rechtslage gemäß § 2 Abs. 3 StGB nichts im Wege.

Falls es der Gesetzgeber im Zuge der Neuregelung unterlassen sollte, eine Aussage über die Strafbarkeit der lebensgefährlichen Sachwehr zu machen und sich vielmehr auf eine konventionskonforme Einschränkung des Notwehrparagraphen beschränkt, stellt sich die Frage, ob entsprechende Verteidigungshandlungen trotz ihrer Rechtswidrigkeit auch künftig straffrei bleiben. Versuche in der Literatur, entsprechende Milderungs- oder Entschuldigungsgründe zu konstruieren, vermögen jedoch nicht zu überzeugen. Gerade im Hinblick auf die Rechtsprechung des BGH zur sozialethischen Einschränkung der Notwehr unter Ehegatten ist nicht einzusehen, warum es in bezug auf die lebensgefährliche Verteidigung nicht bei dem Grundsatz bleiben soll, daß tatbestandsmäßige und rechtswidrige Handlungen mit Strafe zu belegen sind, soweit kein gesetzlicher Entschuldigungsgrund eingreift. Nach einer Neuregelung des Gesetzgebers hat der Verteidiger, der die Grenzen zulässiger Notwehr aus Art. 2 Abs. 2 lit. a EMRK überschreitet, somit mit einer Bestrafung nach den §§ 211 ff. StGB zu rechnen.

Literaturverzeichnis

Alexy, Robert — Theorie der Grundrechte.
3. Auflage, Frankfurt am Main 1996.

Alternativkommentar zum Grundgesetz — hrsg. von Wassermann, Rudolf.
2. Auflage, Neuwied 1989.
[zitiert: AK-Bearbeiter]

Amelung, Knut — Zur Kritik des kriminalpolitischen Strafrechtssystems von Roxin.
JZ 1982, S. 617 ff.

Anschütz, Gerhard — Die Verfassung des Deutschen Reiches vom 11. August 1919.
12. Auflage, Berlin 1930.
[zitiert: Anschütz, Weimarer Reichsverfassung]

Appell, Erhart — Die Europäische Konvention zum Schutze der Menschenrechte und Grundfreiheiten in ihrer Bedeutung für das deutsche Strafrecht und Strafverfahrensrecht.
Diss. Marburg 1961.
[zitiert: Appell, Die EMRK in ihrer Bedeutung für das deutsche Strafrecht und Strafverfahrensrecht]

Badura, Peter — Staatsrecht.
2. Auflage, München 1996.

Bar, Ludwig von — Gesetz und Schuld im Strafrecht. Fragen des geltenden deutschen Strafrechts und seiner Reform, Band 3: Die Befreiung von Schuld und Strafe durch das Strafgesetz.
Berlin 1909.
[zitiert: Bar, Gesetz und Schuld im Strafrecht]

Baumann, Jürgen
Der strafrechtliche Schutz bei den Sicherungsrechten des modernen Wirtschaftsverkehrs. Zugleich ein Beitrag zur Lehre von der Abhängigkeit des Strafrechts vom Zivilrecht.
Berlin 1956.
[zitiert: Baumann, Der strafrechtliche Schutz]

Baumann, Jürgen/**Weber**, Ulrich/**Mitsch**, Wolfgang
Strafrecht, Allgemeiner Teil.
10. Auflage, Bielefeld 1995.
[zitiert: Baumann/Weber/Mitsch, Allgemeiner Teil]

Benda, Ernst/**Klein**, Eckart
Lehrbuch des Verfassungsprozeßrechts.
Heidelberg 1991.
[zitiert: Benda/Klein, Verfassungsprozeßrecht]

Berber, Friedrich
Lehrbuch des Völkerrechts; Band I: 2. Auflage, München 1975, Band II: 2. Auflage, München 1969, Band III: 2. Auflage, München 1977.
[zitiert: Berber, Völkerrecht]

Berner, Albert Friedrich
Die Notwehrtheorie.
Archiv des Criminalrechts 1847, S. 547 ff.

Bernsmann, Klaus
Überlegungen zur tödlichen Notwehr bei nicht lebensbedrohlichen Angriffen.
ZStW 104 (1992), S. 290 ff.

Bertel, Christian
Notwehr gegen verschuldete Angriffe.
ZStW 84 (1972), S. 1 ff.

Beseler, Dora von/**Jacobs-Wüstefeld**, Barbara
Law Dictionary. Technical dictionary of the Anglo-American legal terminology including commercial and political terms.
4. Auflage, Berlin/New York 1991.
[zitiert: Beseler/Jacobs-Wüstefeld, Law Dictionary]

Bettermann, Karl August/
Neumann, Franz L./
Nipperdey, Hans Carl (Hrsg.)
Die Grundrechte, Handbuch der Theorie und Praxis der Grundrechte; Band I 1. Halbband: Berlin 1966, Band II: Berlin 1954.
[zitiert: Verfasser in: Bettermann/ Neumann/Nipperdey (Hrsg.), Die Grundrechte]

Bitzilekis, Nikolas
Die neue Tendenz zur Einschränkung des Notwehrrechts (unter besonderer Berücksichtigung der Notwehrprovokation).
Diss. Köln 1985.
[zitiert: Bitzilekis, Einschränkung des Notwehrrechts]

Bleckmann, Albert
Allgemeine Staats- und Völkerrechtslehre.
Köln u.a. 1995.

ders.
Die Völkerrechtsfreundlichkeit der deutschen Rechtsordnung.
DÖV 1979, S. 309 ff.

ders.
Europarecht.
6. Auflage, Köln/Berlin 1997.

ders.
Staatsrecht II – Die Grundrechte.
4. Auflage, Köln u.a. 1997.

ders.
Verfassungsrang der Europäischen Menschenrechtskonvention ?
EuGRZ 1994, S. 149 ff.

Blei, Hermann
Strafrecht I, Allgemeiner Teil.
18. Auflage, München 1983.
[zitiert: Blei, Allgemeiner Teil]

Bockelmann, Paul
Notwehr gegen verschuldete Angriffe.
Festschrift für Richard M. Honig, S. 19 ff.
Göttingen 1970.

ders.
Menschenrechtskonvention und Notwehrrecht.
Festschrift für Karl Engisch, S. 456 ff.
Frankfurt am Main 1969.

ders. Strafrecht, Allgemeiner Teil.
3. Auflage, München 1979.

Bockenförde, Ernst-Wolfgang Grundrechte als Grundsatznormen.
Der Staat 29 (1990), S. 1 ff.

Boehmer, Gerhard Der völkerrechtliche Vertrag im deutschen Recht.
Köln/Berlin 1965.

Bonner Kommentar zum Grundgesetz hrsg. von Dolzer, Rudolf/Vogel, Klaus; Band 4, Stand: 91. Lieferung, November 1999, Band 8, Stand: 88. Lieferung, Februar 1999.
[zitiert: Bonner Kommentar (Bearbeiter)]

Bosch, Johanna Literaturbericht Italien, Strafrecht, Allgemeiner Teil (Teil II).
ZStW 87 (1975), S. 503 ff.

Brinckmann, Hans Das entscheidungserhebliche Gesetz. Eine Untersuchung zur Normenkontrolle gemäß Art. 100 Abs. 1 GG.
Berlin 1970.

Brockhaus-Wahrig Deutsches Universalwörterbuch Band 2.
Wiesbaden/Stuttgart 1981.

Bydlinski, Franz Juristische Methodenlehre und Rechtsbegriff.
2. Auflage, Wien 1991.

Canaris, Claus-Wilhelm Die Feststellung von Lücken im Gesetz.
2. Auflage, Berlin 1983.
[zitiert: Canaris, Die Feststellung von Lücken]

Courakis, Nestor-Constantin Zur sozialethischen Begründung der Notwehr.
Baden-Baden 1978.

Dahm, Georg Zur Problematik des Völkerstrafrechts.
Göttingen 1956.

Dahm, Georg /**Dellbrück**, Völkerrecht, Band I/1.

Jost/**Wolfrum**, Rüdiger — 2. Auflage, Berlin 1989.

Dannecker, Gerhard — Das intertemporale Strafrecht. Tübingen 1993.

Decocq, André — Droit pénal général. Paris 1971.

Deutsches Rechtslexikon, Band 2 — 2. Auflage, München 1992.

Dietz, Rolf — Anspruchskonkurrenz bei Vertragsverletzung und Delikt. Bonn u.a. 1934.

Dilcher, Gerhard/**Hoke**, Rudolf/**Vidari**,Gian Savino Pene/**Winterberg,** Hans (Hrsg.) — Grundrechte im 19. Jahrhundert. Frankfurt am Main/Bern 1982. [zitiert: Verfasser in Dilcher/Hoke/Vidari/Winterberg, Grundrechte im 19. Jahrhundert]

Doehring, Karl — Die allgemeinen Regeln des völkerrechtlichen Fremdenrechts und das deutsche Verfassungsrecht. Köln/Berlin 1963. [zitiert: Doehring, Die allgemeinen Regeln]

ders. — Völkerrecht: Ein Lehrbuch. Heidelberg 1999. [zitiert: Doehring, Völkerrecht]

Dreier, Horst — Grundgesetz-Kommentar, 1. Band: Tübingen 1996, 2. Band: Tübingen 1998, 3. Band: Tübingen 2000. [zitiert: Dreier (Bearbeiter)]

ders. — Erkennungsdienstliche Maßnahmen im Spannungsfeld von Gefahrenabwehr und Strafverfolgung. JZ 1987, S. 1009 ff.

Drews, Bill/**Wacke**, Gerhard/**Vogel**, Klaus/**Martens**, Wolfgang
Gefahrenabwehr, Allgemeines Polizeirecht (Ordnungsrecht) des Bundes und der Länder. 9. Auflage, Köln u.a. 1986.
[zitiert: Drews/Wacke/Vogel/Martens, Polizeirecht]

Dronsch, Gerhard
Der Rang der Europäischen Menschenrechtskonvention im deutschen Normensystem. Diss. Göttingen 1964.
[zitiert: Dronsch, Der Rang der EMRK]

Duden
Deutsches Universalwörterbuch. Mannheim u.a. 1983.

Dürig, Günter
Grundrechte und Zivilrechtsprechung. Festschrift für Hans Nawiasky, S. 157 ff. München 1956.

Dumey, Ramond/**Plasa**, Wolfgang
Dictionnaire Juridique. Paris 1982.

Ebert, Udo
Strafrecht, Allgemeiner Teil. 3. Auflage, Heidelberg 2001.

Echterhölter, Rudolf
Die Europäische Menschenrechtskonvention im Rahmen der verfassungsmäßigen Ordnung. JZ 1955, S. 689 ff.

ders.
Die Europäische Menschenrechtskonvention in der juristischen Praxis. JZ 1956, S. 142 ff.

Engisch, Karl
Die normativen Tatbestandsmerkmale im Strafrecht Festschrift für Edmund Mezger, S. 127 ff. München/Berlin 1954.

Entstehungsgeschichte der Artikel des Grundgesetzes
in: Jahrbuch des öffentlichen Rechts N.F. 1 (1951).
[zitiert: Entstehungsgeschichte, JöR 1 (1951)]

Erb, Volker | Die Schutzfunktion von Art. 103 Abs. 2 GG bei Rechtfertigungsgründen. ZStW 108 (1996), S. 266 ff.

Ergänzbares Lexikon des Rechts | hrsg. von Robert Scheyhing, Band 1; Stand: 81. Ergänzungslieferung, Mai 1996.

Eser, Albin/**Burkhardt**, Björn | Juristischer Studienkurs Strafrecht I: Allgemeine Verbrechenslehre. 4. Auflage, München 1992. [zitiert: Eser, Strafrecht I]

Eser, Albin/ **Fletcher**, George (Hrsg.) | Rechtfertigung und Entschuldigung. Freiburg im Breisgau 1987.

Esser, Josef | Grundsatz und Norm in der richterlichen Fortbildung des Privatrechts. 4. Auflage, Tübingen 1990. [zitiert: Esser, Grundsatz und Norm]

Felber, Roland | Die Rechtswidrigkeit des Angriffs in den Notwehrbestimmungen. Diss. München 1979.

Feldkamp, Michael F. | Der Parlamentarische Rat 1948-1949. Akten und Protokolle, Band 5: Ausschuß für Grundsatzfragen. Boppart 1993. [zitiert: Akten und Protokolle]

Fikentscher, Wolfgang | Methoden des Rechts in vergleichender Darstellung, Band 4: Dogmatischer Teil. Tübingen 1977. [zitiert: Fikentscher, Methoden des Rechts]

Focke, Ernstgünter | Notwehr in Lehre und Rechtsprechung. Breslau-Neukirch 1939.

Frister, Helmut | Zur Einschränkung des Notwehrrechts durch Art. 2 der Europäischen Menschenrechtskonvention. GA 1985, S. 553 ff.

Frowein, Jochen Abr.
Das Bundesverfassungsgericht und die Europäische Menschenrechtskonvention. Festschrift für Wolfgang Zeidler, Berlin/New York, Band 2, S. 1763 ff.

Frowein, Jochen Abr./ **Peukert**, Wolfgang
Europäische Menschenrechtskonvention. 2. Auflage. Kehl u.a. 1997.
[zitiert: Frowein/Peukert]

Geddert-Steinacher, Tatjana
Menschenwürde als Verfassungsbegriff. Aspekte der Rechtsprechung des Bundesverfassungsgerichts zu Art. 1 Abs. 1 GG. Diss. Tübingen 1990.
[zitiert: Geddert-Steinacher, Menschenwürde als Verfassungsbegriff]

Geiger, Rudolf
Grundgesetz und Völkerrecht: Die Bezüge des Staatsrechts zum Völkerrecht und Europarecht; ein Studienbuch. 2. Auflage, München, 1994.
[zitiert: Geieger, Grundgesetz und Völkerrecht]

Glatzel, Horst
Die Einwirkung der Rechte und Freiheiten der Europäischen Menschenrechtskonvention auf private Rechtsbeziehungen. Diss. Bonn 1968.
[zitiert: Glatzel, Die Einwirkung der EMRK]

Göldner, Deltef Christoph
Verfassungsprinzip und Privatrechtsnorm in der verfassungskonformen Auslegung und Rechtsfortbildung. Verfassungskonkretisierung als Methoden- und Kompetenzproblem. Berlin 1969.
[zitiert: Göldner, Verfassungsprinzip und Privatrechtsnorm]

Götz, Volkmar
Allgemeines Polizei- und Ordnungsrecht. 12. Auflage, Göttingen 1995.

Goltdammer, Theodor | Die Materialen des Strafgesetzbuches für die Preußischen Staaten aus den amtlichen Quellen nach den Paragraphen des Gesetzbuches zusammengestellt und in einem Kommentar erläutert.
Berlin 1851.
[zitiert: Goltdammer, Die Materialien des prStGB]

Gropp, Walter | Strafrecht, Allgemeiner Teil.
2. Auflage, Berlin u.a. 2001.
[zitiert: Gropp, Allgemeiner Teil]

Günther, Hans-Ludwig | Strafrechtswidrigkeit und Strafunrechtsausschluß.
Köln u.a. 1983.

Guradze, Heinz | Der Stand der Menschenrechte im Völkerrecht.
Göttingen 1956.

ders. | Die Europäische Konvention zum Schutze der Menschenrechte und Grundfreiheiten nebst Zusatzprotokollen.
Berlin/Frankfurt am Main 1968.
[zitiert: Guradze, EMRK]

ders. | Die Schutzrichtung der Grundrechtsnormen in der Europäischen Menschenrechtskonvention.
Festschrift für Hans Carl Nipperdey, München/Berlin 1965, Band 2, S. 759 ff.

Häberle, Peter | Das Menschenbild im Verfassungsstaat.
Berlin 1988.

ders. | Europäische Rechtskultur, Versuch einer Annäherung in zwölf Schritten.
Baden-Baden 1994.
[zitiert: Häberle, Europäische Rechtskultur]

ders. | Grundrechtsgeltung und Grundrechtsinterpretation im Verfassungsstaat.
JZ 1989, S. 913 ff.

ders. Kommentierte Verfassungsrechtsprechung. Königstein 1979.

ders. Textstufen als Entwicklungswege des Verfassungsstaates. Arbeitsthesen zur Verfassungslehre als juristischer Text- und Kulturwissenschaft. Festschrift für Karl Josef Partsch, Berlin 1989, S. 555 ff.

Hägermann, Gustav — Die Erklärungen der Menschen- und Bürgerrechte in den ersten amerikanischen Staatsverfassungen. Berlin 1910.

Haft, Fritjof — Strafrecht, Allgemeiner Teil. 8. Auflage, München 1998. [zitiert: Haft, Allgemeiner Teil]

Hahne, Meo-Micaela — Das Drittwirkungsproblem in der Europäischen Konvention zum Schutze der Menschenrechte und Grundfreiheiten. Diss. Heidelberg 1973. [zitiert: Hahne, Das Drittwirkungsproblem]

Handbuch des Verfassungsrechts — hrsg. von Benda, Ernst/Maihofer, Werner/Vogel, Hans-Jochen. 2. Auflage, Berlin/New York 1994. [zitiert: Verfasser in Benda/ Maiwald/Vogel (Hrsg.): Handbuch des Verfassungsrechts]

Harris, David/**O'Boyle**, Michael/**Warbrick**, Chris — Law of the European Convention on Human Rights. London 1995. [zitiert: Harris/O'Boyle/Warbrick, European Convention]

Harupa, Ekkehart — Das Verhältnis zwischen Bund und Ländern im Bereich der Auswärtigen Gewalt. Diss. Marburg 1960.

Heinsius, Dietrich — Moderne Entwicklung des Notwehrrechts. Diss. Hamburg 1965.

Heise, Gerd/**Tegtmeyer**, Henning — Polizeigesetz Nordrhein-Westfalen mit Erläuterungen. 7. Auflage, Stuttgart u.a. 1990.
[zitiert: Heise/Tegtmeyer, Polizeigesetz NRW]

Heller, Hermann — Staatslehre. 6. Auflage, Tübingen 1983.

Hermes, Georg — Das Grundrecht auf Schutz von Leben und Gesundheit. Schutzpflicht und Schutzanspruch aus Art. 2 Abs. 2 S. 1 GG. Diss. Freiburg 1987.
[zitiert: Hermes, Das Grundrecht auf Schutz von Leben und Gesundheit]

Herzog, Roman — Das Grundrecht auf Freiheit in der Europäischen Menschenrechtskonvention. AöR 86 (1961), S. 194 ff.

ders. — Das Verhältnis der Europäischen Menschrechtskonvention zu späteren deutschen Gesetzen. DÖV 1959, S. 44 ff.

Hesse, Konrad — Grundzüge des Verfassungsrechts der Bundesrepublik Deutschland. 20. Auflage, Heidelberg 1999.
[Hesse, Verfassungsrecht]

Hillenkamp, Thomas — Vorsatztat und Opferverhalten. Göttingen 1981.

Himmelreich, Klaus — Erforderlichkeit der Abwehrhandlung, Gebotensein der Notwehrhandlung; Provokation und Rechtsmißbrauch; Notwehrexzeß. GA 1966, S. 129 ff.

Hirsch, Hans Joachim — Rechtfertigungsgründe und Analogieverbot. Gedächtnisschrift für Zong Uk Tjong, Tokio 1985, S. 50 ff.

Hodenberg, Philipp Freiherr von — Das Bekenntnis des Deutschen Volkes zu den Menschenrechten in Art. 1 Abs. 2 GG. Diss. Heidelberg 1997.
[Hodenberg, Das Bekenntnis des Deutschen Volkes]

Hodler, Christian — Die Europäische Menschenrechtskonvention und das Bonner Grundgesetz. Diss. Göttingen 1953.
[zitiert: Hodler, Die EMRK und das Bonner Grundgesetz]

Holtzendorff, Franz von — Handbuch des deutschen Strafrechts, Band 4: Ergänzungen zum deutschen Strafrecht. Berlin 1877.
[zitiert: Verfasser in: Holtzendorff, Handbuch des dt. Strafrechts]

Huber, Ulrich — De iure civitatis, libris tres. Editio tertia, Franequerae 1684.

Ingersleben, Arwed von — Rang und Geltung der Europäischen Konvention zum Schutze der Menschenrechte und Grundfreiheiten in der Bundesrepublik Deutschland. Diss. Bonn 1968.
[Ingersleben, Rang und Geltung der EMRK]

Ipsen, Knut — Völkerrecht: Ein Studienbuch. 4. Auflage, München 1999.
[zitiert: Ipsen, Völkerrecht]

Isensee, Josef/ **Kirchhof**, Paul (Hrsg.) — Handbuch des Staatsrechts; Band 1: Heidelberg 1987, Band 6: Heidelberg 1988, Band 7: Heidelberg 1992.
[zitiert: Verfasser in: Handbuch des Staatsrechts]

Jacobs, Francis Geoffrey/ **Roberts**, Shelley (Hrsg) — The effect of treaties in domestic law. London 1987.
[zitiert: Verfasser in: Jacobs/Roberts, The effect of treaties]

Jaeger, Wilhelm | Das Anwendungsgebiet der Notwehr (§ 227 und § 859 B.G.B.).
Diss. Heidelberg 1906.

Jakobs, Günther | Strafrecht, Allgemeiner Teil: Die Grundlagen und die Zurechnungslehre.
2. Auflage, Berlin 1993.
[zitiert: Jakobs, Allgemeiner Teil]

Jarass, Hans D./
Pieroth, Bodo | Grundgesetz für die Bundesrepublik Deutschland.
5. Auflage, München 2000.
[Jarass/Pieroth (Bearb.)]

Jescheck, Hans-Heinrich/
Weigend, Thomas | Lehrbuch des Strafrechts, allgemeiner Teil.
5. Auflage, Berlin 1996.
[zitiert: Jescheck/Weigend, Allgemeiner Teil]

Kelsen, Hans | The Law of the United Nations.
London 1950.

Kimminich, Otto | Einführung in das Völkerrecht.
6. Auflage, Tübingen 1997.

Kirchhof, Paul | Verfassungsgerichtlicher und internationaler Schutz der Menschenrechte: Konkurrenz oder Ergänzung ? / Landesbericht Deutschland zur IX. Konferenz der Europäischen Verfassungsgerichte, Paris.
EuGRZ 1994, S. 16 ff.

Kleeberger, Wolfgang | Die Stellung der Europäischen Menschenrechtskonvention in der Rechtsordnung der Bundesrepublik Deutschland.
Diss. München 1992.
[Kleeberger, Die Stellung der EMRK]

Klein, Friedrich | Die Europäische Menschenrechts-Konvention und Artikel 25 des Bonner Grundgesetzes; Jahrbuch für internationales Recht 11 (1962) = Festschrift für Rudolf Laun, Göttingen 1962, S. 149 ff.

Klein, Karl Heinz — Die Übertragung von Hoheitsrechten. Berlin 1952.

Knodel, Klaus Dieter — Der Begriff der Gewalt im Strafrecht. Diss. München 1962.

Koch, Burkhard — Prinzipientheorie der Notwehreinschränkungen. ZStW 104 (1992), S. 785 ff.

Koch, Hans-Joachim/ **Rüßmann**, Helmut — Juristische Begründungslehre. München 1982. [zitiert: Koch/Rüßmann, Begründungslehre]

Kohlmann, Günter — Der Begriff des Staatsgeheimnisses und das verfassungsrechtliche Gebot der Bestimmtheit von Strafvorschriften. Köln 1969. [zitiert: Kohlmann Der Begriff des Staatsgeheimnisses]

Krahl, Matthias — Die Rechtsprechung des Bundesverfassungsgerichts und des Bundesgerichtshofs zum Bestimmtheitsgrundsatz im Strafrecht (Art. 103 Abs. 2 GG). Diss. Frankfurt am Main 1986. [zitiert: Krahl, Die Rspr. des BVerfG und des BGH zum strafr. Bestimmtheitsgrundsatz]

Kratzsch, Dietrich — Das (Rechts-)Gebot zu sozialer Rücksichtnahme als Grenze des strafrechtlichen Notwehrrechts – BGH, NJW 1975, S. 62. JuS 1975, S. 435 ff.

ders. — Grenzen der Strafbarkeit im Notwehrrecht. Berlin 1968. [zitiert: Kratzsch, Grenzen der Strafbarkeit]

ders. § 53 StGB und der Grundsatz nullum crimen sine lege.
GA 1971, S. 65 ff.

Krawietz, Werner Juristische Entscheidung und wissenschaftliche Erkenntnis.
Wien/New York 1978.
[zitiert: Krawietz, Juristische Entscheidung und wissenschaftliche Erkenntnis]

Krawietz, Werner/ **Opalek**, Kazimierz/ **Peczenik**, Aleksander/ **Schramm**, Alfred Rechtstheorie, Beiheft 1: Argumentation und Hermeneutik in der Jurisprudenz.
Berlin 1980.
[zitiert: Verfasser in: Rechtstheorie Beiheft 1]

Krey, Volker Studien zum Gesetzesvorbehalt im Strafrecht. Eine Einführung in die Problematik des Analogieverbots.
Berlin 1977.
[zitiert: Krey, Gesetzesvorbehalt im Strafrecht]

ders. Zur Einschränkung des Notwehrrechts bei der Verteidigung von Sachgütern.
JZ 1979, S. 702 ff.

Krüger, Ralf Die Bedeutung der Menschenrechtskonvention für das deutsche Notwehrrecht.
NJW 1970, S. 1483 ff.

Kühl, Kristian Angriff und Verteidigung bei der Notwehr.
Jura 1993, S. 57 ff., 118 ff.

ders. Der Einfluß der Europäischen Menschenrechtskonvention auf das Strafrecht und Strafverfahrensrecht der Bundesrepublik Deutschland.
ZStW 100 (1988), S. 406 ff. (Teil I) und 601 ff. (Teil II).

ders. — Strafrecht, Allgemeiner Teil.
3. Auflage, München 2000.
[zitiert: Kühl, Allgemeiner Teil]

Kühnhardt; Ludger — Die Universalität der Menschenrechte.
Bonn 1987.

Lackner, Karl/
Kühl, Kristian — Strafgesetzbuch mit Erläuterungen.
23. Auflage, München 1999.
[zitiert: Lackner/Kühl (Bearb.)]

Lampson, Siegfried — Beitrag zur Feststellung des Notwehrgebietes, insbesondere durch Untersuchung der einzelnen Rechte.
Diss. Berlin 1906.
[zitiert: Lampson, Feststellung des Notwehrgebiets]

Lange, Richard — Der „gezielte Todesschuß".
JZ 1976, S. 546 ff.

Lange, Wilfried — Probleme des polizeilichen Waffengebrauchsrechts.
MDR 1974, S. 357 ff.

Langenscheidts Großwörterbuch Französisch — Band 1.
46. Auflage der 4. Bearbeitung.
Berlin/München 1972.

Larenz, Karl — Methodenlehre der Rechtswissenschaft.
6. Auflage, Berlin u.a. 1991.
[zitiert: Larenz, Methodenlehre]

Lauterpacht, Hersch — International Law and Human Rights.
London 1950.

Leibholz, Gerhard/
Rinck, Hans Justus — Grundgesetz für die Bundesrepublik Deutschland.
6. Auflage, Köln 1989.
[zitiert: Leibholz/Rink]

Leipziger Kommentar hrsg. von Jescheck, Hans-Heinrich; Bände 1 und 2
10. Auflage, Berlin/New York 1985.
[zitiert: LK-Bearbeiter]

Lemmel, Hans-Peter Unbestimmte Strafbarkeitsvoraussetzungen im Besonderen Teil des Strafrechts und der Grundsatz nulla poena sine lege.
Diss. Hamburg 1970.
[zitiert: Lemmel, Unbestimmte Strafbarkeitsvoraussetzungen]

Lenckner, Theodor „Gebotensein" und „Erforderlichkeit" der Notwehr.
GA 1968, S. 1 ff.

ders. Wertausfüllungsbedürftige Begriffe im Strafrecht und der Satz „nulla poena sine lege".
JuS 1968, S. 304 ff.

Lisken, Hans (Hrsg.) Handbuch des Polizeirechts.
2. Auflage, München 1996.
[zitiert: Verfasser in: Lisken (Hrsg.), Handbuch des Polizeirechts]

Liszt, Franz von Strafrechtliche Aufsätze und Vorträge, Band 2: 1892-1904.
Berlin 1905.

Locke, John Two treatises on government.
Nachdruck New York 1947.

Löwe-Rosenberg hrsg. von Rieß, Peter; Band 6/2.
24. Auflage, Berlin/New York 1996.
[zitiert: Löwe/Rosenberg (Bearbeiter)]

Magerstein, Willy Der rechtliche Charakter der Bestimmungen zum Schutze der Menschenrechte in der Satzung der Vereinten Nationen.
JurBl. 1953, S. 333 ff.

Mangoldt, Hermann von/
Klein, Friedrich/
Starck Christian

Das Bonner Grundgesetz; Band 1: 4. Auflage, München 1999, Band 2: 4. Auflage, München 2000.
[zitiert: Mangoldt/Klein/Starck (Bearbeiter)]

Mangoldt, Hermann von

Das Völkerrecht in den neuen Staatsverfassungen.
JiR 3 (1954), S. 11 ff.

Markov, Walter

Revolution im Zeugenstand - Frankreich 1789-1799, Band 1 Leipzig 1986.
[zitiert: Markov, Revolution im Zeugenstand]

Martin, Andrew C.

Human Rights: Some Problems of Interpretation and Codification.
Journal du droit international 79 (1952), S. 744 ff.

Marxen, Klaus

Die „sozialethischen Grenzen" der Notwehr.
Frankfurt am Main 1979.
[zitiert: Marxen, Die sozialethischen Grenzen]

Maunz, Theodor/
Schmidt-Bleibtreu, Bruno/
Klein, Franz/
Ulsamer, Gerhard

Bundesverfassungsgerichtsgesetz, Kommentar; Stand: 18. Ergänzungslieferung, Februar 1999.

[zitiert:Verfasser in: Maunz/Schmidt-Bleibtreu/Klein/Ulsamer]

Maunz,Theodor/
Zippelius, Reinhold

Deutsches Staatsrecht: Ein Studienbuch.
30. Auflage, München 1998.
[zitiert: Maunz/Zippelius, Staatsrecht]

Maurach, Reinhart/
Zipf, Heinz

Strafrecht, Allgemeiner Teil, Teilband 1, Grundlagen des Strafrechts und Aufbau der Straftat.
8. Auflage, Heidelberg 1992.
[zitiert: Maurach/Zipf, Allgemeiner Teil Bd. 1]

Maurer, Hartmut | Allgemeines Verwaltungsrecht.
12. Auflage, München 1999.

Mayer, Hellmuth | Strafrecht, Allgemeiner Teil.
Stuttgart/Berlin 1967.
[zitiert: Mayer, Allgemeiner Teil]

Merten, Detlef (Hrsg.) | Aktuelle Probleme des Polizeirechts.
Berlin 1977.
[zitiert: Verfasser in: Merten, Aktuelle Prolbleme des Polizeirechts]

Meyer-Lindenberg, Hermann | Die Menschenrechte im Völkerrecht.
Berichte der Deutschen Gesellschaft für Völkerrecht 4 (1962), S. 84 ff.

Mitsch, Wolfgang | Straflose Provokation strafbarer Taten.
Lübeck 1987.

Model, Otto/**Müller**, Klaus | Grundgesetz für die Bundesrepublik Deutschland. Taschenkommentar für Studium und Praxis.
11. Auflage, Köln 1996.
[zitiert: Model/Müller]

Montenbruck, Axel | Tatverdächtiger Zeuge und Aussagenotstand.
JZ 1985, S. 976 ff.

ders. | Thesen zur Notwehr.
Heidelberg 1983.

Morvay, Werner | Völkerrechtliche Praxis der Bundesrepublik Deutschland im Jahre 1959.
ZaöRV (1961), S. 259 ff.

Moser, Berthold | Die EMRK und das bürgerliche Recht.
Wien 1972.

Mosler, Hermann | The International Society as a Legal Community.
Recueil des Cours 140 (1973), S. 1 ff.

Müller, Friedrich

Normstruktur und Normativität, zum Verhältnis von Recht und Wirklichkeit in der juristischen Hermeneutik, entwickelt an Fragen der Verfassungsinterpretation.
Berlin 1966.
[zitiert: Müller, Normstruktur und Normativität]

Müller, Joerg Paul

Elemente einer schweizerischen Grundrechtstheorie.
Bern 1982.

Münch, Ingo von/
Kunig, Philip

Grundgesetz-Kommentar; Band 1: 5. Auflage, München 2000, Band 2: 3. Auflage, München 1995; Band 3: 3. Auflage, München 1996.
[zitiert: v. Münch/Kunig (Bearbeiter)]

Murswiek, Dietrich

Die Pflicht des Staates zum Schutz vor Eingriffen Dritter nach der Europäischen Menschenrechtskonvention.
Schriften zum Öffentlichen Recht 484 (1985), S. 213 ff.

Naucke, Wolfgang

Über Generalklauseln und Rechtsanwendung im Strafrecht.
Tübingen 1973.

Niederschriften über die Sitzungen der Grossen Strafrechtskommission

Band 2.
Bonn 1958.
[zitiert: Niederschriften]

Nomos Kommentar zum Strafgesetzbuch

Gesamtredaktion: Neumann, Ulfried/ Puppe, Ingeborg/Schild, Wolfgang.
Stand: 7. Lieferung, März 2000.
[zitiert: NK-Bearbeiter]

Oestreich, Gerhard

Die Geschichte der Menschenrechte und Grundfreiheiten im Umriß.
2. Auflage, Berlin 1978.
[zitiert: Oestreich, Die Geschichte der Menschenrechte]

Otto, Harro
Grundkurs Strafrecht: Allgemeine Strafrechtslehre.
5. Auflage, Berlin/New York 1996.
[zitiert: Otto, Allgemeiner Teil]

Paeffgen, Hans-Ullrich
Art. 30, 70, 101 I – vernachlässigte Normen ?
JZ 1991, S. 437 ff.

Papadimitriu, Georgios
Die Stellung der allgemeinen Regeln des Völkerrechts im innerstaatlichen Recht.
Diss. Heidelberg 1972.
[zitiert: Papadimitriu, Die Stellung der allgemeinen Regeln]

Partsch, Karl Josef
Die Rechte und Freiheiten der Europäischen Menschenrechtskonvention.
Berlin 1966.
[zitiert: Partsch, Rechte und Freiheiten]

Pawlowski, Hans-Martin
Methodenlehre für Juristen.
3. Auflage, Heidelberg 1999.
[zitiert: Pawlowski, Methodenlehre]

Penski, Ulrich
Rechtsgrundsätze und Rechtsregeln.
JZ 1989, S. 105 ff.

Peters, Hans
Geschichtliche Entwicklung und Grundfragen der Verfassung.
Berlin u.a. 1969.

Pettiti, Louis-Edmond/ **Décaux**, Emmanuel/ **Imbert**, Pierre-Henri (Hrsg.)
La Convention européenne des droits de l'homme.
Commentaire article par article.
Paris 1995.
[zitiert: Verfasser in: Pettiti/ Décaux/Imbert (Hrsg.), La Convention européenne]

Pico della Mirandola, Giovanni
Ausgewählte Schriften, übersetzt und eingeleitet von Arthur Liebert.
Jena 1905.

Pieroth, Bodo/
Schlink, Bernhard
Grundrechte, Staatsrecht II.
16. Auflage, Heidelberg 2000.
[Pieroth/Schlink, Staatsrecht II]

Pigorsch, Wolfgang
Die Einordnung völkerrechtlicher Normen in das Recht der Bundesrepublik Deutsch land.
Hamburg 1959.
[zitiert: Pigorsch, Die Einordnung völkerrechtlicher Normen]

Poppe, Eberhard
Die Universalität der Menschenrechte – Idee und Realität.
Berlin 1985.

La **Protection Internationale des Droits de l'Homme dans le cadre européen**
Traveaux du colloque organis és
par la faculté de droit et des sciences économiques de Strasbourg
en liaison avec la Direction des droits de l'homme du Conseil de l'Europe.
Paris 1961.
[Verfasser in: La protection internationale]

Prümm, Hans Paul
Verfassung und Methodik. Beiträge zur verfassungskonformen Auslegung, Lückenergänzung und Gesetzeskorrektur unter besonderer Berücksichtigung des 4. Änderungsgesetzes zum Bundesverfassungsgerichtsgesetz.
Diss. Berlin 1976.
[zitiert: Prümm, Verfassung und Methodik]

Quadros, Fausto de
La Convention Européenne des Droits de l'homme: un cas de ius cogens régional ?
Festschrift für Rudolf Bernhardt, Berlin u.a. 1995, S. 55 ff.

Ransiek, Andreas
Gesetz und Lebenswirklichkeit.
Diss. Bielefeld 1989.

Reichenbaum, Werner
Grundrechte und soziale Gewalten.
Diss. Köln 1962.

Reimers, Walter — Die Bedeutung der Grundrechte für das Privatrecht.
Hamburg 1959.

Riegel, Reinhard — §§ 32, 34 StGB als hoheitliche Befugnisgrundlage ?
NVwZ 1985, S. 639 ff.

Robert, Le grand Robert de la langue franòaise — Dictionnaire alphabétique et analogique de la langue franòaise, Band 6.
2. Auflage, Paris 1985.
[zitiert: Le Grand Robert]

Rogall, Klaus — Das Notwehrrecht des Polizeibeamten – BayObLGSt 1991, 141.
JuS 1992, S. 551 ff.

ders. — Informationseingriff und Gesetzesvorbehalt im Strafprozeßrecht.
Tübingen 1992.

Roxin, Claus — Die „sozialethischen Einschränkungen" des Notwehrrechts.
ZStW 93 (1981), S. 68 ff.

ders. — Kriminalpolitik und Strafrechtssy stem.
Berlin 1970.

ders. — Strafrecht, Allgemeiner Teil, Band I, Grundlagen, Der Aufbau der Verbrechenslehre.
3. Auflage, München 1994.
[zitiert: Roxin, Allgem einer Teil]

Rudolf, Walter — Völkerrecht und deutsches Recht. Theoretische und dogmatische Untersuchung über die Anwendung völkerrechtlicher Normen in der Bundesrepublik Deutschland.
Tübingen 1967.
[zitiert: Rudolf, Völkerrecht und deutsches Recht]

Rumpf, Helmut — Der internationale Schutz der Menschenrechte und das Interventionsverbot.
Baden-Baden 1981.

Ruppert, Andreas — Die Integrationsgewalt.
Hamburg 1969.

Sachs, Michael — Grundgesetz, Kommentar.
München 1996.
[zitiert: Sachs (Bearbeiter)]

ders. — Von der Kassation zur Gesetzesneugestaltung durch das Bundesverfassungsgericht.
DVBl. 1979, S. 389 ff.

Samper, Rudolf — Polizeiaufgabengesetz – PAG – Gesetz über die Aufgaben und Befugnisse der Bayerischen staatlichen Polizeit, Art. 6-11 LStVG.
9. Auflage, München/Hannover 1979.
[zitiert: Samper, Polizeiaufgabengesetz]

Sauer, Ernst — Grundlehre des Völkerrechts.
3. Auflage, Köln/Berlin 1955.

Savigny, Friedrich Karl von — System des heutigen römischen Rechts, Band 1.
Nachdruck Aalen 1981.

Scheuner, Ulrich — Internationale Verträge als Elemente der Bindung von völkerrechtlichem Gewohnheitsrecht.
Festschrift für F.A. Mann, München 1977, S.409 ff.

Schleifenbaum, Ernst — Begriff und Bedeutung des gegenwärtigen rechtswidrigen Angriffs in § 227 BGB.
Diss. Breslau 1904.
[zitiert: Schleifenbaum, Begriff und Bedeutung des gegenwärtigen rechtswidrigen Angriffs]

Schmidt, Richard — Grundriß des deutschen Strafrechts.
2. Auflage, Leipzig 1931.

Schmidt-Bleibtreu, Bruno/**Klein**, Franz — Kommentar zum Grundgesetz.
9. Auflage, Neuwied 1998.
[zitiert: Schmidt-Bleibtreu/Klein (Bearbeiter)]

Schmidthäuser, Eberhard — Strafrecht, Allgemeiner Teil.
2. Auflage, Tübingen 1984.
[zitiert: Schmidthäuser, Allgemeiner Teil]

Schmitt, Carl — Verfassungslehre.
Neudruck Berlin 1993.

Schmitt, Rudolf — Der Anwendungsbereich von § 1 Strafgesetzbuch (Art. 103 Abs. 2 Grundgesetz).
Festschrift für Hans-Heinrich Jescheck, Erster Halbband, Berlin 1986, S. 223 ff.

Schmitz, Alfred — Schutzobjekte der Notwehr.
Diss. Köln 1929.

Schnur, Roman (Hrsg.) — Zur Geschichte der Erklärung der Menschenrechte.
Darmstadt 1964.
[zitiert: Verfasser in: Schnur, Geschichte der Erklärung der Menschenrechte]

Schönke, Adolf/**Schröder**, Horst — Strafgesetzbuch, Kommentar.
26. Auflage, München 2001.
[zitiert: SchSch-Bearbeiter]

Schorn, Hubert — Die Europäische Konvention zum Schutze der Menschenrechte und Grundfreiheiten und ihr Zusatzprotokoll in Einwirkung auf das deutsche Recht.
Frankfurt am Main 1965.
[zitiert: Schorn, EMRK]

Schünemann, Bernd — Die deutschsprachige Strafrechtswissenschaft nach der Strafrechtsreform im Spiegel des Leipziger Kommentars und des Wiener Kommentars. 1. Teil: Tatbestands- und Unrechtslehre.
GA 1985, S. 341 ff.

ders. — Grund und Grenzen der unechten Unterlassungsdelikte. Zugleich ein Beitrag zur strafrechtlichen Methodenlehre.
Diss. Göttingen 1971.
[zitiert: Schünemann, Grund und Grenzen der unechten Unterlassungsdelikte]

ders. (Hrsg.) — Grundfragen des modernen Strafrechtssystems.
Berlin 1984.

ders. — Nulla poena sine lege ?
Berlin/New York 1978.

Schumann, Karl-Heinz — Grundriß des Polizei- und Ordnungsrechts.
Berlin/New York 1978.

Schwabe, Jürgen — Die Notrechtsvorbehalte des Polizeirechts.
Stuttgart u.a. 1979.

Schwartländer, Johannes/ **Willoweit**, Dietmar (Hrsg.) — Das Recht des Menschen auf Eigentum.
Kehle am Rhein/Straßburg 1983.
[zitiert: Verfasser in: Schwartländer/Willoweit, Das Recht des Menschen auf Eigentum]

Schweitzer, Michael — Staatsrecht III, Staatsrecht, Völkerrecht, Europarecht.
6. Auflage, Heidelberg 1998.
[zitiert: Schweitzer, Staatsrecht III]

Seago, Peter — Criminal Law.
4th Edition, London 1994.

Seebode, Manfred — Gesetzliche Notwehr und staatliches Gewaltmonopol
Festschrift für Friedrich-Wilhelm Krause, Köln u.a. 1990, S. 375 ff.

ders. — Polizeiliche Notwehr und Einheit der Rechtsordnung
Festschrift für Ulrich Klug, Köln 1983, S. 359 ff.

Seibert, Gerhard — Die Verfassungsbeschwerde in der Spruchpraxis des Bundesverfassungsgeri chts.
Festschrift für Martin Hirsch, Baden-Baden 1981, S. 455 ff.

Seidl-Hohenveldern, Ignaz/**Stein**, Torsten — Völkerrecht.
10. Auflage, Köln u.a. 2000.

Shorter Oxford English Dictionary — 3. Auflage, Oxford 1958.

Simma, Bruno/ **Rudolf**, Bernhardt — Die Charta der Vereinten Nationen, Kommentar.
München 1991.

Skouris, Wassilios — Teilnichtigkeit von Gesetzen.
Diss. Hamburg 1973.

Smith, John Cyril/ **Hogan**, Brian — Criminal Law.
9th Edition, London u.a. 1999.

Sommerfeld, Bruno — Ist Notwehr zur Verteidigung sämtlicher Rechtsgüter zulässig ?
Diss. Kiel 1934.

Sommermann, Karl-Peter — Völkerrechtlich garantierte Menschenrechte als Maßstab der Verfassungskonkretisierung – Die Menschenrechte des Grundgesetzes.
AöR 114 (1989), S. 391 ff.

Staatslexikon, Recht Wirtschaft Gesellschaft — Band 1.
Freiburg im Breisgau 1957.
[zitiert: Staatslexikon]

Staebe, Erik — Die Europäische Menschenrechtskonvention und ihre Bedeutung für die Rechtsordnung der Bundesrepublik Deutschland.
JA 1996, S. 75 ff.

Stéfani, Gaston/**Levasseur**, Georges/**Bouloc**, Bernard — Droit pénal général.
16eme édition, Paris 1997.

Stein, Ekkehart — Staatsrecht.
17. Auflage, Tübingen 2000.

Stern, Klaus — Das Staatsrecht der Bundesrepublik Deutschland, Band I: 2. Auflage, München 1984, Band II: München 1980, Band III/1: München 1988, Band III/2: München 1994.
[zitiert: Stern, Staatsrecht]

Sternberg, Nils — Der Rang von Menschenrechtsverträgen im deutschen Recht unter besonderer Berücksichtigung von Art. 1 Abs. 2 GG.
Diss. Hamburg 1999.
[zitiert: Sternberg, Der Rang von Menschenrechtsverträgen]

Stratenwerth, Günter — Strafrecht, Allgemeiner Teil I: Die Straftat.
4. Auflage, Köln u.a. 2000.
[zitiert: Stratenwerth, Allgemeiner Teil]

Suppert, Hartmut — Studien zur Notwehr und „notwehrähnlichen Lage".
Diss. Bonn 1973.

Systematischer Kommentar zum Strafgesetzbuch — Redaktion: Rudolphi, Hans-Joachim.
Stand: 25. Lieferung, August 1995.
[zitiert: SK-Bearbeiter]

Tomuschat, Christian — Der Verfassungsstaat im Geflecht der internationalen Beziehungen.
VVdtStRL 36 (1978), S. 7 ff.

Trechsel, Stefan — Die Bedeutung der Europäischen Menschenrechtskonvention im Strafrecht.
ZStW 101 (1989), S. 819 ff.

Tröndle, Herbert/
Fischer, Thomas
Strafgesetzbuch und Nebengesetze.
50. Auflage, München 2001.
[zitiert: Tröndle/Fischer]

Uerpmann, Robert
Die Europäische Menschenrechtskonvention und die deutsche Rechtsprechung.
Diss. Berlin 1991.
[zitiert: Uerpmann, Die EMRK und die deutsche Rechtsprechung]

Ulmer, Eugen
Wege zu europäischer Rechtseinheit.
München 1960.

Valentin, Jürgen
Grundlagen und Prinzipien des Art. 1 Abs. 2 des Grundgesetzes.
Diss. Kiel 1991.
[zitiert: Valentin, Grundlagen und Prinzipien des Art. 1 Abs. 2 GG]

Vasak, Karel
La convention européenne des droits de l'homme.
Paris 1964.
[zitiert: Vasak, La convention européenne]

Vélu, Jacques
La convention européenne de sauvegarde des droits de l'homme et des libertés fondamentales.
Brüssel 1980/81.
[zitiert: Vélu, La convention européenne]

Verdross, Alfred/ **Simma**, Bruno — Universelles Völkerrecht, Theorie und Praxis.
3. Auflage, Berlin 1985.
[zitiert: Verdross/Simma, Völkerrecht]

Vitzthum, Wolfgang Graf (Hrsg.) — Berlin/New York 1997.
[zitiert: Verfasser in: Vitzthum, Völkerrecht]

Vogel, Klaus — Die Verfassungsentscheidung des Grundgesetzes für eine internationale Zusammenarbeit.
Tübingen 1964.

Wäsche, Lothar — Die innerstaatliche Bindung des Gesetzgebers an die Europäische Konvention zum Schutze der Menschenrechte und Grundfreiheiten.
Diss. Köln 1961.
[zitiert: Wäsche, Die innerstaatliche Bindung des Gesetzgebers an die EMRK]

Wagner, Heinz — Individualistische oder überindividualistische Notwehrbegründung.
Berlin 1984.

Wagner, Wolfgang — Die Verwirklichung der Menschenrechte im Pakt der Vereinten Nationen über bürgerliche und politische Rechte vom 16. Dezember 1966 im Grundvertrag und den ihn begleitenden Nebeninstrumenten.
Frankfurt am Main 1977.
[zitiert: Wagner, Die Verwirklichung der Menschenrechte]

Walz, Gustav Adolf — Völkerrecht und staatliches Recht. Untersuchung über die Einwirkungen des Völkerrechts auf das innerstaatliche Recht.
Stuttgart 1977.
[zitiert: Völkerrecht und staatliches Recht]

Wank, Rolf — Die juristische Begriffsbildung. Teleologische Methode der Begriffsbildung.
München 1985.
[zitiert: Die juristische Begriffsbildung]

Weber, Hellmuth von — Die strafrechtliche Bedeutung der Europäischen Menschenrechtskonvention.
ZStW 65 (1953), S. 334 ff.

Weidmann, Klaus — Der Europäische Gerichtshof für Menschenrechte auf dem Weg zu einem europäischen Verfassungsgerichtshof.
Frankfurt am Main u.a. 1985.

Weiß, Claus — Die Europäische Konvention zum Schutze der Menschenrechte.
Frankfurt am Main/Berlin 1954.
[zitiert: Weiß, EMRK]

Welzel, Hans — Das deutsche Strafrecht: Eine systematische Darstellung
11. Auflage, Berlin/New York 1969.
[zitiert: Welzel, Das deutsche Strafrecht]

ders. — Naturrecht und materiale Gerechtigkeit. Prolegomena zu einer Rechtsphilosophie.
Göttingen 1951.
[zitiert: Naturrecht und materiale Gerechtigkeit]

Wenig, Roland — Die gesetzeskräftige Feststellung einer allgemeinen Regel durch das Bundesverfassungsgericht.
Berlin 1971.

Wessels, Johannes/ **Beulke**, Werner — Strafrecht, Allgemeiner Teil: Die Straftat und ihr Aufbau.
30. Auflage, Heidelberg 2001.
[zitiert: Wessels/Beulke, Allgemeiner Teil]

Wittemann, Frank — Grundlinien und Grenzen der Notwehr in Europa.
Diss. Heidelberg 1997.

Woesner, Horst — Die Menschenrechtskonvention in der deutschen Strafrechtspraxis.
NJW 1961, S. 1381 ff.

Wolff, Wilfried — Allgemeines Verwaltungsrecht, Verwaltungsverfahrensrecht, Verwaltungsprozeß-recht, Lehr- und Übungsbuch.
3. Auflage, Baden-Baden 1999.
[zitiert: Wolff, Allgemeines Verwaltungsrecht]

Wolfrum, Rüdiger (Hrsg.) — Handbuch Vereinte Nationen.
2. Auflage, München 1991.
[zitiert: Verfasser in: Wolfrum, Handbuch Vereinte Nationen]

Zippelius, Reinhold — Das Wesen des Rechts. Eine Einführung in die Rechtsphilosophie.
4. Auflage, München 1978.

ders. — Juristische Methodenlehre.
6. Auflage, München 1994.

Zweigert, Konrad/ **Kötz**, Hein — Einführung in die Rechtsvergleichung auf dem Gebiet des Privatrechts.
3. Auflage, Tübingen 1996.
[zitiert: Zweigert/Kötz, Einführung in die Rechtsvergleichung]

Abkürzungsverzeichnis

a.A.	anderer Ansicht
a.F.	alter Fassung
aaO	am angegebenen Ort
AcP	Archiv für die civilistische Praxis
Anh.	Anhang
AöR	Archiv für öffentliches Recht
ARSP	Archiv für Rechts- und Sozialphilosophie
Art.	Artikel
AVR	Archiv des Völkerrechts
BadWürttPG	Baden-Württembergisches Polizeigesetz
BayObLG	Bayerisches Oberstes Landgericht
BayPAG	Bayerisches Polizeiaufgabengesetz
BayVBl.	Bayerische Verwaltungsblätter
Bd.	Band
BFHE	Entscheidungen des Bundesfinanzhofs
BGB	Bürgerliches Gesetzbuch
BGH	Bundesgerichtshof
BGHSt.	Entscheidungen des Bundesgerichtshofs in Strafsachen
BGHZ	Bundesgerichtshof in Zivilsachen
BKA	Bundeskriminalamt
BT	Bundestag
BVerfG	Bundesverfassungsgericht
BVerfGE	Entscheidungen des Bundesverfassungsgerichts (amtliche Sammlung)
BVerfGG	Bundesverfassungsgerichtsgesetz
BVerwG	Bundesverwaltungsgericht
bzw.	beziehungsweise
CCC	Constitutio Criminalis Carolina
dass.	dasselbe
dens.	denselben
ders.	derselbe
d.h.	das heißt
Diss.	Dissertation
Dt. Ges. für VölkerR	Deutsche Gesellschaft für Völkerrecht
DÖV	Die öffentliche Verwaltung
DRiZ	Deutsche Richterzeitung
Drs.	Drucksache
DVBl.	Deutsche Verwaltungsblätter
EGMR	Europäischer Gerichtshof für Menschenrechte
EMRK	Europäische Menschenrechtskonvention
EuGH	Europäischer Gerichtshof

EuGRZ	Europäische Grundrechte Zeitung
EUV	Vertrag über die Gründung einer Europäischen Union
EWG	Europäische Wirtschaftsgemeinschaft
EWGV	Vertrag über die Gründung einer Europäischen Wirtschaftsgemeinschaft
f, ff	folgende, fortfolgende
FG	Finanzgericht
Fn.	Fußnote
FS	Festschrift
GA	Goltdammers Archiv für Strafrecht
GG	Grundgesetz
gg.	gegen
GS	Gedächtnisschrift
HessUZwG	Gesetz über den unmittelbaren Zwang bei Ausübung öffentlicher Gewalt durch Vollzugsbeamte des Landes Hessen
h.M.	herrschende Meinung
HRR	Höchstrichterliche Rechtsprechung
Hrsg./hrsg.	Herausgeber/herausgegeben
ICJ	International Court of Justice
IGH	Internationaler Gerichtshof
i.d.F.	in der Fassung
i.V.m.	in Verbindung mit
JiR	Jahrbuch für internationales Recht
JK	Jura-Kartei
JöR	Jahrbuch für öffentliches Recht
JR	Juristische Rundschau
Jura	Juristische Ausbildung
JurBl.	Juristische Blätter (Österreich)
JuS	Juristische Schulung
JW	Juristische Wochenschrift
JZ	Juristenzeitung
KG	Kammergericht
LG	Landgericht
lit.	Buchstabe
MDR	Monatsschrift für deutsches Recht
m.w.N.	mit weiteren Nachweisen
NdsSOG	Niedersächsisches Gesetz über die öffentliche Sicherheit und Ordnung
NJW	Neue Juristische Wochenschrift
NRhWPG	Nordrhein-Westfälisches Polizeigesetz
NRW	Nordrhein-Westfalen
NStZ	Neue Zeitschrift für Strafrecht
NVwZ	Neue Zeitschrift für Verwaltungsrecht

ÖJZ	Österreichische Juristenzeitung
OLG	Oberlandesgericht
OLGSt.	Entscheidungen der Oberlandesgerichte in Straf-, Ordnungswidrigkeiten- und Ehegerichtssachen
OWiG	Gesetz über Ordnungswidrigkeiten
RG	Reichsgericht
RGSt.	Entscheidungen des Reichsgerichts in Strafsachen
RiW	Recht der internationalen Wirtschaft
Rdn.	Randnummer
scil.	scilicet
sog.	sogenannt
StGB	Strafgesetzbuch
StPO	Strafprozeßordnung
StV	Strafverteidiger
SVN	Satzung der Vereinten Nationen
u.a.	und andere
UdSSR	Union der Sozialistischen Sowjetrepubliken
UN	United Nations
usw.	und so weiter
UZwG Bln.	Gesetz über den unmittelbaren Zwang bei Ausübung öffentlicher Gewalt durch Vollzugsbeamte des Landes Berlin
VerwArch	Verwaltungsarchiv
vgl.	vergleiche
VN	Vereinte Nationen
VVdtStRL	Veröffentlichungen der Vereinigung Deutscher Staatsrechtslehrer
WRV	Weimarer Reichsverfassung
YBILC	Yearbook of the International Law Commission
ZaöRV	Zeitschrift für öffentliches Recht und Völkerrecht
z.B.	zum Beispiel
ZG	Zeitschrift für Gesetzgebung
ZP	Zusatzprotokoll
ZRP	Zeitschrift für Rechtspolitik
ZStW	Zeitschrift für Strafrechtswissenschaft

Kolibri 360 GmbH
Ferdinand-Jühlke-Straße 7
99095 Erfurt, Deutschland
produktsicherheit@kolibri360.de

Druck:
CPI Druckdienstleistungen GmbH
im Auftrag der
Kolibri 360 GmbH
Ferdinand-Jühlke-Str. 7
99095 Erfurt